高等学校旅游管理专业
本科系列教材
旅游管理国家一流专业建设教材

旅游接待业

LÜYOU JIEDAI YE

◎**主编** 笪 玲 石 坚

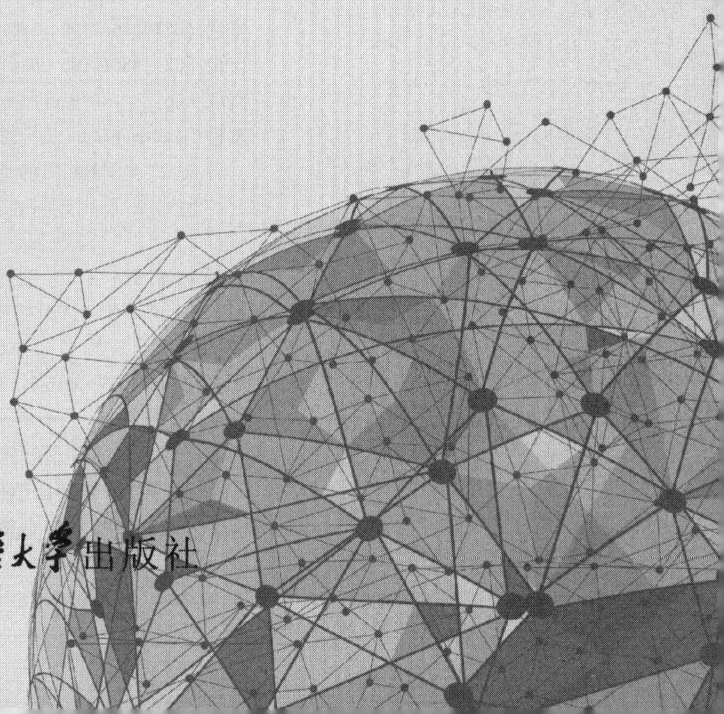

重庆大学出版社

内容提要

本教材基于国家、地区、产业和主体构建了“宏观—中观—微观”研究视角，借助产业经济学、公共管理科学、管理学、地理学、社会学、人类学等学科理论，完善旅游接待业的框架体系及该体系中的要素及关系，构建起符合旅游接待业整体与各相关行业自身协调发展和演进规律的理论体系和分析框架、方法及工具，有助于读者具备整体认知的同时，有效厘清要素关系及运行机制。教材通过全面系统地辨识、分析、协调、拓展对旅游接待业的科学分析，有助于学习者形成“理论基础—实践分析—规律提升”知识体系。

本教材立足于中国旅游接待业现实及特征，引入国际领先的接待业相关思想，力争为高等院校旅游管理专业的学生提供较为全面的接待业管理知识，使其具备在旅游接待领域深入学习的能力，同时，通过深入讨论当前旅游接待业面临的新兴问题及特征，为接待业管理人员提供理论指导依据。

图书在版编目(CIP)数据

旅游接待业 / 笪玲，石坚主编. -- 重庆 : 重庆大学出版社，2023.5

ISBN 978-7-5689-3616-3

Ⅰ. ①旅…　Ⅱ. ①笪…　②石…　Ⅲ. ①旅游业—经营管理—高等学校—教材　Ⅳ. ①F590.6

中国版本图书馆 CIP 数据核字(2022)第 223142 号

旅游接待业

主　编:笪　玲　石　坚

责任编辑:尚东亮　　版式设计:尚东亮

责任校对:邹　忌　　责任印制:张　策

*

重庆大学出版社出版发行

出版人:饶帮华

社址:重庆市沙坪坝区大学城西路 21 号

邮编:401331

电话:(023)88617190　88617185(中小学)

传真:(023)88617186　88617166

网址:http://www.cqup.com.cn

邮箱:fxk@cqup.com.cn(营销中心)

全国新华书店经销

重庆华林天美印务有限公司印刷

*

开本:787mm×1092mm　1/16　印张:23.5　字数:560 千

2023 年 5 月第 1 版　　2023 年 5 月第 1 次印刷

印数:1—3 000

ISBN 978-7-5689-3616-3　定价:59.80 元

总序

党的二十大报告明确提出，教育、科技、人才是全面建设社会主义现代化国家的基础性、战略性的支撑，科技是第一生产力，人才是第一资源，创新是第一动力。其中，尤其提出要加快建设高质量教育体系，发展素质教育，促进教育公平。一流本科专业建设"双万计划"是贯彻《教育部关于加快建设高水平本科教育全面提高人才培养能力的意见》、"六卓越一拔尖"计划 2.0 系列文件要求，推动新工科、新医科、新农科、新文科建设，做强一流本科、建设一流专业、培养一流人才，全面振兴本科教育，提高高校人才培养能力，实现高等教育内涵式发展的重要举措。

旅游业既是国民经济的战略性支柱产业，也是"五大幸福产业"之首，其高质量发展对加快共同富裕进程、坚定国民文化自信、助力中国式现代化建设具有重大的现实意义。旅游教育是旅游业发展而催生的结果，也是教育领域最具办学活力和创新能力的专业门类。中国旅游高等教育高质量发展是当下旅游教育发展的重要任务，面临扩大规模的辅助性政策和措施失配、学校教学条件不足、教学质量滑坡等，进一步凸显中国旅游本科院校人才培养的供需矛盾，高校开始重新审视旅游专业的设置，新时代中国旅游高等教育到了结构调整与布局优化的关键时刻。

国家一流专业建设是反映学校本科人才培养水平和社会认可度的重要标志，也是构建高水平人才培养体系、实现学校教育教学内涵式发展的重要举措。多年来，贵州大学始终把本科教育放在核心地位，全力推进"一流专业"建设，高度重视课程建设和课程管理，打造特色一流本科教育课群阵地。作为旅游管理国家一流专业建设单位，贵州大学旅游与文化产业学院以"立德树人，面向世界，服务国家战略，践行知行合一"为理念，以"汇聚全球教育资源，培育国际精英人才"为特色，不断优化旅游管理学科专业结构，创新人才培养模式，培养高素质旅游管理人才，积极服务国家战略和贵州社会经济发展。学院始终坚持正确的政治立场、育人方向和价值导向，把教材建设作为立德树人的重要支撑和有力抓手，整合国内高校优秀师资形成有梯队、多领域的教材编写队伍，把教材编修工作作为教师教育教学的天然组成部分，强化新文科建设理念，推进思政元素与专业课程理论知识的有机融入，引导和激励老师投入到精品课程建设与教材建设中来，充分发挥教材整体育人功能。

教育部颁布的《旅游管理类教学质量国家标准》规定了旅游管理类专业"4+3"核心课程体系，即旅游学概论、旅游目的地管理、旅游消费行为和旅游接待业为核心的 4 门课程，加上旅游管理专业3门核心课程、酒店管理专业3门核心课程及会展经济与管理3门核心课程，这13门课程构成了旅游类专业的核心课程体系，也彰显了其专业内核。根据《旅游管理类教学质量国家标准》，贵州大学旅游与文化产业学院结合课程建设与教学实践心得，组织国内优秀教师团队共同编写了此套旅游管理专业核心课程教材。本套教材编写中充分体现国家标准课程设置与质量的要求，并突出以下特点：第一，时代性。拓展并关注旅游发展的边界，从旅游教育培养视角对新时期丰富的旅游活动和多样的旅游业态做出回应。第二，系统性。注重学科历史沉淀，依托旅游教育发展历程和经验，积极吸取多学科理论及方法构建课程体系。第三，创新性。从最新国内外旅游学术研究成果中汲取理论创新源泉，既回应旅游发展重大战略又切实关照地方性问题，解析新时期旅游的新现象、新问题。第四，实用性。教材编写中充分考虑教材的张力和空间，既有理论研究分析，也体现了技能技术的运用，以多元化的形式引导教学，并辅以形式多样、内容丰富的典型案例与鲜活图片等为教材提供支持。

该套教材适用于旅游高等院校、旅游研究机构、高等职业培训等使用，对理论研究、学历提升、职业培训等实践工作也有实用价值。在教材编写过程中，由贵州大学教材出版管理部门进行严格审核，也邀请了我国旅游教育界知名学者进行多次审定。在此，本人谨代表编写团队对参与这套教材编、审的各位专家表达由衷感谢，也欢迎全国有关院校师生及专业人士选用并提出宝贵意见。

李锦宏
贵州大学旅游与文化产业学院院长
旅游管理国家一流专业负责人
2023年4月12日于贵州大学

前言

习近平总书记强调，旅游业是新兴产业，方兴未艾，要不断加强各类软硬件建设，推动旅游大发展。“十四五”期间，我国全面进入大众旅游时代，全面建成小康社会后，人民群众旅游消费需求将从低层次向高品质和多样化转变，由注重观光向兼顾观光与休闲度假转变，旅游接待业作为旅游高质量发展的重要落脚点，在国民经济和社会发展中的重要地位更加凸显。本书以习近平新时代中国特色社会主义思想为指导，以推动旅游接待高质量发展为主题，以深化旅游业供给侧结构性改革为主线，以满足人民日益增长的美好生活需要为根本目的，力争为高等院校旅游管理类专业的学生提供较为全面的旅游接待业相关知识，使其具备在旅游接待领域学习及工作的能力。同时，通过深入讨论当前旅游接待业面临的新兴问题及特征，为接待业管理研究人员提供理论指导依据。

《“十四五”旅游业发展规划》指出，到 2025 年，旅游业发展水平不断提升，现代旅游业体系更加健全，旅游有效供给、优质供给、弹性供给更加丰富，大众旅游消费需求得到更好满足。通过梳理现有主要销售平台，市面上我国学者代表性教材有马勇教授的《旅游接待业》、邓爱民教授的《旅游接待业管理》，相关理论研究著作有何建民教授的《旅游接待业——理论、方法与实践》和杰弗里·哈里森和卡西·恩慈著、秦宇等译的《旅游接待业战略管理：概念与案例》，以及吴凯的《旅游接待业信息管理与运用》。进入新发展阶段，现有教材在数量及质量上无法满足旅游接待业的蓬勃发展；在内容上囿于时代的局限难以适应产业深刻转型。全国《旅游接待业》教材建设面临高质量发展的新要求，迫切需要在以下方面回应旅游接待业的教材呼唤：

首先，有效应对学科发展迫切需求。根据 2019 年颁布的《旅游管理类本科教学质量国家标准》要求，“旅游接待业”已经成为旅游管理类专业的四门必修专业核心课程之一。根据教育部办公厅印发的“国家级一流本科专业分专业类建设规划”，旅游管理类拟建设 143 个国家级一流本科专业。截至 2021 年 3 月，旅游管理大类共有 97 个专业获批国家级一流本科专业建设点。“国家级一流本科”建设，教材建设是基础。就目前市面上教材的情况来看，影响和使用相对广泛的教材只有马勇教授的《旅游接待业》和邓爱民教授的《旅游接待业管理》两本，教材总量与我国旅游管理专业教学需求严重不符，且教材编写时间基本集中于 2018 年，未能很好地服务当前全国相关专业旅游接待业课程教学需求。

第二，服务业态本身触及认知核心。现有大多数教材性质上基本是套用“管理学科”的套路，整合管理学、市场营销、财务管理、人力资源、战略管理等内容，穿插一定的旅游特征，未能构建起旅游接待业核心理论认知体系，学生在学习过程中，往往感觉“似曾相识”却又

“雾里看花”。

第三，形成专门而独立的研究领域。雷珀(Leiper)指出，我们需要为旅游现象寻找到一个共同的基础、一个内在的核心。对旅游接待业接待体系进行科学思考并提出富有见地的观点是教材编写的目标。什么是旅游接待业？哪些业态属于旅游接待业？它有边界吗？如果有，边界是什么？它与旅游业之间是什么关系？现有教材大多以几个典型的业态代替整个体系，未能科学有效地勾勒出旅游接待体系的面貌，也没有厘清它与旅游产业体系的关系。

第四，串联学术研究与教学实践关系。教科书知识来源通常是学术积累的结果，“论文—专著—教科书”的传递体系保障了教科书的质量。现有多数教材往往割裂三者的关联，或者三者的转化链条不确切。要不囿于现有直接的相关研究不足，要不编者不能跨越现有学科体系，切入到林林总总的最新学术论文中进行梳理，限制了现有教材的时效性的同时，更局限了其本身的质量。

本书借鉴国际研究成果，基于国家、地区、产业和主体构建“宏观—中观—微观”研究视角，借助产业经济学、公共管理科学、管理学、地理学、社会学、人类学等学科理论，完善旅游接待业的框架体系及该体系中的要素及关系，构建起符合旅游接待业整体与各相关行业自身协调发展和演进规律的理论体系和分析框架、方法及工具，有助于读者具备整体认知的同时，有效厘清要素关系及运行机制。在内容上包括3个部分：①**旅游接待业理论**，包括旅游接待业导论、旅游接待业理论及方法。②**旅游接待业系统**，包括旅游接待业系统要素特征、旅游接待业核心系统、旅游接待业辅助系统、旅游接待业保障系统。③**旅游接待业管理**，包括旅游接待业质量管理、旅游接待业信息化服务、旅游接待业文化道德、旅游接待业高质量发展。教材通过全面系统地辨识、分析、协调、拓展对旅游接待业的科学分析，有助于学习者形成“理论基础—实践分析—规律提升”知识体系。

在新的时代要求下，本教材编写力争实现以下突破：

第一，立足旅游接待业本身，构建旅游接待业的系统框架。旅游接待是一个复杂巨系统，涵盖住宿、旅行社、餐饮、活动与会展、主题公园、交通、邮轮以及旅游业中的其他接待业，这些主要的业态构成了旅游行业的重要分支。但在各个高校旅游学科的建设中，基于质性的便利性，通常以旅游管理、酒店管理及会展管理作为主要的发展方向，既人为割断了行业之间的关联，也遮蔽了在旅游接待中切实运行的其他行业。本书通过系统辨识旅游接待系统中主要产业的质性，按照“学科整合—专业知识—创新研究—项目实践—总结升华”的“知行合一”模式服务学习课程，构建起以旅游接待业系统要素及特征、旅游接待业核心系统、旅游接待业辅助系统、旅游接待业管理系统四大板块为主题的旅游接待系统，厘清了长期以来旅游接待系统边界和内涵不清的问题。

第二，以扎实的理论为根基，打通从理论到实践的逻辑关系。教材需要有操作的指导价值，但这种指导并非局限于简单的行业实践，理论也是具有操作价值的。本书力争避免将不同层次的理论相提并论或者混淆的通病，以扎实的理论基础为前沿、先导和根基，打通理论与实践的逻辑关联，使学生在完成对旅游接待业整体认知的同时，构建起符合旅游接待业整体与各相关行业自身协调发展和研究规律的理论体系和分析框架。

第三，摒弃单一的学科痕迹，融贯核心学科的知识体系。本书有机整合服务管理理论、旅游系统理论、消费行为理论、市场营销理论、区域经济理论、文化及社会伦理理论等相关理论,打破传统课程内容框架形式,以旅游接待业系统逻辑为基础,综合运用历史方法、管理方法、经济方法、社会学方法、地理方法等跨学科方法,通过有机融合知识普及、理论拓展和实践应用,推动学科知识体系的纵深化和系统化。

第四,跳出传统产业的局限,突出利益主体的平等关系。传统旅游发展在视角上,多站在“他者”的视角,围绕游客感知建构为外来旅游者服务的旅游接待系统;在学科上,往往局限于经济管理的视角,以市场为中心赋予旅游接待业明显的管理痕迹。长期以来,旅游发展中“文化流失”“主客矛盾”“相对剥夺”“精英俘获”“旅游飞地”“行政逐利”等问题纠缠不断。旅游,是幸福产业,能给游客带来美好体验的同时,也能给目的地居民带来幸福生活。旅游接待业的运行过程不是单纯的经济行为,而是经济与文化的复合行为。教材编写中打破传统纯经管局限,站在不同主体的立场上,充分考虑旅游接待业中政府机构、旅游接待行业、游客、社区主体等的利益关切,关注旅游接待过程中人与人的关系,综合管理、经济、社会、人类、地理等相关学科的方法,切中这一过程中“经济—文化—社会—生态”的交互关系,营造旅游接待业可持续发展的和谐路径和生态系统。

本书为贵州大学旅游管理一流学科建设项目的教材建设内容之一,在贵州大学旅游与文化产业学院李锦宏院长、王迪书记、苟敏副书记及晏超副书记的指导下完成。教材凝聚了多校一线老师多年的教学研究经验,更有效地吸纳了旅游行业精英的丰富实践,编写分工如下:第一章、第二章由贵州大学旅游与文化产业学院笪玲执笔,第三章由贵州大学旅游与文化产业学院石坚执笔,第四章由中共成都市委党校统一战线理论教研部肖怡然执笔,第五章、第六章第二节由山西师范大学历史与旅游文化学院张江峰执笔,第六章第一节、第三节至第五节由贵州省六盘水师范学院经济管理学院(旅游学院)陈香香执笔,第七章由贵州群升豪生大酒店杨洁执笔,第八章由贵州大学旅游与文化产业学院晏智执笔,第九章由广西民族大学管理学院蒋丽霞执笔,第十章由贵州大学旅游与文化产业学院罗阳执笔。全书由笪玲统稿和校对,南开大学旅游与服务学院博士研究生何健薇、贵州大学旅游管理专业硕士研究生王金晓、郑子炜、李贞参与了本书案例收集整理工作,旅游管理本科生张佳一、王姿俨、韩绪、朱玉参与了相关资料及图片的收集工作。

本书得以顺利出版,尤其要感谢重庆大学出版社的支持,本书编写攻坚之际,恰逢疫情,城市静默,出版社在签订合同中的支持、教材修撰中的鼓励、书稿校对中的严谨,令人敬佩!感激之情非竭力保障本书质量无以为报。本书吸纳了大量国内外学者的研究成果及旅游管理部门的资料,谨在此对相关作者及机构表示感谢。

本书紧紧把握新时代旅游接待业人才培养需求,拟满足3类人士的学习和工作需求:①高等院校旅游管理类专业本科生和研究生日常教学;②旅游研究机构及相关科研人员科研参考及借鉴;③旅游行业服务管理人员进行旅游职业培训的理论参考。

时代发展不断为旅游接待业提出新要求,编者囿于知识水平,不一定能系统呈现这一动态过程,编写中疏漏及不足之处在所难免,恳请读者批评指正!

编 者

2022年12月27日

目录

第一部分　旅游接待业理论

第二部分　旅游接待业系统

第三部分 旅游接待业管理

第一部分
旅游接待业理论

第一章
旅游接待业导论

【教学目标】

1. 知识目标：

(1) 掌握旅游接待业的概念及特征；

(2) 理解旅游接待业与旅游业的关联；

(3) 掌握旅游接待业的特征及要素；

(4) 熟悉旅游接待业发展的历程及现状，掌握旅游接待业的发展趋势。

2. 能力目标：

能运用所学知识分析旅游接待业与旅游业发展的交错关系，思考旅游接待业的发展特点。

3. 素质目标：

增强学生对传统旅游接待业实际业务运营管理的认知和关注，引导学生进行旅游接待业创新思考。

【关键词】

旅游接待业；性质；要素；现状；历史

引　言

衣、食、住、行是人类最重要的四件事，而作为旅游业重要分支的旅游接待业便占了其中三项基本要素：餐饮、住宿和旅行。旅游接待业与人们日常生产生活关系密切，然而其并未被用作一般用语得到广泛应用。事实上，旅游接待业广泛分布于我国乃至世界各地，为多数人尤其是出门旅行者所知晓。为更深入地了解旅游接待业，本章从旅游接待业的概念及内涵，旅游接待业与旅游业的关联，旅游接待业的特征及要素，旅游接待业的发展历史、现状以及其对应的市场需求和趋势等方面，就旅游接待业的关键问题进行分析。

第一节　旅游接待业的概念及特征

一、旅游接待业的概念

伴随着旅游业的蓬勃发展,旅游接待业相关领域的研究逐渐成为一个颇受关注的研究领域。然而,当前各界尚未对旅游接待业有统一的概念界定,本书从广义和狭义两个方面对旅游接待业的概念进行分析,并以此形成本书对旅游接待业相关概念和内涵的界定。

(一)广义概念

由于很多行业都或多或少潜移默化地参与到旅游接待业中,因此,很多专家、学者对旅游接待业给出了边界较为开阔的定义。较早从广义视角定义旅游接待业的学者是 Carol A. King(1995),他在《*What is hospitality*》一文中写道,在商业或组织环境中的旅游接待业是一种主客体之间特定的关系。在这种关系中,接待主体需要理解如何能给客人带来快乐、舒适和福祉,并在相互尊重的社会礼仪的过程中,在面对面的互动中慷慨并完美地提供服务,并且以提高宾客的满意度和发展重复业务为目标。在这一定义中,Carol 从历史和社会的双重视角将旅游接待业抽象为一种“关系”,并给出了一个旅游接待业模型(图 1-1)①。在这一模

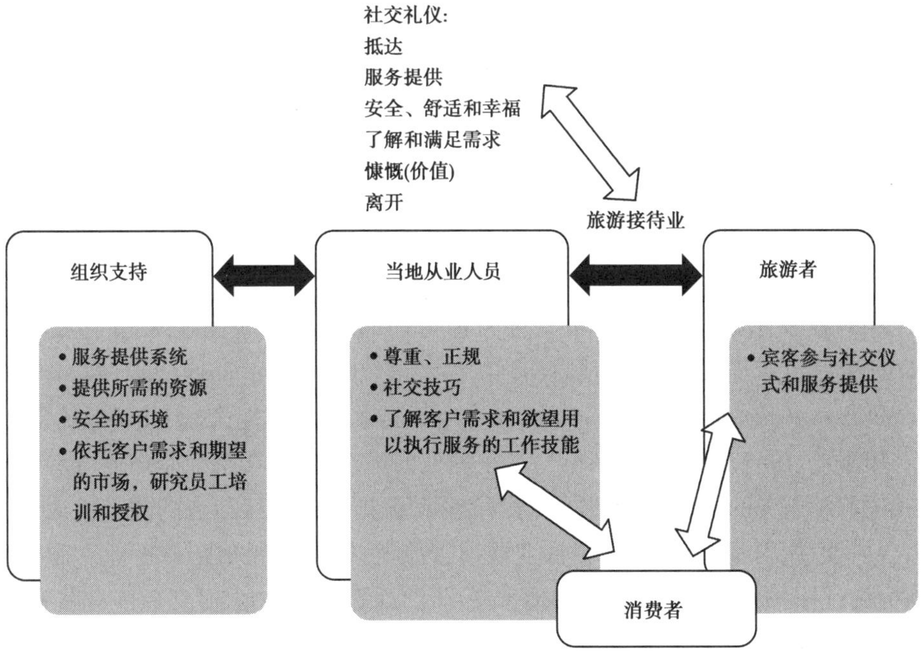

图 1-1　旅游接待业模型

参考资料:朱虹.旅游消费者权益保护研究[D].哈尔滨:黑龙江大学,2013.

① Carol A. King. What is hospitality[J]. International Journal of Hospitality Management,1995,14(3):219-234.

型中，旅游接待业是连接接待业从业人员（主体）和消费者（客体）的纽带，其包含的要素覆盖宾客抵达、服务提供、宾客离开的全过程。

很多美国学者也从广义视角定义了旅游接待业，普遍认为旅游接待业包括旅游、住宿、餐饮、俱乐部、博彩、景点、娱乐等领域，甚至应当把会展服务和娱乐管理也囊括到旅游接待业领域中。Teng（2011）拓展旅游接待业的概念，认为旅游接待业是以经济盈利为目的的商业接待性活动①。Michael Ottenbacher 等（2009）更清晰地定义了旅游接待业（图 1-2），认为旅游接待业的核心产业由六大产业构成，包括住宿业、餐饮业、休闲业、旅游景区、旅行业、会展业②，这也是目前认可度相对较高的旅游接待业的广义定义。

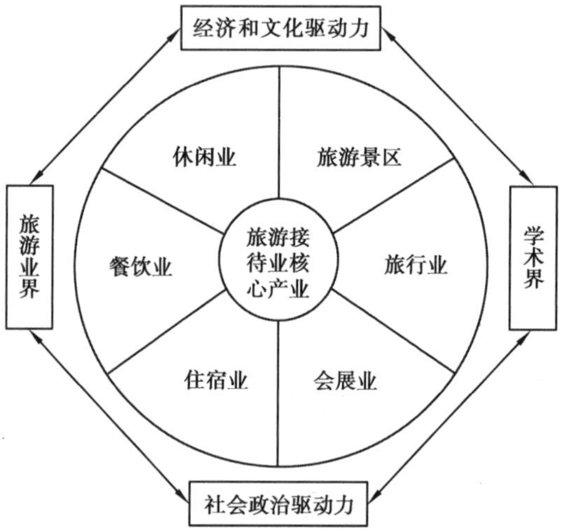

图 1-2　广义的旅游接待业

（二）狭义概念

与上述观点不同，很多专家学者认为旅游接待业的外延并没有那么广，应当从更谨慎的视角对旅游接待业作出定义。

一个相对权威且受到国际学术界认可的观点是由接待业管理国际期刊的主编 Pizam 根据自身的研究和编审经验给出的，他在期刊的编者语《*What is the hospitality industry and how does it differ from the tourism and travel industries?*》一文中曾经给出了旅游接待业的定义，并分析了其与旅游业、旅行业的区别（图 1-3）。根据他的观点，旅游接待业是向旅游者及当地居民提供相关旅游服务的商业集合，餐饮、娱乐、辅助设施是旅游接待业的特有组成部分。除此之外，会展业、休闲业、住宿业和餐饮业既属于旅游接待业，也属于旅游业。需要说明的是，他认为旅行社、旅游景区、旅游目的地营销、旅游规划与开发、旅游交通等只属于旅游业，

---

① Chih-Ching Teng. Commercial hospitality in restaurants and tourist accommodation: Perspectives from international consumer experience in Scotland[J]. International Journal of Hospitality Management, 2011, 30(4):866-874.

② Michael Ottenbacher, Robert Harrington, H G Parsa. Defining the Hospitality Discipline: a Discussion of Pedagogical and Research Implications[J]. Journal of Hospitality & Tourism Research,2009,33(3):263-283.

而不属于接待业。

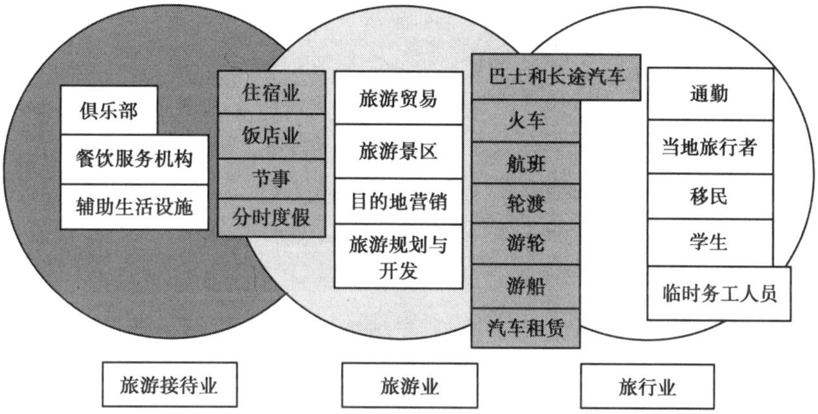

图 1-3 旅游接待业与旅游业、旅行业的区别

此外，Brotherton(1999)[①]、Purcell K.(2000)[②]等学者指出旅游接待业是由食宿餐饮等活动组成的人文互惠活动。在住宿方面，包括由一般到奢华的各个住宿接待等级。在餐饮方面，包括餐馆、俱乐部、酒店以及购物场所、火车、飞机、轮船等多种情境下提供的食物和饮料服务。曾国军等(2018)对 2006—2015 年的 983 篇文献进行计量分析的基础上提出酒店和餐饮是旅游接待业的核心部分，具有不可动摇的地位。随着政策及产业的发展，旅游接待业的范围逐步拓展至会展、游艇、博彩等相关领域(图 1-4)[③]。综上，这些研究的共同点是都认为住宿和餐饮是旅游接待业的核心部分。

(三)本书的定义

通过对相关概念的梳理，本书认为旅游接待业既是旅游业的一部分，也是服务业的一部分，它是各种旅行接待服务的总称。《牛津词典》将“接待”定义为好客的行为或做法，以慷慨和善意为客人或陌生人提供娱乐和招待。相对应地，接待业特指商业或专业招待的行业，通过为出门在外的人提供住宿、食品、饮料等获取报酬。基于此，本书认为旅游接待业应包含以下几个方面的内容：

1. 以综合服务为内容

旅游者在旅游过程中既是社会人也是自然人，除了必要的旅游消费活动外，同样需要自然生理需要。旅游接待业属于现代接待业，种类繁多且所提供的服务组合各有差异，但共同构成了一系列服务产业全程作用并相互配合完成旅游者的旅游过程。旅游业既包括物质资

---

① Bob Brotherton. Towards a definitive view of the nature of hospitality and hospitality management[J]. International Journal of Contemporary Hospitality Management, 1999, 11(4): 165-173.

② Purcell K. In Search of Hospitality: Theoretical Perspectives and Debates[J]. International Journal of Contemporary Hospitality Management, 2000, 21(2): 203-205.

③ 曾国军，王丹丹. 全球视野下接待业研究述评：基于 IJHM 的量化内容分析(2006—2015)[J]. 旅游学刊, 2018, 33(5): 114-126.

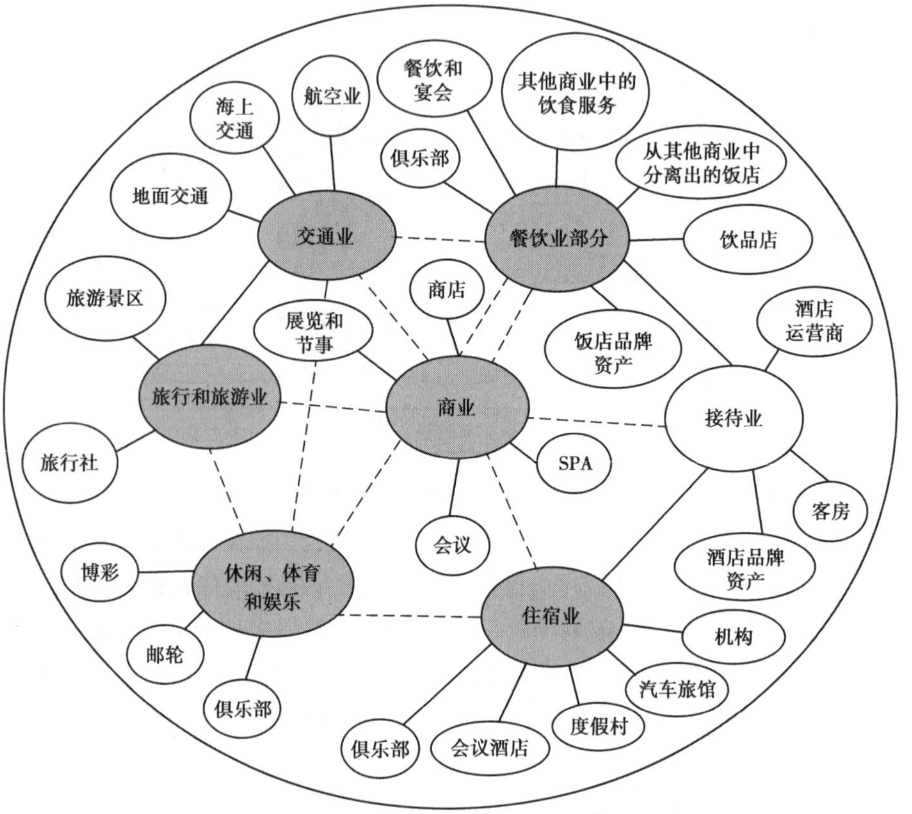

图 1-4　旅游接待业的细分领域

资料来源:曾国军,王丹丹. 全球视野下接待业研究述评:基于 IJHM 的量化内容分析(2006—2015)[J]. 旅游学刊,2018,33(5):114-126.

料生产部门,又包括一些非物质资料生产部门。据美国、澳大利亚等国的统计分析,直接和间接为游客提供服务的工业部门达 30 余个,涉及 108 个门类。人们外出旅游除了必要的吃、住、购的部分有形物质消费等外,花钱购买的主要是服务等非物质的产品,综合性服务构成了旅游接待业的基础。

2. 以服务质量为核心

旅游接待提供的产品中均包括服务成分和实物成分,不同类型的行业实物成分和服务成分所占比例不同,相比较而言,导游、讲解等服务中以无形服务成分为主;购物、餐饮等服务以有形的劳务成分为主,如图 1-5 所示。但是整体而言,旅游接待业的产品区别于其他行业产品的最大特点,就是无形服务是产品构成的核心,也是产业竞争力的核心。

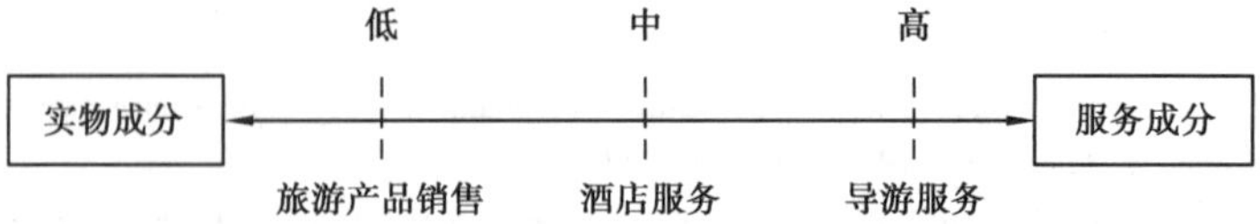

图 1-5　旅游接待业不同类型行业服务特征

服务质量是旅游接待业质量评定的核心。从供给侧看,提升服务质量就是提高竞争力;

从需求侧看，提升服务质量体现了一切为了人民的宗旨。我国旅游接待业多年来大力提升服务质量，旅游者满意度明显提高，但是在软硬件方面仍然存在许多不足，与高质量发展的要求还有一定距离。为了进一步提升旅游服务质量，坚持问题导向，有必要全面深入了解旅游安全、市场秩序、基础设施、公共服务、服务规范、从业人员素质等方面的情况，全面巩固提升旅游接待业服务质量取得的成就，揭示不足，诊断存在的问题，探索服务质量提升的改进方向。

3. 以设施设备为基础

旅游接待业以设施设备为基础，是提供餐饮、住宿、商务、娱乐等多种服务的必要条件。旅游接待业中的企业服务提供有赖于其设施设备，例如，饭店建筑物本身就是重要的设施，是饭店重要的固定资产。但饭店中不同的设施设备对应的服务是不同的，如餐厅提供餐饮服务，健身房、游泳池提供康体健身服务，书屋、阅览室提供阅读服务，多功能厅提供会议、宴会服务等。一些简单快捷的服务，通过氛围的营造，也会创造良好的文化空间，如当下不少景区或旅游街区出现的“后备箱集市”，如图 1-6 所示。

图 1-6　年轻人创业的“后备箱集市”

图片来源：笪玲 2022 年 8 月 21 日拍摄于贵阳。

4. 以旅游行业为依托

旅游接待业的主要服务对象是旅游者，因而旅游接待业往往被看作旅游产业中的一部分。例如，美国饭店业协会将旅游与接待业划为五个分支，住宿和餐饮等都是其中的一部分，如图 1-7 所示。其中，旅游与接待业的范围和分支有很多交叉和重合，也就是说如果离开旅游业，旅游接待业就会成为无源之水、无本之木。

二、旅游接待业的特征

旅游接待业作为旅游业的一条重要分支，除了具有旅游行业的共性外，它还具有自身的特征。

（一）综合性

旅游服务的对象及主体就是“人”。旅游接待业的构成要素具有综合性，几乎涵盖了食、住、行、游、购、娱的各个方面，所提供的服务是多种多样的；同时，随着旅游业的不断发展，行

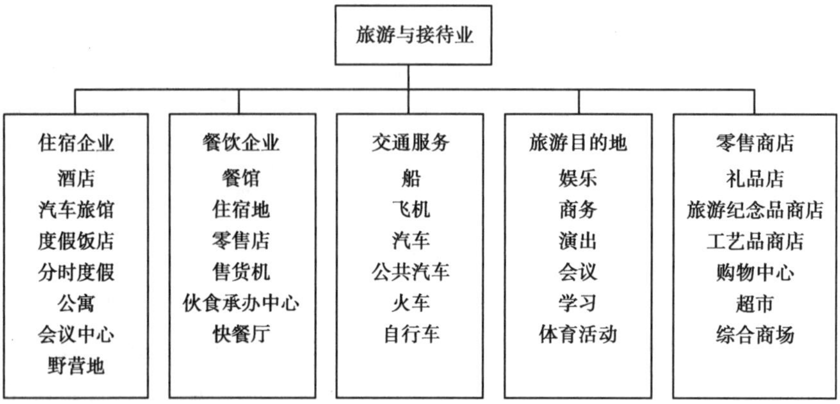

图 1-7　旅游与接待业的范围和分支

图片来源：邓爱民. 旅游接待业管理[M]. 北京：中国旅游出版社，2018.

业的边界逐渐模糊，游客涉及的产业及空间也被无限拓展，旅游接待业涉及的空间与类型日趋多样化，推动了旅游服务内容的综合性。为了保障不同类型及形态服务的质量，标准化成为服务质量的重要保障。随着游客多元个性需求的增加，在标准基础之上的个性化成为时代需求。为了有效满足不同游客的个性化诉求，在标准化服务的基础上增加个性化服务，同时注重服务细节的把握和各类服务产品的整合，让游客得到物质享受与精神满足，从而产生宾至如归的感觉①。

（二）外向性

虽然旅游空间的主客共享已经是主要趋势，但是就旅游接待业的立足点来看，旅游接待业的服务对象是来自各国、各地区的旅游者，即主要面向的是外来市场，因此，它的外向性是很明显的。旅游接待业从业人员在接待过程中会与旅游者产生跨区域、跨国际的人际交往活动，他们提供的产品及服务都需要根据接待对象的偏好和需求做出调整，同时还要适当了解接待对象所在地的风俗与文化习惯，以便在尊重接待对象民族、宗教等文化信仰的前提下提供更好的产品或服务。

（三）集聚性

旅游接待业的集聚性主要体现在产业的空间结构上。游客在旅游行为的空间集中性驱动了旅游接待业相关产业分布的地理集中性，这种集聚能够为该区域带来一定的规模效益并促进相关经济业态的完善与发展。不同的旅游组织在某一区域的集聚能够共享该区域的一些基础设施与设备，节约成本，同时他们的集聚会形成一种相对完整的经济业态，这种经济业态能够让他们共享客源并获得更多的客源，从而节省一定的营销成本；在一定条件下，不同组织之间还能够达成业务上的合作（如旅行社、景区、酒店之间的联动合作）以获得规模

① 邓爱民. 旅游接待业管理[M]. 北京：中国旅游出版社，2018.

化、集群化效益[①]。

（四）波动性

旅游接待业易受市场、社会环境及其他各种因素的影响。旅游者的偏好不是一成不变的，而旅游接待业是直接服务于旅游者的，所以影响旅游者偏好或出行的因素基本上也是影响旅游接待业的因素[②]。随着多媒体与互联网的迅速发展，许多网红景点如雨后春笋般出现，旅游者纷纷前往网红景点打卡，为旅游目的地的旅游接待业带去了巨大商机。例如新冠病毒感染疫情改变了游客的出行频率和出行半径，在很长一段时期内给旅游接待业造成了沉重打击，许多旅游接待业企业如旅行社、民宿等濒临破产、倒闭。疫情加速了市场的转型，旅游接待业面临深刻的调整。

（五）持续性

旅游已经成为当下人们的一种生活方式，旅游接待业虽具有波动性大的特点，但旅游接待的市场需求是长期存在的。旅游者需要通过旅游目的地的相关旅游接待企业所提供的产品或服务才能获得高质量的物质享受与精神满足[③]。随着近年来经济的稳步上升，中产阶级的崛起，人们对美好生活的需求也越来越高，在这种情况下，人们的出游率显著提高，旅游业总体呈现稳步快速的增长趋势，由于旅游自身的随机性及脆弱性，极易受到一些社会、经济、政治等因素的影响，但产业整体仍呈上升趋势。以新冠病毒感染疫情对旅游业的影响来看，虽然 2020 年疫情突然暴发使旅游接待业进入有史以来最严峻的寒冬，但随着防疫水平的提升、各项政策的助力以及旅游信心的恢复，旅游接待业逐步进入缓慢复苏的恢复期，如图 1-8 所示。

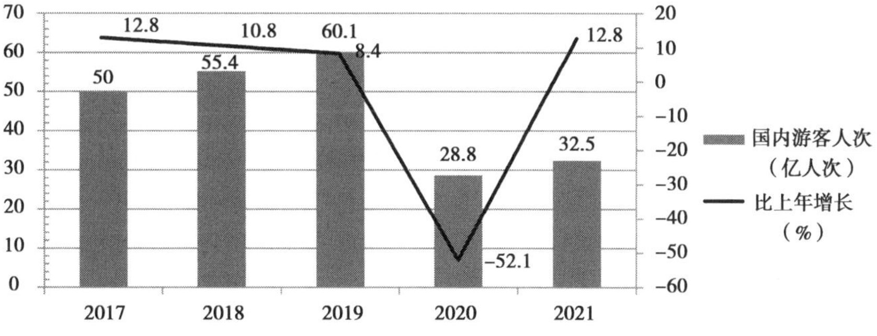

图 1-8　2017—2021 年国内游客人次及增长速度

数据来源：中国统计年鉴。

---

① 张凌云. 世界旅游市场分析与统计手册［M］. 2 版. 北京：旅游教育出版社，2012.

② 马勇，周霄. 旅游学概论［M］. 北京：高等教育出版社，2018.

③ 查尔斯·戈尔德耐，等. 旅游业教程［M］. 8 版. 贾秀海，译. 大连：大连理工大学出版社，2003.

(六)空间性

旅游空间包括目的地(Ponting J et al.,2013)①、景点(Yrigoy I,2014)②、景区(Luo F et al.,2016)③、社区等多种尺度(孙九霞 等,2014)④,属于旅游功能突出、边界清晰的区域(陈丽坤,2019)⑤。旅游空间不再纯粹地作为旅游活动开展的客观背景,而是政府部门、旅游企业、当地居民、游客等多元利益相关主体进行旅游实践活动的产物,也是旅游地社会及其生产关系建构的结果,成为生产资料和消费对象,能够被人感知的物质存在。

旅游接待通过依托一定的空间,为保障旅游活动得以顺利开展提供各种服务,具体包括旅行过程服务、游览服务、基础服务、文化服务等多方面的服务内容。旅游目的地通过提供这些服务获得经济利润。在旅游接待服务中,包括必要服务和可能服务两个板块。所谓必要服务,即旅游者围绕旅游过程,完成旅游活动必须要消费的服务;所谓可能服务,即旅游者在旅游游览过程中衍生的消费行为。旅游空间范围内的必要服务和可能服务如图1-9所示。

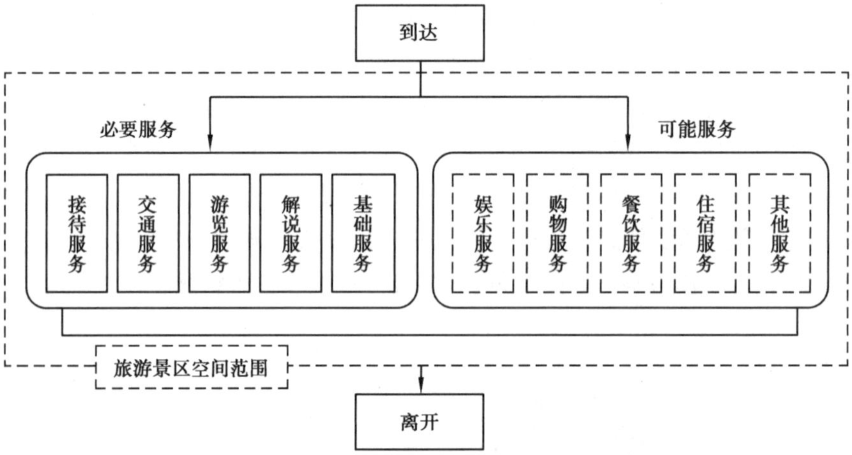

图1-9　旅游空间范围内的必要服务和可能服务

---

① Ponting J, McDonald M G. Performance, agency and change in surfing tourist space[J]. Annals of tourism research, 2013,43(4):415-434.

② Yrigoy I. The production of tourist spaces as a spatial fix[J]. Tourism Geographies, 2014, 16(4):636-652.

③ Luo F, Moyle B D, Bao J, et al. The role of institutions in the production of space fortourism: national forest parks in China[J]. Forest policy and economics,2016,70(1):47-55.

④ 孙九霞,苏静.旅游影响下传统社区空间变迁的理论探讨:基于空间生产理论的反思[J].旅游学刊, 2014, 29(5):78-86.

⑤ 陈丽坤.国家—市场—社会三维视角中的民族旅游空间变迁:以西双版纳景洪城傣族旅游为例[J].旅游科学, 2019,33(3):21-36,63.

第二节 旅游接待业与旅游业的关联

一、旅游接待业的构成体系

旅游活动的延伸范围决定了旅游接待业的构成体系，旅游活动中的服务供给部分构成了旅游接待业的核心。根据旅游活动的发生顺序，可以将旅游接待业分为“准备”行业、“移动”行业和“逗留”行业。所谓“准备”行业，是为旅游出行提供准备服务的行业，包括旅游问询和预订，也包括旅游商品采购服务行业等；“移动”行业，主要指实现旅游者和旅游信息转移的交通运输行业和通信业等；“逗留”行业，主要指负责在旅游目的地为游客提供接待服务的各种行业。旅游接待业作为一个复合型行业，包括了众多产品形态完全不同的行业，但其本身与这些行业又并非完全重合，如图 1-10 所示。

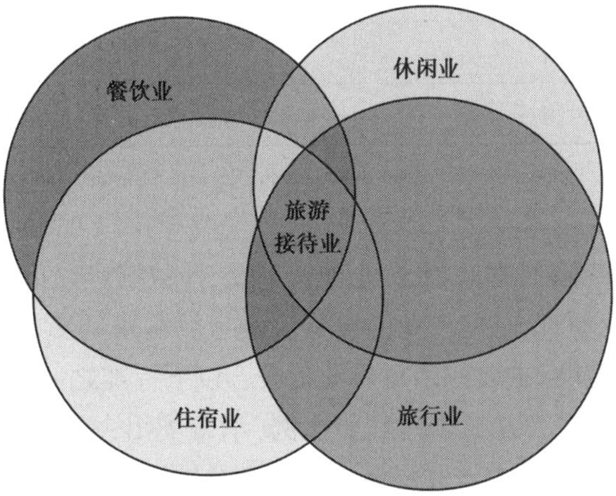

图 1-10　旅游接待业与相关产业的关系

旅游业的构成是复杂的、变化的和波动的，对于旅游接待业的边界及关联上存在的争议，旅游接待业分类借鉴旅游业的分类是比较可行的做法。基于此，本教材参照了以下两个体系。

（一）基于《国际旅游统计建议（2008）》的旅游接待业构成体系

世界旅游组织《国际旅游统计建议（2008）》，针对与旅游活动关联性的大小，将旅游接待业划分为旅游特征产业与旅游关联产业两部分。

旅游特征产业指与旅游活动关联性密切、旅游活动的变化会对其直接产业影响的产业。按照《国际旅游统计建议（2008）》的观点，至少包括 12 个特征行业，其中在国际上具有可比性的 10 个行业，具体参阅表 1-1。

表 1-1　旅游特征消费产品与旅游特征行业一览表

产品	行业
1. 游客的住宿服务	1. 住宿行业
2. 餐饮服务	2. 餐饮行业
3. 铁路乘客交通服务	3. 铁路乘客交通行业
4. 公路乘客交通服务	4. 公路乘客交通行业
5. 水路乘客交通服务	5. 水路乘客交通行业
6. 航空乘客交通服务	6. 航空乘客交通行业
7. 交通设备租赁服务	7. 交通设备租赁行业
8. 旅行代理商与其他预订服务	8. 旅行代理商与其他预定预订行业
9. 文化服务	9. 文化服务行业
10. 体育与娱乐服务	10. 体育与娱乐行业
11. 国家特定的旅游特征物品	11. 国家特定的旅游特征物品的零售业
12. 国家特定的旅游特征服务	12. 国家特定的旅游特征行业

资料来源:United Nations. International Recommendations for Tourism Statistics 2008:41-43.

旅游关联产业通常指除上述 12 个产业外,产业统计数据难以进行国际比较的产业。需要说明的是,对某些国家而言,某些产业同样受旅游市场需求的影响巨大(如乡村旅游业),之所以未列入特征行业范畴,主要原因在于其不符合以下标准之一:①在该产品(行业)上的旅游消费支出应该占旅游消费总支出的重要比例(消费支出占总需求的比例);②在该产品(行业)上的旅游消费支出应该占该经济体中该种产品供给量的重要比例(占供给的比例)。

(二)基于国家统计局的旅游接待业构成体系

我国国家统计局颁布的《国家旅游及相关产业统计分类(2015)》标准将旅游接待业分为旅游接待业、旅游辅助服务业和政府旅游管理服务业。2017 年 6 月《国民经济行业分类》(GB/T 4754—2017)正式颁布,同年 8 月,国家统计局印发《关于执行新国民经济行业分类国家标准的通知》(国统字〔2017〕142 号),在此要求下,2015 年的分类标准已经无法适应新的行业发展需要,通过对照调整,形成《国家旅游及相关产业统计分类(2018)》,形成旅游业和旅游相关产业两大部分。旅游业是指直接为游客提供出行、住宿、餐饮、游览、购物、娱乐等服务活动的集合;旅游相关产业是指为游客出行提供旅游辅助服务和政府旅游管理服务等活动的集合。本书认为,旅游接待业则是指直接面对旅游者为其提供各自服务的企业或机构,其包括的范围通常而言小于旅游业,参阅表 1-2。

表1-2　国家旅游及相关产业统计分类表

旅游业	大类	种类	小类	旅游接待业
旅游产业	旅游出行	旅游铁路运输	铁路旅客运输	属于
			客运火车站	属于
		旅游道路运输	城市旅游公共交通服务	属于
			公路旅客运输	属于
		旅游水上运输	水上旅客运输	属于
			客运港口	属于
		旅游空中运输	航空旅客运输	属于
			观光游览航空服务	属于
			机场	属于
			空中交通管理	属于
		其他旅游出行服务	旅客票务代理	属于
			旅游交通设备租赁	属于
	旅游住宿	一般旅游住宿服务	旅游饭店	属于
			一般旅馆	属于
			其他旅游住宿服务	属于
		休养旅游住宿服务	休养旅游住宿服务	属于
	旅游餐饮	旅游正餐服务	旅游正餐服务	属于
		旅游快餐服务	旅游快餐服务	属于
		旅游饮料服务	旅游饮料服务	属于
		旅游小吃服务	旅游小吃服务	属于
		旅游餐饮配送服务	旅游餐饮配送服务	属于
	旅游游览	公园景区游览	城市公园管理	属于
			游览景区管理	属于
			生态旅游游览	属于
			游乐园	属于
		其他旅游游览	文物及非物质文化遗产保护	属于
			博物馆	属于
			宗教活动场所服务	属于
			烈士陵园、纪念馆	属于
			旅游会展服务	属于
			农业观光休闲旅游	属于
	旅游购物	旅游出行工具及燃料购物	旅游出行工具及燃料购物	属于
		旅游商品购物	旅游商品购物	属于

续表

旅游业	大类	种类	小类	旅游接待业
旅游产业	旅游娱乐	旅游文化娱乐	文艺表演旅游服务	属于
			表演场所旅游服务	属于
			旅游室内娱乐服务	属于
			旅游摄影扩印服务	属于
		旅游健身娱乐	体育场馆旅游服务	属于
			旅游健身服务	属于
		旅游休闲娱乐	洗浴旅游服务	属于
			保健旅游服务	属于
			其他旅游休闲娱乐服务	属于
	旅游综合服务	旅行社及相关服务	旅行社及相关服务	属于
		其他旅游综合服务	旅游活动策划服务	不属于
			旅游电子平台服务	属于
			旅游企业管理服务	不属于
旅游相关产业	旅游辅助服务	旅游出行辅助服务	游客铁路出行辅助服务	属于
			游客道路出行辅助服务	属于
			游客水上出行辅助服务	属于
			游客航空出行辅助服务	属于
			旅游搬运服务	属于
		旅游金融服务	旅游相关银行服务	属于
			旅游人身保险服务	属于
			旅游财产保险服务	属于
			其他旅游金融服务	属于
		旅游教育服务	旅游中等职业教育	不属于
			旅游高等教育	不属于
			旅游培训	不属于
		其他旅游辅助服务	旅游安保服务	属于
			旅游翻译服务	属于
			旅游娱乐体育设备出租	属于
			旅游日用品出租	属于
			旅游广告服务	不属于
	政府旅游管理服务	政府旅游事务管理	政府旅游事务管理	不属于
		涉外旅游事务管理	涉外旅游事务管理	属于

资料来源：国家统计局。

二、旅游接待业在旅游业中的地位

旅游接待业不仅可以作为一种产业经济现象，也是旅游学术研究的对象之一。与我国旅游接待业迅速发展的行业背景不匹配的是，国内以"旅游接待业"为术语开展的研究十分匮乏，因为人们对旅游接待业的概念尚未达成共识。但是，这似乎并未影响旅游接待业中有关业态问题的研究开展。因为无论是从广义还是狭义，旅游接待业包括的产业要素足够丰富和多元，以酒店、餐饮、旅行社等为对象进行研究的学术文献多不胜数。了解旅游接待业在旅游业中的地位有助于我们更深入、更全面地理解旅游接待业的概念和内涵。食、住、行、游、购、娱是旅游的六要素，属于旅游业范畴。旅游接待业也同样包含食、住、行、游、购、娱这些要素，因此旅游接待业也属于旅游业的范畴。究竟旅游接待业在旅游业中的地位如何？下面从四个方面阐述旅游接待业在旅游业中的地位。

（一）旅游接待业是旅游业的重要基础

旅游业通常认为是以旅游者为服务对象的行业群体，除了直接以营利为目的的企业外，不少不直接为旅游者提供服务、与旅游者关联度小的企事业，同样对旅游业发展起到支持或干预作用。作为综合性的旅游产业，大概包括以下部分，如图 1-11 所示。

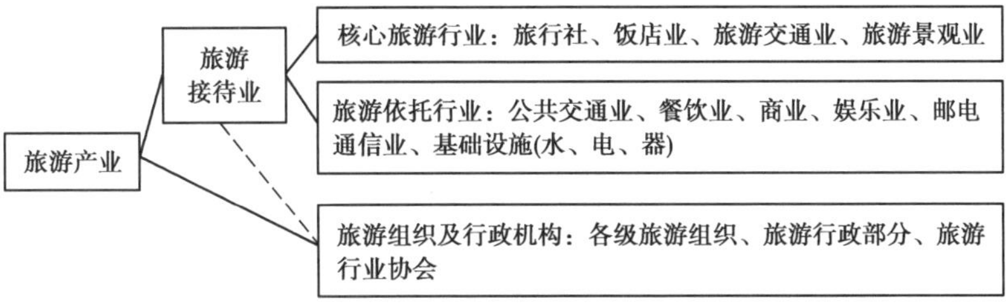

图 1-11　旅游产业的构成

旅游产业中，"对客"产业构成产业的核心及根本；旅游接待服务本身也是旅游业最重要的内容。旅游接待业不仅包括了传统狭义旅游业的内容，也包括了部分主客共享的基础公共服务产业，同时，伴随着社会舆情、政府职能转变、旅游的全民性及大众性，不少传统的旅游组织及行政结构，也具备了一定的旅游接待功能。因此，旅游接待业是旅游业的重要保障，它为旅游业的正常经营和运行保驾护航。

（二）旅游接待业是旅游业的行业先锋

旅游业具有促进文化交流、推动世界交往、传播民族文化等众多社会功能。我国的旅游业始终是对外开放的桥头堡，旅游业也是最早承担外事使命的行业。我国旅游接待业的发展，经历了由外事接待向经济发展转变、由行政事业向市场经济转变、由旅游产品向旅游产业转变、由经济产业向幸福产业转变。其间，旅游接待经历了改革开放、企业改制、制度创新、产业融合、技术应用等各个历史时期的重大挑战，逐步形成了以市场为中心、以游客为导向、以人民幸福为目标的民生产业。随着市场迭代完成，消费需求升级，Z 世代(90/00 后)逐渐引领市场，追求品质、体验、个性，偏爱祖国自然风光、消费新国潮、打卡"好看・好玩・好新奇”等旅游产品。旅游产业从 1.0 观光到 2.0 休闲，正向 3.0 度假体验时代演变，旅游目的地强势崛起，文化、景观与业态并重，旅游产品开始向沉浸式、个性化深耕挖掘，更加注重旅游度假的生活品质。旅游接待业逐步实现了由资源依托型向要素整合型、由“量”为核心向“质”为核心、由服务为核心向服务技术整合转变的产业系统。旅游接待业在探索旅游业发展道路、开拓创新新兴领域的同时，也成了旅游行业的行业前沿和先锋。

（三）旅游接待业推动旅游业产业多元

随着人们生活方式和消费方式的转变，在“人民性理念”的引领下，旅游接待业有效地整合了资源、资金、土地和劳动力的重新配置，由传统的第三产业实现了打通一、二产业的“无边界”产业，有效地丰富了业态、提升了旅游品质、提升经济能效的同时，也有效地延展了一、二产业的产业链，并有效推动了旅游目的地公共服务整体建设水平，驱动旅游产业的“共享性”。旅游发展新时代，以习近平新时代中国特色社会主义思想为指导，深入贯彻新发展理念，以“旅游+”和“+旅游”为途径，大力推进旅游业与一、二、三产业的融合，以及与文化、电商、科教、体育、养生、农林等行业的深度融合，是旅游接待业的重要使命，如图 1-12 所示。

图 1-12　贵州织金洞景区兼具文化陈列、艺术展示功能的游客服务中心

图片来源：笪玲 2022 年 8 月 23 日拍摄于织金洞。

（四）旅游接待业是担当时代幸福产业

习近平总书记在党的十九大报告中指出，中国特色社会主义进入新时代，我国社会主要矛盾，已经转化为人民日益增长的美好生活需要和不平衡不充分的发展之间的矛盾。这一重大科学论断，为新时代下我国旅游业的发展举旗定向。旅游作为五大幸福产业之首，既是新旧动能转换的重要产业，更是关乎人民群众生活质量和幸福指数的民生产业，其产业属性与人民美好生活需要高度契合，我国旅游业发展迎来了前所未有的发展机遇，发展方向更加明确。现代旅游服务业具有高品质、高文化含量、高附加值、高产业带动力、高水平服务、低资源消耗、低环境污染“五高两低”的特征。新时代下旅游接待业跨越发展，其力已举，其势已成，其时已至，要适应“新时代”、贯彻“新思想”、围绕“新目标”、走好“新征程”，坚持“绿水青山就是金山银山”，坚持走发展全域旅游的路子，努力实现旅游接待业促进生产发展、生活富裕、生态文明。

三、旅游接待业与旅游业的关系

旅游系统即以旅游产业为核心，由旅游客源市场子系统、旅游目的地子系统、旅行服务子系统，以及旅游活动保障子系统组成，具有特定的旅游结构、旅游功能和旅游运行体系的社会经济综合体。旅游接待业并非局限于目的地的空间区域内，而是涉及整个旅游系统空间，见图 1-13。

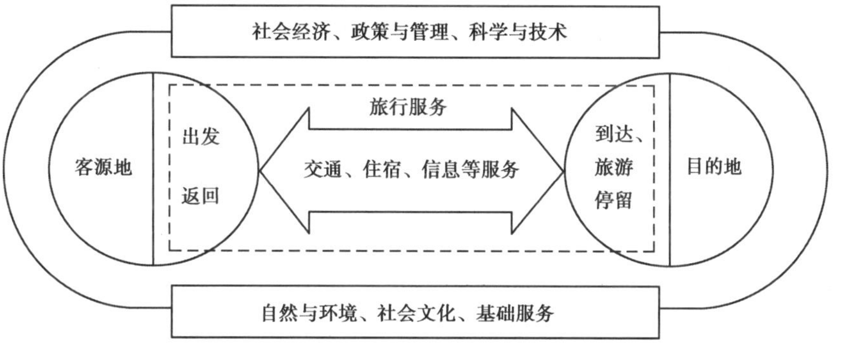

图 1-13　旅游系统构成图

图片来源：何建民. 旅游接待业［M］. 重庆：重庆大学出版社，2019.

《国务院关于加快发展旅游业的意见》（国发〔2009〕41 号）中，首次明确了旅游业"国民经济的战略性支柱产业和人民群众更加满意的现代服务业"的定位，本书认为现阶段中国旅游接待业基本属于旅游业，是旅游业的重要组成部分，若以发展的眼光看待旅游接待业，其旅游业的特征会更加明显。按照旅游接待的功能划分，旅游接待业可以分为传统旅游接待业、新型旅游接待业和跨界旅游接待业。无论是包括住宿、餐饮、游览、购物、娱乐、内部交通等向旅游者提供基本接待服务的传统接待业，还是随着旅游市场日趋成熟、产业规模逐步扩大、产业结构不断调，进一步催生具有新情景、新业态、新标准、新技术等特征的新型旅游接待业（如邮轮、民宿、汽车营地等），以及通过旅游业与其他产业高度融合形成的接待业新类型跨界旅游接待业（如会展接待业、特色旅游小镇接待业），都是旅游业发展的产物，都具有旅游业特征，因此旅游接待业属于旅游业范畴。

基于前文对旅游接待业概念与内涵的理解，以及对旅游接待业的概念、特征、构成体系等的认识，本书认为现阶段中国的旅游接待业基本属于旅游业，是旅游业的重要组成部分。本书将从三个方面进一步阐述旅游接待业与旅游业的关系。

（一）旅游接待是旅游业不可或缺的核心板块

旅游接待业从属于旅游业，旅游接待业本身就构成了旅游业的核心板块。随着大众旅游时代的到来，多元化、个性化推动了旅游接待内容及形式的多样性及创新性。旅游接待业传统基础部分逐步提升改造，推动了企业在运行方式、管理理念及产品价值等方面的深刻调整。同时，随着产业延伸和扩展，技术销售、智能外包等需求推动旅游接待服务对象逐步由旅游者拓展至旅游产业，奠定了旅游接待业在旅游业中的核心地位。

(二)旅游接待水平是旅游业发展水平的标志

劳动密集型一直是旅游接待业的重要特征,随着科技发展走向民生,旅游接待业也随着科技的运用而极大地提升了旅游接待的体验及服务质量,推动着旅游接待业走向效率性、智能化和创新性。通过思维、理念、举措及方法的创新,有效提升旅游接待业的服务质量,依托体制、技术及产品创新,释放旅游业的发展活力,推动旅游接待业高质量发展成为时代命题。旅游接待业更多的是以旅游业的各种子业态为载体提供附加服务来获取经济效益,在获取经济效益的过程中,住宿、餐饮、交通等各种业态之间相互有着密切的联系,个体的效益是整体配合的结果。

(三)旅游人员素质决定旅游接待业发展质量

旅游接待业的核心是“人”,从业人员的整体素质决定了旅游接待业的服务质量。目前,旅游接待业从业人员普遍存在以下问题:①从业人员素质不能完全满足游客的需要。直接服务于游客的一线人员服务技能不足,职业道德有待提高,尤其是具有工匠精神的高技能技术和服务人才较少;传统从业人员难以适应今天产业发展的要求,旅游一线从业人员的职业化和专业化水平整体偏低,服务现代旅游定制化人员短缺。②旅游人才分布不平衡。从区域来看,旅游人才分布呈现省会集中的特点,从城乡来看,旅游人才分布呈现严重城乡二元,乡村旅游专业人才匮乏,村民旅游意识不足,乡村旅游发展后劲不足。旅游从业人员多集中在酒店和乡村旅游业中,新兴产业从业人员数量少。③旅游人力资源供给总量不足。旅游从业人员总量不足,各省均存在旅游从业人员高负荷劳动的问题。酒店行业、旅行社、景区及旅游相关行业普遍的常态是“缺人是日常,流失是常态”,“不愿来,留不住”是痛点。旅游市场不断细化、旅游产品不断丰富、游客旅游需求不断增长变化,对旅游从业人员提出了更高的要求。旅游场景边界的模糊为旅游从业者提供了更开阔的就业思路,也为旅游从业人员拓宽了知识边界。必须将从业人员整体质量提升放到产业发展的战略地位上,才能真正有效实现旅游接待业整体水平的提升。

【同步案例】

贵州省“首席质量官”“标杆服务员”制度

一、工作目标

质量管理过程的全面性是衡量旅游企业整体质量运行,提升游客满意度的关键,更是A级旅游景区、旅游住宿业、旅行社增强市场竞争力的重要手段。按照文化和旅游部《关于加强旅游服务质量监管提升旅游服务质量的指导意见》中提出的“鼓励和支持有条件的旅游企业建立‘首席质量官’‘标杆服务员’制度的工作要求。将在A级旅游景区、星级饭店、旅行社、在线旅游经营者等,全面推行‘首席质量官’‘标杆服务员’制度,到2023年全省旅游企业‘首席质量官’‘标杆服务员’制度将做到全覆盖。”

二、工作内容

(一)“首席质量官”工作职责

“首席质量官”是旅游企业中的第一质量人,是企业战略小组的关键一员,主要负责本企业长期质量战略规划的制订,塑造旅游企业质量竞争力。通过推行企业首席质量官制度,倡导建设企业文化,落实旅游企业质量责任,有效保障质量安全、质量服务、质量监督和质量运行,提升企业质量核心竞争力,全面推进卓越绩效管理模式,夯实企业质量技术基础,促进企业产品转型升级,提升企业质量管理水平,推动企业健康持续发展。

(二)“标杆服务员”评比条件

1. 责任感:具有强烈的工作责任感,对工作高度负责,表现为敢于承担责任,尽职尽责。

2. 团队合作:具有较高的团队合作精神,顾大局、讲团结,善于与同事间坦诚沟通,积极支持和配合团队工作。

3. 工作态度:工作态度端正,任劳任怨,能主动承担工作任务,工作较为出色。

4. 工作能力:有较强的工作实际能力,能独立处理工作的疑难问题。

5. 工作绩效:追求效率,追求绩效、追求卓有成效,业绩表现突出。

6. 创新精神:具有创新的思维,独特的见解,工作前瞻性强。

7. 善于总结:善于对自己的工作进行剖析和总结,防范出现工作差错。

8. 个人素养:具有良好的个人素养,对客用语做到礼貌用语、服务用语,对客服务做到精细化、“管家式”服务。

9. 执行能力:执行能力强,处理问题张弛有度,既讲原则又通情理,不急不躁、款步有声、舒缓有序。

10. 奉献精神:不计较个人得失,主人翁意识,奉献意识较强。

11. 专业水平:熟悉岗位技能,有较高的专业水平,专业度足以应对本职工作。

12. 技能学习:善于学习,增强本领,不断提高自我综合水平和能力,有较强的进取心。

13. 成本控制:具有成本控制意识,主动带头节约资源。

14. 工作质量:保质保量完成赋予各项工作任务,并具有检验性。

思考:

1.“首席质量官”“标杆服务员”制度对于地方旅游发展的意义是什么?

2.“首席质量官”与“标杆服务员”各自的侧重点是什么?

第三节　旅游接待业的特征及要素

一、旅游接待业的特征

旅游接待业的特征主要从市场导向、适用范围、产业构成、得力保证、内在动力和核心竞争力六个方面进行概述。

（一）市场导向：旅游接待业以旅游市场需求为导向

向旅游者提供服务是旅游接待业的产业核心。假如一家旅游企业只为当地人有偿提供服务，则其便不属于旅游接待业，一旦其接待了一位旅游者，那它就实现了生活接待向旅游接待的转变，也就成为旅游接待业的一部分，这也意味着旅游接待业与生活接待业在某种程度上是交融兼用的，又因为很难分辨一家餐馆或超市商店有没有为旅游者服务，所以在现实中，我们往往不能也无须精准定义它们到底是不是旅游接待业。在大多数情况下，不妨采取较为宽松的界定，但这并不意味我们要在理论上放大旅游接待业的范围。旅游接待业主要面向的市场是旅游消费市场，为旅游者提供服务，满足旅游者的需求。消费者的消费需求日益呈现出多样化、个性化的特点，以旅游市场需求为导向的旅游接待业提供的产品和服务也日益个性化、动态化、多元化。

（二）适用范围：旅游接待业位于旅游目的地范围内

从适用范围看，旅游接待具有鲜明的主客情境特征，旅游接待发生在旅游目的地地域范围内，这意味着旅游接待业同样应当位于旅游目的地范围内。这使我们无法不加前提地简单判断一项产业到底是不是旅游接待业，以旅游交通（航空铁路）为例，一条相同的国内航线，对于国内旅游者来说，是联结旅游客源地与旅游目的地的通道，并不处于旅游目的地，因此严格来说，这并不属于旅游接待业范畴。但是对于国际旅游者来说，这条航线位于其旅游目的地国境内，因此属于旅游接待业范畴。

（三）产业构成：旅游接待业的产业要素复杂且多元

从产业构成来看，即使是狭义的旅游接待业，其涉及的产业要素也十分广泛。旅游接待业不是一项独立产业，其产业要素涵盖旅游者在旅游目的地旅游活动时所有需求的产业。特别是随着全域旅游时代的到来，旅游要素已经发生了深刻变革和拓展升级，由传统的“食、住、行、游、购、娱”六大要素扩展为“食、住、行、游、购、娱、商、养、学、闲、情、奇”十二大要素。旅游消费需求升级，必然带来旅游供给侧的升级，这意味着旅游接待业的产业范畴也将更加复杂和多元。

（四）得力保证：旅游接待业以人本管理为得力保证

以旅游高质量发展为实现旅游强国战略的重要内容，是旅游接待业人才队伍建设的核心要义。首先，树立多元的人才观，建立立体开发人才体系。旅游人才的内涵是动态演化的，所有愿意为了人民的旅游权利，为了旅游业的高质量发展而奋斗者，都是时代呼唤、国家需要的旅游人才。随着旅游市场趋于细分、旅游产品不断丰富，游客的旅游需求不断增长变化，对旅游从业人员提出了更高的要求。从景区、餐饮、酒店的场景需求，到度假区、休闲街区、博物馆、图书馆、商场、书店等不断深入，旅游场景边界的模糊为旅游从业者提供了更开阔的就业思路，也为旅游人才培育拓宽了知识边界。其次，完善引才用人机制，优化领军人才成长环境。强化人才建设，着力引进、培养、集聚一支规模宏大、结构优化、开放创新、全面发展的人才队伍。引进高层次旅游人才、实施市旅游业青年专家培养计划，加强旅游智库建设。创造宽松环境，引进文化和旅游各业态的职业经理人和领军人物，提高从业人员的专业化、职业化水平。

（五）内在动力：旅游接待业以知识创新为内在动力

齐白石曾说："学我者生，似我者亡。"创新是推动经济变革和发展的"经济工具"。创新既指变化过程，又指变化结果。创新是企业竞争力的关键，旅游接待业的服务性决定了培育产品价值、创造稀缺服务和形成独特文化成为其创新的重要途径。旅游业发展的动力自于不同历史时期的各种创造性思维，创新无限地扩张人类游憩空间，创意是旅游商业价值的源泉。目前，旅游接待业的创新发展，普遍存在"两多"（创新性工作思路多、创新性的实践多）、"两少"（创新性重大理论成果少，旅游创新的典型性、模式性成果少）的特点。旅游接待服务创新，是一种生存方式，通过创新驱动旅游增长、应对危机、实现竞争力可持续性、提升质量、形成创新知识成为产业发展的必然选择。旅游接待业的创新大致经历以下层面：超越资源局限，由观光进入真实体验并浸入社会居民生活；特殊场景、活动及服务体验，提升自我认知和技能，进而提升个人幸福感；直接参与或互动某些场景、实践和生活体验，实现个人价值。

（六）竞争核心：企业文化是旅游接待业核心竞争力

文化，为产业发展增加文化附加值，为人才振兴培育智慧土壤，为生态振兴提供智慧保障，为组织振兴提供新的方向。企业文化的培育是一个长期的且缓慢的实践过程，应聚焦产业文化历史延续、文化价值增值、文化互动发展、文化创新激励、文化价值认同等维度。企业的竞争，核心是文化的竞争，企业文化决定了企业发展的方向及路径。旅游接待业通过团队合作、行业配合来完成服务产品的生产和销售，要做到让顾客认可，必须全产业链有效对接并高度契合，前提就是文化协同。因此，要提高旅游接待业的战略竞争力，就必须以文化来引领体系战略，形成具有活力和黏性的文化价值体系。

二、旅游接待业的要素

在高质量发展的大背景下，提升旅游接待业质量的意义更加凸显。从需求侧看，提升接待服务质量体现了发展旅游为了人民的宗旨，游客体验不好、满意度不高的旅游业不能认为是高质量的旅游业。从供给侧看，旅游接待业供给总体过剩的环境下，提升接待质量就是提高竞争力，服务质量不仅影响了产品的定价和收益，自媒体对服务质量的反馈会对市场产生深刻的影响。全面了解和准确把握旅游接待业的要素，有利于旅游接待业的系统协调和可持续发展。

（一）接待组织

旅游目的地接待旅游者是需要组织的，他们可能是企业团队、政府组织，抑或是私人团体，既有可能是营利性企业，又有可能是非营利性服务机构，这些组织能为游客提供标准化和多样化服务。旅游者在进入旅游目的地后会获得来自不同组织提供的各式服务，如导游、住宿、交通等服务，这些服务通常均会有一定的质量标准，而这些标准是由接待组织在接待过程中潜移默化形成的。围绕“食之放心、住之安心、行之顺心、游之舒心、购之称心、娱之开心”目标，让接待组织的分工配合能够形成一条完整的服务产业链，提高社会文明程度，使游客获得相对完整的旅游接待体验。

旅游接待组织活动是一个复杂的系统工程，需要多方发力，协作推进。首先，树立质量第一的发展意识。建立健全旅游市场服务质量评价体系，形成科学有效的服务监测机制，倡导优质优价消费理念。提升旅游接待业整体服务水平，强化质量主体责任，培育和壮大优质服务品牌。其次，围绕旅游要素，按照补短板、强保障、优服务要求，针对不同业态存在的接待服务质量问题，制订实施各有重点的接待服务质量专项提升行动计划。

（二）接待对象

接待对象的持续需求也是旅游接待业保持较快发展的重要因素。这里所说的旅游接待对象既包括外来游客，又包括部分本地居民。旅游接待组织向接待对象提供相关服务，由此可以看出接待组织与接待对象构成了旅游接待业的供需的两个方面。一方面，接待对象是旅游接待业一个重要的关键要素。正因为接待对象如旅游者存在对旅游接待的相关服务的需求，才会诱发相关旅游接待企业为其提供旅游接待产品或服务以获得经济效益[①]。接待对象在旅游接待业中的支出与花销为相关企业与组织带去了较为可观的经济利益与其他联动效益，如宣传推广效益。另一方面，旅游接待企业或组织可以通过接待对象对产品及服务的反馈了解自身产品与服务的质量与顾客满意度，也能够知道接待对象的消费偏好与需求，从而研发出质量更高、更能满足接待对象消费需求的旅游接待产品与服务。

（三）接待管理

接待管理不仅在旅游接待业中起着一定的调控作用，在提高旅游接待市场抵抗风险的能力上也有突出表现。在 2020 年，新冠病毒感染疫情在全世界范围内暴发，世界各地的旅游业遭到重大打击，中国的旅游业同样受到较大冲击，中国政府通过一系列政策与措施尽可

① 查尔斯·戈尔德耐，等. 旅游业教程[M]. 8 版. 贾秀海，译. 大连：大连理工大学出版社，2003.

能地将旅游接待业的损失降到最小。在疫情稳定后,又通过适度的政府干预激发旅游接待业的活力,恢复了一定的旅游活力以及展现出旅游接待业的巨大发展后劲。接待管理是旅游接待业稳定、健康与可持续发展的一个重要保证。

旅游接待服务管理是多部门配合的过程,涉及众多相关部门(图 1-14)。旅游接待业在发展过程中会面临各种各样的风险与管理困境,他们可以调节内部矛盾,改变管理方式,但却很难以一己之力影响整个宏观市场环境。在旅游接待业的宏观市场环境中,需要政府及其他相关管理部门监控市场环境,打击如敲诈旅游者等的市场乱象,创造一个相对良好的接待市场,平衡接待组织与接待对象的利益①。

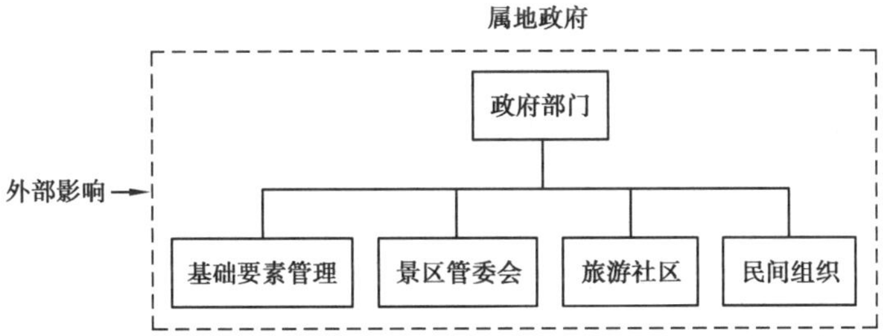

图 1-14　旅游接待服务的管理权力层次关系图

图片来源:何建民. 旅游接待业[M]. 重庆:重庆大学出版社,2019.

(四)接待配套

除了接待组织、接待对象与接待管理外,接待配套也是旅游接待业的重要因素。开展旅游接待服务需要比较完整的接待配套设施,以便旅游者获得较完整的旅游体验。接待配套对保持旅游接待业的产业完整性具有重要的现实意义②。接待配套如旅游目的地旅游基础设施是否完善也是衡量该地旅游接待业发展的一个重要标准。

党的十八大以来,旅游基础设施建设取得重大成就。经过旅游黄金十年的高速发展,以道路为核心的立体大交通体系、城乡市政基础设施和酒店等接待设施发生了根本改观,基本满足现阶段旅游业发展的需求。但目前,旅游基础设施尚存在不完善和不平衡现象。设施不足,部分景区通达交通干线和交通枢纽的道路等级较低,部分度假区内部缺乏慢行系统,信息化和充电桩等新基建设施供给不足;供需错位,部分景区游客中心等设施规模巨大,建造片面追求高档、豪华,却大量闲置,人性化不够、不便使用,设计缺乏创意、艺术性不够;区域分布不平衡,5A 级景区、国家级度假区和多数 4A 级景区的设施相对完善,部分质量等级称号较低的景区设施因陋就简或存在缺项;季节不平衡,多数景区的设施未能采取临时设施、共享设施以及管理方面的分流等措施解决高峰期游客陡增问题,造成淡季设施闲置,旺季通信、停车等设施数量和规模严重不足。

---

① 何建民. 旅游接待业[M]. 重庆:重庆大学出版社,2019.

② 马勇,周霄. 旅游学概论[M]. 北京:高等教育出版社,2018.

第四节　旅游接待业的发展历程及趋势

一、旅游接待业发展历程

旅游,是人类有意识的复杂活动,社会生产力发展水平是其得以实现的前提,而决定人们外出旅游的主要因素,美国著名旅游人类学家格雷本总结道:一为"可供自由支配的收入";二为受教育的程度即"文化自信"。旅游接待业作为一个古老的传统产业,伴随着人类旅游活动而逐步演变,大体经历了古代萌芽期、近代低迷期、现代兴起期和当代蓬勃期四个阶段。

(一)古代萌芽期(原始社会末期—19 世纪中期)

旅游服务接待萌芽于原始社会末期。大约在 150 万年前,中国原始人开始有意识地利用火来加工、烧烤食物。在新石器时代,出现了陶器,使人们有了炊具、餐具和盛器。火的使用及原始种植业和畜牧业的发展改善了人们的物质生活,并为餐饮业的形成奠定了物质基础。人类进入奴隶社会后,有闲阶级形成,旅行更加发达。一是奴隶制建立,社会各行业分工更加细密,商业更加发达;二是奴隶制统一国家的建立,社会秩序相对稳定,空间移动的条件更加具备,为旅行活动的发展创造了条件。诸侯朝觐、婚聘、纳贡、祭祀等构成商周旅游活动的主要方式。社会生产力显著提高,到商周时期金属工具(如青铜器)作为代表餐饮的炊、餐具进入金属器具时代,促进了烹饪技术的发展和提高,进一步推动餐饮发展为一个独立的行业。在西方奴隶制社会时期,消遣享乐为目的的旅游活动不仅存在于统治阶级之中,甚至一些富裕的自由民也参加到消遣旅行的行列中来。当时,为满足大量来海滨消遣旅行的游客需要,意大利沿海地带排列着大理石雕刻、浴馆和浴场、体育馆和寺庙等罗马艺术的瑰宝,当时消遣服务接待发展水平可见一斑。

封建社会是旅游接待迅速发展的时期。中国旅行的迅速发展,得益于良好的社会环境(政治上的大一统和超稳定、经济上的持续发展、科学技术上的领先水平、一脉相承的灿烂文化、与各国保持友好的传统)以及相对完善的交通体系(水路、陆路)。在这一阶段,旅行者所依赖的交通工具主要为畜力,如马、牛、驴等。旅游者的食宿接待主要为客栈、会馆、旅馆、驿站等,驿站是我国古代重要的旅行接待设施。《汉书·贾山传》记载秦的驰道,"东穷燕齐,南极吴楚,江湖之上,滨海之观毕至"。《大唐六典》记载,最盛时全国有水驿 260 个,陆驿 1 297 个。柳宗元在《馆驿使壁记》里记载:"十里一走马,五里一扬鞭";"一驿过一驿,驿骑如星流"。驿站初创时,专门为传递军情、报送政令者提供食宿,秦汉后,扩大到一些过往官吏,唐朝广泛接待过往官员及文人雅士,到了元代,已经扩大到一些过往商人及达官贵人。此外,明清时易籍人在客地的一种特殊的社会组织的会馆也是旅行接待的重要主体。迄今所知最早的会馆是建于永乐年间的北京芜湖会馆。会馆在嘉靖、万历时期趋于兴盛,清代中期最多。依据其社会功能不同，会馆又可以分为：试馆，主要分布在北京，是为同乡官僚、缙绅和科举之士居停聚会之处；同乡会馆，主要分布在北京、苏州、汉口、上海等地，以工商业者、行帮为主体；同乡移民会馆，以四川最为典型，由陕西、湖广、江西、福建、广东等省迁来的客民建立。唐宋时期尤其是南宋时期，餐饮业已具备规模。唐朝以后的宴席已从席地而坐发展成为座椅就餐。北宋画家张择端的《清明上河图》以不朽的画卷向后人展示了当时汴梁人的市井生活，酒楼、茶馆成为画面的重要组成部分。南宋时期，中国四大菜系已基本形成。在西湖上还出现了提供餐食的游船，这种把宴会与旅游结合在一起的做法一直保留到了今天。明清时期，饮宴规模盛大，中国筵宴已经成熟。清代，创造了"满汉全席"，标志着近代中国餐饮的最高水平。晚清时期，西方列强用坚船利炮打开了中国的国门之后，西方的经济、文化、生活习惯如潮而来，在中国的沿海城市等地出现了西菜馆。

公元 476 年西罗马帝国灭亡后，欧洲经过一段时间的混战和动荡，逐渐进入封建社会。中世纪的欧洲，以消遣享乐为目的的旅游活动极为盛行。11 世纪之后，欧洲城市开始兴起，西方封建主对财富的追求，促进远航探险热潮，终于在 15 世纪出现哥伦布、麦哲伦等开辟新航路的伟大的探险旅行活动。随着商业贸易日益蓬勃，远行贸易的商人越来越多，而至世界各地传教的传教士、朝拜的信众、与别国进行交涉的外交官员、传递信件的邮差的数量亦不断增多，客栈的数量随之而增。到了大航海时代，客栈的接待规模开始扩大，部分客栈已能提供 30 多间客房，并设有酒窖、食品室及厨房，甚至配套花园、草坪、宴会厅及舞厅等设施。当时客栈声誉很差，往往被人们认为是为了糊口谋生的人才干的低级行业。客栈内亦不安全，常常有不法之事发生，如抢劫、打架、聚赌等。

从中外旅游史来看，旅游接待业是随着人类经济活动的出现和文明程度的提高而产生和发展的。中外旅游接待业的发展有着自己的发展历史和特点，并在历史的一定时期相互渗透、相互竞争，促进和推动了彼此的发展。

（二）近代低迷期（19 世纪中期—第二次世界大战结束）

约在 19 世纪中期至第二次世界大战结束，是世界近代旅游产生、发展的时期。在这一阶段中，旅游者，尤其是远距离旅游者所依赖的交通工具主要为机器动力，如火车、蒸汽船、轮船等。旅游者的食宿接待主要为宾馆、饭店。旅游中介机构如旅行社以及其他为游客服务的人员（如导游）、业务（如旅行支票）等已经出现。旅游的方式主要以消遣度假旅游为主。旅游活动的范围开始突破国内的界线扩展到国际舞台。这一阶段，旅游的特点主要表现为：资本主义工业革命所带来的生产率的提高，财富的增加，以及近代交通工具的出现，扩大了旅行和旅游的人数，近代旅游开始成为一项经济活动。然而，从整个时代来看，近代旅游活动虽然已有很大发展，但还未发展到能称为独立经济行业——旅游业的地步，它只是一种局部地区个别人经营的旅游代理业。19 世纪中叶，当以机器为动力的近代交通工具逐渐替代畜力交通工具后，人类外出旅游的意识更加强烈，旅游活动的范围越来越广。为适应这一需要，旅游中介机构以及其他为游客服务的人员、业务纷纷出现，由此导致了近代旅游的产生。在人类旅游的第二阶段，由于价格便宜、快速便捷的近代交通工具的出现，加上富有的新兴资产阶级产生以及工人阶级在一定程度上争取到了带薪假日，尤其是中介旅游机构的出现，因而使得出游的人数大大增加，近代旅游开始成为一项经济活动。然而，从整个时代看，近代旅游业尚未成为独立的经济部门。

至近代，客栈开始被集团式经营的酒店取代，现代化的酒店拥有很高的服务质量和住宿环境，古老的客栈已无法与之竞争，并从此在历史的长河里消失。客栈是现代意义上饭店雏形，作为一种住宿设施早就存在，真正流行是在12世纪以后，盛行于15—18世纪之间，以英国的客栈最为著名。19世纪的欧洲，随着上层社会新的生活方式的转变，专为王室、贵族、大资产阶级服务的豪华饭店应运而生。瑞士籍饭店主里兹（Ritz）建造、经营的饭店及他本人的名字，一下子变成了最豪华、最高级、最时髦的代名词，他提出的“The guest is never wrong”（客人永远不会错）成为饭店经营格言。

（三）现代兴起期（第二次世界大战结束—2000年）

第二次世界大战结束至今，是世界现代旅游产生、发展的时期。在这一阶段，旅游者所依赖的交通工具除火车、轮船外，还有汽车和飞机。旅游者的食宿接待出现了豪华宾馆和饭店。旅游中介机构更加完善，旅游业务更加成熟。旅游的方式更加多种多样，新的旅游方式不断涌现。国际旅游空前发展起来，这一阶段旅游的特点主要表现为：由于旅游交通运输工具的进一步发展缩短了旅行的时间距离，生产自动化程度的提高使劳动者的带薪假期得以增加，加之信息技术进步的影响，越来越多的人对自己乡土和本国以外其他地区和国家的事物增加了解，并因此产生了外出旅游的兴趣，引致了大众化旅游潮流，旅游活动也随即发展成为独立的经济行业——旅游业。第二次世界大战结束后，喷气客机的发展、普及和价格降低，则促成了以大众化、社会化为基本特征的现代旅游的产生。

从20世纪50年代开始，随着旅游业的发展，特别是国际旅游业的发展，世界上一些大型饭店公司在全球范围内快速扩展，新型饭店主宰着世界的饭店业，这一状况持续至今。美国是世界上新型饭店出现最早、规模最大、数量最多的国家，最著名的有希尔顿（HILTON）、喜来登（SHERATON）、假日酒店（HOLIDAY INN）等公司系统，在世界各地都拥有大量的客房。随着世界经济的发展和经营管理方式的增多，战略联盟等新兴的管理模式也在饭店业中得到发展，如最佳西方国际（BEST WESTERN）就是其中的代表之一。

本阶段，随着旅游交通工具的进一步发展，带薪假期作为一种制度被确定下来，价值受多种因素影响，人们外出旅游的兴趣越来越强烈，出游的人数呈现大众化趋势，独立的经济行业——旅游业也随即产生。

（四）当代蓬勃期（2000年至今）

2000年以来，现代信息技术的迅速普及正在有力地推动接待业的革新。在美国加利福尼亚州，一家号称全球最新科技化的饭店——瓦伦西亚饭店在加州圣何塞开办，房客可以在饭店附近无线上网，取得股市报价、飞机航班等资料，连门房都配备掌上电脑，可即时查对客房预约及信用记录。这正反映了接待业未来竞争的趋势，接待业行业专家指出，对高科技麻木、反应迟缓仍采用低技术管理的接待业，在激烈的市场竞争中必将处于劣势。可见，随着接待业服务市场竞争的日趋激烈，技术越来越成为决定接待业竞争力的关键要素。

随着我国经济的进一步发展，加上人民生活水平的不断提高和法定节假日的增加，人们在旅游消费观念上的转变，需求也在不断增长。旅游业在进入成熟阶段的过程中，旅游接待业正在更好地为国民经济服务，不断完善其设施，提高服务质量，提高其竞争力。从21世纪开始，我国旅游接待业直接从业人员就稳定在两百多万。然而，非标准住宿正以飞快的速度发展着，其吸纳的就业人口远远超过了星级酒店。而广义的旅行社，包括OTA（Online Travel Agency，在线旅行社）等也逐渐成为多数游客出游的选择，占据着越来越多的市场。这些都成为旅游接待业解决就业的基础。

从21世纪中外旅游接待业的发展情况可知，各国当前都在积极发展科技和经济，生产力水平和社会文明程度都有惊人的发展，人民生活水平普遍提高，大众性的旅游活动蔓延国内外，旅游意识已逐渐深入人心，这在一定程度上促进和加速了现代旅游活动的发展。从旅游业以及与之相关的旅游接待业的经济效益上看，其在众多的国家和地区已成为国民经济的支柱产业，前途不可限量。旅游接待业与现代生产的高度社会化是分不开的。因此其发展过程中必然带有高度社会化的特征，具体而言可以分为大众性、广泛性、持续性等方面。

大众性主要反映在当今旅游者的结构层次、出游人数、距离、活动形式等方面。过去的旅行和旅游只是以少数个体为单位的消费形式和游乐活动，而21世纪的旅游已演变成一种各阶层人士均能参与的、广泛的民众性的群体社会活动，旅游活动几乎普及到社会各个阶层，成为大众性的群体活动，而依托旅游活动的旅游接待业在旅游者活动中所扮演的角色也越来越重要。

持续性主要表现在旅游业以及与之相关的产业的经济持续增长方面。旅游业是一个具有活力和发展前途的产业，尽管它曾经经受过多次经济萧条的冲击，但仍表现出长盛不衰的气势。以国际旅游为例，国际旅游活动从1950年的0.253亿人次发展到2017年的11.8亿人次，增长了约46倍；国际旅游收入也从1950年的21亿美元增长到2017年的53 000亿美元，增长了2 524倍，见表1-3。

表1-3　第二次世界大战后国际旅游人次及消费增长情况（以10年为单位）

年份	国际旅游人数（万人）	每年增长百分比（%）	国际旅游收入（亿美元）	每年增长百分比（%）
1950	2 528.2	—	21.00	—
1960	6 020.6	—	68.60	—
1970	15 969.0	11.6	179.00	6.5
1980	28 484.1	4.0	1 023.63	22.8
1990	41 500.0	2.6	2 300.00	10.2
2000	69 800.0	7.4	4 760.00	4.5
2010	93 900.0	6.6	9 190.00	8.0
2017	118 800.0	6.8	53 000.00	4.3

资料来源：根据世界旅游组织有关数据整理，“—”表示数据缺失。

2020 年,旅游业成为全球受疫情冲击最为严重的行业之一。在主要经济体持续宽松的财政货币政策以及全球疫苗生产和接种加速等因素的共同促进下,全球旅游经济活动进一步活跃,增长前景明显改善(图 1-15)。

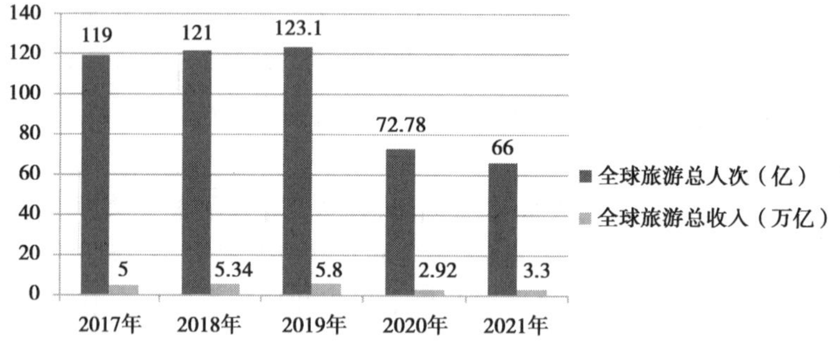

图 1-15　2017—2021 年全球旅游发展情况

数据来源:2017—2021 年《世界旅游经济趋势报告》

二、旅游接待业发展现状

(一)旅游接待业进入新发展时期

“十四五”时期是我国全面建成小康社会、实现第一个百年奋斗目标之后,乘势而上开启全面建设社会主义现代化国家新征程、向第二个百年奋斗目标进军的第一个五年,也是社会主义文化强国建设的关键时期。从国际看,当今世界正处于百年未有之大变局,旅游接待业发展面临的国际环境日趋复杂。旅游接待业既要在展示国家形象、促进对外交往、增进合作共赢等方面发挥作用,也要注意防范逆全球化影响以及新冠病毒感染疫情带来的风险。从国内看,巩固拓展脱贫攻坚成果与乡村振兴有效衔接,新型城镇化深入推进,城乡居民文化和旅游消费需求升级,旅游需求变化推动旅游接待业发展的新业态、新功能、新商业模式出现,新一轮科技革命和产业创新推动现代旅游产业体系不断优化。中央大力推进新时代西部大开发、长江经济带发展、粤港澳大湾区建设、长征国家文化公园建设、成渝地区双城经济圈建设等国家战略,将重塑旅游接待业发展空间。

(二)旅游接待业投入将持续增长

根据《中国文化文物和旅游统计年鉴 2020》可以清晰地看到,无论是文化和旅游事业费,还是文化和旅游事业费占国家财政支出的比例,都是呈现出逐年增加的趋势,见图 1-16。

我国经济社会的飞跃发展,综合国力不断扩大,人民生活水平显著提高,为旅游业的发展提供了坚实的基础。随着经济社会的发展和人民生活水平的提高,我国旅游接待业实现了跨越式的发展,并已成为消费潜力巨大、成长性能良好的服务产业。在旅游人次和人均停留天数显著增加的现实背景下,旅游接待业发展过程中需要融入可持续发展理论。要实现旅游接待业的可持续发展,其着眼点在于用可持续发展的思想来武装旅游接待业的服务理念,引导绿色消费,创造绿色收益。

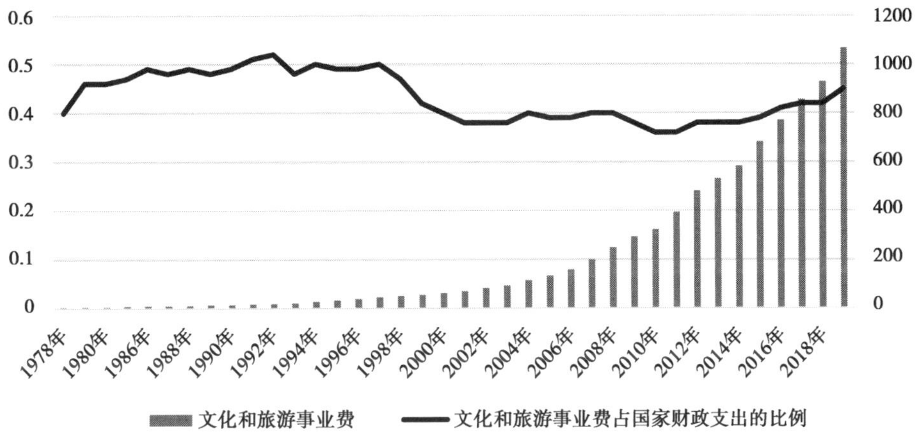

图 1-16 1978—2019 年全国文化和旅游事业费基本情况(单位:亿元,%)

数据来源:中华人民共和国文化和旅游部. 中国文化文物和旅游统计年鉴 2020[Z]. 北京:国家图书馆出版社,2020.

(三)旅游接待业是经济增长动力

党的十九届六中全会作出了重大战略部署,把促进全体人民共同富裕摆在了更加重要的位置,始终践行"以人民为中心"的理念指引。根据《中国文化文物和旅游统计年鉴 2020》中的旅游业主要发展指标,截至 2019 年末,国内旅游人次、收入以及入境旅游人次、收入均呈现逐年递增的状态,如表 1-4 所示。旅游业作为服务业的龙头产业,在强势需求的推动下正在蓬勃发展。我国旅游业随着经济的快速发展与繁荣取得了显著成就。我国已从一个单纯的旅游接待国发展成为入出境旅游都已具备相当规模的旅游目的地国家和旅游客源输出国,并已形成了世界上最大的国内旅游市场。

表 1-4 2010—2019 年旅游业发展主要指标

年份	国内旅游人次(亿人次)	国内旅游收入(亿元)	入境旅游人次(万人次)	入境旅游收入(亿美元)	出境旅游人次(万人次)	旅游总收入(万亿元)
2010 年	21.03	12 580	13 376	458.14	5 739	1.57
2011 年	26.41	19 305	13 542	484.64	7 025	2.25
2012 年	29.57	22 706	13 241	500.28	8 318	2.59
2013 年	32.62	26 276	12 908	516.64	9 819	2.95
2014 年	36.11	30 312	12 850	1 053.80	10 728	3.73
2015 年	39.90	34 195	13 382	1 136.50	11 689	4.13
2016 年	44.35	39 390	13 844	1 200.00	12 203	4.69
2017 年	50.01	45 661	13 948	1 234.17	13 051	5.40
2018 年	55.39	51 278	14 120	1 234.17	14 972	5.97
2019 年	60.06	57 251	14 531	1 313.00	15 463	6.63

数据来源:中华人民共和国文化和旅游部. 中国文化文物和旅游统计年鉴 2020[Z]. 北京:国家图书馆出版社,2020.

我国不少地区刚刚完成脱贫攻坚任务，乡村旅游补齐短板弱项、优化空间、激活乡村发展潜力的重要作用，是向第二个百年奋斗目标迈进的新征程上巩固拓展脱贫攻坚成果、繁荣乡村经济、传承乡村文化、促进乡村转型、推动人民致富的重要手段，是实现乡村振兴战略的一种路径选择①。随着乡村旅游接待服务不断改善，全国超过500万贫困人口在乡村旅游的带动下实现了脱贫。在我国乡村地区，文化资源丰富、特色鲜明的民族村寨是旅游实践的重要载体和空间场所，通过培育旅游接待业发展，能够实现乡村文化价值、有效提升乡村空间质量并增强乡村文化的再生产能力。旅游接待业引导的乡村文化振兴，对实现产业兴旺、生态宜居、乡风文明、治理有效、生活富裕具有重要贡献。

（四）旅游接待业的改革大势所趋

深化旅游企业改革，积极引导各类资金投资旅游业是促进旅游业发展的重要途径。以旅游接待业中的饭店业为例，《中国文化文物和旅游统计年鉴2020》中的全国星级饭店基本情况（表1-5）显示，企业经济能效与体制改革及市场适应性有重要关联，企业经营方式及投资主体的多元化是产业保持生机的原因之一。另外，我国大中型国有旅游企业与世界一流的国外旅游企业相比，经营规模和管理水平参差不齐，与建设世界旅游强国的目标很不适应。在新时代发展下，传统旅游接待业谋求新的发展，需要与各行业进行深度融合，旅游接待业在面对文旅深度融合的情况下，需要在原有的基础上提高服务质量，提升相关工作人员的职业技能，升级产品质量，打造优质的产品内容，引进相关融合产业的高质量人才。

表1-5　2019年全国星级饭店基本情况

类型	饭店数（个）	从业人员（万人）	客房数（间/套）	床位数（张）	客房出租率（%）	营业收入（亿元）	营业利润（亿元）	固定资产原价（亿元）
一、饭店经济类型								
合计	8 920	106.16	1 203 831	2 077 879	55.18	19 097.77	43.64	4 679.79
内资企业								
国有企业	1 872	23.44	272 817	496 012	55.83	565.57	−6.98	1 309.92
集体企业	220	1.68	23 046	51 708	54.60	31.87	0.16	81.61
股份合作企业	194	1.57	22 598	41 356	50.26	24.44	−1.60	77.68
国有联营	13	0.08	1 217	2 304	54.79	0.52	−0.07	5.96
集体联营	10	0.05	1 221	2 257	58.28	−0.15	0.08	0.72
国有与集体联营	38	0.39	4 936	8 305	49.00	3.92	−0.17	17.87

① 蔡克信，杨红，马作珍莫. 乡村旅游：实现乡村振兴战略的一种路径选择[J]. 农村经济，2018(09):22-27.

续表

类型	饭店数（个）	从业人员（万人）	客房数（间/套）	床位数（张）	客房出租率（%）	营业收入（亿元）	营业利润（亿元）	固定资产原价（亿元）
其他联营	18	0.13	2 595	4 363	60.54	2.28	0.23	2.98
国有独资企业	269	4.16	45 920	73 581	59.83	97.57	0.87	211.69
其他有限责任公司	869	10.47	138 036	226 819	57.98	224.60	7.48	510.91
股份有限公司	614	6.13	90 352	156 286	53.66	119.19	2.57	325.44
私营独资	1 669	8.31	149 300	258 268	50.09	129.54	4.22	303.37
私营合伙	258	1.46	24 158	45 730	52.78	21.78	1.35	56.91
私营有限责任公司	1 928	34.25	248 853	429 302	52.48	286.66	-9.03	772.31
私营股份有限公司	200	1.80	31 685	55 462	54.29	30.42	-1.21	75.25
其他	346	2.91	43 219	69 589	59.78	75.76	6.69	156.93
港澳台投资								
与港澳台商合资经营	83	2.08	24 211	35 150	66.86	69.60	8.72	172.19
与港澳台商合作经营	26	0.60	5 981	9 409	63.12	16.10	0.17	43.03
港澳台商独资	79	1.80	21 074	32 364	61.37	54.64	3.85	180.39
港澳台商投资股份有限公司	12	0.42	3 523	5 181	55.53	7.40	0.08	25.26
外商投资								
中外合资经营	87	2.03	23 071	35 738	59.59	70.57	13.27	156.69
中外合作经营	24	0.59	5 751	8 519	65.21	20.16	2.98	26.52
外资企业	56	1.31	15 579	23 463	62.60	43.28	8.30	125.54
外商投资股份有限公司	25	0.48	4 379	6 231	63.61	12.32	1.59	40.61
其他外商投资	10	0.02	309	482	54.93	-0.25	0.10	0.02

续表

类型	饭店数（个）	从业人员（万人）	客房数（间/套）	床位数（张）	客房出租率（%）	营业收入（亿元）	营业利润（亿元）	固定资产原价（亿元）
二、饭店星级								
五星级	822	25.02	259 925	392 229	60.94	814.68	59.36	1 936.40
四星级	2 443	52.73	442 909	739 707	55.11	661.77	−8.53	1 703.90
三星级	4 350	25.21	422 740	793 437	52.15	384.74	−7.83	943.49
二星级	1 268	3.13	74 061	145 304	51.95	46.09	0.60	93.23
一星级	37	0.07	4 199	7 202	51.43	0.49	0.05	2.77

数据来源：中华人民共和国文化和旅游部. 中国文化文物和旅游统计年鉴 2020[Z]. 北京：国家图书馆出版社,2020.

三、旅游接待业发展趋势

近年来，中国经济发展出现增速减慢的状况，但旅游接待业发展却逆势增长，保持着大于8%的增速。2019 年，我国已经形成60.06 亿人次、6.63 万亿元总收入的国内旅游市场规模，同比增速分别为 8.4% 和 12.0%，10 年以来复合增长率分别为 13.7% 和 22.1%。业态发展必然驱动旅游接待业进入新时期。2020 年，全国旅行社数量由 1999 年的 7 355 家增加到 40 682 家，共增加了 3 万多家；2020 年末 5A 级景区已达到 302 家，旅游产业规模日益壮大，实力明显增强。2019 年，我国人均年出游近 4.3 次，其中初次出游的仅占 15%，旅游接待业已经进入内涵式增长高级阶段（图 1-17）。

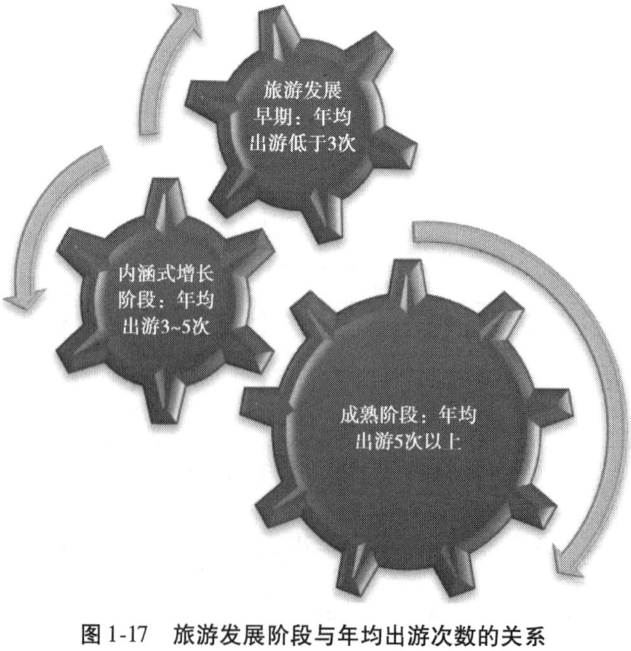

图 1-17　旅游发展阶段与年均出游次数的关系

(一)疫情常态化驱动旅游接待业进入高质量发展阶段

新冠病毒感染疫情对旅游业发展影响深刻,彻底改变了"人山人海吃红利,圈山圈水收门票"的传统旅游接待模式。假日促进旅游需求恢复作用明显,应予以进一步关注;出境旅游需求转移至国内,给部分国内旅游地发展带来新机遇;游客出游动机出现新变化,旅游在弥补人生遗憾、增添人生价值、创造美好回忆、增进家庭情感等方面的作用进一步显现。整体而言,旅游需求没有消失,但无法简单地回到过去;碎片化的消费需求和多元叠加的旅游市场正在形成;科技与文化正在取代传统资源,成为旅游业发展主动能;地方旅游发展模式和治理能力面临更大的压力。

未来旅游目的地的竞争是地方经济社会发展水平和综合实力的竞争,而不是传统的自然资源和历史遗存的竞争。在高质量发展的大背景下,提升旅游接待服务质量的意义更加凸显。从需求侧看,提升旅游接待服务质量体现了发展旅游是为了人民的宗旨,游客体验不好、满意度不高的旅游业不能认为是高质量的旅游业;从供给侧看,旅游供给总体过剩的环境下,提升服务质量就是提高竞争力,服务质量不仅影响了定价、收益的高低,自媒体时代对服务质量的反馈会带来空前的市场影响。在旅游大提质的目标下,要实现发展方式由数量、规模扩张向质量、效益提升转变,从"有没有"向"好不好"转变。在社会基础设施全面改善之后,通达景区的联络道路,自驾出行(包括落地自驾)方式占据主导地位后的停车场,提供迎宾综合服务的游客中心,自媒体和智能化管理的信息基础设施,碳达峰、碳中和目标下的充电桩,度假时代的慢行道等,旅游接待业内直接面向游客提供服务的基础设施必须实现大提质,才能够支撑旅游产业的大提质。

(二)旅游接待业市场受强力冲击而推动产业深刻调整

新时期旅游接待业发展,国内旅游市场受到新冠病毒感染疫情等因素强烈冲击,剧烈震荡后逐步复苏,高中低端旅游市场同步恢复发展;出入境旅游市场有序恢复,亚洲和太平洋岛国将优先恢复。个人游、亲子游、青年群体出游或将成为出游主力军;品质游、自驾游、精致熟人小团游将进一步受到推崇;周边短途游将成为主流,"养、闲、情、奇"更受偏爱;信息技术支持下的智慧旅游将助推旅游业高质量发展。

从住宿业来看,连锁化、品牌化、多元化将是住宿业未来发展的重要方向,疫情加速了住宿业数字化和智能化转型,同时也促使住宿业的安全和应急管理体系升级发展;从旅行社行业来看,新冠病毒感染疫情加速了私家团、半自助、定制游等"新跟团"旅游产品在旅游市场中的流行进程,促进了传统旅行社的转型,特别是营销模式的转变,传统在线旅行社(Online Travel Agency,OTA)正在向智能出行管家(Intelligent Travel Assistant,ITA)转型,进一步增强用户黏性,提升抗击风险能力;从旅游景区来看,新冠病毒感染疫情催化旅游景区智慧化加速发展,同时,"云游"模式将持续走红,成为景区营销的重要方式和博物馆旅游的重要补充。

"去门票化"将成为旅游景区发展新趋势,这种趋势也将助推旅游文创与景区二次消费的快速发展。旅游文创产业发展将呈现四个特点:文创产品销售与"游"深度结合;文创产品与旅游目的地建设同步发展;旅游购物店与互联网深度融合;文创企业和旅游景区的跨行业合作不断壮大(图 1-18)。未来旅游接待业将通过三条路径提升旅游文创与景区二次消费发展:用文创 IP 武装产品,打造消费引力,增强核心竞争力;创造文创爆品,打造消费爆点,促使产业增值;重构场景体验,打造全景体验式商业空间。

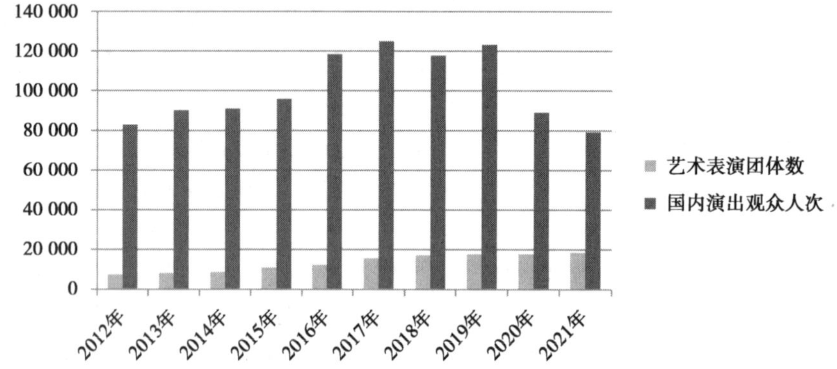

图 1-18　全国艺术表演团体数和国内观众人次

数据来源:数说文旅这十年:去年演出达 233 万场,你看了哪场[EB/OL]. 文旅之声,2022-09-28.

【同步案例】

城市客源和旅游消费去了哪?

随着旅游市场复苏和产业升级进程的加快,客源地主导旅游经济增长的趋势将愈发明显。对于旅游投资机构和全国布局的旅游运营商而言,得客源地得天下。当下和未来一个时期,国内生产总值及其增速、人口基数及其净流入量将是客源地排序的重要指标。除了北京、上海、广州、深圳等一线城市和副省级城市和省会城市外,还有 26 个普通地级市 2021 年的 GDP 总量超过 5 000 亿元,其中,苏州(22 718.00 亿元)、无锡(14 003.24 亿元)、佛山(12 156.54 亿元)、泉州(11 304.17 亿元)、南通(11 026.90 亿元)、东莞(10 855.35 亿元)6 个城市超过万亿元。从节假日旅游数据来看,这些城市既是主要的旅游客源地产生地,也是民宿、主题公园、度假区、旅行服务等业态创新的聚集地。

城市客源和旅游消费去了哪里?首先是本地休闲、郊野度假,其次是周边和近程旅游,然后才是跨省游、远程旅游和出境旅游。有监测以来的历史数据表明,城市居民的节假日平均出游距离从来就没有超过 300 千米,也就是高铁 2 小时,自驾车三四个小时的距离。令人遗憾的是,本地为主、外地为辅,近程为主、中远程为辅助,由近及远、涟漪扩散的旅游市场规律,在国内旅游市场高歌猛进的 20 多年里居然被政产学研各界有意无意地忽略了。疫情以来,城市居民出游距离和游客在目的地游憩半径更是大幅度收缩,清明节分别收缩到 100 千米和 5 千米以内。劳动节假期延续了这一态势:游客平均出游距离 99.6 千米,较去年同期下降 33.2%;游客在目的地的平均游憩半径 6.0 千米,较 2021 年同期下降 60.7%。这意味着城市和郊区成为当前旅游消费和休闲活动的主要空间,也是旅游市场的底线支撑。那种无视本地休闲需求和周边旅游消费,直接将远程甚至海外客源作为自己的目标市场,通过大项目和大投资在短期内快速拉升旅游经济总量的发展模式,理论上不成立,实践上行不通。希望这次疫情能够让旅游业获得应有的进步补偿,包括理论创新和实践反思。发展理念要回到老百姓的常态化生活方式上来,回到主客共享的空间营造上来,回到科技和文化赋能资源存量上来,让旅游紧密融入人民的美好生活中,而不是想当然地“找唯一、做第一、无中生有”,这样的旅游业才是稳健的、可持续的。

为发展社会事业,满足城市居民的精神和文化生活,城市建设了越来越多的绿道、社区公园、遗址公园、水体、植物和文化景观公园、郊野公园、地质公园、森林公园和博物馆、美术馆、科技馆、图书馆、文化站等公共文化设施。这些场馆设施和高品质的公共文化服务,加上完善的商业环境和便捷的物流体系,对城市居民产生“系泊效应”的同时,也对周边城镇和乡村形成“虹吸现象”。中国旅游研究院(文化和旅游部数据中心)专项调查显示,劳动节假日期间,城市居民选择市内和郊区旅游的比例为54.4%,出游距离在100千米以内的比例为51.5%,86.4%的游客出行不超过300千米。低风险地区客流由城市中心向周边近郊转移,旅游目的与客源地的重构显现更加明显,一些游客将原本计划的一次远程游切分为多次近程游。

需要指出的是,在共同富裕和文化强国的建设进程中,旅游与文化不仅会融合,还将互鉴。当旅游的文化属性和社会功能得到越来越多强调的同时,公共文化体系完善、文化产业活跃度高、艺术时尚氛围强的城市将对本地居民的消费偏好和出游决策产生决定性的影响。国际经验和地方实践表明,城市包括下沉市场的县域中心城镇的旅游竞争力越来越取决于文化、教育、科技、人才和资本的创造力,而不是自然环境和文化遗产的稀缺性。游客在疫情期间的消费行为和市场数据,已经以前所未有的社会实验方式有力证明了这个理论假设。社会生活正常化以后,客源城市在旅游经济体系的中心地位和主导作用将会更加明显。旅游投资机构、服务主体和从业人员要想重归旅游经济体系的中心位置,重构行业价值和业者尊严,对未去的过去和已来的未来不可以不察,不可不预也。

(资料来源:戴斌. 过去未去 未来已来——2022年劳动节假日旅游市场特别评论. 中国旅游研究院,2022年5月,有删减)

思考:你认为未来旅游接待业市场会呈现哪些主要特征?

(三)“90后”及“00后”已成为旅游接待主要对象

“90后”“00后”在旅游消费市场的崛起,推动着市场消费观念的深刻变化。在自我的驱动下,个性化、体验化、品质化等消费理念引领市场,见图1-19。

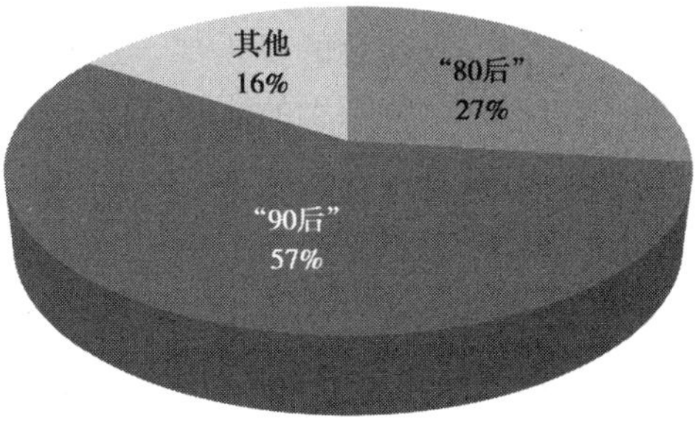

图1-19 携程相关数据显示“90后”“00后”新世代成为出游主力

“90后”及“00后”作为网络原住民,在旅游支付上以网络支付为主要手段;在旅游服务信息的获取上,也从公域流量逐步走向私域,自我不仅是信息的获取者,同时也是信息的制造者和传播者;在旅游服务的体验上,不再局限于现实旅游的感知,倾向于真实世界与虚拟世界的交互体验。虽然这部分群体大多为初入职场的年轻人,但是中国“千禧一代”用户看世界的角度与之前已经完全不同,他们将会用全新的方式去旅行,参见图1-20。

图1-20　贵阳市花溪十字街

图片来源:笪玲2022年5月12日拍摄于花溪。

图1-21　贵州都匀某酒店的商务休闲空间

注:①保障企业权益,隐去名称;②图片来源:笪玲2022年1月3日拍摄于都匀。

(四)旅游接待业走向参与性、体验性、个性化的时代

我国进入工业化发展中后期,中产阶层崛起、消费能力增强,生活方式转型推动旅游方式进入“深度游”阶段①。我国旅游接待业经过过去几十年的快速发展,从最初长期积存的旅游需求释放所引发的井喷现象,逐渐走向理性成熟,人们会更加注重旅游服务的品质,旅游消费的心理体验需求将会持续增长。无论是消费者还是旅游接待业企业,都会更加注重旅游的参与性、体验性、个性化,参见图1-21。

与传统的观光旅游相比,人们更喜欢一些参与性的旅游活动,如迪斯尼乐园、常州环球恐龙园等主题公园,高尔夫球度假区,入住有特色的民宿以及各种主题的俱乐部。这些接待业态很受欢迎,给人们一种特别的体验、难忘的经历。转变相对静态的观光旅游模式,增强旅游产品的参与性,是符合市场需求的,也必然有较大的市场发展空间,如图1-22所示。

前些年人们较多地提倡休闲旅游以及近年来一些人推崇的慢旅游理念,其实强调的都是提高旅游质量与丰富旅游体验,强调放慢旅游节奏,加强深度体验。从走马观花式旅游向深度体验式旅游转变,促使接待服务标准的不断提高,是未来旅游发展的必然趋势。

① 笪玲. 山地民宿发展研究——来自贵州的案例[M]. 北京:中国旅游出版社,2018.

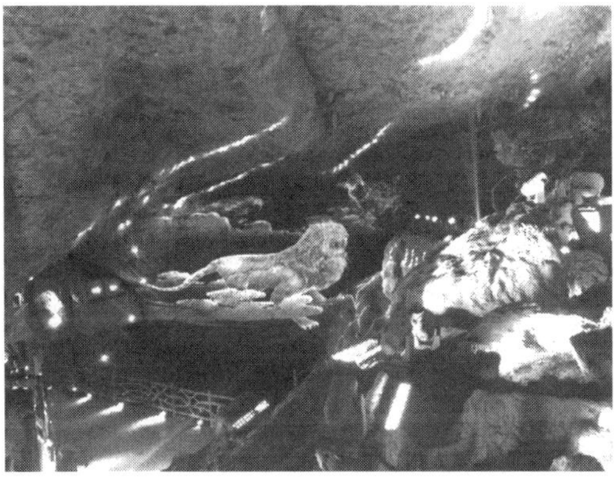

图 1-22 贵州毕节九洞天溶洞灯影秀

图片来源:笪玲 2021 年 10 月 5 日拍摄于毕节。

随着人们自我意识越来越强、个性需求越来越需要得到释放,个性化或将成为未来人们对旅游的基本要求之一,人们需要按照个人的需求和喜好进行旅游活动,高度自由性和灵活性的旅游产品将会受欢迎,具有很强个性化的定制旅游产品和接待服务将有较大发展潜力。

【同步案例】

贵州台江"村 BA"火爆全网的演进路径

这是一个无比炎热而漫长的夏天,大概只有台江"村 BA"的热度,才配得上这个盛夏的温度。"村 BA"算是火爆出圈、火遍全网、火出国门了,但往往看似偶然的背后,其实有着很多的必然性。台江位于雷公山南麓、清水江北岸,正是史称"千里苗疆腹地"所在,长期在这片土地上繁衍生息的人们一直保存着的,是融入血脉中的民族文化自信和流在骨子里的美好生活热爱。

很欣慰"村 BA"已经成为一个现象级传播,这恐怕是世纪疫情和百年变局交织演进、东西分化和中美博弈加剧大背景下,很多人都愿意乐见和期待促成的一件事情。有幸见证参与了这个激动人心的进程,除了不遗余力持续推动各方面深度报道、跟进评论、多元解读,一直也想试着从个人角度谈些看法思考,或许能给广大关注关心"村 BA"发展的人们增加一些立体感受。总体而言,"村 BA"的火爆和固化,是经历了三轮赛事、三轮传播后才基本确定下来的。

第一轮是 7 月 12 日到 7 月 20 日"六月六"吃新节的烂漫发端。贵州台江台盘村举行一年一度的"六月六"吃新节,乡村篮球赛是其中最具人气的赛事项目,今年吸引多达 176 支篮球队参加,十里八乡的人们蜂拥而至,造就了基本的人气基础。篮球赛的后期更是热闹非凡,台江融媒体中心及时跟踪拍摄部分素材,7 月 21 日姚顺韦发布抖音视频,当天融媒体中心与之沟通并通过"今日台江"转发,迅速引起各大媒体转载,7 月 24 日外交部发言人赵立坚在推特上发文点赞:"The rural basketball match in Guizhou is on! What a great atmosphere!"引爆了这一篮球赛事活动,根据监测,至 7 月 26 日全网传播超过 1 亿。

第二轮是 7 月 30 日至 8 月 2 日贵州省"美丽乡村"篮球联赛黔东南州半决赛的推波助

澜。经过台江方面顺势而为积极协调争取，贵州省“美丽乡村”篮球联赛黔东南州半决赛由凯里市三棵树全部转移到台江县台盘村“网红”篮球场举行，黔东南州16个县市代表队汇聚台江台盘。顺应各方面的热切期待，当地宣传部门及时加强媒体引导，决定开启全网直播模式充分加密热度传播流量，国家、省、州、县四级主流媒体和各级新媒体、自媒体视频号纷纷转载直播，形成空间媒体矩阵。特别值得一提的是，这次赛事加上了民族文化暖场展演、接地气奖品发放、观众互动参与等更多乡土元素，更大程度引发全网共鸣、点燃全民热情，随着央视主要频道持续跟进报道，到8月6日，全网传播累计达8亿左右，达到炙手可热的现象级传播。

第三轮是8月9日佛黔协作美丽乡村篮球交流赛的提升延展。8月8日，驻美大使秦刚在推特发文点赞火爆全网的贵州黔东南“村BA”，向世界传递新时代中国体育的新气象，彰显全民运动的无限活力。台江方面很早就意识到“村BA”已经形成品牌效应，且已远远溢出台江范围，成为全州全省乃至全国的共有文化现象和共同运动品牌。这个重要阶段，还需再加一轮赛事才算完美收官，全民健身日无疑是重要契机，在确定抖音达人队与黔东南半决赛冠军队打一场表演赛的基础上，加入顺德与台江男女篮的跨省域交流，这是不一样的赛事呈现，事实上取得了很好的效果和反响。至此，全网超10亿流量传播已然形成，从而进入到系统思考“村BA”品牌传播、探寻“村BA”流量密码的阶段。

（资料来源：潘年景. 贵州台江“村BA”火爆全网的路径演进、成因分析及策略推动[J]. 村BA运营传播，2022.9.21，有删减）

思考：贵州台江“村BA”火爆全网的原因是什么？

（五）旅游接待业市场细分精细化和专业化将不断加剧

在旅游融合的驱动下，新兴旅游接待业态开始崭露头角，但传统的旅游接待方式仍占据旅游服务的半壁江山，主流旅游接待方式较为单一，缺乏私人定制化，接待水平停滞不前。随着旅游接待业市场竞争越来越激烈，各旅游接待业企业为争夺客源，提升品牌竞争力，会越来越注重细分市场，提供更加符合人们需求的服务。例如，有的旅行社将邮轮游作为自己的特色产品；有的旅行社将老年人作为自己的主要客源，主攻银发市场；凯撒旅游以经营出境旅游为主打业务，塑造出“欧洲旅游专家”的品牌形象；主打亲子游的麦田旅游公司，成为我国亲子游的一大品牌；阿里巴巴旗下的旅游平台飞猪则聚焦年轻客户群体，聚焦出境游。诸如此类的旅游接待业企业的细分及旅游产品的细分在未来会有增无减。市场的细分化，也促进旅游服务更深入地契合人们的旅游需求，旅游接待服务会越来越精细。例如，以代理签证起家并壮大的百程旅行网，推出英美签证一对一陪签服务、携手银行推出法国签证多年多次资料简化服务；精心打造原创线路为发展目标的斑马旅游，会为带着小朋友的游客准备安全座椅、儿童沙滩玩具，为出游的蜜月夫妻在酒店里准备惊喜蛋糕等。优质精细的服务是旅游者追求的重要体验，也是旅游接待业企业争夺客源的利器之一，在未来会体现得越来越明显。

（六）信息技术促进旅游接待业走向接待服务的现代化

智慧旅游，也可称为“智能旅游”，是利用云计算、物联网等新技术，通过互联网、移动互联网，借助便携的终端上网设备，主动感知旅游资源、旅游经济、旅游活动、旅游者等方面的信息，及时发布，让人们能够及时了解这些信息，及时安排和调整工作与旅游计划，从而达到对各类旅游信息的智能感知、方便利用的效果。智慧旅游需要强大的技术平台支撑，它以强大的信息技术为支撑，为旅游接待业内各主体提供各种旅游信息，参见图 1-23。

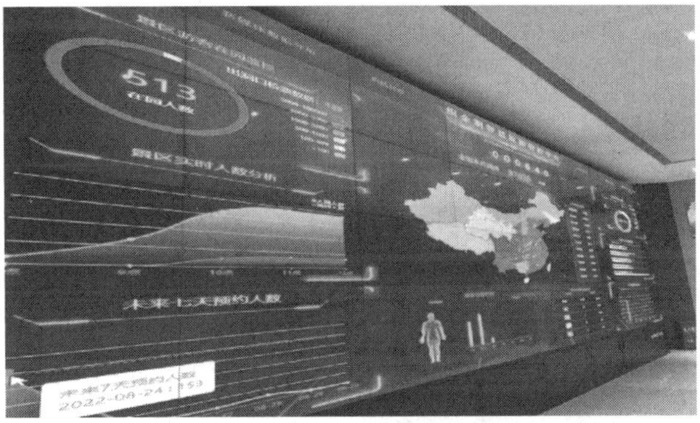

图 1-23　贵州织金洞景区智慧旅游中心

图片来源：笪玲 2022 年 8 月 23 日拍摄于织金洞。

2014 年，“美丽中国之旅——智慧旅游”成为中国旅游宣传主题，国家旅游局强调，将在智慧服务、智慧管理、智慧营销三方面着力。国务院在《“十三五”旅游业发展规划》中提出，要建设一批国家智慧旅游城市、智慧旅游景区、智慧旅游企业、智慧旅游乡村，建设“12301”智慧旅游公共服务平台。目前，旅游智慧化还面临着诸多难题：旅游大数据/智慧旅游孤立，横向和纵向不联通，针对游客和旅游企业的旅游大数据需求无法满足；游客获取旅游目的地城市旅游信息的渠道不通畅，特别是多地未建立旅游门户网站，OTA 企业平台、旅游信息平台等目前还无法完全、具体展示旅游目的地信息。亟须进一步突破信息孤岛和信息茧房，深化与大数据、公安、自然资源、住建、交通、环保、商务、通信管理等部门的数据共享，推动文化旅游数据资源全面开放共享，打通旅游大数据纵向归集系统。同时，推进 4A 级以上景区、省级以上旅游度假区智慧管理、智慧服务、智慧旅游等智慧化功能的旅游大数据中心建设，实现与省级旅游大数据平台的互通与共享，并加强以游客和旅游企业为中心拓展模块的智慧化应用，如图 1-24 所示。

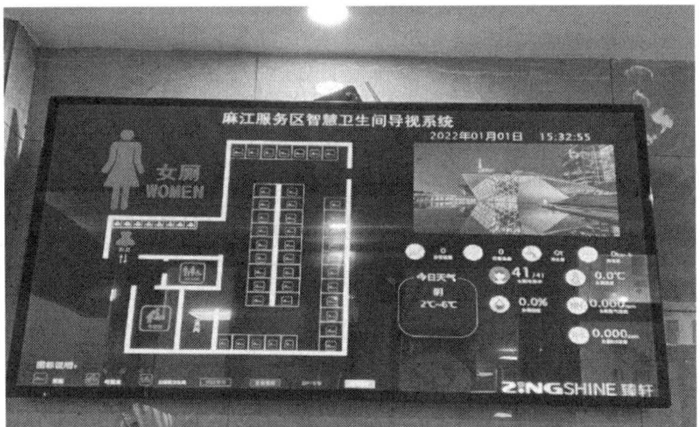

图 1-24　贵州麻江服务区智慧卫生间导视系统

图片来源：笪玲 2022 年 1 月 1 日拍摄于麻江。

（七）乡村旅游提升成为旅游接待业市场的新兴增长点

新冠病毒感染疫情使人们对于旅游的需求偏好发生了质的改变，游客以社交、自尊、身份认同等高层次需要，同时伴随着安全、卫生等低层次需要。需求的变化会改变人们对于旅游目的地选择的偏好，乡村旅游目的地相对比较空旷，人与人之间有一定的活动距离，符合安全游的游客需求。据马蜂窝旅游大数据显示，2020 年 7 月以来平台上“乡村游”关键词的搜索热度环比上涨 184%。

图 1-25　贵州西江苗寨传统歌舞表演

图片来源：笪玲 2022 年 1 月 3 日拍摄于西江。

在共同富裕战略目标下，乡村旅游能激活资源价值、促进社会保障和福利、提升脱贫人口自我发展能力、推动脱贫人口的职业转变，具有重要的社会政治功能①。大众旅游时期，不少乡村含有大量丰富的文化资源，但在旅游开发下往往会造成粗泛化利用，忽略当中深层次的文化底蕴，而对民族特色文化的充分挖掘和恰当利用正是旅游空间高效生产的基础。具有活态性的文化景观并不仅仅是一个空间存在，它包含了与文化相关的基础设施、有文化韵味的传统建筑、富有乡土气息的文化活动，彼此相连，勾勒出充满活力的文化景观，参见图 1-25。乡村旅游接待服务体系的培育具有驱动乡村文化景观活化的重要能效。通过完善乡村旅游接待体系，保护文化景观活态性，以夯实旅游空间生产基础，促进文化振兴：其一，在基础设施层面，完善现代化的旅游基础设施建设，尤其应注重诸如公共厕所、通信基站、民宿餐馆等关乎游客体验的硬件设施，注意其与周边环境的和谐统一，拒绝毫无美感的格式化建设，以此维持良好的文化生态。加强多媒体展示平台等设施应用，建设数字博物馆以集中展示民族特色文化，可以通过“全景漫游”的方式游览民族村寨，在漫游中领略民俗魅力，还可以通过音频图像充分了解当地民间手工艺，以兼具可视性、趣味性、实用性的方式保存民族文化记忆。其二，培育旅游接待市场实现文化传承。通过培育乡村旅游接待不断成长，依托传统手工艺从事旅游商品制作的经营商通过不断地学习领悟文化内涵来设计开发更具创意的产品，以此更好地满足游客的旅游消费需求。而有旅游表演节目的民族村寨可以创新文化艺术形式，进行艺术的舞台化和旅游表演，并且定期开展与地方文化相关的旅游节庆、乡村春晚、夜游集市等活动，以达到广泛传承传统文化的目的。而旅游发展相对成熟的乡村旅游地应加强利用 VR 技术、可视化设备、多媒体交互技术等数字技术进行场景构建、气氛烘托、背景描绘，打造沉浸式体验，焕发传统文化活力，实现文化空间的数字化传承。其三，人才队伍是促进城乡文化互动发展要素自由流动的关键与基础。一方面，壮大乡村旅游接待人才队伍，包括重视乡村文化能人、挖掘乡村文

① 笪玲. 贵州民族村寨旅游扶贫研究［M］. 北京：中国旅游出版社，2021.

化匠人、鼓励乡村文化发展积极分子等措施；另一方面，建立健全城市人才扎根乡村的激励机制，引导各类人才主动入乡返乡进行乡村建设，增强乡村旅游市场活力，畅通人才双向流动渠道，让人才既能下乡又能进城，破除阻碍其自由流动的壁垒，为人才流动提供便利。通过旅游开发中的人才交流，带动有关文化发展的技术、信息和资本等要素在城乡之间实现双向流动，促进乡村文化振兴，主客共建共享文化空间，既丰富村民的精神文化生活，又深化游客的异地体验，实现城乡文化融合发展。

本章小结

本章从广义和狭义两个层面梳理了学术界对旅游接待业的概念，认为旅游接待业既是旅游业的一部分，也是服务业的一部分，是各种旅行接待服务的总称，其内涵可从以下四个方面理解：①以综合服务为内容；②以服务质量为核心；③以设施设备为基础；④以旅游行业为依托。在此基础上，阐述了旅游接待业综合性、外向性、集聚性、波动性、持续性和空间性等方面的特征。

本章分析了旅游接待业的构成体系，结合我国当前旅游业的发展现状，厘清旅游接待业在旅游业中的地位，指出旅游接待业与旅游业的密切关系表现为：旅游接待是旅游业不可或缺的核心板块；旅游接待水平是旅游业发展水平的标志；旅游人员素质决定旅游接待业发展质量。旅游接待业具有市场导向、适用范围、产业构成、得力保证、内在动力和核心竞争力六个方面的特征。分析供需两侧主体，认为旅游接待业包括接待组织、接待对象、接待管理及接待配套等四大要素。

本章回溯了旅游接待业的发展历程，介绍旅游接待业的发展现状，预测旅游接待业的主要发展趋势，包括：①疫情常态化驱动旅游接待业进入高质量发展阶段；②旅游接待业市场受强力冲击而推动产业深刻调整；③“90后”及“00后”已成为旅游接待主要对象；④旅游接待业走向参与性、体验性、个性化的时代；⑤旅游接待业市场细分精细化和专业化将不断加剧；⑥信息技术促进旅游接待业走向接待服务的现代化；⑦乡村旅游提升成为旅游接待业市场的新兴增长点。

复习思考题

一、名词解释

1. 旅游业
2. 旅游接待业
3. 目的地
4. 旅游市场

二、简答题

1. 简述旅游接待业与旅游业的关系。
2. 概括旅游接待业的基本特征。
3. 简要梳理旅游接待业的发展历史。
4. 旅游接待业的市场需求具有哪些特点。

三、论述题

1. 试分析当前旅游接待业面临的机遇以及挑战。

2. 旅游接待业的发展历程对当前旅游接待业发展有哪些借鉴意义?

3. 对乡村旅游接待业的发展提供有意义行动策略,思考乡村旅游接待业与乡村振兴的逻辑关系。

【拓展阅读】

联合国大会高层主题辩论会:将可持续旅游置于全球包容性复苏的核心

2022 年 5 月 4 日,联合国首次在总部纽约召开旅游主题的联合国大会高层辩论会(United Nations General Assembly High Level Debate)。在当前的全球背景下,如何通过旅游业增进人类福祉、推动经济繁荣与可持续发展也日益成为疫后复苏的关键议题。为重新审视旅游业在可持续、包容性社会建设中的潜力与地位,以“将可持续旅游置于全球包容性复苏的核心(Putting sustainable and resilient tourism at the heart of an inclusive recovery)”为主题的联合国大会高级别辩论会于 2022 年 5 月 4 日在联合国总部大楼召开。会议由联合国大会主席阿卜杜拉·沙希德(Abdulla Shahid)与联合国世界旅游组织(UNWTO)共同举办,聚集了全球各地的政府代表与其他公共与私人部门利益相关方。在此次辩论会上,阿卜杜拉·沙希德首先强调了旅游业的重要性,指出“2019 年,旅游业为全球 GDP 贡献 3.5 万亿美元,但疫情已经导致 1.2 亿旅游人失业”,“这一问题对一些小国、岛国和欠发达地区的影响就更大,无法用数据来描述”。在过去一段时间中,各国尝试了“旅游气泡”(Travel Bubbles)“虚拟旅游”“疫苗护照”“弹性走廊”(Resilient Corridors)等各种努力,现在旅游终于开始走慢慢走向恢复。他还强调,“人类需要通过旅行进行连接、探索与体验”,认为旅游业将持续地推动跨文化交流、社会和平与人类团结。在肯定旅游业积极意义的同时，沙希德也强调了变革旅游业的紧迫性，需要反思未来旅游发展的方向，旅游必须要减少与地球的冲突，如考虑减少碳排放、减少海洋垃圾、保护生态系统与野生动物。他在会上呼吁各国在联合国可持续发展目标(SDGs)的巴黎气候协定的框架下积极开展行动，“我们面临的一个关键机会来重启的不仅仅是旅游业及数以万计的人的工作与生计，更需要借此机会将旅游转型到更富有韧性，更可持续和更富有责任感”，“今天我号召所有利益相关者去抓住一切机会推动旅游业转型发展，去实现更加可持续，更富有包容性和责任感的发展目标”，现在采取大胆行动正当时，欢迎任何好的建议。

作为首次在联合国大会上发言的联合国世界旅游组织秘书长，祖拉布·保罗利卡什维利(Zurab Pololikashvili)强调“当前建立一个具有韧性与和平的社会尤为紧迫，而旅游可帮助这一目标实现。旅游之所以实现这一目标的领导性力量，因为它是以人民为基础，建立沟通与理解桥梁来帮助世界各地的人民创造更美好的明天”。他还强调旅游业在支持女性从业者生计与乡村社区发展、促进生物多样性保护等方面的积极作用，认为联合国众多领域的工作都能够以旅游业作为载体或手段，进而实现可持续发展目标。

此次辩论会的议程还包括一系列圆桌讨论会，讨论主题涵盖旅游业可持续复苏中的挑战、经济增长与可持续发展间的权衡、以人为本的可持续旅游、旅游业的气候友好转型，以及旅游投资的提振。

辩论会召开前夕，联合国大会主席阿卜杜拉·沙希德与联合国世界旅游组织秘书长祖拉布·保罗利卡什维利开展了会谈，共同讨论了将旅游业深度融入联合国各项事务的前景。此次高级别会谈为推动旅游业成为联合国大会常规议题奠定了基础。

(资料来源：世界旅游组织网站。)

第二章
旅游接待业理论及方法

【教学目标】

1. 知识目标:

(1)了解旅游接待业研究的理论意义和理论视角;

(2)掌握旅游接待业研究的理论基础,并能将理论和实际联结进行融会贯通;

(3)掌握旅游接待业研究的核心理论从传统理论过渡到创新理论,理解理论发展的驱动力;

(4)掌握旅游接待业研究方法选取依据及主要的科学方法。

2. 能力目标:

理解旅游接待业研究理论及方法的复合型,并能针对具体研究命题实现方法的运用及拓展。

3. 素质目标:

旅游接待业人才培养与理论、方法的融贯。

【关键词】

旅游接待业;理论思想;传统理念;理念转变;理念创新;科学方法

引　言

旅游接待业的发展对人才培育、学科发展、经济发展和社会进步有着重要的意义。本章从旅游接待业的理论意义入手,进一步辨析旅游接待业研究的主要视角、理论基础及理论导向。针对旅游接待业研究的特点,分析旅游接待业研究的传统理论和新兴理论,总结归纳现有的旅游接待业研究的科学方法。

第一节　旅游接待业研究的理论思想

一、旅游接待业研究的理论意义

旅游接待业的研究对于发现与掌握旅游接待业的发展关系与内在规律具有重要意义①，通过揭示旅游接待业研究的理论价值，科学有效地指导旅游接待服务顺利开展。基于学界认知和行业发展的基本规律，旅游接待业研究的理论意义涉及以下方面。

（一）响应旅游管理教学改革，树立旅游接待业系统地位

旅游管理专业是随着社会经济发展、旅游产业发育而形成的一个新型学科，是诗和远方的牵手，是读万卷书和行万里路的结合。在我国，旅游管理作为一门学科的产生不过四十余年，虽然作为管理学科的一个重要分支，但实际上已经成为多学科交织的复合型学科。为培养厚基础、宽口径、重应用的旅游管理类专业人才，教育部颁布了《旅游管理类教学质量国家标准》，明确了专业发展基本要求，对于引导专业发展方向、推动专业特色，服务国家及地方社会经济发展起到了重要指导作用。标准要求开设"旅游学概论""旅游接待业""旅游目的地管理""旅游消费者行为"4 门核心课程，其中，"旅游接待业"作为核心课程之一，有效贴合产业发展需求，以产业服务对象为中心，将旅游相关产业纳入体系的视角，囊括旅游接待业的主要相关产业的运行规律及连接机制，更有利于从产业运行机制本身作为研究切入，搭建旅游学科的研究基础。

（二）拓展旅游理论研究体系，理顺旅游接待关系及要素

理论是学科的灵魂，是学科系统的骨架，理论发育水平代表一个学科成熟程度和发展水平②。旅游接待的研究对象以旅游为核心，研究对象较为广泛，当前学界大致分为矛盾说、关系—现象说、三要素说等观点，前两者将旅游接待中的各种内在矛盾以及各种关系和现象作为研究对象，如旅游接待是"旅游活动过程中矛盾运动规律的科学"③，三要素学说则根据不同内容将旅游接待研究对象划分为三个不同层次，较为常见的是从主体、客体和媒体进行划分，也有从旅游者、旅游管理者、旅游资源、旅游设施等四个要素来划分的，探讨各要素基本特征与相互之间的关联作用及其运行规律。旅游活动的旅游前、旅游中、旅游后都离不开接待服务的参与，接待服务贯穿了旅游全过程，如果从旅游系统要素来分析④，接待服务与旅游

---

① 何建民. 旅游接待业[M]. 重庆：重庆大学出版社，2019.

② 马波. 论我国的旅游研究与旅游学科建设[J]. 旅游学刊，1998(1)：35-39.

③ 董观志. 旅游学概论[M]. 大连：东北财经大学出版社，2007.

④ 吴必虎. 旅游系统：对旅游活动与旅游科学的一种解释[J]. 旅游学刊，1998(1)：20-24.

者、旅游目的地、旅游业都关系密切,研究旅游接待业有利于拓展旅游理论研究体系,探讨旅游接待所在旅游系统中的位置,理顺旅游系统关系及要素。

(三)迎合旅游产业发展需求,立足旅游高质量发展探索

我国经济进入高质量发展新时代。旅游业也正逐渐由粗放式发展向内涵式发展转变,大力发展优质旅游,提高旅游供给体系质量水平,满足人民日益增长的旅游美好生活需要成为必然要求。

旅游接待质量是旅游目的地、地区与国家旅游产业赢得竞争优势的源泉。旅游目的地接待质量是目的地保持竞争优势和可持续发展能力的关键因素,目前相关研究聚焦于旅游目的地形象①、目的地品牌、目的地吸引力、目的地开发、目的地风险、目的地评价、目的地管理等方面,对旅游目的地发展质量研究从市场问题逐步扩展到目的地发展问题。世界旅游组织(UNWTO)自 1980 年发布《马尼拉宣言》以后,长期强调旅游业服务的质量意识。旅游业服务质量是旅游业可持续发展的前提,学术界对旅游业服务质量的探讨主要从发展质量评价和发展路径两方面展开。关于旅游业服务质量评价,现有研究主要包括单一要素如经济、环境、服务等的质量评价和综合的旅游质量评价指标体系。旅游业高质量发展关键在转变发展思路,开拓旅游市场新主体、注入旅游产业发展新元素、集聚乡村旅游发展新业态、塑造旅游产品新品牌、创新旅游开发治理新模式。

(四)应对新的旅游发展环境,夯实相关研究的理论基础

当今世界正经历百年未有之大变局。“十四五”时期是我国全面建成小康社会、实现第一个百年奋斗目标之后,乘势而上开启全面建设社会主义现代化国家新征程、向第二个百年奋斗目标进军的第一个五年,也是社会主义文化强国建设的关键时期。我国旅游接待业发展仍处于重要战略机遇期。新发展阶段,国内文化旅游消费成为新热点,旅游接待消费大众化、需求品质化、发展全域化、产业现代化成为发展趋势,高品质旅游接待服务已经成为人民群众旅游中的刚性需求。

面对长期的复杂发展环境,新时期旅游接待业理论相对滞后,难以有效回应时代发展需求。理论研究的使命担当,不仅仅需要树立全新的思维模式来考虑旅游接待业的运行与发展问题,更多的是寻求应对新的旅游发展环境下的理论指导,夯实旅游接待业研究的理论基础。

亟需把持续提升旅游服务质量作为旅游业高质量发展的重要内容,紧抓服务质量监管和优质服务,有效夯实旅游接待业理论研究。通过理论研究指导行业发展,不断增强广大游客的获得感、幸福感、安全感和满意度。

---

① Asmelash A G, Kumar S. Assessing progress of tourism sustainability: Developing and validating sustainability indicators [J]. Tourism Management, 2019, 71:67-83.

二、旅游接待业研究的主要视角

旅游接待业是涉及食、住、行、游、购、娱等诸多行业的经济现象和社会活动的现代服务业，考虑到其复杂性，旅游接待业研究需要从经济学、管理学、社会学等相关传统学科中汲取养分，借鉴相关理论与知识，以便更好地阐释旅游接待业的经济现象、行业管理以及社会服务。具体来说，旅游接待业研究的理论构成主要包括以下学科视角（表 2-1）。

表 2-1　旅游接待业研究的主要视角

学科理论视角	指导意义
旅游经济学理论视角	研究旅游接待市场和旅游接待产业的经济现象、经济关系及其经济规律，尤其是游客消费体验、旅游共享模式以及“旅游+”，并揭示其发展的条件、范围、表现形式及运动规律，从而指导旅游接待市场和旅游接待产业可持续发展，创造旅游接待业经济效益。
旅游管理学理论视角	激发旅游管理者系统地利用新思维、新技术和新方法，创造一种新的更有效的资源整合方式，以促进管理系统综合效益的不断提高，以灵活机制下为游客提供量身定做的服务。
旅游社会学理论视角	旅游现象涉及旅游活动的基础、发生的原因、运行的手段及其对社会的影响等问题，尤其当今的旅游接待目的地会涉及到游客、游客与当地居民的关系、旅游系统的结构与功能、旅游的后果，亟需社会学理论指导复杂多元主体的旅游接待目的地，以实现长远发展。

旅游经济学理论视角。旅游接待是一种复杂的经济社会现象，具有提供旅游产品和旅游服务的经济功能，是一个具有较强外部性的产业，因此需要以经济学的一般理论为指导，运用经济学的理论框架和研究方法，研究旅游接待市场和旅游接待产业的经济现象、经济关系及其经济规律，并揭示其发展的条件、范围、表现形式及运动规律，从而指导旅游接待市场和旅游接待产业可持续发展，创造旅游接待业经济效益。近年来，经济学领域的体验经济、共享经济以及产业融合等理论思想能够很好地阐释旅游接待业的相关研究。

旅游管理学理论视角。旅游接待业发展过程中需要进行计划、组织、领导、协调和控制等一系列管理，因而旅游接待服务的有效开展离不开相关的管理学理论基础的支持。在当前，旅游接待业面临着许多新的机遇和挑战，因而必须树立起管理创新的思想，结合当下旅游接待业发展实况，将相关理论运用到旅游接待业研究，从而对旅游接待业的发展起到一定的指导意义。

旅游社会学理论视角。格鲁克斯曼在《旅游总论》中认为旅游相关研究涉及诸多范围极其广泛的社会影响，需要将旅游相关问题的研究拓展至社会学领域。大众旅游推动了旅游对社会发展的影响，并引发了一系列社会、文化问题，学者们也逐步运用社会学的研究方法分析现实的旅游命题。20 世纪 70 年代，随着部分学者将研究兴趣和专注力集中于旅游理论的思考，推动了社会学对旅游学科的解释力，诞生了一个新兴的学科——旅游社会学。社会学家科恩（Cohen）及麦坎内尔（MacCannell）从各自的视角，提出了“舞台真实”的理论，推动了旅游社会学的相关研究。之后，旅游社会学研究取得了重要进展，出现了丰硕的系列研究成果。例如，科恩概括了旅游研究进程中的8种重要的概念性理论取向，提出了旅游社会学研究的4个主要内容，即游客、游客与当地居民的关系、旅游系统的结构与功能、旅游的后果（旅游影响）。利益相关者理论、增权理论等经典理论对旅游接待业相关的主体研究可以起到很好的阐释作用。

三、旅游接待业研究的理论基础

（一）旅游接待业研究的理论逻辑

旅游接待业所涵盖的范围非常广，是一个产业结构复杂，复合程度高的研究领域。其基础理论体系由不同领域的学科体系共同构建。其中主要相关学科包括人类学、社会学、经济学、管理学、心理学、地理学等。结合不同学科的性质和研究侧重点，有针对性地解决了旅游接待业不同主题方面的微观问题，也可以通过跨学科合作解决旅游接待业发展的重大宏观问题。

这些学科对形成旅游接待业独特体系具有卓越贡献（图2-1）。例如结合心理学研究旅游接待过程中旅游者和员工的行为；结合管理学研究旅游接待企业的战略管理、管理运营等方面；结合生态学研究“温室效应”等环境问题对旅游接待的影响；结合信息与网络等相关专业知识研究领域智慧化、网络化、信息管理、大数据挖掘等当前旅游接待业研究的热门话题。

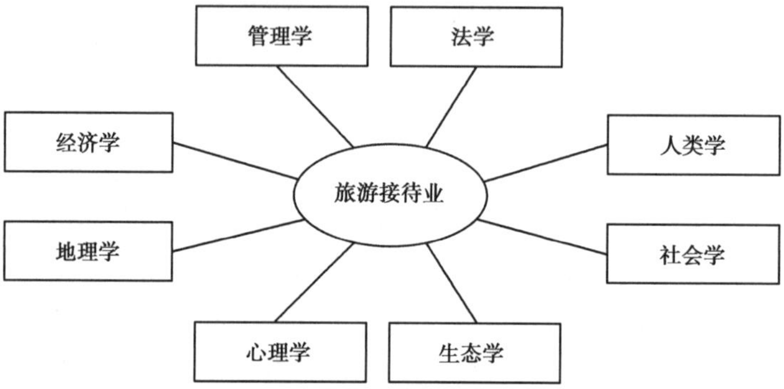

图2-1　旅游接待业与其他学科关系模型

旅游接待在旅游系统中有着十分重要的地位，旅游接待业位于旅游活动供给的末端，在地理上一般处于旅游目的地区域。与对旅游者旅游动机、旅游需求和旅游体验的研究，对区域旅游效应的研究，对旅游容量的研究等相关研究领域共同构建了旅游管理的整体框架。

旅游接待业作为旅游管理大类专业四大核心课程之一，是一门综合性较强的学科。其课程体系建立在旅游活动的基础之上；旅游经济学指导旅游接待过程中供需关系的平衡等问题；旅游法原理是旅游接待活动所遵守的基本原则；旅游地理学与旅游接待地区的空间性有着密切的关系；旅游人类学及旅游文化等旅游学科为更深入研究旅游接待业经济活动背后蕴藏的文化内涵提供了思路和方法；除此之外，还有其他的旅游相关基础学科与旅游接待业有着密切关联。这些学科共同构建了旅游管理专业的理论体系。整个旅游体系的有效运行，构成了旅游接待业研究的逻辑基础（图2-2）。

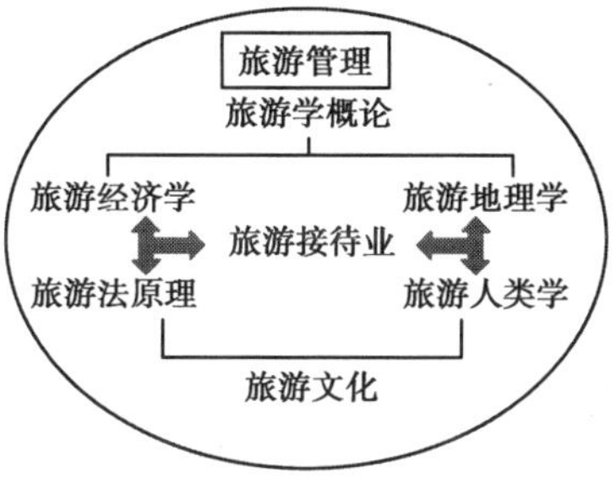

图 2-2 旅游接待业与旅游管理其他相关基础课程的关系

旅游接待业研究的内容颇为繁杂，众多领域相互交叉①。其中，住宿接待（以酒店和餐饮为主）是核心，其在旅游接待业的研究中占据主要地位。同时，在政治经济科技等宏观因素的共同作用下，中国旅游接待业所涉及的范围不断扩大，纳入接待研究的领域也更为丰富，如博彩业、游艇、会展、汽车营地等产业也被旅游接待业所关注并日渐重要。旅游接待业研究包括了旅游出行、住宿接待、游览接待、娱乐接待、购物接待和会展接待等多个方面。另外，旅游接待产业基础设施建设、人才培养体系、信息系统、质量管理等方面也是旅游接待业研究体系不可缺少的一环。这些环节共同组成了旅游接待业完整的内部体系，整个旅游接待业的体系越发完善，层次越发丰富。

（二）旅游接待业研究的理论体系

理论是方法的核心内容。我们需要掌握对研究对象或现象内在运行机理进行分析或假设的理论基础。在前文中提到，旅游接待过程中涉及丰富的社会互动，因此在进行对旅游接待的研究时，就会涉及经济学、管理学、地理学、心理学、人类学、民族学、生态学和美学等多学科的理论。例如从管理学“双因素理论”的前提出发，研究旅游接待服务中旅游者的满意度；从地理学“地区空间关系”角度研究旅游接待地区的空间分布规律等问题；在心理学理论的支撑下，研究旅游者的旅游空间流动行为，包括对旅游者旅游动机或目的的研究……正是多学科的理论以及这些理论对旅游接待服务现象进行有效分析并解释，构成了研究旅游接待业这一跨学科的理论体系。

经济学理论是旅游接待业理论形成的重要基础。从微观层面来看，经济学从需求与供给出发，涉及消费者选择、市场竞争等问题，从宏观层面来看，涉及经济周期和经济增长、开放经济等理论。在旅游接待业研究中，经济学理论有助于研究者通过旅游接待所涉及的经济现象，从一般经济学理论出发，揭示旅游接待业所蕴含的经济规律，促进旅游接待业整体经济健康良好有序地运行。经济学理论在旅游接待业中的实践和运用可以帮助相关资源在接待业中的合理分配，解决旅游接待业中的价格机制问题，使得社会资源得到最优化配置。

管理学理论是旅游接待业产业理论的核心内涵。管理学理论在旅游接待行业的影响极为广泛且占据核心地位，无论是酒店行业、餐饮行业还是新兴的娱乐接待等行业，都需要管

① 曾国军，王丹丹. 全球视野下接待业研究述评：基于 IJHM 的量化内容分析（2006—2015）[J]. 旅游学刊，2018，33（5）：114-126.

理学理论作为核心框架,通过管理理论指导企业实践,以实现旅游接待业整体质量的提高。从管理学角度出发,对旅游接待研究侧重于产业/企业的战略分析、营销和消费者行为学、人力资源管理、财务管理等方面。

地理学研究是旅游接待业空间性研究的基石。地理学研究的是地球表面、地域特征和居民生活的地域,尤其关注的是空间上的关系。地理学的空间性与旅游接待地的开发利用和区域规划有着密切的关联。游客的空间位移、目的地的空间选择与优势的寻找、目的地与客源地的联通,这些问题都与地理空间有关。地理学的一个应用领域就是区域规划,它的经济与环境导向明显,对旅游接待地域的规划产生了重要影响。在旅游接待地区的规划中,地理学指导旅游接待产业的发展实践并回答旅游接待地的开发所能吸引的市场范围和游客量的问题,以及环境承载力、旅游业区位论、地段设计及区域旅游发展战略等问题①。地理学理论与旅游接待业实践形成了良性互动。展望中国旅游接待业的未来,已呈现独具中国特色的现实问题,地理学理论对中国旅游接待业的指导应当集中在乡村振兴、高质量发展、疫情后时代、双循环新格局等带来的旅游接待地区的空间演变与空间关系等问题。

心理学理论是旅游接待业发展的内在需求。旅游接待是对旅游者服务的一个过程,旅游者的需求、满意度等将会直接表现旅游接待过程的好坏,因此发展旅游接待业,离不开研究旅游者的心理特点、行为方式等方面,且最终研究的成果将会促进或者迫使旅游接待企业进行供给侧改革,以满足旅游者的旅游需求。而心理学正是通过描述并分析旅游者行为,使我们透过表面看到更深层次的东西,以此来促进旅游接待业发展。

人类学"以人为本"的理论为旅游接待业管理提供了重要的指导。人类学研究最关心的是社会群体的文化表现和社会行为②。因此人类学观察旅游接待活动的视野非常广泛,主要包括旅游者与当地居民的关系、旅游接待的影响、旅游文化等方面。此外,人类学研究方法,例如田野调查、民族志、社会调查等为加深人们对旅游接待地区的了解提供了重要帮助。

生态学"可持续发展"的理论是旅游接待业不可动摇的原则。可持续发展是指既满足当代人的需要,又不损害后代人满足其需要能力的发展。只有坚持可持续发展,旅游接待业才能赢得发展的空间以获得广阔的前景。可持续发展不仅适用于旅游接待业,也适用于整个旅游业乃至其他行业。旅游接待业可持续发展需要把握以下几个原则:一是能够不断提高旅游接待地区居民的生活水平;二是可以不断增强游客的接待体验;三是在满足上述两个需求的同时,并不会对旅游接待地区的环境造成破坏。在强调公平性、持续性和利益协调性的条件下,用可持续发展的思想来武装旅游接待业的服务理论,因为可持续发展的服务理论不但可以影响旅游需求,引导绿色消费,而且可以创造绿色收益,以此实现旅游接待业的可持续发展。

(三)旅游接待业研究的理论创新

旅游接待业研究的创新离不开现实土壤。现实创新包括多种产业相互融合、涵盖范围

① 保继刚,杨虹霓,翁时秀. 中国旅游地理学的发展与创新[J]. 经济地理,2021,41(10):79-86.

② 彭兆荣. 旅游人类学[M]. 北京:民族出版社,2004.

无限多元、产业方式不断转型和产业边界淡化等多种方面；理论创新以学科整合为出发点；两者共同构建了旅游接待业研究的创新基础。

产业融合是现实创新的现实基础。例如在乡村振兴背景下，人们将旅游视野开始转移到乡村，以乡村第一产业和第二产业与旅游业结合发展地方特色的乡村旅游形式多种多样；同样在地摊经济发展的背景下，各个地区都形成了“美食一条街”，实现了餐饮产业的集聚。由过去的零散接待服务和接待产品向如今的旅游接待产业集聚发展，形成全新的复合解析系统。产业融合理论在旅游接待业中的应用使得旅游接待业创新具备了无限可能，无论是从产业层次的角度，还是从融合方式的选择，使得旅游接待业研究创新具备了现实条件。

对象多元是现实创新的前提条件。传统接待业仅仅只关注酒店和餐饮行业，多数研究仅限于这些业态内，但随着旅游者旅游需求的日渐多元，传统旅游接待行业难以形成有效的供给满足市场，各种新兴接待业或者过去不被重视的接待产业获得了成长的空间。以酒店行业为例，过去的酒店形式单一，服务同质，随着融合电竞、文化、农业等多个产业，形成电竞酒店、乡村民宿、主题酒店等多种形式，服务内容也愈加丰富，旅游接待业中多个要素交织在一起。如果仍然使用过去的研究视角，难以构建新型的关系互动模型，无法对现有接待业发展提出符合实际的要求，更谈不上促进旅游接待业长远发展。

方式转型是现实创新的重要表现。在中国，过去的旅游业发展被当作外交手段；改革开放以后，旅游业以经济指标为最优原则粗放式发展，形成了各个地区旅游接待产业产品形式单一，服务内容同质；在旅游者消费能力和观念转变的今天，旅游不单单是促进经济发展的手段，更成为了一种生活方式，旅游接待不仅仅是产品的供给，更是生活体验的营造。正因为如此，以沉浸式旅游等新型旅游接待产品的出现成为了一股浪潮，传统的市场经济理论不足以完全解释旅游接待新方式的运转方式，需要构建更加符合旅游接待新方式的理论，推动旅游接待业取得长足进步。

空间营造是现实创新的未来趋势。在全域旅游的背景下，随着旅游方式的个性化和客流的分散化，旅游接待不仅以传统景区作为旅游吸引物，还包含了更多的产业，旅游深刻嵌入了社区居民的日常生活中。旅游接待业的行业边界逐渐模糊，趋向无边界化发展。一个废弃的房屋、一些破旧的工厂、一艘退伍的航母，摇身一变，都可以成为旅游接待的新产品，这意味着需要重构交织的旅游生产空间，以期能生产更贴近市场的旅游接待产品。

学科整合是理论创新的基石与原点。旅游接待业的学科创新基础意味着要整合多个学科，呼唤多元的学科观点互嵌，重塑旅游接待业理论，实现旅游接待业多学科理论向跨学科理论跃进。随着关注旅游接待业的学者数量逐渐增多，对于旅游接待业的研究成果逐步增多，研究方法的匮乏和研究理论的单一将会限制旅游接待相关产业研究成果的进一步成熟。我们必须在理论上跟上时代，面对不断涌现的时代命题和社会要求，需要研究者不断认识规律，不断推进理论创新、技术创新以及各方面创新。研究者们唯有秉持这种创新的思维，持续开展创新性和改造性的工作，方能推动旅游接待产业理论体系的完善和发展，更好地契合实际的需要，以理论指导实践，推动旅游接待理论体系和整体产业的全面发展。

四、旅游接待业研究的理论导向

旅游业作为一个美丽产业和幸福产业，具有鲜明的“民生”属性，是改善人民生活、增进人民福祉、满足人民美好生活需要的重要途径之一。依据旅游接待业研究的理论构成以及理论思想的演化发展，结合当今现代服务业的特点和旅游接待业的时代发展需求，总结得出旅游接待业研究的主要思想导向包括产业的可持续发展、产业融合无边界化、以游客为核心的多产业配合和人民群众追求幸福生活等方面，从而助力旅游高质量发展。

（一）绿色可持续发展导向

旅游业一直被看作“无烟产业”，对环境零污染，然而伴随着旅游活动产生一系列环境问题引发了社会的深思。在旅游接待业的发展过程中应坚持贯彻可持续发展原则，牢固树立“绿水青山就是金山银山”的理念，充分考虑环境的承载力，确定开发边界和红线，守住生态安全红线、文物安全底线，保护自然生态环境，保护传承发展优秀传统文化，将绿色发展贯穿到文化旅游规划、开发、管理、服务全过程，加快形成旅游接待业绿色发展方式，实现生态效益和经济效益、社会效益相统一。

（二）产业创新无边界化导向

旅游接待业的是天然的融合性产业，坚持创新驱动发展是旅游接待业的战略要求，以科技创新和文化创意为引领，推动文化产业的内容、技术、模式、业态和场景创新；以创新推动旅游接待业转型升级，推动旅游业从资源驱动和低水平要素驱动向创新驱动转变，创新旅游产品供给。大力推动文化产业和旅游产业的跨界融合，催生新业态、延伸产业链，创造新价值，形成更多新的增长点和增长极。充分激发市场主体活力，让创新潜力充分涌流，激发内生动力。同时，面对多样化及新型深度的旅游需求与旅游资源观的限制及旅游接待企业信息化水平低之间的矛盾，寻求旅游接待业发展的新模式成为一个亟待解决的难题。从旅游接待产业融合的角度出发，解决目前旅游接待业发展的瓶颈问题具有一定的可行性。不同于传统产业，作为旅游系统的子系统，旅游接待业是需求导向而非生产导向，具有极强的产业渗透性和关联性，更容易与其他产业进行融合发展。近年来，旅游产业融合现象已经逐渐显露，旅游产业功能得到拓展，使得旅游接待领域更加宽泛；旅游企业组织模式逐步得到提升和创新，如借助于计算机和网络系统，旅游企业的办公效率得到了很大提升，能够优化旅游接待服务质量；新型业态不断涌现，如电子商务、虚拟旅游等，旅游产业与其他产业正从各个层面进行着渗透和延伸，无边界化的融合促使旅游接待业进行产业升级、结构创新，从而满足多样化的旅游需求。

（三）游客为核心多产业导向

旅游接待业要始终做到发展为了人民、发展依靠人民、发展成果由人民共享，推进文化旅游产业发展与乡村振兴战略相衔接，推动文化旅游富民兴业。努力提供更加丰富更加优质的旅游接待产品和服务，进一步丰富人民的精神文化生活，提升人民的整体素养，更好地满足人民群众对文化和旅游不断增长的需求。国内旅游的迅猛发展带来了一系列变化。首先，市场主体多元化，要求对应的旅游接待供给在为外来游客提供优质的服务同时，也要充分考虑本地居民的利益；第二，旅游消费体验化，新时代的旅游者越来越倾向于休闲体验，不仅自然吸引物、人文吸引物、当地居民交流语言、生活态度、行为方式等社会资源也成为重要的体验对象；第三，资源配置社会化，新时代的旅游消费需求改变了旅游资源配置结构，对应于旅游吸引物的资源类型不仅要包括自然资源、人文资源，还要包括社会资源，且体验经济导致旅游吸引物所处环境具有了特别意义，对接待服务的要求大大提高。因而，旅游接待地的服务质量提升是关键，构建以游客为核心的旅游创新驱动发展成为时代的必然选择。

第二节　旅游接待业研究的相关理论

旅游接待业理论的发展和时代的演进与旅游业的发展密切相关，旅游接待业属于社会科学，是一门涉及学科门类广泛、兼具理论性与实践性的边缘科学。旅游接待业理论所涉及的内容是通过对旅游接待业有关的事项进行研究形成系统化的旅游理论。如果从大的方面来讲，所有与旅游接待业相关理论的聚合，可以统称为“旅游接待业理论体系”，但纵观整个旅游接待业理论体系，我们发现有些理论虽然与实际颇有关联，但学术意味浓厚，探讨的是比较关键或抽象的旅游接待业理论，重在解决“如何认识旅游接待业”的问题，在整个旅游接待业理论体系里具有基础性作用，也就是旅游接待业研究的核心理论；而有些理论问题虽然不无学术价值，但所探讨的多为具体的技术性事项，它们大多带有时代发展的印记，是旅游接待业核心理论发生转变的体现，也是旅游接待业理论的创新所在。

旅游接待业的特征是由旅游业本身的特征所决定的，概括地说大致有三个方面：知识面涉及广；行业关联性大；成果趣味性强。这是旅游接待业发展的必然趋势，也是促使旅游接待业的核心理论发生转变的要求和关键所在。基于上述分析，旅游接待业的核心理论在以市场竞争、顾客服务、产品导向、市场营销、人本理论和生命周期理论为主的基础上，随着时代的发展开始转化：旅游体验的核心从产品走向生活、旅游产品的供给从企业走向社会、旅游消费的内容从观光走向体验、旅游供给的诉求从速度走向品质、旅游产业的形式从跨界走向融合。旅游接待业核心理论的转变对旅游接待业研究具有全局性的指导意义，包容性增长理论、共享经济理论、旅游民生理论、旅游幸福产业理论、公平产品理论和社会公平理论正是在这种发展形势和趋势下理论创新的体现。

一、旅游接待业研究的传统理论

（一）服务管理理论

服务经济是指服务经济的产值在 GDP 中的比重超过 60% 的一种经济状态，也指服务经济中的就业人数在整个国民经济就业人数中的相对比重超过 60% 的一种经济态势。服务管理是从服务营销理论的研究中逐渐发展起来的，最初对服务管理的研究成果主要面向服务业区别于制造业的关键方面。服务管理理论的主要观点包括：①人本管理理念。人本管理主要是指一种把“人”作为管理活动的核心和组织的最重要资源之一，把组织内全体成员作为管理的主体，围绕如何充分利用和开发组织的人力资源，服务于组织内外的利益相关者，从而实现组织目标和组织成员个人目标的管理理论和管理实践活动的总称。强调人是管理的主体、人的全面发展是管理的目标及员工参与是有效管理的关键。②系统管理理念。系统管理,是指依据系统论的思想,以确定的系统为研究对象,把所需要研究和管理的对象作为有机结合的整体,综合运用控制论、信息论、系统工程和运筹学的基本原理与方法,求得技术上先进、经济上合算、时间上最省的管理效果。主要涉及整体性管理原理、动态管理原理、开放性管理原理、环境适应性管理原理及综合性管理原理等。

未来旅游接待业的竞争重点将从较低层的价格竞争逐步转移到以服务、核心技术、品牌为主题的非价格竞争,服务品牌和服务质量构成旅游接待业的核心竞争力,要成为竞争中的强者,就必须具有服务创新方面的活力和持久性。因此,不断提高员工的素质,使员工之间建立充分信任、积极协作、共同分享知识创新的成果,有效提升整体接待服务水平,是旅游接待业发展过程的核心。

(二)市场区位论

市场区位论(Theory of Market Location),德国经济学家廖什首创了多因素变动分析的动态区位论,他从竞争和谋求最大利润的原则出发,在其名著《经济区位论》一书中全面论述了市场区位问题。市场区位论的理论中心是最大利润决定经济区位,其理论的基本内容是市场区和市场网。廖什也为其理论提出了假设前提,其一般理论前提为均质条件,但在得出一般理论后,用有差别的条件来修正。这些差别条件除韦伯工业区位论的某些前提外,还引入了现实中的多因素:①存在着价格地方差、产品地方差和运费地方差;②存在着生产条件地方差和交通条件地方差;③各种企业间的差别及国民性与民族性差别。主要研究内容包括:

第一,需求圆锥体。廖什用需求曲线来表示价格与销售量之间的关系,价格越高,产品的销售量越低,由此,商品的降价可促进销售量的增长,涨价则使销售量下降,最后涨至商品不能再销售出去的地步。价格与销售量之间的变化关系使需求量在立体空间里呈现出一个圆锥体形态,我们称这个圆锥体为廖什需求圆锥体。

$$D = b\pi \cdot \int R_0 \mathrm{f}(p + t) t \, \mathrm{d}t$$

其中,D 为商品的总需求;b 为人口平方的两倍;P 为商品价格;t 为从生产地到消费地的运费;R_0 为最大运费。

第二,市场区和市场网。廖什认为,圆形的市场区不可能持久,因为同类产品的圆形市场区之间总会有空角未被占领或利用,竞争者不断出现,挤占空角,最后形成六边形市场区,呈蜂窝状的市场网。从实际和理论角度而言,有多少种产品就有多少个市场网,廖什将各种市场网摆在一起,便组成一个复杂的、彼此重叠的六边形市场区网,这就是经济地域网。当它们最少具有一个共同的中心点时,这个中心就会形成大城市。

市场区位论摆脱了在其之前区位论研究皆为均衡式的个别因素的静态研究的局限性。通过多因素的动态分析,揭示整个区域系统的配置规律,成为寻求经济区总体系统平衡的第一位学者,其观点具有重要的理论意义和实践意义;市场区位论通过市场区和集聚区形成过程的推导,从理论上解剖了经济区形成的内部机制,促进了区域经济学的形成与发展。

(三)产品导向理论

在市场经济条件下,产品是产业发展的根基。旅游接待业作为旅游业的重要组成部分,其旅游产品设计、开发、销售等正是旅游接待商品产品化的过程,即通过有序开发相关资源,形成种类完善、结构合理的旅游接待业产品系统。“理论是行动的指南”,为了实现旅游接待业相关资源的产品化,应当树立旅游接待业资源化—资源产品化—产品形象化—形象市场化这一逐步递进的理论。在这里,旅游接待业资源化是指在对旅游接待业中的相关资源进行科学分类和筛选的基础上,使之成为具有旅游开发价值的资源;资源产品化是指对旅游接待业资源进行开发,使之成为顾客可以观赏、参与、体验等形式的旅游产品;产品形象化是指赋予旅游接待业产品丰满而鲜明的形象,从而提升其旅游吸引力;形象市场化是指以顾客需求为导向,对旅游接待业产品及其形象进行包装和整合,强化其市场卖点和盈利能力。很明显,整合各类旅游接待业资源、转化成为旅游产品、形成旅游品牌形象、最终走向市场,这一递进的理论从系统观、大旅游观出发,涉及开发旅游接待业产品全过程的各个主要环节。

(四)市场营销理论

市场,不同学科对其认识有一定侧重,经济学认为市场是商品交换的场所,是商品关系的总和;营销者的观点卖方构成产业,买方构成市场,即所谓市场,就是买方的集合;现代市场经济观点认为,市场包括资源获取、制造(产品生产或服务提供)、中介交易、政府参与、消费者购买等多方面,通过交换过程联结在一起的总和。旅游市场营销就是将市场营销原理运用于旅游行业的过程,具体包含以下四个进程(图 2-3)。

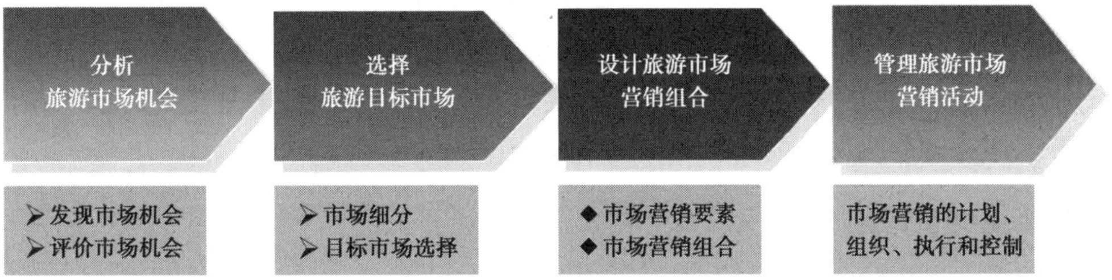

图 2-3　旅游市场营销的四个进程

旅游接待业的市场营销理论重点涉及以下思想:首先,客户关系管理。客户关系管理(Customer Relation Management, CRM)是一种市场导向的企业营销理念。它是面向顾客优化市场、服务、销售业务流程,增强企业部门间集成协同能力,加快顾客服务的响应速度,提高顾客满意度和忠诚度的一整套解决方案,具有以下三大功能,见图 2-4。

第二,旅游交叉营销。交叉营销(Cross Selling)是指借助 CRM 发现现有顾客的多种需求,并通过满足其需求而销售多种相关服务或产品的一种新兴营销方式。它可以充分利用一切可能的资源来开展营销,服务市场,赢得顾客,甚至在很大范围内与合作伙伴共享市场。旅游交叉营销具有顾客的获取(包括最有利可图的顾客、顾客最喜欢的产品/服务)、顾客的开发(顾客需要、基于顾客关系的营销组合策略)、顾客的保持(建立和维持顾客忠诚度、借助顾客数据资料有针对性地促销和进行交叉销售活动)三大功能。

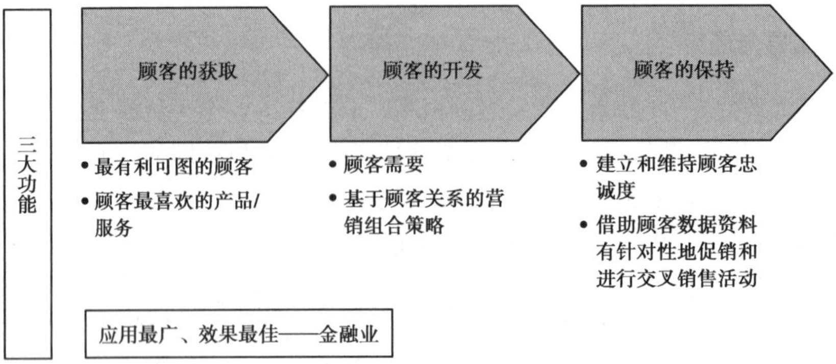

图 2-4　客户关系管理的功能

第三，旅游绿色营销。绿色营销是指以促进可持续发展为目标，为实现经济利益、消费者需要和环境利益的统一而开展的市场营销活动。它是基于企业、消费者、环境及社会利益的一种战略性协调。有三个基本特点：营销观念升华，要求同时考虑消费者利益、企业利益与社会的利益、环境的利益；营销目标差异，由对企业—顾客—消费者的关注转移到经济发展与生态发展、社会发展和人的全面发展相协调，促进可持续发展；营销手段不同，传统的4P 有机组合，发展为强调营销组合中的绿色因素：注重绿色产品的开发与销售。

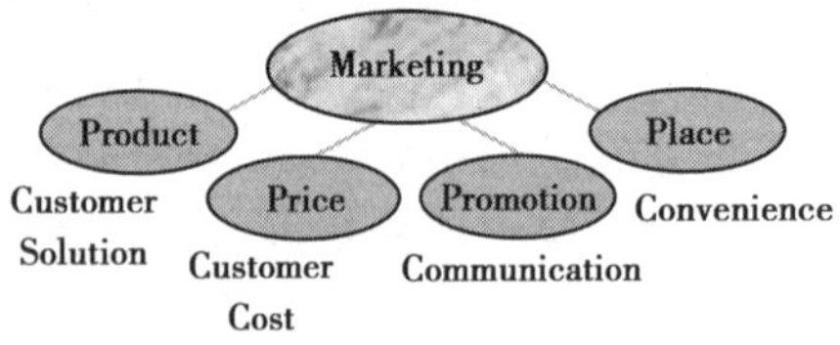

图 2-5　4P-4C："以消费者为中心"的营销组合

第四，旅游整合营销。有学者提出了以消费者为中心的 4P-4C 组合（图 2-5），涉及八个基本步骤：一是准确、精确地细分市场；二是根据消费者的购买诱因提供有竞争力的利益点；三是确定消费者在心中如何进行品牌定位；四是建立品牌个性，以区别同类品牌；五是寻找理由让消费者相信你所承诺的利益点；六是挖掘各种有效“接触点”，贴近消费者；七是建立责任评估准则；八是为未来策略的修改做必要的基础准备，如市场调查及分析。

（五）社区增权理论

利益相关者理论最初将“利益相关者”作为一种影响组织发展的重要外部因素来对待。国外学者弗里曼认为利益相关者是指能够对一个组织目标产生实质性影响的单位和个人，或者受到一个组织实现其目标过程影响的个人和群体[①]。而结合当今的旅游背景，社区参与逐渐深入到旅游发展的方方面面，形成了以“社区为中心”的旅游发展理念，社区居民成为接待游客的服务人员，社区参与的重要性得到普遍认可，“借助旅游这一新兴经济模式达到社区全面发展目标而非仅仅经济增长”[②]。而在社区旅游的接待服务过程中，参与主体更加多元化，往往会涉及当地政府、社区居民委员会、旅游企业、社区居民、旅游经营者、外来游客等利益相关者，不同的参与主体都有不同的利益诉求，在旅游接待业发展过程中难免会发生矛

① Freeman R E. Strategic Management：A stakeholder approach[M]. Boston：pitman Publishing Inc，1984：42-45.

② BeetonS. Community Development through Tourism[M]. Collingwood：Landlinks Press，2006：1-9.

盾冲突，如何达到利益最大化，需要运用利益相关者理论进行指导。

与利益相关者十分密切的是增权理论。社区增权是在社区参与的基础上提出的，是对社区参与的进一步深化和拓展。20 世纪 70 年代增权理论开始兴起，增权译作为“赋权”或“充权”，增权理论的核心在于权能的增加。“增权”是指，增权主体（个人、组织或社区）对自我内部潜能进行深入挖掘，或通过外界力量帮助增强个人能力和获取社会结果的整个过程①。在社区旅游的接待服务过程中，社区旅游资源原始产权方面存在着界定不清、边界模糊、主体缺位、社区居民旅游参与资格被剥夺、参与权利被侵犯等问题，“社区增权”显得尤为重要，不仅是在平等商谈的基础上争取自上而下的“权能”实现，更要增强社区居民自身的自信、自尊和自强的发展理念，通过改善社区居民与自然生态、社区居民与外来参与群体之间的关系，从而有效优化接待服务，提高社区或社区居民的自觉意识，增强他们解决社区问题的能力，利于社区旅游的长远持续发展。

（六）生命周期理论

“生命周期”最早出现于生物学领域的术语当中，用来描述某种生物从出现到灭亡的演化过程。对于旅游接待产业来说，其生命周期是旅游接待产业发展内外因素综合作用的结果，对一个地区或国家旅游接待产业发展具有重要的影响。

在旅游接待产业中，对生命周期的研究主要包括旅游接待地区和旅游接待产品两大方面。巴特勒于 1980 年正式提出了旅游地生命周期理论。他以游客数量的变化作为一个主要指标，绘制了旅游地发展的“S”曲线模型，将旅游地的演化分为了探索阶段、参与阶段、发展阶段、稳固阶段、停滞阶段、衰退或复兴阶段这六大阶段，见图 2-6。

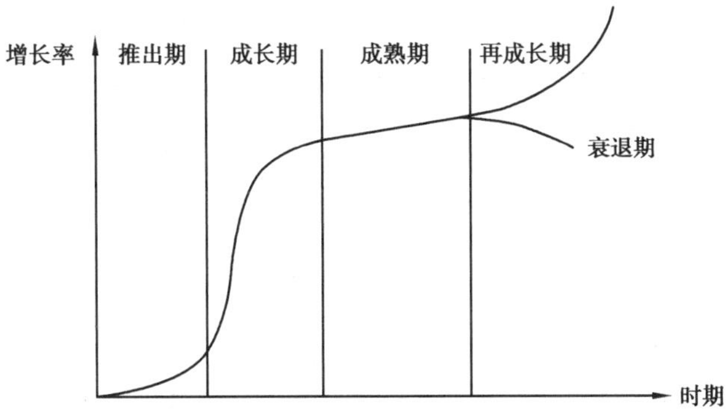

图 2-6　旅游产品的生命周期

在旅游地发展的不同阶段，旅游者需求、旅游产品的供给等旅游地系统要素都呈现出规律性地不同的特点。旅游产品在不同生命周期阶段中利润高低不同，对处于不同生命周期阶段的旅游产品，需采取不同营销组合策略。无论是旅游地还是旅游产品，都会经历同样的生命周期，多元化的旅游接待业发展导致了会在同一时期不同生命阶段同时存在，这就需要根据不同的发展阶段制定符合该发展阶段的战略举措。例如在刚进入市场时，要以扩大自

---

① 孙莹. 社区工作—核心概念和基础理论—核心概念—增权讲义［Z］. 北京：中国青年政治学院，2003：34.

身知名度为首要目标，尽可能获得多的市场份额；在成长阶段时，要在扩大影响力的同时对自身质量提出新的要求；而成熟阶段则需要在稳固市场份额的同时对产品进行内在创新，如果创新成功便会进入新的一个生命周期，而失败则会停滞甚至进入衰退期。

(七)乡村建设思想

乡村兴则国家兴，乡村衰则国家衰。乡村发展是我国在实现现代化的进程中不可回避的艰巨任务。20世纪二三十年代，社会灾乱频繁，乡村危机日益加剧，随后，以梁漱溟、晏阳初、陶行知、费孝通等为代表的中国知识分子，通过自己的思考和实践，各自提出了完整的理论设想并形成体系。其中，梁漱溟以儒家思想为导向的乡村建设理论与实践，认为中国的各种问题根本上都不过是文化危机的具体表现，注重对“人”的精神的培育和提升①；晏阳初基于以民为本的价值理念，推动平民教育与乡村建设实践，强调乡村建设要做到物质文明建设与精神文明建设相结合②；陶行知主张通过改造和普及教育建设乡村，把整个教育的内涵和外延进行扩大化，认为生活即教育；费孝通志在富民，关切基层社会的物质生活与精神文化的建设发展，从经济、文化、政治等多个角度探讨了如何化解乡村危机与怎样完成中国向现代社会转型的问题③。新中国成立后，我国的乡村社会依旧有许多发展问题需要面对，“文化大革命”导致乡村建设滞后十年，直至改革开放阶段，乡村建设才再次步入正轨。进入新世纪以来，中央一号文件一直聚焦“三农”问题，提出了乡村振兴战略，是对党中央“三农”工作一系列方针政策的继承和发展。“产业兴旺、生态宜居、乡风文明、治理有效、生活富裕”是乡村振兴战略的主要内容和努力方向。我国乡村旅游接待具有数量多、规模小等特点，长期以来标准缺失、培训不足、监管乏力、人员参差等问题严重制约乡村旅游整体发展水平。随着乡村旅游地位的日益凸显，乡村旅游接待水平及质量提升成为驱动乡村旅游高质量发展的内在动力。通过研究乡村建设思想，对深度剖析中国目前乡村旅游接待业发展所面临的问题，具有重要的参考价值。

(八)旅游系统理论

系统论认为，系统是由一组相互依存、相互作用和相互转化的客观事物所构成的一定目标和特定功能的整体。系统中各单元之间，有物质、能量、信息、人员和资金的流动；通过单元的有机结合，使整个系统具有统一的目标，但总体不等于它的部分之总和。旅游作一个系统，是旅游者通过旅游媒介到达旅游目的地的旅游活动系统，主要由旅游者、旅游目的地、旅游企事业三大要素构成。旅游者，是旅游系统的主体；旅游目的地，是旅游系统的客体；旅游企事业，是联系主体和客体的媒介。

旅游接待系统是一个开放系统，与外界进行着能源、原材料、产品、人员、资金和信息的

---

① 崔慧姝.梁漱溟乡村建设运动及其争议研究[D].天津：南开大学，2012.

② 张建军.寻路乡土：梁漱溟、晏阳初乡村建设理论与实践比较研究[D].杭州：浙江大学，2019.

③ 陆益龙，刘一.从文化自觉到文化富民：费孝通的文化自觉论及其对乡村振兴的启示[J].西北师大学报(社会科学版)，2021(02)：104-111.

流动。一个旅游系统的开放程度同旅游发展水平、旅游空间地理位置、旅游基础设施以及旅游内部吸收、消化、转移、输出能力等因素有关。旅游系统之间存在着差异与梯度，不同子系统存在不同的发展条件和不同的发展优势，把整个系统协调组织起来，才能获得大系统的整体效益。从这个意义上讲，开放性是系统向优化发展的必要条件，封闭、孤立必然导致系统的衰落。旅游系统的开放性表现在信息开放、物质开放、技术开放和人员开放：①信息开放。旅游系统与外界的信息联系中，信息的出和入起着两个基本作用，首先是有关思想、意识等精神产品的作用；其次是系统状况的传递，可以反映子系统之间的差异与各自的优势、潜力。②物质开放。原材料、能源、产品等物质的输入和输出是旅游系统开放的基本内容，有关的系统可以从物质开放中获得区域分工、专业化生产、规模经济等方面的巨大利益。③技术开放。技术开放是物质开放与信息开放的进一步发展。技术的输入和输出已经成为世界各国各地区推动社会、经济发展的动力，当今世界性技术革命的浪潮极大地推动了技术开放。扩大技术开放的程度，抓住技术革命的机会，就有可能使落后国家和地区用较短的时间迅速跨越发达国家和地区数十年、数百年的发展历程，从而进入发达国家和地区的行列，实现跨越式的发展。④人员开放。人是旅游活动中最活跃的因素。人口迁移、劳动力流动、技术人才的流动将使人力资源同物质资源最有力地配合起来，从而促进旅游系统的发展。

(九)共生理论

“共生”一词源于希腊语，这一概念早在19世纪中叶就已出现。但作为一个生态学上的概念，首先是由德国真菌学家德贝里于1879年提出来的，其定义为不同种属生物生活在一起的一种状态，并且特别指出短期的种群联系不是共生关系。20世纪50年代以后，共生思想渗透到社会诸多领域。从一般意义上讲，共生指共生单元之间，在一定的共生环境中按某种共生模式形成的关系。共生，既具有自组织过程的一般特征，又具有共生过程的独特个性。它不是共生单元之间的相互排斥，而是在相互激励中共同合作进化。这种合作进化不仅可能产生新的单元形态，而且产生共生能量和新的物质结构，表现为共生个体或共生组织的生存能力和增殖能力的提高，体现了共生关系的协同作用和创新活力。共存共荣是共生的深刻本质，但共生并不排除竞争，它不是自身性质和状态的摒弃，而是通过合作性竞争实现单元之间的相互合作和相互促进。这种竞争是通过共生单元内部结构和功能的创新以及共生单元之间功能的重新分工定位和合作实现的。“对称互惠共生”的行为模式和“一体化共生”的组织模式是实现“双赢”和“多赢”的理想模式。

通过对共生关系产生和发展的条件和规律、共生关系与共生环境的相互作用，以及共生关系对共生单元进化与创新的作用等共生理论多方面的研究，主要的共生理论结论如下：共生现象是一种自组织现象，共生过程是一种自组织过程，它是共生单元之间的某种必然联系，使之结成共生体，并按内在的要求形成共生模式，产生新的共生能量，共同推进进化发展；合作是共生现象的本质特征之一。共生并不排除竞争。与一般意义上的竞争有所不同的是，共生无论是同类单元之间还是异类单元之间，都不是单元之间的相互排斥和相互厮杀，而是单元之间的相互吸引和相互合作；不是共生单元自身性质和状态的丧失，而是单元自身性质和状态的继承和保留；不是共生单元的相互替代，而是相互补充、相互促进；共生过程是共生单元的共同进化过程，也是特定时空条件下的必然进化过程。共同激活、共同适应、共同发展是共生的深刻本质。共生为共生单元提供理想的进化路径，这种进化路径使单元之间在相互激励中进化；共生进化过程中，共生单元具有充分的独立性和自主性，同时，共生进化过程可能产生新的单元形态，以及产生新的共生形态；共生关系反映了共生单元之间的物质、信息和能量关系，共生关系的发展实质是共生体物质、信息和能量的有效产生、交换和配置。

二、旅游接待业研究的新兴理论

旅游发展新特征的不断出现，推动了旅游体验的核心从产品走向生活，更注重旅游的个性化、参与性、全过程、体验性和教育性；旅游产品的供给从企业走向社会，旅游产业的社会化推动了旅游就业社会化、旅游创业社会化、旅游投资社会化和旅游关注的社会化；旅游消费的内容从观光走向体验，旅游品质体验成为需求，主体性、情感性、互动性、参与性、线上线下融合的旅游接待产品成为必然要求；旅游供给的诉求从速度走向品质，将进一步推动全域旅游接待理念形成，有效提高接待管理的智慧化水平；旅游产业的形式从跨界走向融合，驱动产业硬核升级的旅游+科技、激活地方经济的旅游+乡村、打造生活新模式的旅游+康养等方式将进一步拓展旅游接待业的边界。新的产业发展特征呼唤新的理论创新，跨学科、多领域的理论整合，成为旅游接待业理论创新的趋势。

(一)共享经济理论

共享经济通过网络平台激活旅游地居民的闲置资源，将开辟旅游接待业服务供给的新渠道，有利于推进旅游供给侧结构性改革。在共享经济产生以前，导游、交通、住宿、餐饮等旅游接待服务主要是旅行社、旅游车船公司、旅游饭店等专业性旅游企业提供的。这些企业投入资金建设接待设施，购置相关设备，雇用具有专业知识和技能的人员，按照现代企业制度实施专业管理，向游客提供标准化服务。在共享经济产生之后，这种专业性旅游企业垄断旅游服务供给的情形将发生变化，旅游地居民将成为游客接待服务的第二大供给主体。

随着信息基础设施的日益完善和网络通信技术的不断进步，互联网将更好地整合旅游地居民拥有的碎片化闲置资源，并架起与具有该类需求的游客之间的沟通桥梁。在旅游共享经济场景中，旅游地居民将个人闲置的空间、时间、资产、技能等通过网络平台转化为接待能力，满足游客的多样化的消费需求。例如，部分游客想寻找当地人生活背后的真实故事，不再满足于星级饭店、经济酒店、古镇客栈等千篇一律的房间、设备和服务，小猪之类的住宿短租平台可以让他入住旅游地居民的家中，为其提供深度体验当地文化和发现未知故事的机会。与原来相比，共享经济背景下的旅游接待业服务供给模式具有分散性、非标准性、非专业性等特征，可以更好地满足长尾市场的需求，但同时给旅游产品质量控制、服务标准化、安全监管、信息统计带来了挑战。

此外，共享经济将催生很多原来不存在的交易和服务，助推旅游接待业中的业态创新。旅游共享经济是“旅游+”“互联网+”的体现，是落实“旅游+互联网”行动计划的载体。除了在线房屋租赁、在线旅游租车平台等共享平台服务企业之外，特色私厨(家庭餐厅)、家庭访问点、旅游创客基地等新业态将不断涌现①。

（二）旅游创新理论

随着各国纵向发展和横向竞争的加剧，我国经济的发展逐步形成“资源红利”——“市场红利”——“创新红利”转变，特别是疫情的冲击，重塑了区域、国家、产业、行业、企业和需求。目前关于创新理论的研究主要有经济、市场和组织三个研究视角，见图 2-7。

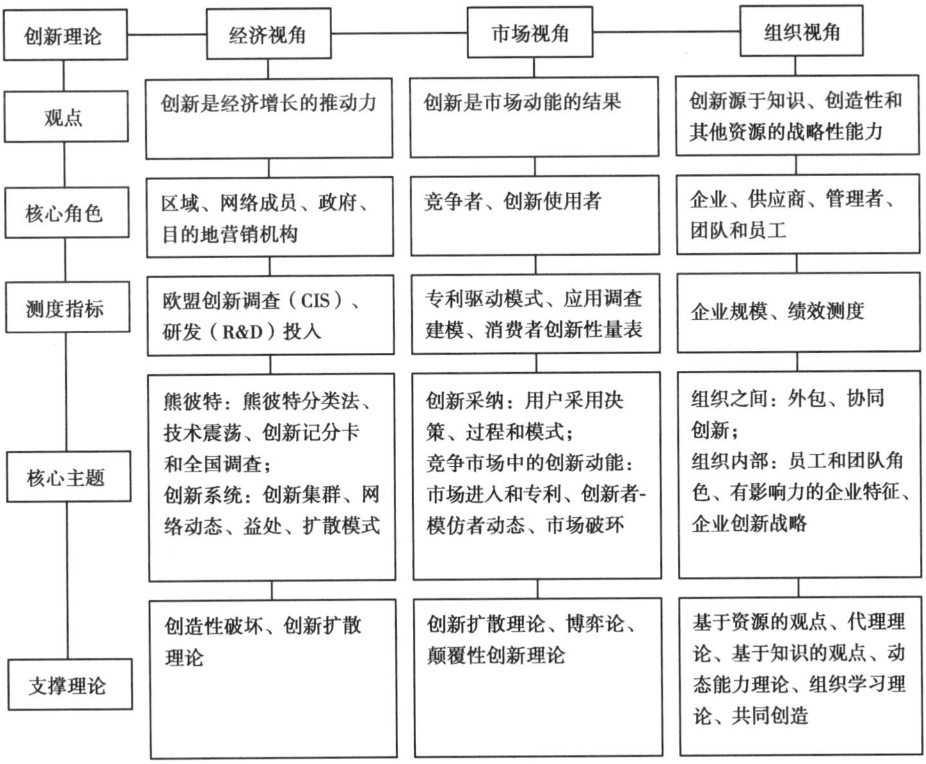

图 2-7　创新理论的主要视角

资料来源：宋瑞. 旅游创新研究四问［C］. 第六届中国青年旅游论坛暨首届旅游研究生学术年会，2022-9-24.

科技创新、制度创新和产品创新是旅游服务创新的关键，在创新上具有以下特点在创新上具有下特点：用户型创新，服务供给者和消费者是合作生产者关系；以渐进式创新和建构式创新为主，具有较强模仿性；以非技术创新为主，侧重制度创新、组织创新、营销创新等；决定因素较多，包括供给驱动、需求驱动、竞争状况和人力资本；受政策影响大。

目前，旅游创新理论研究起步较晚，研究成果相对不足。服务业及旅游业的创新指导 20 世纪 80 年代才受到学界关注，就目前来看研究相对滞后：第一，“旅游创新”的概念尚未形成；第二，旅游创新的特点解析和认知相对不足；第三，旅游创新的研究大多聚焦于技术使用、产业融合等；第四，旅游创新研究停留在概念主观认知和描述上，有少量模型化分析，实

① 李庆雷，杨亚南. 共享经济理念对旅游产业发展的影响［N］. 中国旅游报，2016-03-21（B05）.

证研究相对不足。进一步厘清旅游服务创新相关概念,科学构建相关理论研究体系,进一步拓展研究视角和研究方法,成为未来学术研究的主要任务。

图 2-8 顾客体验美食制作

图片来源:笪玲 2019 年 11 月 30 日拍摄于贵阳。

(三)体验经济理论

派恩和吉尔摩在《体验经济》一书中指出:“当企业有意识地以服务为舞台,以商品为道具,使消费者融入其中时,体验经济也就产生了。”①本质上讲,体验经济是以消费者的某种身心感受或心理体验为经济提供物并为此提供个性化生产与服务而获取利润的经济模式②。在派恩等人看来,体验是一种实实在在的经济物品,不再是服务和产品的附庸,而是其核心所在。体验经济时代下,旅游消费者越来越追求个性化,特色已经成为人们消费的一个主要影响因素,并且更加注重旅游环境氛围,良好的旅游环境能吸引顾客,给游客带来短暂脱离现实世界的体验感受,如图 2-8 所示。

根据体验经济理论,可以将“体验”分为以下几个类型:其一,娱乐性(Entertainment)体验,这是一种相对被动的体验模式,比如游客可以通过观看景区舞台表演获取某些信息,但是没有真正的亲历感;其二,教育性(Education)体验,这是一种主动性体验模式,即在某一事件的参与过程中获取一些知识,其趣味性和吸引力更强;其三,逃避性(Escape)体验,这里的“逃避”是一种主动的逃避,即通过“逃避”进入一种全新的境界,从而获取独特体验,在这种体验中,游客完全投身于“体验氛围”营造中,比如真人射击、滑雪、漂流等;其四,审美性(Estheticism)体验,它指的是游客在人工或自然的刺激下,犹如到达某种现场一样获取真切的审美刺激,进而融入其中获得愉悦。体验经济作为一种新型的经济模式,尤其是对“体验”产品的合理划分,对于我国正在转型发展的旅游接待业具有良好的借鉴意义,有利于提升旅游接待业的个性化服务理念,有效改善其服务功能,通过体验理念的引入,使旅游目的地文化的精髓融入旅游活动中,增强旅游的深度休闲性与审美性,凸显别样的服务优势。

(四)幸福产业理论

2013 年,习近平在俄罗斯“中国旅游年”开幕式上的致辞中指出,“旅游是修身养性之道”。广大人民群众对美好幸福生活的追求,很大程度上集中体现在通过旅游来满足精神文化生活需求,体现在文化娱乐、休闲旅游消费的大幅提升。2017 年 10 月 18 日,习近平在党的十九大报告中强调,永远把人民对美好生活的向往作为奋斗目标。推动文化和旅游融合

① 约瑟夫 · 派恩,詹姆斯 · 吉尔摩. 体验经济[M]. 夏业良,等,译. 北京:机械工业出版社, 2008.

② 赵放. 体验经济思想及其实践方式研究[D]. 长春:吉林大学,2011.

发展，要认真贯彻落实好这个目标，将文化和旅游业融入经济社会发展全局，满足人民群众美好生活和精神文化需求，持续提高人民群众的幸福感和获得感。随着我国国民收入的稳步提升，民众对幸福生活的需求也日益迫切。居于“五大幸福产业”之首的旅游业，对提升民众幸福感至关重要。从某种意义上说，提升民众幸福感已经成为了我国旅游业发展的愿景和使命。要打造幸福旅游，须深入思考和研究旅游能够为民众带来哪些幸福感以及如何提升民众的旅游幸福感①。

旅游幸福感可以被定义为旅游者在旅游过程中因各种体验而产生的快乐感、满足感和价值感的综合心理感受，旅游接待服务提升民众旅游幸福感的举措应当着力于三个方面：第一，提升服务品质，增进旅游快乐感。旅游接待业要打造快乐旅游，必须先取悦身体。身体的取悦重在旅游服务品质的提升，这种品质体现在旅游服务供给中对旅游者的舒适度和便捷性的充分考虑。旅游接待业必须合力提升旅游品质，政府要加大对城市卫生管理、交通运输管理、公路建设、网络建设、公共休息设施建设等公共服务的供给力度，企业要将游客的切身感受而非短期利润摆在更重要的位置，在餐饮、住宿、服务中不断追求专业化、优质化。第二，打造文化品牌，增进旅游满足感。随着民众的旅游需求呈现多样化的发展趋势，这也意味着我国旅游市场必须进入“多样化深度体验”的发展模式，而要满足多样化的旅游需求必须依靠多元化的特色地域文化。旅游接待业应当通过多种手段深度挖掘、精心提炼地域文化的“地方性”精神内核，并通过标志、广告等载体实现文化与旅游要素的完美融合，努力打造具有标志性和代表性的特色文化品牌。第三，构建多层面的伦理体系，增进旅游价值感。在旅游接待场中存在着各种关系，这些关系具有陌生性、短暂性等特点，从而为道德弱化提供了空间。因此，旅游各方都应努力构建旅游中的伦理关系，让人们在旅游中学会尊重，学会包容，从而形塑自我品德，提升旅游价值感。

（五）公共产品理论

公共产品理论是新政治经济学的一项基本理论。公共产品理论将社会产品分为了私人产品和公共产品两部分，其中公共产品有区别于私人产品的三个特征，即①效用的不可分割性：公共产品不能像私人物品那样可以按照谁付款，谁受益原则分割成可进行买卖的多个单位，它是一个不可分割的整体，比如旅游基础设施等；②受益的非排他性：公共产品由于是向社会大众提供的，可以由多人进行分享，不像私人物品那样只能由个人享用；③消费的非竞争性：由于公共产品边际生产成本为零，由此产生个人享用公共产品并不会对他人享用公共产品造成影响，如旅游者在旅游接待地区使用基础的旅游接待设施。

按照公共产品的特征，可以把旅游公共服务分为纯公共旅游服务和准公共旅游服务两大类。其中，同时具有非排他性和非竞争性的旅游公共服务为纯公共旅游服务。例如，旅游环境治理服务、旅游信息化平台和旅游安全救援服务等。而非竞争性和非排他性两个特征不同时具有或具有其中一个特征，而另一个特征表现不充分的旅游公共服务为准公共旅游服务。例如，公共景观设施、旅游集散中心等。旅游公共服务根据受益范围不同，可划分为

---

① 张丹婷，邢占军．旅游与民众幸福感[J]．旅游学刊，2019，34(7)：1-3.

区域性旅游公共服务和国际性的旅游公共服务。区域性的旅游公共服务主要为该地区居民和来该地区旅游的旅游者提供的公共服务。国际性的旅游公共服务则是为该国居民和来该国旅游的游客提供的公共服务。

(六)社会公平理论

马克思和恩格斯批判了资本主义社会公平的虚伪性,认为其是没有实质内容的虚幻体,指出社会公平不应体现在形式上,更重要的是“事实上”有实质内容。恩格斯提出社会公平要求一切公民应当享有平等的政治地位和社会地位,在社会的、经济的领域中也应如此。社会公平应当是从人的这种共同特性中引申出这样的要求:“一切人,或至少是一个国家的一切公民, 或一个社会的一切成员,都应当有平等的政治地位和社会地位。”这就是说,社会公平要消灭一切等级,政治上享有机会公平、过程公平,其合法权益有制度的保障。不仅如此,平等不仅是表面的、更是实际的,不仅是形式上的、更是事实上的,不仅要求政治上的,而且社会上和经济上的平等。

马克思和恩格斯强调了真正的公平实现是建立在生产力极大发展, 物质财富极大丰富的基础上的。因此,就目前来说,我国乃至世界上任何一个国家都无法做到完全的社会公平,但我们一直在追寻社会公平的道路上。在旅游接待业中,社会公平体现在社会居民和旅游企业或政府之间关于旅游资源开发、旅游权力和旅游收益等的使用和分配的公平性上;体现在旅游企业员工在旅游企业中拥有带薪休假、友善接待权上;体现在旅游者拥有旅游自由权、旅游资源享有权等合法权益上。

社会公平理论指导旅游接待企业应当在接待时尊重旅游者利益,重视社区居民参与,积极保护和发展自然环境、人文环境等方面。其中,旅游利益分配是旅游接待业中维护社会公平的一大重要问题,例如各利益相关者的利益分配不公平问题导致社区居民排斥旅游,甚至组织报复等行为,都是社会公平未能得到很好的体现,除此之外,旅游规划的不合理、旅游合同的不健全、旅游发展的不平衡也是旅游接待业未能实现社会公平的表现方面。因此,旅游接待业亟需解决目前所面临的种种旅游不公平现象,认真贯彻社会公平理论,实现各个主体之间的协调发展。

第三节　旅游接待业研究的科学方法

科学方法作为一种规则或原则,能够规范旅游接待活动。对旅游接待业研究相关的科学方法的学习,可以更深层次地梳理旅游接待业这门学科的体系,也有利于实际旅游接待过程的实践应用。在进行旅游接待业的相关研究时,需要坚持对各种方法的采用。而究竟采用什么方法来进行科学研究实践,不仅取决于方法的特征,同时也取决于旅游接待业所要研究问题的类型,合理运用科学的方法研究旅游接待业,会起到事半功倍的效果。本节将依托旅游接待业研究方法选择依据,确定主要研究方法,以期能够科学地描述旅游接待业发展过程中出现的新现象、新事物,并对出现的新问题提出行之有效的解决方案。

一、旅游接待业研究方法的选择依据

要开展旅游接待业的相关研究,首先需要对旅游接待业研究的特点有一个深入认识,只有充分了解和掌握旅游接待业研究的特点,才能运用科学的研究方法对旅游接待业进行研究。教材从旅游接待业的构成体系、表现特征等方面入手,提炼出以下旅游接待业研究的基本特点。

(一)依托产业因地制宜

旅游接待业研究具有依托产业因地制宜的特点。在旅游接待业所属范围下,包含着旅游出行、住宿接待、游览接待、购物接待、娱乐接待等相关产业要素,而不同产业之间的经营范围、发展方向和营业方式也各不相同,在进行研究时就要依托产业,因地制宜。以住宿接待业为例,改革开放 40 多年来,饭店行业从建设到管理到服务,始终走在中国旅游接待业的前列,也始终走在全国服务行业的前列①。相比较而言,娱乐接待产业的发展从地理角度来看,其具有不均衡的特点,且拥有与饭店行业不尽相同的产业特征,这表明在进行旅游接待业的研究时,既要重视对其整体性、全面性的认识,又要依托于旅游接待业内部不同产业之间发展的特点,在进行研究时更应该按照不同的具体类别进行更加细致和具体性的研究,选取合适的角度和研究方法,防止由于对研究对象认识不充分而导致使用了错误的研究方法,得到错误的研究结果,我们要防止这种不严谨的科学研究,就要依托于不同的旅游接待产业,因地、因时、因事制定合适的研究策略。

总而言之,旅游接待业包含了丰富和多元的产业要素。这要求我们在进行旅游接待业研究时不能毫无根据地随意进行研究,而是要学会依据现实基础,切入合适的研究视角,结合当前环境来进行合适的研究。

(二)产业融合学科整合

旅游接待业研究具有产业融合学科整合的特点。旅游接待业的研究范围涉及许多学科和门类,例如会计与财务、信息技术等,其包含了多种产业并与多个产业紧密联系。旅游接待业的边界不是封闭的,而是模糊的,其可以与其他的学科发生联系,这意味着产业融合的思想在旅游接待相关研究中大有可为。基于产业结构复杂的旅游接待行业,唯有整合各个学科才可以构建出全面的,综合的旅游接待学科。在依据产业理论进行多学科整合的过程中,要注意所形成的旅游接待业研究方法不应该是多学科的,而是跨学科的。跨学科具有学科超越特征,是在一种有效的视角统辖之下的学科有机整合,它不能容忍学科之间处在一盘散沙的状态,甚至也不满足于那种多学科研究的被动学科关联方式②。随着旅游接待相关研

① 魏小安,曾博伟. 中国旅游风云四十年对话录[M]. 北京:中国旅游出版社,2018.

② 谢彦君. 旅游体验研究:走向实证科学[M]. 北京:中国旅游出版社,2010.

究的积累，必然会形成“旅游接待”自身的一个独立的知识共同体，在产业融合的视角下出现新的跨学科的研究方法。

所以，在研究涉及众多产业和学科的旅游接待业时，不仅要学会使用各个学科的研究方法，还要运用产业融合的思想，将更多学科的研究方法进行整合，提炼出独属于旅游接待业的研究方法，使旅游接待业相关研究形成科学有效的独立学科体系。

（三）时代发展与时俱进

旅游接待业有持续发展的特点，这要求学者对旅游接待业的研究要随着时代发展与时俱进。我国旅游的发展是伴随着改革开放的脚步向前迈进，至今已经过了四十年左右，目前我国的旅游接待业产业规模已十分庞大，而未来的旅游接待业将更加多元化，对旅游品质的追求将成为趋势。因此，旅游接待业的研究应该根据时代的发展与时俱进。

通过对旅游接待业相关的文献资料进行回顾，可以看出，对于旅游接待业地研究具有鲜明的时代性，在旅游接待业发展的初期，对旅游接待业的研究大多是定性研究，其中，使用最多的方法是传统定性方法，即主要通过参阅相关文献或田野调查对研究现象进行描述或理论分析，而访谈法、参与观察法等并未得到更多的重视，之后，建立更加形式化、标准化和精确化的定性调查，旅游接待业研究方法得到进一步扩展。随着统计学在旅游领域的逐渐扩散，以统计分析为主的定量研究开始占据更多的地位。多元统计分析是学者们最常用的分析方法。到目前为止，学者们越来越主张使用多种方法的结合来对旅游接待业进行研究，包括定性定量结合、定性结合和定量整合。

从旅游接待业研究方法的演变可以看出，旅游接待业的研究方法随着时代的发展而呈现出不同的特点，根植于不同的历史背景下拥有其独特的科学内涵，旅游接待业的研究不仅是三维的，还会依据时间的推进呈现其符合时代特点的研究方法。

另外，对旅游接待业研究的目的也随着时代的发展而产生了新的变化。过去，旅游接待业的研究常常是以经济目的为主，即通过发展旅游创收，增加外汇。而现在，对旅游接待业的研究不再是仅以经济指标为单一导向，范围逐渐在扩大。例如学者们在进行研究时更加注重旅游接待业对文化和历史的传承，改善并强化旅游接待业所处地区、城市的旅游形象。

我们在进行旅游接待业研究时，要根植于旅游接待业波动性和持续性等特征，要考虑当前社会环境对旅游接待业发展的影响，要思考旅游接待业向前发展的内生性动力，通过发展的眼光看问题，深入开展社会文化，经济与旅游接待业相互作用的研究，使得旅游接待研究方法与时俱进，更有针对性。

（四）多元视角全面覆盖

旅游接待业研究具有多元视角全面覆盖的特点。旅游接待产业链长，所涉及领域十分广泛，学者们在进行旅游接待研究时，不必拥挤在一个狭隘的范围内，而是可以用多元化的视角来切入，可以对旅游接待整个产业链条的任意部分进行研究，摆脱狭义接待业所带来的局限性。例如在对旅游客源市场子系统进行研究时，要考虑对旅游者的旅游空间流动行为，即旅游者的旅游动机或目的进行研究；在旅游活动的过程中，对旅游者流动产生的客源地、中转地、目的地、延伸地的社会、文化、经济现象进行研究，还包括对旅游者的旅游前准备、旅游中参与以及旅游后恢复的整个过程开展研究；以及对旅游活动产生的各种影响开展研究，包括对经济、自然和人造环境产生的影响开展研究。在旅游目的地子系统中，对旅游者访问地居民以及旅游者自身产生的影响开展研究①。总而言之，对于旅游接待业的研究不再是过去的酒店、饭店这些方面，也不仅仅是管理学的研究视角和方法，随着旅游接待业的再扩大，"全域旅游""乡村振兴""文旅融合"等热词、新词的出现，使未来的旅游接待业研究有更多元的研究视角新切入，涵盖的旅游接待范围更为全面。

二、旅游接待业的研究方法

旅游接待业的研究是一个复杂的课题。由于旅游接待业所研究的问题涉及社会、经济、文化的方方面面，旅游接待业复杂的表现形式和广泛的研究内容使得要形成其独特的方法体系，通过多学科的参与，对旅游接待业进行全面、系统的研究。"工欲善其事，必先利其器"，旅游接待体系的成熟和完善依赖于研究的方法。随着时代的进步，相关的研究方法也随之在传统研究方法的基础上进行了一定程度上的创新甚至发展出了更贴切实际情况的现代研究方法。传统的研究方法不完全适用于现代旅游接待业所涵盖的所有内容，因此需要利用现代研究方法对其进行研究，同时也需要根据旅游接待业的特征和各相关学科成熟的研究方法进行精选，在此基础上构建旅游接待业研究方法体系，必然会使旅游接待业的研究方法更加丰富，层次更加立体。

旅游接待业研究的方法论形成主要是依靠方法的移植、渗透和融合来实现的。因此，旅游接待业甚至旅游学的方法论，还处于一个探索的阶段。旅游接待业作为一个具有强融合性的产业，其产业融合无边界的趋势既为多学科研究方法提供了前提条件和基础，也为旅游接待产业研究方法融合创新提供了可供发展的范围和空间。就目前而言，其在研究方法上拥有旅游业研究的一般特征，也有作为一个特殊的研究领域所独有的思路和方法，同时由于旅游接待业是近年来独立出来被学者讨论，因此，它的研究方法的形成，大多是来自旅游业以及管理学、经济学、人类学和心理学等学科的研究方法，通过对这些研究方法的移植、渗透和融合，从而使得其适应旅游接待业市场需求、企业管理、行业产业的特点。

（一）传统研究方法

1. 旅游市场细分法

旅游市场细分指根据不同消费者之间需求的差异性，把一个整体性市场划分为若干个消费群体，从而确定企业目标市场的活动过程。旅游市场细分，有利于企业发现新的市场机会，形成新的目标市场；有利于企业深入掌握市场动态，提高企业的市场应变能力；有利于企

① 何建民. 旅游接待业[M]. 重庆：重庆大学出版社，2019.

业根据不同市场的特点制定相应的市场营销策略。旅游市场细分应掌握以下原则:第一,细分出的市场必须具有可衡量性。其消费者的特征、市场的范围大小、消费者购买力的大小等,必须是具体的,可以衡量的。第二,可占领性。市场还有一定的空间,企业进入后能有所作为,企业在人、财、物力量上,能够有效地进入该市场。第三,收益性。细分出的市场足够大,可以使企业获得经济效益。第四,稳定性。该市场能够保证企业在较长时期内获得经济效益,该市场必须具有一定的发展潜力,使企业能够通过能力来扩大市场。

2. 市场定位方法

"定位"是确定经营对象在目标市场上的某一竞争优势位置;"定位"思想是整个营销学思想体系中最富有价值的战略思想之一;"定位"在现代社会中已衍生为普适的、广义的成功之道。旅游经营对象(旅游产品、旅游企业、旅游地等)的定位策略,实质上就是要根据目标顾客的选购与需求因素,在其心目中形成本经营对象处于第一位的深刻特色印象,是经营者针对定位目标设计的以整合传播为基础的营销组合。形象性、独特性和需求性是旅游定位三要素。美国旅游营销学者 Morrison 提出的定位工作 5Ds 模型:识别利益(Document),分析和识别旅游者最看重的利益或要素;形成差别(Decide),识别竞争者的情况并确定自身旅游经营对象如何有别于竞争者;塑造形象(Differentiate),决定所要向选定的目标客源市场推出的形象;传递设计(Design),将这些有别于竞争者的长处纳入旅游经营对象之中,运用营销组合手段将这些不同之处传递给目标客源市场;落实承诺(Deliver),将所承诺的利益提供给旅游者。

3. 深度访谈法

深度访谈法是一种一般采取非结构式、个人间的、非正式的、开放式的访谈形式。我们可以理解是一种情境互动行为,这需要访谈者根据具体情况作出不同的应对,以获取自己感兴趣的信息。当然,深度访谈一般由开放式问题向收敛式问题、从描述性问题向诠释性问题不断转换、递进。在具体的旅游接待业研究中,可以采取这样的思路设计深度访谈的问题。例如,在探究一个旅游接待目的地不同群体的情感价值时,通过深入地、单对单地进行深入交流,构建出接待目的地的复杂的情感关系。

4. 田野调查法

田野调查即田野工作(Field-work),是指研究者置身于某一个特殊的研究场地,以观察、访谈、参与学习等方式对研究对象进行深入了解,收集相关研究素材,体验完整研究过程,完成理论构架的方法。田野调查属于典型的质性研究法,在人类学、社会学等学科中广泛应用。费孝通先生的《江村经济》通过对小型社区麻雀解剖窥视中国社会命题,开创了中国本土人类学社区研究的先河。参与观察、访谈、记录及测量是田野调查的主要方法和手段,目前广泛应用于旅游接待业中人群关系及社会文化互动的相关研究,对于洞察旅游接待中的主客关系、游客行为、文化变迁、社会影响等相关问题,具有独到的优势。

5. 社会网络分析方法

众多元素之间形成的稳定关系即是网络;通常所指的社会网络主要指依赖于资源的复

杂团体、组织及个人所形成相互依赖关系结构；社会网络分析方法则是用来分析网络参与主体之间所构成的关系结构、性质以及属性的一项技术①。社会结构是社会网络研究的对象，而非构成网络的个体②。社会网络分析方法是旅游研究中一项重要的统计测量方法，这个方法首先被应用于物理、数学等学科，20 世纪 20 年代的"霍桑实验"是社会人类学对社会网络图的首次应用。旅游研究者在 20 世纪 90 年代开始关注这项研究方法。网络分析为旅游接待研究提供了新经济社会学的分析框架，在旅游接待业中有着非常广泛的应用，例如旅游者行为研究、旅游组织与旅游接待地之间的竞合关系、旅游接待地管理与网络研究、旅游接待企业相关研究（企业战略、利益相关者研究、知识管理研究）、旅游接待产业政策研究等。

（二）新兴研究方法

1. 田野实验

田野实验是田野研究的一部分，它是一种在真实田野环境下开展的探究自变量和因变量之间因果关系的实验类型③。区别于以质性调查为主的传统田野工作，田野实验更多的是依赖于科学实验方法在人文社科领域中的具体化运作。田野实验由于具有情境真实和外部效度高等特点，近几年来受到学术界的持续关注。田野实验需要满足五个条件：①在实验室之外的真实田野环境中开展；②自变量是真实田野环境中的各类刺激，涉及研究组和对照组；③自变量涉及实际行为；④实验者在整个实验过程中对被试的行为表现不做任何干预；⑤实验设计不严密，允许干扰因素和噪音存在。田野实验是在实际旅游情境中进行的一种实验，不仅要求实验情境是旅游情境，而且要求参与实验的"被试者"是与旅游相关的人员而不是为了参加实验而来的"被试者"。某些旅游研究问题高度依赖于特定的旅游情境，这种情况下采用田野实验就成为首选④。在旅游接待业研究中，多被用于消费者行为研究中，例如，旅游者绿色消费行为及亲环境行为的研究，Gössling 等针对酒店毛巾设计与损耗的关系的研究，开展了对西班牙七家酒店的田野实验。

2. 旅游者时空账户

这是通过访谈、问卷调查等分析旅游者时空账户法，捕获游客记录或记忆中的时空轨迹推测其空间行为的研究方法⑤。旅游者时空账户的研究方法多适用于研究旅游接待过程中旅游者的空间流动等方面的研究。畅通无阻的网络时代使得获取旅游者的时空账户更为便捷，问卷可以快速、广泛、高效地获取研究数据，适用于各种研究尺度的研究，数据的获取可以通过在重要的旅游节点开展自填式或问答式等方式获取，也可以通过跟踪游客开展信件、

---

① 费钟琳，王京安. 社会网络分析：一种管理研究方法和视角[J]. 科技管理研究，2010，30(24)：216-219.

② 刘冰. 旅游学科研究中的社会网络思想及其研究范式[J]. 中山大学学报(社会科学版)，2015(2)：205-210.

③ 柳武妹，黄河清，叶富荣. 消费者行为研究中的田野实验：概念、操作介绍与开展建议[J]. 外国经济与管理，2020，42(3)：35-56.

④ 黄潇婷，杨威，王志慧. 实验研究方法在旅游研究中应用的系统回顾与展望[J]. 旅游科学，2021(4)：1-20.

⑤ 刘法建，张捷，章锦河，等. 旅游流空间数据获取的基本方法分析：国内外研究综述及比较[J]. 旅游学刊，2012，27(6)：101-109.

电话、邮件等方式获取。但是数据的精准性受到游客心情、实践、态度、文化等诸多主观因素影响,可能存在一定程度的遗忘及数据失真等弊端,同时难以将时间变量与空间移动相对应,要求旅游者将时空行为仔细记录到日记中则可以避免此问题,但很少有旅游者愿意参与,详细的数据量往往较小。

相对而言,游览后的深度访谈(谈话)则能获得更多的旅游者移动细节信息,同时消除游程中的调研对旅游者后续受接待行为的影响,适用于较为深入的旅游接待研究。由于时间限制、成本较高,此方法往往获得的数据量有限。另外,各类旅游专业类、社交类、论坛类等网站中的大量游记和旅游类博客,也是一种真实、客观、高效、廉价的旅游接待相关数据来源。但由于记录者没有确定的目标,很少有完全符合研究需要的数据,同时分析难度也较大。

3. GIS 空间分析方法

GIS 空间分析指的是在 GIS(地理信息系统)里实现分析空间数据,即从空间数据中获取有关地理对象的空间位置、分布、形态、形成和演变等信息并进行分析。GIS 空间分析方法最开始在旅游领域应用多数与旅游地理相关,后来逐渐向旅游接待业等领域扩散,被应用于旅游接待区域综合评价、旅游接待地区空间结构优化、旅游接待企业空间布局与选址以及旅游接待业空间发展趋势预测及规划等方面。旅行社业、旅游交通业和饭店业作为旅游接待业的核心产业,却对于 GIS 空间分析运用得相对较少,理论和实践研究相对薄弱。因此,GIS 在旅游接待方面的研究也有待加强。

4. 现代追踪技术

现代追踪技术既是一种工具手段,同时也是一种方法策略。科学的发展往往开始于技术的发明,现代通讯、卫星定位、GIS 等跟踪技术的不断进步,为旅游接待研究提供了先进的技术和手段。此类方法主要是通过旅游者携带的无线信号设备追踪并记录旅游者的时空移动信息,具有准确、全面、时空结合性强、适宜中小尺度等优势。其中,使用最多的是 GPS 系统(Global Positioning System)。

GPS 系统能够每隔数秒记录下旅游者的空间信息,可以获取很多的空间细节,其旅游流空间数据可靠性高、准确,是获取旅游者在旅游接待过程中数据采用最多的先进技术。此方法需要为旅游者配备专门设备。设备的投资较大,若在大尺度的旅游流获取过程采用,将面临设备的回收问题。同时,使用专业设备需要对旅游者进行一定的培训,或多或少会影响其空间行为。此外,任何形式的阻挡(如建筑、云层)都会产生不准确的数据读取。因此,GPS 常被用于小规模、小尺度的开敞性空间的旅游接待研究。因此,GPS 追踪技术可用来研究在旅游接待地区旅游者的行为机制相关方面的问题。

本章小结

研究旅游接待业有极为重要的理论和现实意义，不仅具有响应旅游管理教学改革、树立旅游接待业系统地位的教学需要，也是拓展旅游理论研究体系、理顺旅游接待关系及要素的重要前提，更是迎合旅游产业发展需求，立足旅游高质量发展探索及应对新的旅游发展环境，夯实相关研究的理论基础的必然要求。旅游接待业所涵盖的范围非常广，是一个产业结构复杂，复合程度高的研究领域，其基础理论体系由不同领域的学科理论共同构建，主要相关学科包括人类学、社会学、经济学、管理学、心理学、地理学等。旅游接待业研究以旅游经济学、旅游管理学和旅游社会学等为主要学科视角，在产业融合、对象多元、方式转型、空间营造及学科整合过程中不断推动研究理论创新。

遵循绿色可持续发展、产业创新无边界化、游客为核心多产业导向，旅游接待业的传统理论包括：服务管理理论、市场区位理论、产品导向理论、市场营销理论、社区增权理论、生命周期理论、乡村建设思想、旅游系统理论及共生理论等。经济发展和社会进步促使旅游接待业理论不断创新，旅游体验的核心从产品走向市场、旅游产品的供给从企业走向社会、旅游消费的内容从观光走向体验、旅游供给的诉求从数量走向品质、旅游产业的形式从跨界走向融合，在理论发生转变的过程中，引入了许多适用旅游接待业的新发展理论，如共享经济理论、旅游创新理论、体验经济理论、幸福产业理论、公共产品理论及社会公平理论等。在依托产业因地制宜、产业融合学科整合、时代发展与时俱进、多元视角全面覆盖的驱动下，旅游接待业研究方法体系不断推动传统研究方法的发展及新兴研究方法的引入及创新。

复习思考题

一、名词解释

1. 生命周期
2. 产业融合
3. 旅游体验
4. 包容性增长
5. 共享经济
6. 公共产品

二、简答题

1. 旅游接待业研究的理论意义是什么?
2. 试举例分析经济学相关理论在旅游接待业中的运用。
3. 试举例分析管理学相关理论在旅游接待业中的运用。
4. 试举例分析社会学相关理论在旅游接待业中的运用。
5. 旅游接待业研究的主要理论有哪些?请尝试进行简要论述。
6. 简要论述旅游接待业研究的特点。

三、论述题

1. 如何理解旅游接待业的传统理论?在理论转变过程中,创新理论与传统理论两者存在着何种联系与区别?

2. 旅游接待业的传统研究方法和现代研究方法分别有哪些?与旅游业相比,两者的研究方法存在哪些共性与特性?

【拓展阅读】

高舜礼:贵州旅游"去库存"探索具有开创精神

前些天去贵州出差,听文旅部门和景区企业的同志讲,全省正在全力盘活闲置低效的旅游项目,觉得责任重和压力大。我被引领去看了几个待盘活的项目,有的是停工停产的半拉子工程,有的是触及生态保护红线的搁浅项目,有的是游人稀疏的低效景区。通俗一点儿说,对闲置低效的旅游项目进行盘活,就像是对滞销积压的货物"去库存",这关乎旅游产业转型升级和高质量发展。

贵州省对旅游业"去库存"决心很大、部署周密、务求实效。省领导在全省旅游产业化推进大会上,亲自做了动员、部署和强调,并把该项工作列入《贵州省"十四五"文化和旅游发展规划》;明确了一系列的原则要求,如坚持问题导向,坚持市场化方向,坚持分类施策,坚持集中力量攻坚等;在全面摸底排查的基础上,建立项目清单和整改台账,成立省级联合督促指导组,组建工作专班,本着先易后难的原则,以点带面重点突破;确定了"续、转、提、关"的处置方向,指导各地逐一制定盘活提升方案,加强对盘活全流程的监督和指导,对列入台账的项目逐项加以妥善处置。

贵州省对旅游业的"去库存",是推动旅游产业高质量发展的务实性之举,也触及了关乎旅游业高质量发展的若干问题:

一、旅游业高质量发展之路该怎么走?

在"十四五"旅游规划确定高质量发展的主题后,若干省市制定了推进旅游业高质量发展的意见,但做法上依旧是出台若干项发展举措,司空见惯地倡导做大优质产业的增量。从多年的旅游发展实践看,这类鼓励性的政策措施能否最终实现旅游高质量、多大程度上可达到高质量，是有很大弹性和不确定性的。原因在于泛泛倡导与具体项目落地之间存在着很多的变数，以致不少项目谋划时貌似“高大上”，但落地后变得粗陋而很LOW，甚至成了需要淘汰的业态或低效闲置的项目。前一时期，有人网上发文说95%的景区效益不好，且不论这一估测的水分有多大，但反映出效益不佳已比较普遍，它们在初建时肯定并未料到会如此。

贵州省对旅游业“去库存”的攻坚行动，为产业高质量发展开辟了新思路，即在不断增加优质增量的同时，要下决心盘活闲置低效的存量，也就是“去库存”。只有这两方面齐抓并举，才能切实扩大旅游产业的高质量比重。如此的两手抓，对扩大优质增量来说，也相当于吸取了过去做不好的教训，有利于更好地实现高质量发展。对于旅游全行业和各地政府来说，也应树立这样的一种共识，要促进旅游发展方式的转变，实现旅游产业的转型升级，不能单是倡导旅游高质量发展，还要坚决对不良存量“去库存”，对闲置低效项目予以盘活，才能真正做大高质量的占比。

二、旅游业发展应坚持以什么为主导？

这是旅游行业几十年来的老话题。在30年前，旅游全行业都在高唱“政府主导型”战略、倡导以政府为主导，认为这是我国旅游业快速发展的一条经验；随着社会主义市场经济体制的建立，旅游行业和各地政府才逐步改变了提法，由以市场为主导替代了以政府为主导，但在观念和思维上仍旧延续了很多过去的惯性。

贵州省盘活闲置低效旅游项目的行动，强调必须按照市场化方向找准问题的症结，以市场机制去探寻解决问题的路径，在制定针对性的盘活方案时，强调考虑市场的因素、研究客源市场的需求、发挥市场主体的作用。实际上，这也就触及了旅游发展的主导方向问题。只要稍微审视这些待盘活的项目就会发现，它们之所以沦落到今天的地步，是因为不少项目是由长官意志主导的，以官员拍脑袋取代原本应该开展的研究和论证，甚至为了赶进度而“先上车、后买票”，连审批手续都不全；有的项目问题出在急于招商引资，找到投资者便急于上项目，连起码的可行性研究和市场定位都走了过场，结果开发的业态明显背离客源市场需求；而今对这诸多项目“去库存”的解决路径，最终又都重新回归以市场为主导，由市场机制决定配置资源。可见，旅游投资如要争取尽量不出问题，就必须明确坚持市场导向原则，而不是政府主导或长官意志，否则旅游业高质量发展就是空话，目前这个问题已到了无需置疑、毋庸回避、刻不容缓的时候。

三、旅游业发展应树立怎样的成就观？

不论是在旅游行业，还是在各地政府，这个问题是长期客观存在的，并在长时期以来，大家对它的认识是模糊的、混乱的、似是而非的。一些地方把抓旅游投资、抓大项目落地、抓旅游供给侧扩张、抓诸多创建达标视为旅游产业发展的不小成绩。那么，到底什么算是成绩，何时才能看出成绩，贵州省目前所抓的旅游业“去库存”，恰从一个侧面揭示了问题的本质。

如果说旅游业发展有一个终极之问，那就是旅游业发展到底是为了什么？其答案大致是发挥旅游产业的功效，造福百姓、贡献社会。什么样的旅游投资才有助于实现这个目标？回答肯定是盈利的和有效益的。旅游大项目、旅游特色小镇、文旅综合体等，看上去投资量十分壮观,似乎会带来无比辉煌的前景,但这一切都有待于最终落地以后才能证明,过早的乐观很可能会落空,期望越高可能失望越大,这已被无数失败案例所反复证明。我国有一句著名的民谚,曰“是骡子是马,拉出来遛遛”,把它套用在旅游项目的投资建设上,就是只要符合政策法规和公序良俗,建成项目的效益如何将是评价投资的唯一标准。我们也常听老百姓说这样的话,有钱谁不会花?似乎花钱是连傻子都会做的事情。故而,旅游投资不算什么,投资旅游大项目也不算什么,能够让投资项目变为良好的收益,那才算是真本事和真政绩;如果投资留下的是一个烂摊子、一堆呆滞的亏损项目,还要有待别人“去库存”、擦屁股,那只能说是败家和劣政之举。

四、旅游部门在投资开发中该发挥怎样的作用?

表面看这是一个明知故问的话题,实际上却很不然。按说,既然是旅游项目的投资,旅游部门理所应当有审核的发言权甚至一票否决权,然而在具体的旅游开发实践中,在诸多部门的审查、审核乃至审批角色里,旅游部门却并不关键,充其量只是一个配角。虽然它有旅游发展规划的归口之责,但从发展规划到具体项目还有很长距离,甚至不是一码事,尤其是在定夺具体项目的落地上,旅游部门则明显表现为发言权不足,这也是长期以来的一个无奈和苦衷。

贵州省在推进旅游闲置低效项目的盘活上,明确要求各地政府与文旅部门要认真履行地方主体责任和行业主管责任,说到底就是要对盘活项目负牵头管总之责。如果旅游部门从一开始就能够“把得上”关,“说得上”一些专业的话,而不是处于次要甚至从属地位,这类低效闲置的“库存”应该会少一些。由各级文旅局对具体项目所发挥的行业主管责任,关键是在项目论证和市场把握上,应该能够给出审核性的意见,对于明显不符合客源市场要求和产业发展趋势的项目,应给予发表主导性意见的权力,争取为减少低效闲置“库存”增设一道门槛。

五、各地从中应得到怎样的旅游投资警示?

贵州省所清理和盘活的闲置低效项目,总数超过200多项,涉及的投资总额是令人吃惊的,但这绝非仅是一省个例,而是带有一定普遍性的全国现象。贵州省能够不遮不掩、不讳疾忌医,敢于捅破这个脓包,敢于去刮骨疗伤,其直面问题的大无畏勇气,反映了执政者敢于担当的无私胸襟,令人闻之而肃然起敬。

同时,对于全行业和各地政府也有积极的警示意义。其一,旅游投资有其自身规律和科学性,并非可以心血来潮、信手拈来,若一味地拍脑袋、指手画脚,必然会导致搬起石头砸自己脚的后果;其二,随着旅游消费需求的快速升级,对旅游开发的要求也越来越高,只有按照专业要求加以论证,坚持由市场机制决定资源配置,才可能提高旅游投资的成功概率;其三,应建立对旅游低效失败项目的及时处置机制,经过一定时间的观察和调查,确属于低效和无效投资的,应及时加以过问和处理,以免拖延和挤压造成更大损失,对于越权干预、履职不力或规划难以落地等问题要加以追责和问责,以对未来起到必要的警示作用。

做优做强旅游产业,是旅游行业的不懈追求,也是人民群众的强烈期盼。长期以来的发展实践证明，惯性发展、接续发展、从众发展，可以把旅游产业做得规模更大，但很难把旅游产业做优做强。只有把做优增量和优化存量一起抓，把“添优质”与“去库存”结合起来，才能加速提升旅游产业高质量的比重，进而逐步实现旅游产业高质量发展。从这个角度看，贵州省旅游业“去库存”的探索具有十分可贵的开创精神和先导意义，旅游全行业都应为之喝彩和点赞。

（资料来源：中国网旅游，2022-09-05. 选用时进行部分修改。）

思考：新发展时期，旅游“去库存”的意义何在？

第二部分
旅游接待业系统

第三章
旅游接待业系统要素特征

【教学目标】

1. 知识目标：

(1)了解旅游接待业系统的组成要素及各要素之间的关系；

(2)掌握旅游接待业核心体系构成及相互关联；

(3)掌握旅游接待业辅助体系构成及相互关联；

(4)掌握旅游接待业管理体系构成及相互关联。

2. 能力目标：

(1)掌握旅游接待业的核心体系、辅助体系及旅游接待业保障体系等相关内容，建立对旅游接待业的整体观；

(2)掌握旅游接待业系统的特征，了解其要素众多、产业融合及经济驱动等系统特征，在内部逻辑上理解其作为系统所呈现的复杂性和多元性。

3. 素质目标：

从行业角度和理论角度理解旅游接待业对旅游业发展的重要作用。

【关键词】

系统要素；核心体系；辅助体系；管理体系；系统特征

引　言

全球化已是不争的事实，在全球化进程中，旅游业逐渐成为最具有国际性、全球性特点的产业。旅游业发展到20世纪中期，随着西方发达国家相继进入服务经济时代，旅游业服务实践已成为西方管理界热切关注的对象，服务管理的理论研究也成为重要的研究领域。随着旅游业发展的深入推进，旅游者的旅游需求从量变到质变，对旅游接待提出了更高的要求。旅游活动的复杂性和多样性，以及强大的旅游活动需求，快速促进了旅游接待各个行业的应运而生,形成系统庞大复杂的旅游接待业。在全球经济持续发展及交通、信息等技术日新月异的背景下,旅游接待业空前繁荣,成为拉动全球经济发展的重要引擎,受到各国政府、业界和学术界的高度重视。

中国旅游业是在我国改革开放后才全面发展的新兴产业,随着我国经济的快速增长,我国旅游业得到迅速的发展,旅游业已全面进入大众旅游的新时代,旅游成为人们重要的休闲生活方式。2017 年,我国旅游业持续增长,全年出入境旅游总人数达 2.7 亿人次,同比增长 3.7%;国内旅游人数 50.01 亿人次,同比增长 12.8%;实现旅游总收入 5.40 万亿元,增长 15.1%;全年旅游业对 GDP 的综合贡献为 9.13 万亿元,占 GDP 总量的 11.04%。旅游直接和间接就业 7 990 万人,占全国就业总人口的 10.28%。中国已成为世界第一大出境客源地和第四大入境目的地国家,旅游国际化进程不断加快①。2020 年,在中国旅游研究院发布(经文化和旅游部授权)的《2019 年旅游市场基本情况》中显示,2019 年,中国旅游经济继续保持高于 GDP 增速的较快增长。全年国内旅游人数 60.06 亿人次,比上年同期增长 8.4%;入出境旅游总人数 3.0 亿人次,同比增长 3.1%;全年实现旅游总收入 6.63 万亿元,同比增长 11%。旅游业对 GDP 的综合贡献为 10.94 万亿元,占 GDP 总量的 11.05%。旅游直接就业 2 825 万人,旅游直接和间接就业 7 987 万人,占全国就业总人口的 10.31%。在入出境旅游方面,2019 年,我国入境旅游人数 1.45 亿人次,比上年同期增长 2.9%,2019 年,中国公民出境旅游人数达到 1.55 亿人次,比上年同期增长 3.3%。② 旅游业如此强劲的发展对我国旅游接待服务提出了新的要求,除了围绕旅游活动基本六要素“食、住、行、游、购、娱”直接产生的一系列旅游接待业外,还有其他关联企业和组织,也为旅游接待提供了间接和辅助作用,这些直接接待业与间接接待业之间相互交错连接,形成庞大的旅游接待系统,共同支撑旅游活动的实现。在体验经济及服务经济蓬勃发展的当下,以产品和服务为主要内容的旅游接待业,需要进行全景式把握和分门别类地阐述,有利于帮助我们充分理解旅游接待业内部的运行机制和动力,进而聚焦于旅游接待业的管理,提升对旅游接待业的理解,深化旅游接待业研究,最终促进旅游业的高质量发展。

第一节　旅游接待业系统构成

一、旅游接待业系统

旅游接待业因人们的旅游活动需求而逐渐形成,旅游活动是人们离开惯常熟悉的地方前往陌生的目的地所进行的非营利性停留活动,其具有明显的移动性、异地性、暂时性等特征。旅游活动所产生的一系列消费行为涉及众多行业,围绕旅游活动逐渐形成庞大的旅游

① 马勇. 旅游接待业[M],武汉:华中科技大学出版社,2018.

② 中国旅游研究院发布《2019 年旅游市场基本情况》[J]. 空运商务,2020(3):23-26.

接待供给体系。旅游接待业主体是为旅游者提供各种旅游基础设施、旅游服务及旅游产品等的企业和组织，其服务对象是旅游者。随着旅游业的发展，旅游接待业系统日渐复杂和多元，涉及领域广，行业多，产业呈现纵横交错的现象。总体来看，旅游活动从产生初期到成为全球性的产业，旅游业的发展促使旅游接待业从单一到综合的演进，其系统构成也处于不断扩容的趋势，综合国内外研究的现状，以及我国旅游接待业实践现实，本节从狭义与广义的角度梳理旅游接待业系统的要素。

（一）狭义的旅游接待业系统

曾国军（2018）系统地研究了 IJHM（International Journal of Hospitality Management）期刊，综合了近 10 年代表旅游接待业的研究，梳理了具有代表性的对旅游接待业的界定，得出结论：尽管学术界对接待业（hospitality）的界定存在分歧，但多数研究认为，接待业是一种基于住宿和饮食并行的人文互惠活动①。另一个相对权威并受到国际学术界认可的观点，是由（IJHM）期刊的主编 Pizam（2019）所提出，他基于对已有研究成果的研究，认为接待业是由那些为旅客和当地居民提供住宿、餐饮和会议服务的企业组成的行业②。美国康奈尔大学杰弗里·哈里森则认为"旅游接待业主要由那些提供住宿、食品和酒水或者三者结合的商业活动构成"③。国内学者邓爱民基于《牛津词典》中关于接待定义为好客的行为和做法的基础上，认为"提供旅游及住宿设施、满足客人的住宿与餐饮需求是接待业的核心"④。

这些定义指向的旅游接待系统要素主要是住宿与饮食，是基于满足旅游者的基本需求而形成的，是狭义的视角。从狭义角度看，旅游接待业是指在旅游活动产生初期，为人们的旅游活动提供最基本的食与住的传统行业，其系统相对较单一。"食"与"住"是人类最重要的需求，也是旅游活动中最重要的需求，是从旅游活动产生之初就伴随着发展的必需行业。

1841 年，托马斯·库克作为里程碑式的人物，其组织参加的拉夫巴勒禁酒大会标志着近代旅游业的开启。早期的旅游接待活动较为单一，主要仅涉及为旅游者提供基础的住宿和食品的服务。随着旅游业发展的多元化，旅游需求也呈现多样化和个性化的趋势，由此衍生出的旅游接待业系统也在随着时代变化而产生巨大的变化，旅游接待业甚至不再只是为了旅游活动的实现而存在，旅游接待业本身也俨然成为旅游活动体验的重要组成部分。其系统日渐庞大和复杂，从传统的基本食宿接待到提供良好的体验服务和文化服务，以及特殊旅游需求和个性旅游需求的一部分，催生出更多的旅游接待业新领域和新类别，因此需要从广义的角度去考察旅游接待业系统是否符合旅游接待业发展的要求和趋势。

---

① 曾国军，王丹丹．全球视野下接待业研究述评：基于 IJHM 的量化内容分析（2006—2015）[J]，旅游学刊，2018（5）：114-126.

② 曾国军，王丹丹．全球视野下接待业研究述评：基于 IJHM 的量化内容分析（2006—2015）[J]，旅游学刊，2018（5）：114-126.

③ 杰弗里·哈里森，卡西·恩慈．旅游接待业战略管理：概念与案例[M]，北京：旅游教育出版社，2007.

④ 邓爱民．旅游接待业管理[M]．北京：中国旅游出版社，2018.

(二)广义的旅游接待业系统

除了早期旅游活动中清晰明确的食宿服务形成旅游接待业外,由于随着旅游业发展形成一个多种行业参与交错的产业,很多行业或多或少地,或直接或间接地参与到旅游接待中,衍生出新的旅游接待行业。因此,很多学者从更宽的边界对旅游接待业给出了定义,形成了广义角度的旅游接待业。

较早从广义视角定义旅游接待业的学者是 Carol A. King(1995),在《*What is hospitality?*》中,他从旅游接待业的服务与被服务的特性出发,认为在商业或组织环境中的旅游接待业是一种主客体之间特定的关系①。在这种关系中,接待主体需要理解如何给客人带来快乐、舒适和福祉,并在相互尊重的过程中,在面对面的互动中慷慨并完美地提供服务,并且以提高宾客的满意度和发展重复业务为目标。在这一定义中,Carol 从历史和社会的双重视角将旅游接待业抽象为一种"关系",围绕这一关系生成一个旅游接待业模型。其包含的要素覆盖宾客抵达、服务提供、宾客离开的全过程②。

美国康奈尔大学的《康奈尔旅游接待季刊》对旅游接待的定义涵盖范围较广:为离开家的自愿性的旅行者提供服务的企业或其他组织,包括为旅行者提供交通、住宿、餐饮、娱乐与其他服务的企业或其他组织。Walker(2004)认为旅游接待业包括旅游、住宿、餐饮、俱乐部、博彩、景点、娱乐等领域。Ninemeier 和 Perdue(2005)认为应该把会展服务和娱乐管理也囊括到旅游接待领域中。Teng(2011)则给出了外延更广的旅游接待业定义,他认为旅游接待是利益驱动下的商业活动与传统接待活动的结合,在这一定义里强调了旅游接待业的经济属性,即以营利为目的③。

除了上述观点外,Michael Ottenbacher(2009)更加清晰地定义了广义上的旅游接待业。他认为在学术界和产业的影响下,在社会文化、政治的推动下,旅游接待业的核心由六大产业组成,包括住宿业、餐饮业、休闲业、旅游景区、旅行业、会展业,这是目前较受认可的旅游接待业的广义界定④。

接待体系中主要包含"出行、住宿、购物、娱乐、会展"等,旅游业及旅游者群体的多样化发展,导致旅游接待业的快速变化。由于旅游者群体内部产生较大的差别,旅游接待的范围和内容也逐渐出现新的趋势和新的领域。旅游接待业主体是为旅游者提供旅游设施、产品和服务与旅游相关的企业和组织,其涵盖的产业内容广泛和丰富。随着旅游活动的丰富多元,旅游接待的需求和产业呈快速增长,早期单一的食、住接待已逐渐演变为行业丰富、类型多样,涉及领域不断被拓展的综合性产业组合。本书通过对国内外旅游接待研究的梳理,结合我国旅游接待业发展现状,以广义的视角去考察旅游接待业,认为旅游接待业系统主要由

---

① Carol A. King. What is hospitality[J]. International Journal of Hospitality Management,1995,14(3):26-33.

② 马勇. 旅游接待业[M]. 武汉:华中科技大学出版社,2018.

③ Chih-Ching Teng. Commercial hospitality in restaurants and tourist accommodation: Perspectives from international consumer experience in Scotland[J]. International Journal of Hospitality Management,2011,30(4).

④ Michael Ottenbacher, Robert Harrington, H G Parsa. Defining the Hospitality Discipline: a Discussion of Pedagogical and Research Implications[J]. Journal of Hospitality & Tourism Research,2009,33(3).

核心系统、辅助系统及保障系统构成(图3-1),以便更为全面地把握旅游接待业系统的组成及其运行的机制。

(三)旅游接待业系统构成

如图3-1所示,本书的旅游接待业系统包括旅游接待的核心系统、旅游接待业辅助系统以及旅游接待业的保障系统三大模块。核心系统包含出行、住宿、购物、娱乐、会展等行业和领域的旅游接待,涵盖了旅游活动“食、住、行、游、购、娱”的主要内容,为旅游活动实现提供最直接的产品和服务。此外,庞大的旅游接待系统还需要辅助系统的配合才得以更好地运行,因此该系统的第二大模块是旅游接待业的辅助系统,该系统包含着在线旅游接待、公共服务接待系统、旅游接待金融等内容,是对核心接待业的补充并提供辅助支撑作用。第三子系统是旅游接待业的保障系统,涉及对旅游接待的人才培养、法律监管、涉外事务及危机安全等方面。

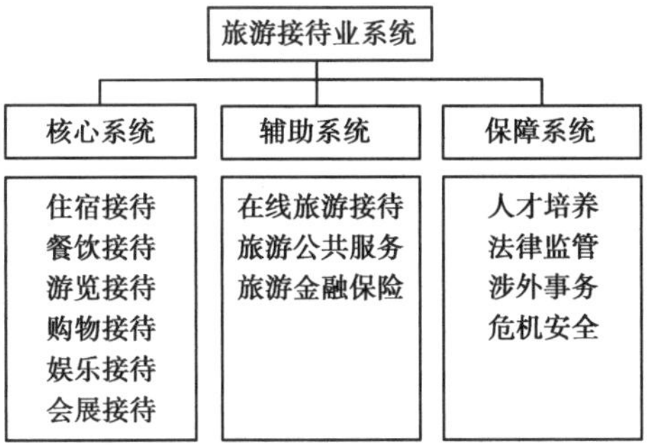

图3-1　旅游接待业系统

三大子系统共同形成旅游接待业系统,以核心系统为产品和服务的直接供给,为游客提供旅游接待的基本和核心服务。以辅助系统提供对产品和服务的支撑和补充,以及在现代旅游和互联网科技时代,提供在线旅游服务,将旅游服务业务拓展至互联网,提供打破空间限制的便捷服务。旅游金融服务,打破了传统旅游的限制,拓展旅游+金融的融合,开发新的旅游金融产品,让旅游活动更加便捷。保障系统提供对人才、法律、涉外、危机安全等的管理,保障和推动核心系统的质量提升,三个子系统相辅相成,互相成就,互相影响。

整个体系里,旅游接待核心系统较为直观,构成的是旅游接待业的直接产品和直接服务部分。但除此之外,为了更好地完成旅游接待服务,在现实中产生以辅助形式存在的旅游接待辅助系统,在科技发展的时代,在线旅游接待也成为新型的接待内容。金融服务为旅游接待业提供了极大的便利性,公共服务系统涉及到旅游接待的公共服务部分,与核心系统有交叉重叠,但有着明显的“公共服务”特征。接待业系统中不仅核心系统的组成行业复杂,涉及出行接待、住宿接待、游览接待、购物接待、娱乐接待、会展接待等,相互间是相辅相成的关系,对于旅游者而言都是旅游体验中的组成部分,是整个旅游经历中的细胞组成,共同形成对某一次旅游的感知和评价。

二、旅游接待业的核心系统

旅游接待业的核心系统是指由直接提供旅游接待产品和接待服务的企业和组织所构成的体系，主要是涉及旅游活动中“食、住、行、游、购、娱”方面的产品和服务。本书的旅游接待业核心系统其构成主要涉及到住宿接待、餐饮接待、游览接待、购物接待、娱乐接待及会展接待等。这里需要说明的是，随着旅游接待业的进一步发展，未来的旅游接待业势必会继续向多样化拓展，其核心系统也会出现内容和领域的扩大，目前已有一些学者提出旅游接待业还可涉及如近年开始发展起来的游轮接待、汽车营地接待、民宿旅游接待，以及特定国家和地区的博彩接待等领域。

从基础性接待来看，它直接涉及旅游者的旅游活动的基本需求，贯穿在从旅游出发到结束的全过程中，是旅游活动中的直接接待部分，提供出行服务、住宿服务、游览服务、购物服务、娱乐服务以及会展服务等内容，是最为直接和直观的接待核心，直接影响旅游者旅游体验和旅游感知。产品的特点与服务的特点有着明显的即时性，并且不可储存。

（一）住宿接待

住宿接待古已有之，是最早形成的接待业，在整个核心系统中占着很大的比重。当还未形成“旅游接待业”这一研究对象时，住宿接待已随着旅游活动而逐渐形成。在古代，旅行者和今天的旅游者一样，需要必要的住宿和膳食，因此客栈主人一般还为旅客提供含酒精的饮料和简单的娱乐活动。

住宿接待业的发展大致经历了古客栈时期、大饭店时期、商业饭店时期及现代饭店业时期四个发展时期。世界范围看古代客栈时期，如在古罗马帝国非常普遍，中国宋朝的客栈业也比较发达；大饭店兴盛的时期主要在 18 世纪的欧美国家，饭店建筑规模宏大豪华，服务设施齐全，主要面对贵族和上层人士；20 世纪，随着商务旅游迅速发展，商业饭店兴起，不再追求豪华，价格合理，并逐渐出现连锁饭店，典型代表是美国的斯塔特勒饭店。1945 年第二次世界大战结束之后，全球经济环境稳定，大众旅游的出现对饭店的需求急剧增加，由此进入现代饭店业时期。迄今现代饭店业已成为非常庞大的一个行业，其功能之齐备，档次之多样，服务之全面，具有很强的综合性，呈现出前所未有的蓬勃发展的局面，且重视规模经济效应，连锁经营普遍，如美国的希尔顿、法国的雅高饭店、英国的洲际饭店。

随着旅游业向深度和多元化发展，住宿接待业呈现出多元发展趋势，并且催生了新的旅游方式。比如近年来在我国兴盛起来的民宿已独立成为一种新的旅游产品，民宿由于其服务设施的非标准，具有着极大的自由性和个性化，且民宿有着较高的人文性、审美性，以及民宿主人独有的人文色彩和独有的情怀，让民宿成为一种特殊的旅游产品，被广泛地关注。出现相当一部分的旅游者，为了某一个民宿去到某一个地方，在这个意义上，民宿已经不是旅游活动实现的前提和基础，而是旅游活动本身，被业内和学界广泛关注。旅游住宿接待分类见表 3-1。

表 3-1　旅游住宿类产业统计分类表(2018)

代码			名称	说明	行业分类代码
大类	种类	小类			
12			旅游住宿		
	121		一般旅游住宿服务		
		1211	旅游饭店		6110
		1212	一般旅馆		612
		1213	其他旅游住宿服务	仅包括家庭旅馆(农家旅舍)、车船住宿、露营地、房车场地、旅居全挂车营地等住宿服务	6130* 6140* 6190*
	122	1220	休养旅游住宿服务	仅包括各类休养所为游客提供的住宿服务	8511*

注:①数据来源:国家统计局;②符号“*”表示该行业类别仅有部分内容属于旅游及相关产业。

(二)餐饮接待

早期旅游活动中的餐饮主要包含在客栈、饭店中,大多是附属于住宿提供简单的饮品和食物,以满足旅游活动中对“食”的基本需求。但随着旅游需求的增加,以及旅游业态的深入发展和品质提升,旅游活动对餐饮需求越来越多,逐渐成为独立的接待内容,不再仅仅是旅游活动的附属物或者无足轻重的部分。旅游者对美食的追求及对饮食文化的关注,甚至上升到餐饮中的地域性、文化性及民族性等层面的高度。如一部《舌尖上的中国》纪录片会成为人们寻找旅游美食的指引,甚至成为人们前往某地旅游的动因。可见一方水土养一方人,一方水土滋养出不同的味觉和对食物的不同的态度,形成具有差异性的饮食文化,而这些饮食文化作为重要的旅游资源吸引着旅游者。不断增长的旅游餐饮需求促使逐渐形成了餐饮接待,形成具有特殊接待特征、接待内容及接待流程的餐饮接待业,成为旅游接待业系统里重要的组成部分。从国家统计局的旅游产业分类中看到,旅游餐饮主要是从正餐、快餐、饮料、小吃及配送服务等几个方面做出了相应的划分和规定,并对各部分的具体内容进行了进一步说明,界定了作为旅游餐饮的特殊性,见表 3-2。

表 3-2　旅游餐饮类产业统计分类表(2018)

代码			名称	说明	行业分类代码
大类	种类	小类			
13			旅游餐饮		

续表

代码			名称	说明	行业分类代码
大类	种类	小类			
	131	1310	旅游正餐服务	仅包括在一定场所为游客提供的以中餐、晚餐为主的餐饮服务	6210*
	132	1320	旅游快餐服务	仅包括在一定场所为游客提供的快捷、便利的就餐服务	6220*
	133	1330	旅游饮料服务	仅包括在一定场所为游客提供的以饮料和冷饮为主的服务，以及茶馆服务、咖啡馆服务、酒吧服务、冰激凌店、冷饮店服务等	623*
	134	1340	旅游小吃服务	仅包括为游客提供的一般饭馆、农家饭馆、流动餐饮、单一小吃、特色餐饮等服务	6291*
	135	1350	旅游餐饮配送服务	仅包括为民航、铁路及旅游机构（团）提供的餐饮配送服务	6241*

注：①数据来源：国家统计局；②符号“*”表示该行业类别仅有部分内容属于旅游及相关产业。

（三）游览接待

游览是一个贯穿旅游活动全程的动态过程，“游”是“食、住、行、游、购、娱”的核心，游览组织既包括微观层面以景区为对象的游线组织，也应包括宏观层面旅游社为支撑的旅游者空间移动组织。随着旅游由观光时代进入度假时代，“淡化景区”的新兴旅游逐步出现，但大众旅游仍然以景区为重要载体实现，“到此一游”的景区打卡方式仍处于常态。同时，旅行社加快对传统业务的调整，以更多维的方式切入到旅游过程中，为旅游者提供更为立体、个性、精细的游览接待服务。

景区游览只是旅游游览的一部分，而非全部，其内涵与外延小于旅游活动中的游览，不能涵盖对旅游活动“游览”的描述。特别是随着全域旅游的发展和多元化旅游形式的产生，人们的旅游活动越来越丰富，以至于游览接待不再是简单的景区接待能囊括，它有着更加广泛的范围，包含旅游者非景区游览的其他游览活动，景区的概念也发生了较大的变化和扩展，广义的景区甚至可以是某一旅游目的地。旅游活动的自由性和个性化，产生了新的旅游方式，旅游成为一种生活方式，人们不再局限于景区的游览，更多时候是对某个旅游目的地进行一段时间的停留，对当地的人文、日常生活等进行深度的体验和感知，以融入另一种异地生活为旅游目的，甚至未必进行所谓的景区景点的游览活动。因此，当今旅游业发展形势下，游览接待已大大地拓展和扩充，不只包含景区类的接待，还包括其他旅游游览接待。可参看国家统计局所列举的旅游游览，包含两个种类：公园景区游览和其他旅游游览，总计有10个小类，详见表3-3（这里需说明，分类表将旅游会展服务列入到其他游览当中，后文还有相关阐述）。

表3-3　旅游游览类产业统计分类表（2018）

代码			名称	说明	行业分类代码
大类	种类	小类			
14			旅游游览		
	141		公园景区游览		
		1411	城市公园管理	包括各类主题公园、国家公园等管理服务，以及与公园相关的门票服务，文明旅游宣传引导服务，高风险旅游项目风险提示和培训管理，交通疏散体系管理，突发事件、高峰期大客流应对处置和安全预警管理服务等	7850
		1412	游览景区管理	包括各类游览景区的管理服务，以及与游览景区相关的门票服务，文明旅游宣传引导服务，高风险旅游项目风险提示和培训管理，交通疏散体系管理，突发事件、高峰期大客流应对处置和安全预警管理服务等	786
		1413	生态旅游游览	仅包括对游客开放的自然保护区，以及动物园、野生动物园、海洋馆、植物园、树木园等管理服务	771*
		1414	游乐园		9020
	142		其他旅游游览		
		1421	文物及非物质文化遗产保护	包括受文物保护的古村镇，以及具有地方民族特色的传统节目展示，手工艺展示，民俗活动展示等	8840
		1422	博物馆		8850
		1423	宗教活动场所服务	仅包括寺庙、教堂等宗教场所为游客提供的服务	9542
		1424	烈士陵园、纪念馆	包括烈士陵园、烈士纪念馆、爱国主义教育基地等为游客提供的服务	8860

续表

代码			名称	说明	行业分类代码
大类	种类	小类			
		1425	旅游会展服务	仅包括为旅游提供的会议、展览、博览等服务	728*
		1426	农业观光休闲旅游	仅包括以蔬果、鲜花等植物的种植和养殖为核心的农业观光休闲旅游服务	0141* 0143* 0149* 015* 0412*

注:①数据来源:国家统计局;②符号“*”表示该行业类别仅有部分内容属于旅游及相关产业。

如果景区是游览接待的地理空间,则旅行社则是游览接待的落实主体。旅行社(Travel Agency),世界旅游组织给出的定义为:“零售代理机构向公众提供关于可能的旅行、居住和相关服务,包括服务酬金和条件的信息。旅行组织者或制作批发商或批发商在旅游需求提出前,以组织交通运输,预订不同的住宿和提出所有其他服务为旅行和旅居做准备”的行业机构。我国《旅行社管理条例》中指出:旅行社是指以营利为目的,从事旅游业务的企业。其中旅游业务是指为旅游者代办出境、入境和签证手续,招徕、接待旅游者,为旅游者安排食宿等有偿服务的经营活动。《国家旅游相关产业统计分类表(2018 年)》将“旅行社及其相关服务”(代码:9791)与“旅游活动策划服务”“旅游电子平台服务”和“旅游企业管理服务”共同纳入“旅游综合服务”的范畴,充分体现了其对游览接待的全程行和综合性。随着旅游方式的彻底变革及旅游电商企业的竞争,传统品牌旅行社通过进行体制与机制的转变,释放出巨大的能量;民营批发商华丽转身,正从量变到质变、从单一到综合过渡;网络旅行平台在线旅游服务商在资本、技术的支持下,迅速的抢占市场份额;外资旅游集团及新兴旅行机构跃跃欲试,推动旅行社行业的不断革新。产业的深层次调整,必将推动游览接待走向高质量发展的新时期。

(四)购物接待

旅游购物是旅游业的重要组成部分,随着经济的快速发展,旅游者的购买能力及购买愿望普遍增强,人们对旅游购物的需求大大提升。旅游购物在旅游总消费中的占比大小被作为衡量旅游消费层次高低的重要尺度,同时也被视为一个国家或地区旅游业发展程度的重要指标。旅游购物的产品及服务得到了业界及旅游经营者的高度重视,成为旅游业发展新的增长点。旅游购物的特色化、文化性、地域性、纪念性等成为突破的方向,通过旅游购物环节,旅游商品打破了地域的界限得以流通。在旅游购物的产品与服务中,承载了一定的旅游目的地文化特性和地域色彩,一定程度展示了不同地域文化。因此做好旅游购物接待,能够刺激旅游者消费,也能激发旅游商品的创意和研发。

参考国家统计局的分类,旅游购物包括旅游出行工具及燃料购物,指为游客购买用于旅游活动的自驾车、摩托车等自驾游用的燃料、零配件等的零售服务。旅游购物另一个主要内容是指旅游商品购物，有特色的旅游商品越来越成为旅游活动重要的消费对象，人们对旅游纪念品、老字号纪念品、本地特产、免税商店、旅游用品、旅游食品等的需求越来越大（表 3-4）。

表 3-4　旅游购物类产业统计分类表（2018）

代码			名称	说明	行业分类代码
大类	种类	小类			
15			旅游购物		
	151	1510	旅游出行工具及燃料购物	仅包括为游客购买用于旅游活动的自驾车、摩托车、自驾游用燃料、零配件等提供的零售服务	526*
	152	1520	旅游商品购物	仅包括为游客购买旅游纪念品、老字号纪念品、免税店商品、旅游用品（不含出行工具、燃料等）、旅游食品等提供的零售服务	521* 522* 523* 524*

注：①数据来源：国家统计局；②符号“ * ”表示该行业类别仅有部分内容属于旅游及相关产业。

（五）娱乐接待

旅游娱乐是指在旅游市场中，能提高旅游者兴致、增进旅游者身心健康和愉悦旅游者的消遣娱乐项目。旅游娱乐可以提高企业的经济效益和社会效益，通常包括运动类、保健类和娱乐类项目。随着旅游市场竞争的日益加剧，旅游业在传统的住宿与餐饮方面能拓展的利润空间越来越小，为了占据旅游市场的份额，持续和创新发展，旅游经营者围绕“娱乐”进行开拓和创新，开辟新的收入来源。比如越来越多的创新娱乐活动项目被引入到休闲度假型的酒店中和各类旅游项目中，娱乐场所、娱乐项目层出不穷，为旅游市场注入新的活力，以此增加旅游活动的趣味性、参与性和娱乐性，成为旅游业发展的新动能。

按照国家统计局的产业分类，旅游娱乐大类主要包括旅游文化娱乐、旅游健身娱乐、旅游休闲娱乐三个种类。其中旅游文化娱乐又包括文艺表演旅游服务、表演场所旅游服务、旅游室内娱乐服务及旅游摄影扩音服务四个小类；旅游健身娱乐包括体育场馆旅游服务、旅游健身服务两个小类；旅游休闲娱乐包括洗浴旅游服务、保健旅游服务和其他休闲旅游娱乐服务等小类（表 3-5）。

表 3-5　旅游娱乐类产业统计分类表（2018）

代码			名称	说明	行业分类代码
大类	种类	小类			
16			旅游娱乐		
	161		旅游文化娱乐		

续表

代码			名称	说明	行业分类代码
大类	种类	小类			
		1611	文艺表演旅游服务	仅包括与旅游相关的表演艺术（旅游专场剧目表演）和艺术创造等活动	8810*
		1612	表演场所旅游服务	仅包括音乐厅、歌舞剧院、戏剧场等为游客提供的服务	8820*
		1613	旅游室内娱乐服务	仅包括为游客提供的歌舞厅、KTV歌厅、演艺吧等娱乐服务，以及电子游艺厅娱乐活动、儿童室内游戏、手工制作等娱乐服务	9011* 9012* 9019*
		1614	旅游摄影扩印服务	仅包括与旅游相关的摄影、扩印等服务	8060*
	162		旅游健身娱乐		
		1621	体育场馆旅游服务	仅包括可供游客观赏体育赛事的室内、室外体育场所，以及室外天然体育场地的管理服务	892*
		1622	旅游健身服务	仅包括休闲健身场所为游客提供的健身器械、保龄球、台球、棋牌等服务	8930*
	163		旅游休闲娱乐		
		1631	洗浴旅游服务	仅包括为游客提供的洗浴、温泉、桑拿、水疗等服务	8051*
		1632	保健旅游服务	仅包括为游客提供的保健按摩、足疗等服务，以及特色医疗、疗养康复、美容保健等医疗旅游服务	8052* 8053* 8412* 8413* 8414* 8415* 8416*
		1633	其他旅游休闲娱乐服务	仅包括以农林牧渔业、制造业等生产和服务领域为对象的休闲观光旅游活动及公园、海滩和旅游景点内的小型设施服务等	9030* 9090*

注：①数据来源：国家统计局；②符号“ * ”表示该行业类别仅有部分内容属于旅游及相关产业。

（六）会展接待

现代会展兴起于工业革命的发展和机器大生产之后。1841 年，托马斯·库克组织了一次旅游活动，从莱斯特运送 570 人前往拉夫巴勒参加禁酒大会，这次活动被公认为是近代旅游的开端，这也是真正意义上的会议型旅游活动的雏形，是早期会议和旅游的跨界融合。我国会展业正式形成较晚，2002 年发布国家标准《国民经济行业分类》，“会展业”才正式进入行业分类，但我国的会展活动历史可追溯到 20 世纪 50 年代。

1957 年中国在广州举行出口商品交易会（简称“广交会”），代表着我国会展活动的起步和会展旅游的雏形。在加入 WTO 之前，中国虽也有会议、展览、节庆、活动，但都是由政府或国营单位操办，未形成一个产业，更无从涉及“会展业”的概念。2001 年 12 月加入世界贸易组织促使中国确立“会展业”，在入世谈判中，中国被会展业发达的欧美国家明确要求开放会展业的服务市场。入世后中国按照世贸规则，“会展业”正式进入我国《国民经济行业分类》，在 2002 年 5 月发布的国家标准《国民经济行业分类》（GB/T 4754—2002）中，“会展业”以“会议和展览服务业”的全称正式成为属于“商务服务业”项下的一个小行业，其行业代码是 L7491。[①] 此时的会展业属于狭义的范围，指对“会议”和“展览”进行服务的业态。2003 年 12 月，首届“中国会展经济论坛”（商务部、经济日报社、中国贸易促进会联合举办）在北京举行，MICE 概念被首次引入中国。其中的 M（Meeting）是指企业会议，I（Incentive）是指奖励旅游，C（Convention）是指行业大型会议，E（Exhibition）是指展览会（后又指“活动”）。于是“会展业”从狭义的“会议”和“展览”的范围扩大到包括“奖励旅游”的“广义会展（大会展）”的范围。

之后随着我国文化产业发展的繁荣，会展范围得到进一步扩大，文化类会展活动获得长足发展。2004 年 2 月，国家统计局发布《国家统计局关于印发文化及相关产业分类的通知》（国统字〔2004〕24 号），规定：“会议及展览服务”属于“文化及相关产业”中的“广告和会展文化服务”类别。具体为“大型活动文化商务服务”，包括：文艺晚会策划、组织活动，运动会策划、组织活动，大型庆典策划、组织活动，艺术、模特大赛策划、组织活动，艺术节、电影节等策划、组织活动，展览、博览会策划、组织活动，民族、民俗活动策划、组织服务，其他大型活动文化商务服务。行业代码也使用原来的 L7491。自此“会展业”的范围从“商务服务业”扩大到了“文化及相关产业”，表明扩大范围的“大会展”在国家层面又得到了认可。

2018 年，在国家统计局《文化及相关产业分类（2018 年）》中，会展属于大类（07）“文化辅助生产和中介服务”中的“会议展览（代码 074）”，指会议、展览及相关服务，以会议为主，也可附带展览及其他相关的活动形式，包括项目策划、场馆租赁保障、相关服务。同样在国家统计局发布的《国家旅游相关产业统计分类表（2018 年）》中，会展服务被列入大类“14”“旅游游览”中，与文物及非物质文化遗产保护、博物馆、宗教活动场所服务、烈士陵园、纪念馆等，同属于中类“142”“其他旅游游览”的小类“1425”“旅游会展服务”，并且说明旅游会展

---

① 陈泽炎．对“大会展”概念的梳理与探究［J］．中外会展，2013（3）：23.

服务仅包括为旅游提供的会议、展览、博览等服务①。可见在国家统计局关于《文化及相关产业分类(2018)》中及《国家旅游相关产业统计分类表(2018 年)》中,都规定了会展的外延,会展既属于文化产业,也属于旅游产业。

综上,近年来会展经济得到快速发展,会展已经成为第三产业的重要组成部分,会展与旅游融合度越来越高,以至于出现"会展旅游"的观点。由于会展在社会经济生活及带来的旅游业效应中所占的比重越来越高,本书对将其作为旅游接待业中独立的接待行业进行阐述。会展主要是指各类展览和会议的统称,在特定的场所内,由不同个体或组织机构举办的以交流信息、展览商品、宣传企业等为目的的群众性社会活动。日常生活中常见的展销会、商品交易会、博览会等均属于会展的范畴,主要囊括了贸易展、消费展、国际展、农业展、经济活动展、贸易展等多个不同的类型。

会展接待是指围绕参展与会客商的迎送和吃、住、行、游、乐等方面所做的安排,是会展服务工作的有机组成部分。在国家统计局的行业分类中(2018 年),会展接待仅包括为旅游提供的会议、展览、博览等服务(国家统计局将会展服务列入旅游游览大类中,与文物及非物质文化遗产保护、博物馆、宗教活动场所服务、烈士陵园、纪念馆等,同属于其他旅游游览种类)②。

三、旅游接待业的辅助系统

旅游接待业的辅助系统是指在旅游接待业的核心系统外,为实现直接接待业而逐渐产生的支持系统,对旅游接待业起到辅助作用,旅游接待业的辅助系统包括在线旅游接待、旅游公共服务、旅游金融保险等方面。

(一)在线旅游接待

随着互联网科技的发展,旅游与新科技的融合推进了旅游服务形式的多样化和产品的多元化。用户群体从 PC 端向智能手机等手持设备的大量转移,以及旅游用户预订习惯的转变,使得移动互联时代下的在线旅游市场应运而生,并得到快速发展,出现了"在线旅行社",即 OTA(Online Travel Agency)(是旅游电子商务行业的专业术语,指"旅游消费者通过网络向旅游服务提供商预订旅游产品或服务,并通过网上支付或者线下付费,即各旅游主体可以通过网络进行产品营销或产品销售")。在线旅行社的出现,将原来传统的旅行社销售模式放到网络平台上,更广泛地传递了线路信息,互动式的交流更方便了客人的咨询和订购,极大地改善了用户的消费体验,增加了旅游消费的便捷性。

传统旅游活动面对面服务的局限性,通过 OTA 取得很大的改善。旅游电子商务,让旅游消费者得到更加便捷、更加丰富与个性化的服务,不仅增加了服务渠道,更增加了服务内容。2010 年以来,旅游行业与电子商务两大行业成为国民经济最热的话题,也受到旅游经营企业和旅游业界的重视,作为两者的结合领域,在线旅游服务商的发展日益得到业界和学

① 陈泽炎. 对"大会展"概念的梳理与探究[J]. 中外会展,2013(3):23.
② 陈泽炎. 对"大会展"概念的梳理与探究[J]. 中外会展,2013(3):23.

界的普遍重视，在线旅游服务商逐渐开发出多种经营形式和盈利模式。近年随着信息技术发展，网络迅速普及，涌现出一批旅游网站、旅游 App 或旅游小程序等，如携程、艺龙、途牛、去哪儿，迅速发展成为上市公司，提供了强大的在线服务，越来越多的游客习惯通过旅游在线服务商来预订酒店、机票和旅游产品。

在线服务可以为旅游者提供移动定位服务，根据当前旅游者所在的定位位置，通过在线旅游服务商提供的 App 等应用，即可查询旅游者附近的酒店、餐饮、旅游景点、娱乐设施、购物场所等相关的旅游信息，并可以进行选择预订和导航服务实现空间到达。在线服务还可以实现移动信息服务，用户在移动过程中自动接收来自广告商或其他以目标客户为群体组织的针对性信息。对目标客户或者是进入到一定旅游区域的用户进行相关信息的推送，引导其消费。此外，在线服务能实现在线支付及移动支付，移动支付对实物货币有着重要辅助作用，不受时空限制，具有先天的优势，在当前的消费行为中起着重要作用，移动支付服务的水平将成为改善用户体验的重要组成部分。在线服务还能够实现信息互动服务移动，这是基于向移动互联网目标用户发布大容量及强交互性内容的信息发布服务。随着互联网应用的普及和强劲增长，旅游市场传统业务的交易量增长率逐年下降，自助游呈现爆炸式增长。网络问答社区以及搜索服务为自助游提供信息支持的同时，通过移动互联网服务，旅游者可以不必在旅游出发前费时地进行旅游行程的详尽安排，直接出发开始自由旅行。

(二)旅游公共服务

旅游接待的实现，除了依靠各类专门的旅游接待企业投入的基础设施、开发的旅游产品及提供的旅游服务外，还需要完善的旅游公共服务体系作为必要的支撑。我国旅游业发展已到了大众化、个性化阶段，旅游需求日益提升，旅游者更加注重旅游活动的品质，强调旅游过程的便捷性、安全性和舒适性，更追求旅游活动的自主性和个性化，对旅游信息的需求、交通便捷程度及旅游安全等要素要求更高，这极大地促进了我国旅游公共服务体系的不断建设和完善。

旅游公共服务是指政府和其他社会组织、经济组织为满足海内外旅游者的公共需求，提供的基础性、公益性的旅游公共产品与服务。旅游公共服务体系主要包括旅游公共信息服务、旅游安全保障、旅游交通便捷服务、旅游惠民便民服务、旅游行政服务等内容。旅游公共服务始终贯穿于旅游活动过程中，是旅游活动顺利进行的重要保障。完善的旅游公共服务能为旅游者提供便捷、安全及舒适的旅游环境，提高旅游体验感，增加旅游满意度；完善的旅游公共服务体系是提升旅游接待效率和接待品质的重要保障。

我国的旅游公共服务系统是随着旅游发展及旅游接待的需求而逐渐形成的，在不同的旅游发展阶段呈现出不同的内容和重点。“十二五”期间，我国旅游公共服务系统的建设主要集中在对基础设施建设及旅游咨询服务中心、旅游集散中心、旅游观光巴士、“中国旅游卡”等示范工程建设上，全国旅游公共服务系统初步建立。“十三五”期间我国旅游市场总规模得到大幅提升，为旅游业发展提供了重大的机遇，旅游业迎来新的黄金发展期。巨大的旅游市场以及高品质的旅游需求，为旅游公共服务发展提供了前所未有的市场空间，同时也对旅游公共服务提出了更高的要求，旅游公共服务系统对旅游接待业的辅助支撑作用更加突出。随着旅游文化内涵的提升，旅游类型的多元化，新的旅游形式如自助游、自驾游迅速增长，对旅游公共服务系统供给内容、供给方式提出了新的挑战。在丰富性、便捷性与文化特色上有更高的要求。在"十三五"全国旅游公共服务规划中，主要列举了九大任务，其中之一在传统的"食、住、行、游、购、娱"六要素基础上，专门更加强调"厕所"服务。"厕所革命"成为重要的公共服务建设内容，在满足功能的同时，更加强调文化性和审美性，体现了在新时期、新需求、新市场下，公共服务体系在建设内容和建设深度上的拓展，以满足旅游者更高的旅游品质需求。此外八大任务是：完善旅游基础设施、优化旅游交通便捷服务体系、提升旅游公共信息服务、构建国民旅游休闲网络、加强旅游惠民便民服务、构筑旅游安全保障网、优化旅游公共行政服务、推动旅游公共服务走出去，并涉及多个重点工程。旅游公共服务体系建设得到全面的强化，供给内容及方式更加丰富，更加高效地辅助旅游接待的服务。

旅游公共服务中最重要的当属旅游出行系统。自古以来，旅游活动依赖于各种交通工具才得以完成，出行接待是旅游活动的起点，同时也贯穿旅游的全过程。出行接待最早可以追溯到早期人类的商业活动，如海上丝绸通道、陆上丝绸通道，通过商船、马帮、镖局等形式为载体，为游商提供交通运输服务，以完成早期带有商业性质的"旅游"活动。随着人类经济活动的增加和工业革命进步带来的便捷性，出行接待已发生翻天覆地的变化。

出行接待首先涉及各类大交通的设施与服务，以帮助旅游者到达旅游目的地的，如铁路运输、道路运输、水上运输、空中运输等。其次，在旅游目的地，旅游者的游览、休闲和娱乐等活动，都离不开目的地城市内部交通的服务，因此还涉及城市旅游公共交通部分，比如为游客提供的公共电汽车客运、城市轨道交通、出租车客运、摩托车客运、三轮车、人力车客运、公共自行车等服务，都属于出行接待①。除此之外，随着旅游发展越来越多元化，旅游活动的便利性增强，为了给旅游者提供更加有效和个性化的服务，出行接待趋向更便捷多元，游客的自主选择大。出行接待还包括其他的旅游出行服务，如旅游交通设备的租赁服务，包括各类轿车、旅游客车、旅行车、活动住房车等旅游用车的租赁，以及旅游船舶、飞行器的租赁等。

按照国家统计局的分类，旅游出行大类之下包含着五个种类：旅游铁路运输、旅游道路运输、旅游水上运输、旅游空中运输、其他旅游出行服务，在五个种类之下又分为12个小类，涵盖了旅游活动中出行所需的交通设施及服务，见表3-6。

表3-6　国家旅游及相关产业统计分类表(2018)

代码			名称	说明	行业分类代码
大类	种类	小类			
11			旅游出行		
	111		旅游铁路运输		
		1111	铁路旅客运输		531
		1112	客运火车站		5331
	112		旅游道路运输		

① 关于印发《国家旅游及相关行业分类(2018)》的通知[EB/OL]. 国家统计局网站,2018-4-12.

续表

代码			名称	说明	行业分类代码
大类	种类	小类			
		1121	城市旅游公共交通服务	仅包括为游客提供的公共电汽车客运、城市轨道交通、出租车客运、摩托车客运、三轮车、人力车客运、公共自行车等服务	541*
		1122	公路旅客运输		542
	113		旅游水上运输		
		1131	水上旅客运输		551
		1132	客运港口		5531
	114		旅游空中运输		
		1141	航空旅客运输		5611
		1142	观光游览航空服务	仅包括公共航空运输以外的空中旅游观光、游览飞行等航空服务	5622
		1143	机场		5631
		1144	空中交通管理		5632
	115		其他旅游出行服务		
		1151	旅客票务代理		5822
		1152	旅游交通设备租赁	仅包括各类轿车、旅游客车、旅行车、活动住房车等旅游用车的租赁，以及旅游船舶、飞行器的租赁	7111* 7115* 7119*

注:①数据来源:国家统计局;②符号“ * ”表示该行业类别仅有部分内容属于旅游及相关产业。

（三）旅游金融保险

旅游业已成为我国国民经济的战略性支柱产业，对我国升级转变发展方式、优化经济结构有着重要作用。随着旅游业的快速和深度发展，旅游业作为实体经济的重要组成部分和汽车业、房地产业等行业一样，与金融业不断深度融合，形成了新的消费金融——旅游消费金融。旅游消费金融贯穿在游前、游中、游后，旅游者或多或少有旅游金融的需求，在消费习惯及科技应用的支持下，越来越依赖旅游金融。旅游金融产品和服务主要包括与旅游相关的银行服务、旅游保险服务等。其中与旅游相关的银行服务主要为旅游者提供支持旅游活动的贷款、消费信贷等；旅游保险服务主要提供旅游者的人身和财产保险，如旅游财产保险、旅游人身保险。尤其随着旅游活动的多样化，探险、户外等带有风险性的旅游类型增多，人们的风险意识增强，对旅游人身保险等需求增加，催生了旅游保险的业务。此外，旅游金融服务还包括与旅游相关的外汇服务等。

我国的旅游金融市场起步较晚,大致是在2013年。虽然学界对旅游金融的概念界定并不完全统一,但总体认为旅游金融是以旅游产业为基础,以旅游业与金融业耦合发展而产生的新型业态①。旅游金融主要包括旅游信用卡、旅游信贷、代理旅游保险和银行自建旅游服务平台等四种典型的商业银行的旅游消费金融产品模式,为个人旅游提供旅游贷款等服务。随着消费市场升级,旅游金融需求持续增长,“旅游金融”模式成为各大旅游企业角逐的对象。如2018年中青旅与中国光大银行等发起设立消费金融公司,2019年携程金融获得中国香港地区虚拟银行牌照等。途牛推出“首付出发”,“驴妈妈”推出“小驴分期”等,这些产品给人们提供了先旅游再付费的可能性。这种旅游金融产品减轻了旅游者经济压力,同时促进旅游市场改革步伐,促进旅游消费升级。

表3-7 旅游金融服务类产业统计分类表(2018)

代码			名称	说明	行业分类代码
大类	种类	小类			
			旅游业	本领域包括11—17大类	
	212		旅游金融服务		
		2121	旅游相关银行服务	仅包括支持旅游活动的贷款、消费信贷等服务	6621* 6623* 6624* 6629* 6634* 6635* 6636* 6637* 6639*
		2122	旅游人身保险服务	仅包括与旅游相关的人身保险服务	6813* 6814*
		2123	旅游财产保险服务	仅包括与旅游相关的财产保险服务	6820*
		2124	其他旅游金融服务	仅包括与旅游相关的外汇服务等	6999*

注:①数据来源:国家统计局;②符号“*”表示该行业类别仅有部分内容属于旅游及相关产业。

四、旅游接待业的保障系统

旅游接待业的保障系统保障和推动核心系统的质量提升。

(一)人才培养

专业的旅游接待人才是旅游接待业发展不可缺少的保障,旅游业从无到有发展到如今

① 刘诚言,粟维斌.我国旅游金融研究综述[J].现代营销,2019(3):32-34.

庞大的规模和体系，对人才的需求更加迫切。微观地看旅游接待业的各个岗位、各项具体工作都离不开人才；宏观地看，随着旅游接待业发展越来越走向追求更加多元、更高品质和更重内涵的方向，对旅游接待业人才的需求就更多。旅游接待业必定会有更加深远的发展目标与任务，才能承当得起“满足人民美好生活的现代服务业”的重任。无论是眼前的任务还是长远的目标，最终都需要由具有旅游专业知识和能力的，并且有创造性的旅游人才来完成。因此培养专业知识硬、工作能力强，并且有创新精神及智慧的旅游人才是旅游业发展的关键。旅游人才培养，从旅游人才自身发展成长，培养旅游人才的学校和机构，还是从使用人才的机构来看，都需要了解旅游人才能力与素质培养的要求，学习与研究旅游接待业的人才培养方式、专业知识与旅游学科建设等相关内容。

纵观世界范围内旅游人才培养的历史，最早设立的旅游管理方向的高等院校是1893年建立的瑞士洛桑酒店管理学院，至今欧洲旅游管理教育与学科建设已经历了近130年的历史；美国康奈尔大学在1922年设立了康奈尔管理学院，并创建了世界上第一个本科学位层次课程，1973年以后，康奈尔旅馆管理学院又开设旅馆硕士研究生学位和博士研究生学位层次课程。可以看到在欧洲和美国，对旅游接待业人才的培养历史较为悠久，比较早地建构了完整的从旅游管理本科学士、硕士及博士的多层次旅游人才培养经验。发达国家在培养旅游接待业人才方面的经验主要是两种类型：一种是培养高级经营管理人员和教学研究人员，这一类人才培养的重点主要是更偏重于理论与教学的成功经验，力求在理论上突破和构建，这方面的代表是美国的康奈尔大学，主要为旅游企业、旅游行政管理部门、旅游院校和研究机构提供旅游人才。第二类人才培养是更偏重于实务的研究和教学的成功经验，主要为旅游企业提供管理型人才，瑞士洛桑酒店管理学院则是这一类培养的代表。

我国面临着旅游接待业快速发展与人才缺少的矛盾，在人才培养方面要积极探索适合我国自己的路径。将教育管理理论、营销学理论及利益相关的理论运用在人才培养之上，从不同的角度对人才培养进行全方位的剖析，在人才培养方面，从个人竞争力、用人单位、竞争企业、学校等多个利益关联的角度去做长期的考察，建立有特色的人才培养方案；在层次上根据市场的需求构建多层次的人才培养体系，以满足不同的旅游接待业需求层次。

（二）法律监管

我国旅游专门立法起源于20世纪80年代。随着国内外旅游消费的不断攀升，旅游业发展迅速，也日益暴露出了旅游所带来的乱象和危机，为规定旅游业的发展和乱象治理等提供有效的法律依据，立法要求也被提上了议程。我国关于旅游的专项立法，源于对旅行社和从业人员行为的规范，并且随着旅游业的日益壮大，我国也在不断完善相关法律法规制度，并为旅游业的发展奠定强有力的支撑保障。

（三）涉外事务

我国的涉外旅游业从新中国成立初期的华侨旅行就已兴起，由于客观历史原因的影响，当时的旅游业发展遭受极大限制。自改革开放以来，随社会经济的发展，不同程度地推动了我国涉外旅游业的发展。涉外旅游涉及外国的因素是指：第一，作为旅游关系的主体的一方或双方是外国自然人、外国法人或无国籍人。最常见的是出境旅游和入境旅游时，提供旅游服务的一方或接受旅游服务的一方为外国人。有时其他国家可能成为涉外旅游关系的主体。第二，客体涉外，就旅游而言，是指旅游在外国进行或完成。第三，产生、变更或消灭旅游权利义务关系的法律事实发生在外国。

（四）危机安全

旅游接待业的迅速发展，也逐渐暴露出了诸多的隐患以及潜伏的旅游危机。当这些危机发生时，想要通过相关措施挽回已经造成的损失难度是极大的。因而，隐患的排查和危机的预防就显得格外重要，通过提前的预测和准备，从细节处做起，明确相关安全责任归属，建立良好的旅游安全预防机制是根本。相关旅游安全预防机制的构建主要是通过收集旅游相关安全资料信息和数据，进行科学的数据指标分析，并根据相关结果进行隐患和危机的识别，据此在事故发生前及时预警发布相关信息，从而起到预测和引导事故的趋势，并为作出正确的判断和方案的取舍提供有效支撑，从而降低危险发生的概率。建立一个完善的安全预防机制，需要旅游、交通、消防、卫生等相关职能部门的相互协调与配合，危险因素的识别后，各部门根据职能的不同进行联动，及时发布相关预防信息。除此之外，还需要制订旅游突发事件应急预案的机制，明确组织职责，进一步做好消除旅游安全隐患的准备，对旅游突发事件的处置有良好的应对措施。构建和完善旅游安全管控的机制，并提供主要的安全保障。

第二节　旅游接待业系统特征

一、要素众多，关系复杂

（一）多级体系要素，关系复杂

旅游业发展到现在已深入人心，在我国已成为战略性支柱产业，旅游已成为一种健康、时尚的生活方式，成为人们追求美好生活的表现形式，这极大地促进了旅游接待业的需求。旅游接待业（Hospitality Industry），是从现代旅游服务产业发展及管理视角与特点，系统研究论述的中国旅游业（Tourism Industry）①。在我国改革开放后，尤其是近二十年，旅游业的迅猛发展，人们对旅游接待业的需求达到前所未有的程度，人们对美好生活的向往，促使旅游接待业从粗放向精细的转型和升级，形成了一个不容忽视的巨大产业的集合，同时这巨大的体系还逐渐形成包含核心系统、辅助系统与保障系统的庞大系统。

旅游接待业是关联性极强的产业，它贯穿于旅游活动中的全过程，渗透在旅游六要素

① 何建明.旅游接待业[M].重庆:重庆大学出版社,2019.

中，直接或间接地关联多行业和多领域，涉及国民经济的众多产业，是旅游业发展中的关键核心，它几乎和国民经济中的各行业都有着紧密的联系，由此足以体现其系统要素的多样性和复杂性。再者，作为旅游接待业系统，从围绕提供接待产品及服务的行业体系逐渐扩大至多个系统汇集形成的系统，从单一体系结构形式升级成为多元体系的集合，其要素和复杂性便呈现出乘级式的增加。

具体而言，旅游接待业系统要素之多首先体现在旅游接待业一级系统的构成，旅游接待业系统包括以下一级系统：旅游接待业核心系统、旅游接待业辅助系统、旅游接待业保障系统。在本书的逻辑中，它们虽同属于旅游接待业系统，但并不是同一纬度上的系统，在系统中承担的功能不同，完成的角色不同，但由于都是旅游接待业系统构成不能忽略的部分，所以将它们纳入系统，是为了形成对旅游接待业构成体系的宏观视角，希望通过不同的切入点，对旅游接待这个庞大系统尽量有一个整体性的把握。

从旅游接待业系统构成要素来说，核心系统是接待业的直接系统，它是行业的集合、产品的集合和服务的集合；辅助系统是接待业的支持系统，是接待业核心功能完成的新技术支持、公共服务支持、金融创新支持及接待业人才支持方面的集合；保障系统是从旅游接待业的运行保障视角，从总结反思的角度去观察旅游接待业。这样尽可能兼顾全局的梳理是为了在尽管错综复杂的要素和关系中，在不同的纬度去获得一个关于旅游接待业系统运行中直接涉及或间接涉及的多个方面的宏观图景。

复杂性还体现在每一个子系统下又有着各自的内容架构和核心内容，并且可能每一个子系统下的要素也同样有着不同维度的现象，比如辅助系统里讨论的在线接待与公共服务体系，首先就很难用一个逻辑和某个尺度将两者统摄起来，在线旅游接待属于动态和技术的纬度，是现代旅游接待业在新技术支持下出现的接待方式和手段的创新，成为传统接待业方式的演进和拓展，既可以视为是目前旅游接待的辅助形式，也可以视为是旅游接待的创新形式。同时也要预见到，随着旅游接待的进一步发展，在线接待终将会成为主要的实现手段。而公共服务体系则是一个属于公共服务的范畴，它是由政府及相关的组织机构提供的公共服务部分的集合，涉及公路、水电、城市交通、医疗等，这个公共服务范畴的辅助并非仅仅辅助于旅游接待业，也属于其他任何系统的公共服务支持，但它又确实是对旅游接待起着不可忽视的辅助作用，因此也不能不进行必要的涉及。基于这样的理由，本书从对旅游接待业的作用和功能上将其进行统摄，总体想从一个更宏观的视角来阐述旅游接待业系统中的关联体系，因此得出的结论是如前所说的它是系统的系统，是体系的体系，是要素的要素，每一层已经显示出要素的众多和复杂，在不同层级上又可以交叉组合，形成新的关系，因此其复杂性呈乘级递增。

（二）子体系内部要素呈现复杂性

旅游接待业从早期的住宿接待逐渐扩大发展为如今的庞大体系，从接待行业涉及少、产业单一，到行业涉及广泛，接待业形态及内容丰富，经历了漫长的发展过程和行业的更迭升级。随着旅游业快速深入的发展，具有旅游接待性质和内容的行业越来越多，也越来越综合化、专业化和精细化。核心体系的范围从单一接待行业到多元接待行业的集合，所提供的行业领域、产品类型、服务层次等随着旅游接待需求增加而越发多样化，其要素之众多体现在涉及行业的广度和接待内容的丰富度上。从核心体系内部看，是多个旅游接待行业的集合、产品的集合、服务的集合。如前所述，本书是根据国家统计局对旅游业与相关产业的分类来对旅游接待业进行分类。国家统计局《国家旅游及相关产业统计分类》(2018)的分类具有专业的权威性，它以《国务院关于促进旅游业改革发展的若干意见》文件作为指导，确定旅游及相关产业的基本范围，同时又以《国民经济行业分类》(GB/T 4754—2017)作为基础，对《国民经济行业分类》中符合旅游及相关产业特征有关活动的行业进行再分类。并且这一分类还参考借鉴了世界旅游组织和联合国编制的《2008 年国际旅游统计建议》中对旅游产业的有关定义和分类。在这个分类中，旅游业行业大类有 9 个，种类有 27 个，种类下的小类有 65 个，旅游接待业也基本参照这个行业的构成，仅从核心体系构成看，从大类到种类，再到 65 个小类，其构成已足以体现这是一个要素众多异常错综复杂的体系。再从具体涉及的旅游活动中的接待范围来看，我们以旅游接待中的娱乐接待为例，在《国家旅游及相关行业统计分类表》(2018)中，属于第 16 大类的旅游娱乐，其中的旅游文化娱乐类(161)包含的小类有文艺表演旅游服务(1611)、表演场所旅游服务(1612)、旅游室内娱乐服务(1613)、旅游摄影扩印服务(1614)，旅游健身娱乐类(162)包含的小类有体育场馆旅游服务(1621)、旅游健身服务(1622)，旅游休闲娱乐类(163)包含的小类有洗浴旅游服务(1631)、保健旅游服务(1632)、其他旅游休闲娱乐服务(1633)。小类总计有 9 类。仅从旅游接待活动的娱乐一项可以看出，其分类的细化、专业化，尽量使各类别有较为清晰的边界，但现实中行业间并非有着严格的壁垒，互相间的渗透和交叉是产业发展的常态和趋势，因此这就增加了系统中要素的复杂性，对于这一点的认识，其实是要帮助我们在理论与实践的过程中，既要有严谨的思维，又要有对实际现象的准确把握。

从旅游接待业辅助系统看，它整体是对旅游接待业核心体系起到支持作用与辅助作用，包括在线接待、公共服务体系、旅游金融接待、接待人才培养体系。同样这四个方面也不在同一个纬度上，将它们统摄在辅助体系中也是基于它对于整个体系的功能和作用。在线接待是一种接待方式、接待创新，是与互联网新技术融合产生的新型接待，是对传统接待业的一种补充和支持，同时是对旅游接待业务进行了时间上的前置和空间上的突破。公共服务体系自身又是一个很庞大的体系，在旅游接待业系统中是子体系的子体系，涉及目的地城市的公共服务内容，其中与旅游关联大的是城市交通、城市水电网络、城市公园及公厕、城市医疗体系等，提供对旅游接待的支持辅助作用。再看旅游接待金融，是旅游接待业在新科技下的融合发展模式，包含着传统金融要素，也包括旅游业要素，其涉及的旅游借贷、旅游保险等众多内容，涉及金融体系与旅游接待业务的合作和创新。旅游接待人才培养是从人才供给的角度探讨对旅游接待业的支持和辅助作用，没有人才的培养，旅游接待业将成为空谈。旅游接待的管理体系包含着对旅游接待质量的管控，对于旅游接待业服务质量、业务质量、市场营销及客户关系管理几个方面，每一个子内容本身同样都是极其复杂的，然后每一个内容分别再与各个旅游接待内容进行组合，如服务质量管理与出行接待、住宿接待、娱乐接待等逐一对应，又形成出行接待质量管理、住宿服务质量管理、娱乐服务质量管理等众多的内容，如同产生一种裂变的效果，再次印证了旅游接待业的要素的众多和复杂。

二、产业融合，配合紧密

（一）产业融合的背景

随着产业的成熟、互联网以及信息技术的发展，产业与产业由过去区划严格、泾渭分明发生了很大的变化，逐渐从剥离走向融合。产业融合（Industry Convergence）已成为经济发展的潮流，多产业交错形成的产业融合作为一种经济现象，从未像今天这样在全球经济一体化不断加快的背景下，融合趋势越来越强劲，导致社会经济的深刻变化，引发国内外经济学家们的一致关注，并提出了“产业融合”理论，作为对这一世界性经济现象的合理解释。产业融合作为一种经济现象是指为适应产业增长而发生的产业边界的收缩或消失，使不同的产业或同一产业内的不同行业间相互渗透、相互交叉，最终融为一体，逐步形成新的产业的动态发展过程①。产业融合的兴起要追溯到20世纪60年代，信息技术的迅猛发展催生了产业融合，一些基于工业经济时代的产业边界逐步变得模糊或消融，在原有的产业边界处相互渗透、交叉、重组，最终融合发展成新的产业，并且成为经济增长的强大源泉和动力，之后产业融合逐渐拓展蔓延至金融、物流、传媒、服务业等领域。产业融合可称得上是对产业发展革命性的创新，它极大地推进了全球经济服务化趋势的发展，旅游接待业作为服务业，也充分地体现出产业融合、配合紧密的特点。

（二）接待业产业融合表现

全球范围内产业融合强劲的发展势头，有效地促进传统产业的创新、产业结构的优化及产业竞争力的提升。旅游接待业作为服务业，更充分地体现了融合的必要性和融合的优势。旅游接待面临的是有综合需求的顾客，围绕“食、住、行、游、购、娱”，其涉及的行业多、领域广，这对旅游接待业提出了高要求。在产业融合大背景下，接待业产业融合既是一种全新的发展趋势，也是现实的必然选择，具有很大的意义。中国旅游接待业的产业融合，既顺应了世界产业发展的大趋势，也是旅游业发展自身规律的驱使，同时也体现出国家层面对旅游业发展方向的战略决策。在2009年国务院41号文件中，国务院对旅游业发展的市场准入条件提出了指导，要求要放宽条件，要打破行业之间与地区之间壁垒，要大力发展区域经济，指出了行业融合、产业融合和区域融合的发展方向。同时更是明确提出要“把旅游业培育成为我国国民经济的战略性支柱产业以及人民更加满意的现代服务业”②。这是在全球经济一体化的大背景下，把我国旅游业发展的重要性上升到国家发展的战略高度。2014年国务院的31号文件《关于促进旅游业改革发展的若干意见》中又指出，坚持旅游业的融合发展，推动旅游业与其他产业相结合，满足旅游消费者多样化、多层次的需求③。2022年，国务院印发《“十四五”旅游发展规划》，再次明确了旅游业作为国民经济战略性支柱产业的地位更为巩固。并指出“十三五”以来，旅游业与其他产业跨界融合、协同发展，产业规模持续扩大，新

---

① 厉无畏，王振. 中国产业发展前沿问题[M]. 上海：上海人民出版社，2003.

② 国发〔2009〕41号. 国务院关于加快发展旅游业的意见[EB/OL]. 中央政府门户网站，2012-03-25.

③ 国发〔2014〕31号. 关于促进旅游业改革发展的若干意见[EB/OL]. 中央政府门户网站，2014-8-21.

业态不断涌现，旅游业对经济平稳健康发展的综合带动作用更加凸显。由此可以看到，旅游业的融合发展既是产业发展的必然，也是国家战略的要求。

从行业本身来看，旅游接待业本身的产品特点、服务对象及服务特点都对旅游接待提出了高要求。同时由于旅游需求逐步向内涵化、品质化、综合化、个性化以及创意化等方面演进，旅游从未像现在这样被赋予了丰富的内涵和意义。人们精神需求的提高和对美好生活的向往，加快了旅游接待业的内涵提升和品质提升，故步自封与单打独斗式的发展模式不能完成旅游业成为“满足旅游消费者多样化、多层次的需求”的国家任务，也无法完成旅游业成为“人民更加满意的现代服务业”的目标要求。再从旅游接待业的服务对象来看，旅游者的构成在如今已经发生了翻天覆地的变化，普遍文化层次的提高、普遍审美品位的提高，以及多样化个性化的层出不穷，形成了需求倒逼市场的格局。除了传统意义的游山玩水，更多的旅游者需要获得不一样的体验，收获不一样的经历，甚至得到不一样的成长，这些远远超出早期旅游活动的目的。对旅游接待产品的内涵、品质、特色等要求越来越高，旅游业品质化发展和内涵化发展，以及旅游者需求的提高更加快旅游接待业突破过去行业的壁垒，产业的边界，以围绕提供更满意的产品和服务为终极目标，进行积极的产业融合发展。

而近年来所提出的“全域旅游”“智慧旅游”这些旅游背景进一步成为旅游接待业融合的巨大推动力，也是重要的抓手。在旅游接待业系统里，我们可以看到，产业融合最集中体现在核心体系内部，它是由 9 个大类、12 个种类及 65 个小类组成的。总体是从旅游六要素“食、住、行、游、购、娱”出发，在产业融合背景、行业发展趋势及旅游者需求提升等多种因素的驱使下，各要素间的融合越发紧密，极大地突破了原有的行业和领域的边界，文化和创意成为接待业的突破口，以提升旅游者体验感为核心进产业的跨界和融合，寻求内涵更丰富，服务更周到，体验更极致的旅游接待业新格局。以住宿接待为例，围绕行业发展的升级和顾客的需要，住宿业开拓了如旅游定制服务，住宿与演艺娱乐，住宿与会议，住宿与艺术展览，住宿与餐饮、茶业、酒业等多种行业的融合，拓展了住宿产品服务的深度和广度，大大突破住宿业原有的行业边界和业务边界。尤其是近年来随着新型住宿类型民宿业的快速增长，民宿业全新地诠释了住宿业创新融合的新形态，嵌入了越来越多样化的要素，如民宿+乡村旅游，民宿+非遗，民宿+人类学考察，民宿+研学，民宿+游乐，民宿+康养，民宿+特色航空（贵州朴语野奢酒店——国内首家直升飞机达到的野奢酒店）等，极大地改善了住宿行业单一，内容单一，体验单一的问题，优质民宿被极大地创新和注入新内容，俨然成为生活方式的范式，越来越多吸引着业界和旅游者的关注，引领了住宿接待升级和转型的新路径和新方向，同时也给我们以极大的启发和思考的空间。

旅游接待业产业融合的始终是围绕旅游活动的需求来进行，围绕旅游六要素来进行的。旅行社在产业融合方面有着先天的优势，通过旅游业与住宿、餐饮、交通、文化、娱乐等相关产业进行融合发展，创新定制新业务。围绕旅游者需求组合新产品，提供个性化的产品和服务，将旅游业的关联资源进行有效整合，进行行业与业态的重组、交叉和更迭。例如生态条件比较好的旅游景区，将生态游览融入养老、医疗、保健功能协同发展；山地旅游型景区将山地游览与体育、探险、低空飞行等融合发展；具有科学文化价值的景区，将游览接待与研学旅游结合发展。在接待业系统内，产业间寻求资源的整合、产业的交融创新，形成了多产业融合发展，配合紧密的特点。

众多的传统旅游企业的经营范围不断演进，寻求不同产业间或行业间的融合，拓展模式，纳入更多接待业要素，比如旅行社这样的经营个体不再单纯地组织旅游线路，增加了会务组织、会议咨询、展览策划等业务，总之融合没有界限，紧紧围绕旅游者对产品内涵及品质的需求，对丰富性与个性化的要求，立足于旅游者这个服务群体，以创意为产业融合的突破口，以文化为产业融合的灵魂，以增强体验为产业融合的目标，以旅游为核心，以商业为平台，推进旅游接待中的商业、文化、旅游等方面地融合发展。接待业产业融合是随经济发展、全球一体化、信息技术快速发展的大趋势而生的。在线旅游服务业是产业融合的表现形式，是由于互联网技术和旅游业结合而产生的一种新的业态，本质上属于旅游中介行业。在线旅游服务业可以定义为：以网络、电子信息、通信技术等为主要手段为旅游者提供服务的企业的总和，这些服务主要包括旅游信息服务、旅游预订服务和旅游搜索引擎服务等。在线服务即是本书讨论的在线接待业，例如近几年火速受到广大消费者追捧的几大旅游网站携程、艺龙、驴妈妈等，就走的产业融合新路子，它们一改过去传统旅游接待行业的单一模式，积极融合、开拓业务类型，丰富业务内容，将整体的第三产业进行创意的关联与有机集群，给消费者提供便捷的服务。

除此，接待产业也包括旅游业在其产业链延伸的基础上，将借助产业间功能重组与优势互补的产业融合，比如，文化创意旅游、度假旅游、观光旅游（包括自然观光与人文观光旅游）、康体休闲旅游。接待业的产业融合发展模式使得接待业的内在结构得到优化，接待业产业融合包括两种类型，第一种是接待业内部的产业融合，第二种则是接待业与其他的相关产业进行产业融合。无论是哪一种类型都使得接待业转型升级进入了一个新的发展模式。例如，会展旅游通过将商务会议或者大型展览活动与旅游行业进行结合所提供的一种新型接待服务，这使得接待业转型进入了一种新的模式①。

三、经济驱动，效益多元

所谓驱动是指对某事或某物施加外力，使动起来，其近义词是驱使、推动。旅游接待从早期只包含单一的住宿接待开始，随着旅游发展和接待需求的增加逐渐发展起来，形成如今庞大的接待业系统，成为众多产业和行业的集合，有着鲜明的产业集聚特性，在获得巨大的经济贡献的同时，也产生了多元的效益，使旅游业成为我国国民经济的重要组成部分。旅游业可以从一个单一的行业到一个庞大的系统，且未来还将以更加宏大的规模，更加注重内涵，形式更丰富的方式可持续发展，梳理其作为庞大产业体系的发展轨迹，主要取决于经济的强大驱动及国家层面的战略部署。我国旅游业经历了从事业性质向产业性质的转变过程，旅游业不断融入我国改革开放和经济社会发展的进程，随着国家战略部署不断地提升地位，旅游业在新时期被定位成为国家战略性的支柱产业，可见其发展的速度及取得的成效，40 多年的旅游业发展显示出的是一个行业样本。改革开放前，我国旅游业主要是外事接待的作用，旅游工作承担着民间外交的功能，事业功能明显，经济功能弱化，只具产业雏形，不完全属于产业范畴。改革开放之后，要大力发展经济，提高经济总量，入境旅游承担着创外汇的重任迅速发展起来，旅游业逐渐走上产业发展轨道上。改革开放 40 多年，我国旅游业

---

① 邓爱民. 旅游接待业管理[M]. 北京：中国旅游出版社，2018.

的发展经历了四个阶段：第一阶段属于初创阶段（1978—1986 年），这一阶段接待对象局限在外国友好团队、华侨、港澳同胞，接待规模小，各接待单位多为事业性质，接待的目的不是为了经营，而是作为政治任务完成，旅游主管部门和旅游接待单位合为一体。第二阶段属于产业化进程阶段（1986—1998 年），旅游业作为“国民经济新的增长点”被明确提出，正式确立了旅游业的国民经济地位，开始了产业化的发展进程。这一时期，旅游项目被列入国债项目，铁路部开出数百列旅游专列，国家层面的支持为旅游业发展打下了坚实的基础。第三阶段为深入发展阶段（1998—2009 年），“假日制度”的推行催生了假日旅游经济，极大地促进了大众旅游的兴起，旅游市场呈现繁荣景象，旅游经济总量大幅度增长，旅游接待业不断地拓展和扩容，汇聚众多与旅游相关的产业和行业，形成庞大的旅游业系统，旅游业在国民经济中的地位持续上升，“把旅游业培育成为国民经济的战略性支柱产业和人民群众更加满意的现代服务业”的提出，使得旅游业在国民经济中达到新的定位和新的高度。第四阶段是“全面融入国家战略”阶段（2009 年至今），旅游业融入国家战略体系，迎来了全新的格局，旅游业推进创新发展，推动大旅游，应和人民的美好生活需求，提出“旅游+”、全域旅游、城市休闲等新理论，旅游业发展在广度和深度得到前所未有的突破和提升。

（一）经济驱动

旅游接待业系统是多体系组合的系统，辅助系统与保障系统围绕核心系统，核心系统为众多产业集合，产业的本质属性决定了系统的动力是经济的动力，从旅游业经济属性可解释其发展规律。我国旅游业角色、定位的变化，在改革开放以后，从“经济新的增长点”到“国民经济的重要产业”，再到“国民经济的战略性支柱产业和人民群众更加满意的现代服务业”，都是围绕其经济地位逐渐升级加码，体现了旅游业在经济发展中的作用和国家战略地位的不断提升。从国民经济的层面看，刺激和推动旅游业快速增长的是经济发展的强大动力；从宏观层面看，旅游产业从作为新的经济增长点到被纳入到国民经济支柱性产业位置，强大的经济驱动是旅游产业发展的重要力量，是行业汇聚和资本投入的动力源泉；从微观的企业层面看，旅游业广阔的市场需求、旅游业光明的市场前景及国家支柱性产业的战略定位，使得民间资本对旅游业的投入越来越多，越来越多的资本选择进行旅游投资，看中其强大的经济增长潜能。对于旅游接待业主体来说，经济效益是企业生存的根本，随着日渐增长的旅游需求和日新月异的旅游市场，在迅速增长的旅游需求和供给矛盾关系中，经济增长是旅游企业不断地开拓新的发展空间的首要动力，包括在新时期旅游业相关产业的融合发展，也是基于强大的经济驱动。从系统内部看，旅游接待业核心体系由众多的旅游接待企业组成，是最大的产业集合，在满足旅游者在旅游活动中食、住、行、游、购、娱等多方面的需求，以提供产品和服务获得直接的经济效益，作为旅游业市场主体，其根本的发展动力及源泉必然是经济驱动。

（二）效益多元

我国旅游业经历了从粗放到精细，从数量供给到质量供给的转变，从追求经济效益到追求效益协同的可持续发展，旅游业除了在经济指标上展示出其强劲的带动作用，有着突出的贡献外，旅游接待业作为现代服务性产业，也体现出其综合性的特点和效益多元化的特征。

“一业兴百业兴”的关联性，使得旅游业具有产业发展的引领作用，还具有综合效益的优势。尤其在“大旅游”发展的新观念下，旅游业的发展要素和发展方向产生了很大的变化，旅游业的发展与人民生活需求息息相关，互相促进，人民对美好生活的需求，反过来推进了旅游业向品质、内涵和创新等方面转变，由粗放向精细转变，这一互动的过程中，旅游接待业越来越追求新的价值导向，追求整体的效益而非仅仅是经济的效益。

“大旅游”发展思路的提出，让旅游发展路径更加宽广，提倡以“旅游吸引物”作为旅游资源，突破了传统的自然资源和人文资源的限定思维，从而可建立更加开放性的、多向互动的具有综合效益的旅游系统，这是对过去旅游开发认知的突破，以“旅游吸引物”来界定旅游资源，是对旅游资源的创新，它可以是具体的事物，可以是抽象的意象，相比传统自然资源和人文资源的界定，突破了旅游资源的局限，让传统意义上旅游资源贫乏的城市或地区同样可以挖掘和创造自己的旅游吸引物，发展更宽泛的旅游。旅游业新理论的提出和发展趋势的改变，也促进旅游业向高质量方向发展。高质量是可持续发展理论的选择，追求效益的协同和多元，旅游业逐渐摆脱劳动密集型以及对旅游资源的严重依赖、过度开发的发展模式，越发注重产业中的高科技、先进技术、知识要素的运用，升级土地、旅游吸引物、自然资源、人文资源等旅游资源要素，走创新路、和谐可持续发展路。

由于旅游接待业服务对象是旅游者，随着旅游者文化需求的提升、审美品位的提高，旅游接待业产业融合发展趋势和现实，以及现代服务业的升级，在取得经济效益的同时寻求更有价值的文化、环境及社会效益，已成为新的动力，这是社会的进步。各接待企业寻求企业内涵增长、文化增长、价值增长，也成为优秀的旅游接待企业的共识，产品与服务中植入企业的灵魂，追求品牌，树立企业的形象。由此而获得经济、社会、环境、文化等多方面的效益，既是兴办旅游业的动机，也是发展旅游业的归宿。

本章小结

本章从旅游业发展的历史角度，梳理旅游接待业早期的形态和内容，其从单一性到多样性、从少行业到多行业的逐渐演进，最终形成如今囊括多个领域和产业的旅游接待业系统，具有一业兴百业旺的引擎动力作用。本章通过发展的进程为线索进行观察，试图获得关于旅游接待业从雏形到如今成为庞大体系的图景，增加对旅游接待业发展历程的认知，了解旅游接待业体系的构成以及每一个子体系在系统中的地位和相互作用，以便形成整体的视角观。

本章主要涉及旅游接待业系统构成三个部分的总体阐述，通过对核心系统、辅助系统及保障系统的总体阐述，为后面的章节对各个体系内容的详尽阐述提供必要的准备和铺垫，通过学习需要建立起新的发展观，认识到在新的历史时期，旅游接待业随着世界经济发展的步伐，已逐渐走上产业融合的道路，融合发展、创新发展将成为旅游接待业可持续的路径和选择，在未来势必会产生越来越多的跨界融合与创新，未来的旅游接待业系统会不断地拓展、升级，将包含着人们生活的更多领域和范围，形成更广泛意义的“大旅游”下的旅游接待。

复习思考题

一、名词解释

1. 旅游接待业系统
2. 产业融合
3. 客户管理

二、简答题

1. 简述旅游接待业的核心体系。
2. 简述旅游接待业的辅助体系。
3. 简述旅游接待业的管理体系。

三、论述题

请分析旅游接待业系统的特征?

【拓展阅读】

奇怪旅馆给你奇怪的住宿体验

日本京都新开张了一家名为“奇怪住宿”的旅馆,11 间客房分别以惊悚、运动、游戏等为主题,带给客人不同体验。这家旅馆位于下京区,虽然只有 11 间客房,但客房主题各不相同。“恐怖屋”适合客人试胆。“景色屋”可以经由 IPad 播放视频在窗户上展示超过 20 种美景。“多屋”墙上布满代表不同声音的开关,客人打开多个开关就能自己编曲,来一场声音盛宴。“礼物屋”适合恋人或亲友入住,客人录下最多 4 段音频,内容可以是感谢、庆祝等,播放时屋内还会配上柔和背景音。“代谢屋”内有一面小型攀岩墙和一些健身器材,供客人随时随地消耗热量。入住“游戏屋”的客人则可以玩将棋、桌游等游戏。“奇怪住宿”每间客房一晚住宿费用均为 7 500 日元(约合 490 元人民币),一间客房最多可住两人。

(资料来源:奇怪旅馆给你奇怪的住宿体验[N]. 黄海晨报, 2020-09-20.)

第四章 旅游接待业核心系统

【教学目标】

1. 知识目标：

(1)掌握传统酒店接待业务的内容及管理，了解新型住宿业的接待内容和特征；

(2)掌握传统景区接待业务的内容及管理，了解跨界旅游接待；

(3)掌握传统旅行社接待业务的内容及管理；

(4)掌握会展接待业务的内容及管理；

(5)熟悉娱乐休闲接待、购物接待的内容。

2. 能力目标：

能运用所学知识，从专业的视角评价传统旅游接待业的业务管理水平，思考并提出改进措施。

3. 素质目标：

增强学生对传统旅游接待业实际业务运营管理的认知和关注，引导学生进行旅游接待业创新思考。

【关键词】

住宿接待；餐饮接待；景区接待；旅行社接待；会展接待

引言

我国旅游业正处大众旅游快速发展向高质量发展迈进的重要阶段，国民旅游需求正在发生新的变化，旅游需求多元化更加明显，国民旅游需求持续释放，旅游消费规模稳步增加，旅游业迎来重要的发展机遇，同时也对旅游接待提出了新的挑战。旅游接待业核心系统是围绕旅游的六大核心要素“吃、住、行、游、购、娱”展开的，除了传统的餐饮、住宿、景区接待外，伴随旅游业的发展及旅游新业态的产生，旅游接待业系统也有了新的构成元素。本章围绕旅游接待业核心系统中各个子系统的内涵、特征、分类、接待要素和流程、管理理论和方法几个方面，对旅游接待业核心系统做了全面的介绍。

第一节　旅游接待业核心系统概述

改革开放以来，我国在中国特色社会主义道路上不断迈进，国民经济发展进入了新的阶段，服务业也获得了高速发展。旅游接待业因为兼具生产性服务和生活性服务的双重属性，而成为中国服务业中活跃的要素，不仅能带动相关产业发展，还带动和催生了许多新的服务业态，传统服务业也逐步向现代服务业转型升级。

一、现代服务业理念下旅游接待业核心系统的特征

(一)现代服务业的内涵

现代服务业是以现代科学技术特别是信息网络技术为主要支撑，建立在新的商业模式、服务方式和管理方法基础上的服务产业。它既包括随着技术发展而产生的新兴服务业态，也包括运用现代技术对传统服务业的改造和提升①。

现代服务业伴随着知识经济的发展和信息技术的普及而产生和发展，现代化的新技术、新服务方式和新业态正在逐步改造传统服务业。现代服务业的发展意味着向社会提供更高层次、更高附加值、更高度信息化的生产、生活服务的服务业。现代服务业既是在原有基础上对传统服务业的技术改造和升级，又包含新兴服务业，其本质是实现服务业的现代化。

(二)现代服务业的特征

相对于传统服务业，现代服务业的特征主要体现在智力要素高度集中、高附加值、低资源消耗、低环境污染等方面。

1. 现代服务业开拓了新的服务领域和服务模式

现代服务业适应现代产业和城市发展需求，突破了传统消费性服务业的领域，开拓了新的生产性服务业、知识型服务业和公共服务业等领域，同时通过服务功能升级和服务模式创新而产生新的服务业态。

2. 现代服务业依托现代高新技术和现代管理制度带来服务业变革

现代服务业的本质是实现服务业的现代化，既包括在原有基础上对传统服务业的技术改造和升级，又包含新兴服务业。现代科学技术和现代管理理论组织的应用是其改造的核心。用现代化的新技术、新业态和新服务方式、管理制度改造传统服务业、新兴服务业，向社

① 国家科技部发布第70号文件《现代服务业科技发展"十二五"专项规划》，2012年2月22日。

会提供高附加值、高层次、知识型的生产、生活服务，是现代服务业区别于传统服务业的最大特征。

3. 现代服务业提供"五高"产品

现代服务业提供高技术含量、高增值服务、高智力密集、高文化品位和高精神享受的消费服务质量。

(三)现代服务业理念下旅游接待业核心系统的特点

旅游接待业核心系统可以看作是凭借旅游资源和设施，以"吃、住、行、游、购、娱"六个环节为核心服务的综合性行业。传统的旅行社业、交通客运业和以饭店为代表的住宿业构成其三大支柱①。

在现代服务业发展背景下，旅游接待业核心系统演绎了新的时代特征，主要包括以下几个方面：

(1)由新技术升级改造的传统旅游接待业核心体系。传统旅游接待业中的旅游住宿、餐饮、游览、交通、购物、休闲娱乐等业务，经过科学技术革新和管理方式现代化，逐步转型升级，进而升级为凝聚更多知识和信息技术的高附加值、高精神享受的新兴现代旅游服务。

(2)由新需求推动丰富了旅游接待业核心系统内涵。旅游接待业核心系统是在消费升级和技术进步双轮驱动下诞生的旅游接待业新序列，它们在业态构成、技术应用、服务方式上与传统旅游接待业相比具有显著更新。

(3)由新理论推动产业融合促进旅游接待业核心系统跨界。产业融合是科技变革、社会进步和产业发展的必然趋势，是后工业时代和服务经济时代的产业演化方式，是原本各自独立、属性不同的产业突破产业边界而融为一体的现象，是一种更高形态的产业发展模式。旅游业具有极强的关联性和渗透性，具有与其他产业融合的特点和属性。

二、旅游接待业核心系统要素

中国的服务业正处于从传统的服务业向现代服务业迈进的重要阶段，一些新兴的旅游业态也不断涌现，推动旅游接待业的多元化发展。然而，无论旅游接待业如何创新和发展，旅游酒店、旅游景区、旅行社、会展等核心板块业务在旅游接待业中始终有着不可替代的地位，保障行业自身良性运行的核心要素，也同时构成了旅游接待业核心系统相互作用的内在机制：

(1)旅游企业会计与财务：企业收入、利润、成本控制；

(2)旅游消费者行为：旅游感知、旅游偏好、旅游动机、购买行为过程、满意度等；

(3)餐饮服务管理：单体餐饮、酒店集团餐饮、景区餐饮服务等；

(4)旅游企业及相关职能部门人力资源管理：旅游行业人才培养、职业规划、离职问题、劳动契约、员工忠诚度问题；

---

① 国民经济行业分类是中华人民共和国国家标准，规定了全社会经济活动的分类和代码。现行《国民经济行业分类》(GB/T 4754—2017)于2017年6月30日由国家质检总局和国家标准委联合发布，并于2017年10月1日起实施。

(5)旅游信息技术:旅游企业信息系统、酒店收益管理;

(6)旅游市场营销:旅游产品和服务的传统营销渠道创新、新型营销渠道的开发;

(7)旅游法规:旅游企业和市场运行中的法律、道德、伦理问题;

(8)旅游企业运营:服务流程、服务效率、产品和服务创新、服务质量测量。

第二节　住宿和餐饮接待

住宿业供给和保障能力是旅游接待能力的直观体现,住宿业的接待能力和水平直接决定了旅游消费者体验,是旅游产业发展质量的重要体现。富有特色、服务上乘的住宿和餐饮接待本身就是游客的旅游目的和吸引核。按目前住宿业发展的情况,可以划分为传统的标准化饭店和非标准化的新型住宿业。

一、住宿接待

(一)住宿业及住宿业态

住宿业是指向消费者提供住宿及相关服务的行业;住宿业态是指住宿企业为满足不同的消费需求进行相应的要素结合而形成特色鲜明的营业形态。住宿业态根据目标客源的需求不同可分为政(公)务饭店、商务饭店、度假饭店、会议饭店、旅游饭店、主题饭店、精品饭店、交通饭店、长住饭店(公寓)、家庭饭店(旅馆)十大类。住宿业态根据经营档次和消费层次的不同,可分为超豪华型饭店、豪华型饭店、中档型饭店、经济型饭店、超经济型饭店五类。

(二)传统住宿接待

传统的住宿接待主要是指饭店接待。饭店是向消费者提供住宿、餐饮、休闲娱乐等综合性服务的企业,包括饭店、宾馆、旅馆、旅店、旅社、度假村等。在饭店里,主要的接待有餐饮接待、前厅与客房接待、康体休闲接待。

1. 饭店前厅与客房接待

饭店前厅部门是接待客人、推销饭店客房、餐饮等服务的部门。前厅是饭店对客服务的第一个窗口,是最早接触客人和最后送离客人的部门,是饭店的接待部门,同时也是销售部门(图4-1)。在传统的饭店管理组织结构中,它与客房部一起构成酒店的房务部门。该部门的主要任务有:

(1)客房预订:包括电话预订、网络销售和现场销售。

(2)入住登记:根据预订信息帮助客人办理入住手续、分配房间及提供信息咨询服务。

(3)礼宾服务:礼宾服务包括在饭店门口迎送、机场酒店接送客人,为客人提供行李服务、出租车服务、问询服务等。

(4)房态控制:通过信息系统管理和控制酒店客房的使用状况,准确有效地进行房态控

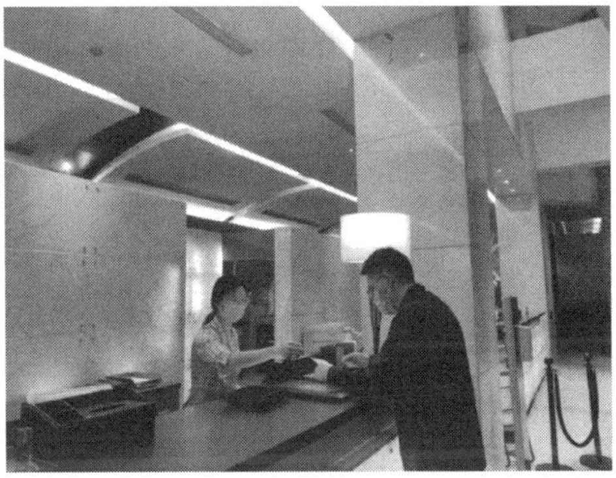

图 4-1　酒店前台接待

图片来源：肖怡然 2021 年 3 月 12 日拍摄于成都。

制，可以提高客房利用效率同时提升顾客满意度。

（5）财务管理：财务管理包括建立客人账户、登账和结账等工作。

（6）信息管理：前厅部门除了通过信息系统掌握房态外，还要为饭店经营提供饭店内外部市场信息和内部管理信息。

（7）推销客房：除了饭店营销部门以外，前厅部也肩负营销的任务，主要是客房的销售，包括受理各种渠道的预订，以及对散客进行推销。

2. 饭店餐饮接待

饭店餐饮接待是指饭店餐饮部门以餐厅为主要载体为顾客提供食品产品和服务。餐饮接待管理根据餐饮设施和功能主要划分为餐厅、厨房和管事三个部分。也有饭店将餐饮接待及管理划分为餐厅服务和厨房出品两个部分。餐厅是指所有直接或者间接接待顾客，提供用餐或酒水服务的经营场所，包括各类餐厅、酒吧。餐饮部的职能包括接受顾客预订、接待，照顾客人用餐，保证服务及提供售后符合和处理投诉等，具体在本节第二部分详细论述。

（三）新型住宿接待

1. 民宿接待

民宿在我国还处于发展阶段。民宿是指利用自用住宅空闲房间，结合当地人文、自然景观、生态、环境资源及农林渔牧生产活动，以家庭副业方式经营，提供旅客乡野生活之住宿处所。民宿的快速发展不仅为接待业注入了新的能量，甚至在某种程度上改写了旅游的形态。

民宿作为新型旅游业态——民宿旅游的重要载体，在经营形式上相对传统的饭店更加灵活，接待流程也更简单随意，主要流程是预订—前台接待—办理入住—离店，预订一般在网络上进行，前台接待时确认入住信息和是否购买其他配套产品和服务（如景点门票和娱乐项目代购、餐饮服务等），游客入住后提供的服务相对个性化，离店手续也很简单便捷。

2. 共享住宿接待

在移动互联网时代，共享成为一个关键词，而共享经济与旅游的融合为人们出行提供了更多选择。居民的旅游需求随着国民经济的稳步发展、生活水平的不断提升而加速释放。

共享住宿行业作为现代旅游业的重要配套,也进入快速发展期。旅游者通过共享住宿获得除风景和传统住宿之外的人生体验,体现了旅游者对旅游过程高精神质量的需求。

共享住宿的交易过程以互联网平台为载体的,通过互联网平台来提高房东与游客之间的信息匹配效率和闲置房源利用率,满足游客对住宿的非标准化需求,使平台、房东和游客三方在共享过程中受益。共享住宿业起源于美国,以 2005 年成立的 HomeAway 公司和 2008 年成立的 Airbnb 公司为代表。我国的共享住宿业开始于 2011 年,是在对 Airbnb 的模仿中发展起来的,但是发展过程举步维艰,长期存在各利益相关者之间的信任壁垒和法律监管等问题。国内试图借鉴 Airbnb 的成功经验解决我国共享住宿实践中产生的问题,但 Airbnb 进入国内市场却长期囿于“水土不服”的困境(肖岳,2015)①,最终于 2022 年 7 月退出中国市场。对于行业而言,Airbnb 的市场历程改变了人们的租住意识、改变了共享住宿行业,其运用模式对其他行业盘活闲置资源依然具有借鉴价值。

共享住宿的接待过程也颠覆了传统旅游住宿接待的基本流程,只需要消费者在线上(通常是移动端)完成住宿预订,到达目的地之后完成简单的入住手续,即可入住,离店时也只需要完成简单的离店手续即可,大部分的交易过程都在线上完成。《共享住宿服务规范》对房源、房东、消费者(房客)、共享住宿平台、信息安全等各方面进行了约束,涉及《GA 1277—2015 信息安全技术互联网交互式服务安全保护要求》《GB/T 35273—2017 信息安全技术个人信息安全规范》《GB/T 31524—2015 电子商务平台运营与技术规范》《GB/T 18883 室内空气质量标准》《LB/T 065—2017 旅游民宿基本要求与评价》等规范性文件。

(四)住宿业的发展趋势

1. 传统接待和人工智能的结合

以互联网、大数据、人工智能等为代表的现代信息技术推动新一轮科技革命和产业变革,在我国旅游产业快速发展以及与其他产业融合的背景下,以酒店业为代表的传统旅游接待业逐渐进入蝶变期。科技融入住宿接待是必然趋势,融入得越好意味着争取到更多的市场和时间。人工智能可替代一部分住宿业中的服务功能,如无人前台、刷脸入住、机器人送餐等。

2. 一价全包式套餐接待服务

目前很多旅游景区推出了“一价全包式”旅游套餐,游客只需一次性付费,整个旅游过程中吃住行游购娱都不需要再额外花钱,还可以参加各种各样的活动体验。住宿业尤其是一些度假性质的旅游目的地的酒店、度假村也推出了“一价全包式”住宿接待服务,游客只需要一次性付费,即可享受吃、住、休闲、娱乐等全包式服务,受到越来越多的游客欢迎。

3. 管家式服务的回归

“管家式服务”并不是一个新名词,顾名思义,也就是把酒店作为家,把来店客人作为家人,进行情感互动近距离式的服务。“管家式服务”既是一种服务理念,也是一种服务习惯,

① 胡姗,杨兴柱,王群. 国内外共享住宿研究述评[J]. 旅游科学,2020,33(02):41-57.

更是一种服务态度。在豪华酒店盛行的时期,管家服务被认为是豪华酒店服务的标志,随着经济型酒店的兴起以及大住宿时代的来临,管家服务逐渐被其他个性化服务取代。但在酒店服务市场形势严峻、竞争激烈的今天,“管家式服务”必将逐步回归,再次成为细节服务、立体服务、情感服务、高端个性化服务和超值服务的代名词。

【同步案例】

交通事业大发展造福八美镇雀儿村民居旅游接待业

2014 年 10 月 13 日,网络媒体“两路行”川藏线报道分队赴甘孜州道孚县八美镇采访报道。道孚县委宣传部常务副部长曾浩在接受记者采访时表示,八美镇旅游事业的发展得益于我国交通事业的大发展。

八美镇地处“康巴腹心”,是连接康东、康南、康北的枢纽和通往甘孜北路八县的门户,也是环贡嘎山两小时旅游经济圈和四川省旅游西环线的重要节点、康巴文化旅游线的起点。境内旅游资源富集,惠远寺、亚拉雪山、八美石林、龙灯草原等绝佳的资源组合,与周边的海螺沟、新都桥、丹巴等景区形成了互补的精品旅游产品和旅游线路。

曾浩告诉记者:“道孚县从 2012 年 11 月县委十一届三次全委扩大会议确定建设甘孜州全域旅游投资示范县以来,我们全力发展旅游,原来我们八美的旅游可以说是‘养在深闺无人问’这样一个局面,因为八美到丹巴、八美到新都桥、八美到道孚这一系列道路的不断改造升级,促进了我们当地交通的发展,就打破了以往八美不为人知的局面,游客们就源源不断地来到八美。”

据了解,雀尔村是八美镇的核心组成部分,辖区面积 30 平方千米,海拔 3 502 米,辖 3 个村民小组 209 户 664 人,耕地 2 234.9 亩。特殊的资源禀赋和区位优势,使之具有成为八美旅游片区集散中心和支撑中心的良好条件。

谈起雀儿村,曾浩笑得合不拢嘴:“雀儿新村的游客接待中心,也是我们基于发展全域旅游建立起来的,这两年可以说雀儿村的旅游发展非常火爆。”他告诉记者,“今年国庆节,可以说是把我们旅游局和当地老百姓忙得不亦乐乎,收入也不亦乐乎。我们给游客提供了便捷高效的服务,让他们看到美景,享受到藏区的独特文化,感受到藏区独特的人文风情,最后度过了一个有意义、有意思、愉快的国庆节。”

八美镇雀儿村村委会主任热科是当地发展民居旅游接待业的带头人,5 年前,热科家里的经济条件还处于比较贫困的状态,甚至让孩子上学都有些负担不起。而随着近几年政府加大对雀儿村旅游业的投资,热科家的经济收入一年比一年好,送子女入学也没有问题了,也不再存在到处去借钱的情况了。

谈起这几年生活状况的变化,热科高兴地对记者说:“以往的雀儿村是一个贫穷落后的村庄,整个村里面有 209 户,645 人,以前的生活状况是比较贫困的。这几年中央的政策让老百姓得到了实实在在的实惠,尤其是公路建设,如果没有畅通无阻的公路建设,老百姓也不会发家致富,公路修通以后,老百姓家家户户都在搞民居旅游接待,收入就一天比一天增加了。我们老百姓得到的实惠就越来越多了。”

目前，道孚县正在实施交通三年攻坚，争取用三年的时间让每一个村都建好通村公路，“今年是第一年，八美片区也在建。”曾浩对记者说，他对雀儿村八美镇的旅游业发展充满信心。

（资料来源：中国网，2014-10-21. 入选时进行了部分增删。）

二、餐饮接待

（一）餐饮接待的特征

1. 一次性

餐饮接待过程中的服务只能当场享受，当客人进入餐厅后服务才能进行，当客人离店时，服务也就自然终止。

2. 无形性

餐饮服务的服务属性决定了其与其他有形产品的不同。餐饮服务质量只能通过消费者购买、消费、享受服务之后的体验来进行评价，具有很强的主观色彩。

3. 差异性

餐饮服务的差异性一方面是指餐饮服务体验会因不同的工作人员个人特征和从业素质不同而不同，如年龄、性别、性格、文化程度等。另一方面，同一服务员在不同的情景、情绪状态下以及面对不同的服务对象时，提供的服务所带来体验也会有一定的差异。

4. 直接性

餐饮服务产品的生产、销售、消费几乎是同步进行的，生产与消费几乎发生在同一时空，这与传统的有形产品从设计到生产加工销售经历多个环节才最终到达消费者手里是完全不一样的，具有很强的直接性。

（二）餐饮接待的基本流程

1. 迎宾和点菜服务

餐饮接待从迎接宾客进门开始，每个环节都有专门的工作人员进行规范的操作。引领服务之后是点餐服务，一套完整的点餐服务包含以下内容，如图 4-2 所示。

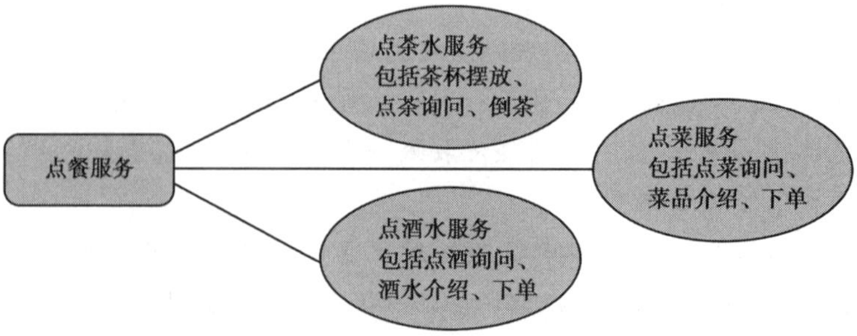

图 4-2　点餐服务要点

点餐服务过程中，工作人员应该遵循三个基本原则：以顾客为中心，兼顾市场；顾客利益第一,企业利益第二,个人利益第三;适度引导,不强硬推销。

2. 上菜服务

(1)传菜:服务员应掌握托盘技巧,如轻托、重托、徒手端托,并注重与其他工作人员的衔接,尤其是宴会服务时,传菜生工作量巨大,也需要基层管理人员重点关注。

(2)上菜:应按规范的上菜流程进行,把控不同类别菜品的上菜方式和时间,尽量保证菜品的造型和口味与厨房出菜时一致。

(3)菜品介绍:无论是中餐还是西餐,上菜时餐厅服务员应及时向宾客介绍菜品,并根据不同菜品的特色提醒宾客品尝时机和方法,尤其是一些具有当地特色的菜品,中餐服务中的“报菜名”还是很多传统中餐厅的特色服务项目。

3. 酒水服务

按酒水的不同品类提供服务,白酒的服务相对简单,红酒和香槟等酒水服务相对复杂,不过不管什么品类的酒水服务,基本的流程都是:示瓶—开瓶—斟酒—撤换酒具。

4. 餐具酒具撤换

中西餐对餐具酒具的撤换要求不尽相同,但一般需要撤换的餐具都是专用餐具,如西餐的鱼叉鱼刀鱼盘、冷热餐盘,中餐的白酒杯啤酒杯等。工作人员在撤换餐具时,应左手托盘,右手撤换。

5. 结账服务

(1)结账方式:餐厅传统的结账方式主要是现金、信用卡、签单,近年来比较流行移动支付,如支付宝、微信扫码支付。

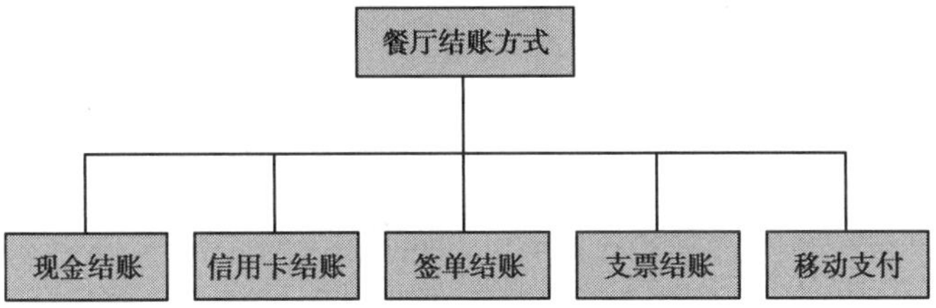

图 4-3 餐厅结账方式示意图

(2)顾客示意结账时,服务员应直接去收银台取账单,拿到账单后应核对一下有无错漏。核对无误后,工作人员应将账单放入账夹内递给顾客,协助顾客做好核对工作。

(3)会员顾客或者入住酒店的顾客要求签单时,应先进行核准,确认其资格后予以签单。

6. 送客服务

顾客用餐完离开时,餐厅工作人员应及时主动为顾客拉椅,同时提醒顾客不要遗忘随身物品,并微笑目送其离开。

第三节　游览接待

一、旅游景区接待

（一）旅游景区的概念和构成

欧美地区多称景区为“Visitor Attraction”或者“Tourist Attraction”，认为广义的旅游景区即旅游目的地，狭义的旅游景区则是一个具体的吸引游客的经营实体。国内则有“旅游景区”“旅游区”“景区”“风景区”等不同的称呼，在很多场合下混用，并没有做严格区别。

旅游景区是以旅游及其相关活动为主要功能或主要功能之一的空间或地域。本书中旅游景区是指具有参观游览、休闲度假、康乐健身等功能，具备相应旅游服务设施并提供相应旅游服务的独立管理区。其管理区应有统一的经营管理机构和明确的地域范围，包括风景区、文博院馆、寺庙观堂、旅游度假区、自然保护区、主题公园、森林公园、地质公园、游乐园、动物园、植物园及工业、农业、经贸、科教、军事、体育、文化艺术等各类旅游景区①。

旅游景区主要包括旅游资源、旅游基础设施、服务设施和旅游交通设施四个基本要素。旅游资源是旅游景区所依托的基本要素，是旅游活动的载体和客体；旅游基础设施包括公共基础设施和旅游接待设施，是旅游活动得以顺利进行的物质保障；旅游服务主要包括导游服务、餐饮住宿等接待服务，对应的设施即是这些服务得以进行的载体；旅游交通设施是指保障旅游者从居住地到旅游目的地景区和往来具体游览地之间的交通设施条件。

【知识链接】

国家 AAAAA 级旅游景区划分标准

1. 旅游交通

a. 可进入性好。交通设施完善，进出便捷。或具有一级公路或高等级航道、航线可直达，或具有旅游专线交通工具。

b. 有与景观环境相协调的专用停车场或船舶码头。管理完善，布局合理，容量能充分满足游客接待量要求。场地平整坚实、绿化美观或水域畅通、清洁。标志规范、醒目、美观。

c. 区内游览（参观）路线或航道布局合理、顺畅，与观赏内容联结度高，兴奋感强。路面特色突出，或航道水体清澈。

d. 区内应使用清洁能源的交通工具。

2. 游览

a. 游客中心位置合理，规模适度，设施齐全，功能体现充分。咨询服务人员配备齐全，业

---

① 《中华人民共和国国家标准》GB/T 17775—2003 中《旅游景区质量等级的划分与评定》。

务熟练，服务热情。

b. 各种引导标识（包括导游全景图、导览图、标识牌、景物介绍牌等）造型特色突出，艺术感和文化气息浓厚，能烘托总体环境。标识牌和景物介绍牌设置合理。

c. 公众信息资料（如研究论著、科普读物、综合画册、音像制品、导游图和导游材料等）特色突出，品种齐全，内容丰富，文字优美，制作精美，适时更新。

d. 导游员（讲解员）持证上岗，人数及语种能满足游客需要。普通话达标率100%。导游员（讲解员）均应具备大专以上文化程度，其中本科以上不少于30%。

e. 导游（讲解）词科学、准确、有文采。导游服务具有针对性，强调个性化，服务质量达到导游服务质量（GB/T 15971—1995）中4.5.3和第5章要求。

f. 公共信息图形符号的设置合理，设计精美，特色突出，有艺术感和文化气息，符合GB/T 10001.1的规定。

g. 游客公共休息设施布局合理，数量充足，设计精美，特色突出，有艺术感和文化气息。

3. 旅游安全

a. 认真执行公安、交通、劳动、质量监督、旅游等有关部门制定和颁布的安全法规，建立完善的安全保卫制度，全面落实工作。

b. 要求消防、防盗、救护等设备齐全、完好、有效，交通、机电、游览、娱乐等设备完好，运行要正常，无安全隐患。游乐园应当达到GB/T 16767规定的安全和服务标准。危险地段标志明显，防护设施齐备、有效，特殊地段有专人看守。

c. 建立紧急救援机制，设立医务室，并配备专职医务人员。应当设有突发事件处理预案，应急处理能力强，事故处理要及时、妥当，档案记录准确、齐全。

4. 卫生

a. 环境整洁，无污水、污物，无乱建、乱堆 、乱放现象，建筑物及各种设施设备无剥落、无污垢，空气清新、无异味。

b. 各类场所全部达到GB 9664规定的要求，餐饮场所达到GB 16153规定的要求，游泳场所达到GB 9667规定的要求。

c. 公共厕所布局合理，数量能满足需要，标识醒目美观，建筑造型景观化。所有厕所具备水冲、盥洗、通风设备，并保持完好或使用免水冲生态厕所。厕所设专人服务，洁具洁净、无污垢、无堵塞。室内整洁，有文化气息。

d. 垃圾箱布局合理，标识明显，造型美观独特，与环境相协调。垃圾箱分类设置，垃圾清扫及时，日产日清。

e. 食品卫生符合国家规定，餐饮服务配备消毒设施，不应使用对环境造成污染的一次性餐具。

5. 邮电服务

a. 提供邮政及邮政纪念服务。

b. 通信设施布局合理。出入口及游人集中场所设有公用电话，具备国际、国内直拨功能。

c. 公用电话亭与环境相协调，标志美观醒目。

d. 通讯方便,线路畅通,服务亲切,收费合理。

e. 能接收手提电话信号。

6. 旅游购物

a. 购物场所布局应合理,建筑造型、色彩、材质有特色,与环境协调。

b. 对购物场所进行集中管理,要求环境整洁,秩序良好,无围追兜售、强买强卖现象。

c. 对商品从业人员有统一管理措施和手段。

d. 旅游商品种类丰富,本地区及本旅游区特色突出。

7. 经营管理

a. 管理体制健全,经营机制有效。

b. 旅游质量、旅游安全、旅游统计等各项经营管理制度健全有效,贯彻措施得力,定期监督检查,有完整的书面记录和总结。

c. 管理人员配备合理,中高级以上管理人员均具备大学以上文化程度。

d. 具有独特的产品形象,良好的质量形象,鲜明的视觉形象和文明的员工形象;能够确立自身的品牌标志,并全面、恰当地使用。

e. 有正式批准的旅游总体规划,开发建设项目符合规划要求。

f. 培训机构、制度明确,人员、经费落实;业务培训全面,效果良好,上岗人员培训合格率达 100%。

g. 投诉制度健全,人员落实、设备专用,投诉处理及时、妥善,档案记录完整。

h. 为特定人群(老年人、儿童、残疾人等)配备旅游工具、用品,提供必要特殊服务。

8. 资源和环境的保护

a. 空气质量达 GB 3095—1996 的一级标准。

b. 噪声质量达到 GB 3096—1993 的一类标准。

c. 地面水环境质量达到 GB 3838 的规定。

d. 污水排放达到 GB 8978 的规定。

e. 自然景观和文物古迹保护手段科学,措施先进,并能有效预防自然和人为破坏,保持自然景观和文物古迹的真实性和完整性。

f. 科学管理游客容量。

g. 建筑布局合理,建筑物体量、高度、色彩、造型与景观相协调。出入口主体建筑格调突出,并烘托景观及环境。周边建筑物与景观格调协调,或具有一定的缓冲区域。

h. 环境氛围优良。绿化覆盖率高,植物与景观配置得当,景观与环境美化措施多样,效果好。

i. 区内各项设施设备符合国家关于环境保护的要求:不造成环境污染和其他公害、不破坏旅游资源和游览气氛。

9. 旅游资源吸引力

a. 观赏游憩价值极高。

b. 同时具有极高历史价值、文化价值、科学价值,或其中一类价值具世界意义。

c. 有大量珍贵物种,或景观异常奇特,或有世界级资源实体。

d. 资源实体体量巨大,或资源类型多,或资源实体疏密度极优。

e. 资源实体完整无缺,保持原来形态与结构。

10. 市场吸引力

a. 世界知名。

b. 美誉度极高。

c. 市场辐射力很强。

d. 主题鲜明,特色突出,独创性强。

11. 年接待海内外旅游者 60 万人次以上,其中海外旅游者 5 万人次以上。

12. 游客抽样调查满意率很高。

资料来源:《旅游景区质量等级的划分与评定》(GB/T 17775—2003)。

(二)传统旅游景区接待

1. 传统旅游景区的特征

传统旅游景区具有整体性、区域性、再创造性等特征。

(1)整体性

旅游资源本身也具有整体性的特征,因此依托旅游资源的景区建设自然具有这样的属性。由于旅游资源之间,旅游资源与自然界及人类社会活动之间也都存在着相互依存、相互制约的关系,构成了一个有机的系统。在旅游规划的过程中也会尽量保持资源的整体性,使自然资源、人文资源和旅游主体之间保持和谐的关系。

(2)区域性

旅游景区具有明显的区域性特征,受目的地自然、文化、历史和环境等因素共同影响和制约。中国幅员辽阔,旅游资源异常丰富,但不同的地域在生活环境、生产生活方式、饮食结构、民俗风情上都有很大的差异,正是这些差异形成了风格各异的旅游资源和旅游景区特色。

(3)再创造性

旅游资源是旅游景区的依托,但并不意味着旅游景区建设是原封不动地保留旅游资源的原貌,也不代表旅游景区就是一成不变的。旅游开发方和规划方可以根据旅游的特性创造性地开发,在不破坏旅游资源基本构成的基础上,发挥旅游资源的最大吸引力和经济效益。如古人建造的中华古典园林可以规划建造成建筑博物馆,地势险要的高山区域可以开发一些探险性旅游项目等。

2. 传统旅游景区接待的内容

(1)旅游设施和旅游活动服务

固定景物,如建筑物、雕塑、自然景物等;活动景物或运动景物,如各种表演性的节目(包括纯观赏性节目和可参与性节目)。

(2)旅游纪念服务

提供摄像、照相设备、电池等服务。

(3)导游服务

提供景点讲解、陪伴游览、电子导游等服务。

(4)入门接待服务

检票服务、疏导游客服务等。

(5)游览服务

旅游线路的设计、安排、推荐等。

(6)售票服务

回答游客对票价的询问、点票、收款找零,核销网络购票等。

(7)游客管理服务

维护游览秩序,处理游客投诉及游人游览中所遇到的各类问题。

(8)生活服务

餐饮服务、日用品零售服务。

(9)安全服务

确保一切旅游设施,如景物、交通设施和交通工具、娱乐设施等的安全可靠、性能良好,维护景区治安。

(10)卫生服务

保持景区环境卫生的整洁,设立足够的卫生设施,配备足够环卫人员。

(11)娱乐服务

按场地可分为舞台类、广场类、村寨类、街头类、流动类、特有类(枪战场、滑翔基地)等;按活动规模和提供频率可以分为小型常规娱乐和大型主题娱乐。

(12)商品服务

提供各种旅游商品咨询和销售服务。

(13)告别客人服务

视情况致告别词或安排送别仪式,主动向客人征求意见以助于改进未来工作。

(14)其他服务

如存物服务、休憩服务(贵宾休息厅)等。

(三)新型旅游景区接待

1. 乡村旅游接待

乡村旅游是以农村野外空间为旅游目的地,以乡村环境、乡村文化、乡村民宿、乡村餐饮特色为主要对象村野旅游形式。理解乡村旅游的内涵必须把握两个方面:一是发生在乡村地区,二是以乡村性作为旅游吸引物,两者缺一不可。

过去的乡村旅游主要指旅游者在相对偏远且具有一定特色的乡村及其周边逗留、学习,同时进行农事体验活动的旅游形式。而随着乡村旅游的发展和有游客需求的变化,乡村旅游有了有很多新的内涵,如发展出乡村文化体验旅游、农产品采摘旅游、新型农家乐度假游等。

2015 年中央一号文件提出,要积极开发农业多种功能,挖掘乡村生态休闲、旅游观光、文化教育价值[①]。2019 年,全国乡村旅游总人次为 30.9 亿次,乡村旅游总收入 1.81 万亿元[②]。2020 年第二季度,乡村旅游环比增长达 148.8%;7—8 月,乡村旅游总人数、总收入均已恢复往年同期的九成多,从业人员数量基本达到同期水平[③]。2021 年,中国浙江余村和安徽西递村入选首批联合国世界旅游组织“最佳旅游乡村”名单[④]。

乡村旅游形式多样,与传统的旅游景区旅游有着较大的区别,乡村旅游主要分为:

(1)以田园风光为主的观光型乡村旅游。

(2)以农庄或农场旅游为主的休闲度假乡村旅游,如乡村休闲农庄、观光果园、茶园、农业科普基地等。

(3)以乡村民俗、民族风情以及传统村落文化为主题的乡村文化旅游。

(4)以康养为主的康乐型乡村旅游。

正是因为乡村旅游不同于传统景区旅游的围绕观光为主的吃、住、游览和购物等旅游活动的形式,而主要以乡村生活体验为主线的旅游活动,所以乡村旅游没有完全固定的接待标准和流程。

2. 汽车营地接待

“汽车营地”是指在交通发达、风景优美之地开设的,专门为自驾车爱好者提供自助或半自助服务的休闲度假区,参见图 4-4。主要服务包括住宿、露营、餐饮、娱乐、拓展、汽车保养与维护等,是满足现代人休闲时尚需求的旅游新产品。由于其新颖且灵活的旅游方式,深得自驾旅游爱好者的喜爱。在欧美国家,汽车营地已经非常普及,很多国家是把它作为非盈利性的社会福利项目来运作的。在我国,它目前还处于观光旅游向度假旅游过渡阶段,或者说还处于集观光、休闲、度假于一体的探索阶段。

图 4-4 途居汽车营地

图片来源:房车营地获评 2018 全国汽车自驾运动五星[EB/OL].环球营地房车网,2018-11-12.

① 2015 年中央一号文件[EB/OL].中国农业新闻网,2015-02-05.

② 余俊杰,郎兵兵.文旅部:乡村旅游人数恢复去年同期九成多[EB/OL].光明网,2020-09-13.

③ 尹婕.乡村旅游火起来“到乡村去!”成出游首选[EB/OL].人民网,2020-09-19.

④ 祝贺!我国两地入选联合国最佳旅游乡村[EB/OL].光明网,2021-12-03.

3. 邮轮旅游接待

邮轮旅游是一种多功能、复合型旅游活动(图 4-5)。邮轮早在 19 世纪上半叶就已经出现,但邮轮旅游作为一项产业却是 20 世纪 60 年代以后伴随着邮轮旅游的兴起率先在欧美国家快速发展起来的。世界邮轮旅游发展历程分为引进期(1960—1970 年)、成长期(1980—1990 年)、成熟期(1990 年至今)。从国内市场来看,目前中国内地多数城市邮轮港口建设以及未来市场发展定位均以始发港为主,中国目前的邮轮入境游客绝大部分由访问港邮轮带来。2019 年内地主要邮轮码头累计接待邮轮 804 艘次,其中访问港邮轮 76 艘次,仅占 9%,带来的访问港邮轮游客出入境人次数为 17.86 万人次。邮轮游客和船员在港消费是带来邮轮旅游产业直接经济贡献的五类消费之一①。

图 4-5　地中海鸿途号

图片来源:2021 年世界 10 艘最大邮轮[EB/OL]. 腾讯网,2021-06-17.

(四)旅游景区接待的发展趋势

智慧化管理是旅游景区接待的新趋势。智慧旅游是以云计算为基础,以移动终端应用为核心的,以感知互动等高效信息服务为特征的旅游信息化发展新模式,核心是以游客为本的高效旅游信息化服务,主要体现在“服务智慧”“管理智慧”和“营销智慧”这三大方面。

1. 服务智慧

智慧旅游从游客出发,以游客需要为中心,通过信息技术的植入提高旅游服务效率,提升旅游品质和旅游体验。游客在旅游信息获取、旅游计划决策、旅游产品预订支付、享受旅游和售后的整个流程中都能感受到智慧旅游带来的全新服务体验。同时,智慧旅游将会推动传统的旅游消费方式向现代的旅游消费方式转变,引导游客产生新的旅游消费习惯,创造新的旅游文化。

2. 管理智慧

智慧旅游管理模式将推动传统旅游管理方式向现代管理方式转变。通过信息技术,可

---

① 华经产业研究院. 全球及中国邮轮旅游接待邮轮量、游客数量及发展建议分析[EB/OL]. 华经情报网,2020-06-02.

以及时准确地掌握游客的旅游活动信息和旅游企业的经营信息，实现旅游行业监管从传统的被动处理、事后管理向过程管理和实时管理转变。智慧旅游将通过与公安、交通、工商、卫生、质检等部门形成信息共享和协作联动，结合旅游信息数据形成旅游预测预警机制，提高应急管理能力，保障旅游安全。实现对旅游投诉以及旅游质量问题的有效处理，维护旅游市场秩序。智慧旅游依托信息技术，主动获取游客信息，形成游客数据积累和分析体系，全面了解游客的需求变化、意见建议以及旅游企业的相关信息，实现科学决策和科学管理。智慧旅游还鼓励和支持旅游企业广泛运用信息技术，改善经营流程，提高管理水平，提升产品和服务竞争力，增强游客、旅游资源、旅游企业和旅游主管部门之间的互动，高效整合旅游资源，推动旅游产业整体发展。

3. 营销智慧

旅游舆情监控和数据分析是目前智慧旅游管理的热点也是难点，挖掘旅游热点和游客兴趣点，引导旅游企业策划对应的旅游产品，确定对应的营销主题，从而推动旅游行业的产品创新和营销创新是智慧旅游营销的新方向。智慧旅游通过对消费者进行画像，将消费数据量化分析，同时判断营销渠道，来甄别营销渠道的有效性，从而筛选出最优化的合作伙伴。智慧旅游还充分利用新媒体传播特性，吸引游客主动参与旅游目的地和旅游商品传播，将消费者从营销的客体变成营销的主体，并通过积累游客数据和旅游产品消费数据，逐步打造属于商家自己的自媒体营销平台。

二、旅行社接待

旅行社接待业务是指旅行社直接面向游客提供服务、游客享受旅行社产品的全过程，是旅行社产品的实现形式。接待业务是旅行社经营管理中的核心内容，主要包括入境旅游接待、出境旅游接待、国内旅游接待和特殊旅游接待四部分。

（一）入境旅游接待

1. 入境旅游接待的概念和特征

入境旅游主要是指我国国际旅行社到境外旅游客源地招徕或委托境外旅行社组织境外签约游客前来我国进行的旅游活动，也包括国外旅行社组织的来华旅游团队通过与国内的国际旅行社签约委托接待前来我国进行的旅游活动。入境旅游具有如下特点：

(1) 停留时间长，工作任务繁杂。一般入境旅游游客在旅游目的地停留的时间较长，在给旅行社增加收益的同时也使得接待工作任务更为繁杂。

(2) 外籍人员多，工作难度大。入境游客以外籍人员为主，由于在语言、生活习惯、文化传统、宗教信仰等方面与国内存在较大差异，接待工作难度较大。

(3) 预订日期长，不确定性大。预订的日期和周期长，一方面有利于双方尤其是接待方做好充分的准备，但同时不确定性也更大，因此而使得接待工作的协调变得较为复杂。

(4) 接待环节多，工作量大。在旅行社的各类接待工作中，入境接待的业务环节最多。同时由于城市和景区的要求的不同而存在很大区别，工作量较大。

(5)接待规格高,服务技能要求全面。相对于国内游客来说,我们接待入境旅游的规格都要高一些,因为对标的是国际标准。同时由于文化、语言等方面的特殊要求,接待人员的素质要求更高。比如外语水平、文化修养、临场反应能力等,需要工作人员能力更全面、服务更细致、更周全。

(6)消费水平高,经济效益好。客观上入境团队的消费水平普遍比国内团队高,在吃、住、行、游、购、娱各方面的支付能力都比较强,所以接待质量要求高,接待的经济效益也好。

2. 入境旅游接待的流程

入境旅游接待主要有接待前期准备、实际接待操作和接待后续完善三大部分。

(1)前期准备

由国内组团旅行社的计调部门与相关部门配合完成前期准备,做好整体接待计划,接待计划的内容包括团队基本情况、日程安排、团队成员名单等,同时要确定吃住行游购娱的行程安排、相关工作人员配备,尤其是配备合适的全陪导游,对接地接社确定地接导游。

(2)实际接待操作

做好完善的前期准备后,必须与境外组团社保持联系。实时详细掌握该团队的情况及变化状态。接到境外团队客人后,全陪负责协调并监督各地导游实施接待计划,各地的地陪导游负责操作当地的接待计划。国内组团旅行社及各地接待旅行社负责全程跟踪支持、监控。主要环节有:入境接团、入住饭店、核对计划日程、参观游览、餐饮、购物、娱乐休闲活动、出境送站。

(3)接待后续完善

主要是客人顺利出境后相关手续的协助办理以及售后和总结工作,与境外旅行社对接相关事宜,做好收尾工作等。

(二)出境旅游接待

1. 出境旅游的概念和特点

出境旅游是指国内的经批准经营国际出境旅游的旅行社或分支机构招徕本国公民、组团前往其他国家和地区进行的旅游活动。本部分介绍的出境旅游接待专指出境团队旅游接待。

出境旅游的接待主要是由国内的国际旅行社组团并委派领队负责对整个旅游计划的实施过程进行监督实施。领队代表组团旅行社,负责与境外接待旅行社接洽,担任全过程接待的指挥、协调工作。领队协助各旅游目的地国家的全陪、地陪等接待人员,落实出境游客的各项旅游活动,并维护游客的正当权益,同时国内组团旅行社应全程跟踪协助、支持。

出境旅游主要有在境外时间长、出境手续相对复杂、游客消费期望值高、文化差异大四个特征。

2. 出境旅游接待

(1)制订接待计划。国内组团旅行社根据与旅游团的协议,制订详尽的境外接待计划,内容由团队基本情况和要求、日程安排、团队成员名单三部分组成。

(2)办理出境手续。按照国际惯例,出境旅行的游客,必须持有三种基本证明,即护照、签证和预防接种证明。

(3)准备具体交通票证、单据、证明及资料。落实出境机票(车、船票)及境外各站之间交通票据。准备各国出入境卡、海关申报单、必要的外币机动经费等。

(4)配备合格的领队。旅行社应选派业务精通、外语熟练的全陪导游直接担任领队。

(三)国内旅游

1. 国内旅游的概念和特点

国内旅游是指我国公民在国内旅游,与出境、入境旅游(出境、入境旅游又可称为国际旅游)的划分,主要是从地域上来区别的。国内旅游通常又包括国内组织的团队旅游接待和散客旅游接待。国内旅游与国际旅游相比,有如下特点:

(1)主要是国内公民,语言交流基本没有困难。接待工作相对简单,组织起来也相对容易。

(2)预订的时间相对较短,旅行的时间也相对较短。如果是散客,则预订的时间更短,有些单项的服务可能就是即时要求。

(3)消费的层次、规格、费用相对出境旅游低。

2. 国内旅游的团队接待

国内旅游的团队接待,与国际旅游的入境接待基本相同,只是少了入境和出境的手续。对领队和导游的外语也没有要求。除非有些在我国工作的外国人,组团在国内旅游,要求配备懂外语的导游。

国内旅游的具体接待工作程序与国际旅游基本一致,都有接待的前期准备、实施接待工作、接待后续完善工作三个部分。

3. 国内旅游的散客接待

(1)散客旅游接待的特点

相对于团队旅游的标准化流程,散客旅游接待更具有多样化的特征。相比于团队旅游,散客旅游有如下特点:

①散客游客自主性强,随意性较大;

②散客游以自助游客居多,单次接待人数少,但批次多;

③散客游客的消费水平一般比团队要高,接待的成本低、效益好。

(2)散客旅游分类

一般按计价方式主要分为:

①包价旅游,同团队旅游,只是人数通常为9人以下。

②小包价旅游,又叫部分包价旅游。人数也是9人以下,只安排部分行程或食宿。

③自助游。自助游是指我国公民在国内自助式旅游,包括只购买航空、铁路等行程的自助游、包含交通和住宿服务的自助游和自驾游等。旅游公司和旅行社起到一个衔接的第三方服务的作用。这种接待方式,既方便了游客,又创造了经济收益。由于自助式旅游能满足消费者自主性和个性化的需求,受到越来越多的中等以上收入的游客和中青年的喜爱,成为

目前主流的旅游业务之一。

(3)散客旅游的接待工作

从接待途径来分,主要是两种,即门市接待和网站接待。门市接待是传统的接待方式。而网站接待是近几年比较普遍的接待方式,大多通过各大 OTA 平台接受预订,由于其便利、高效,越来越受到游客的欢迎。

从接待对象来分,主要是三类,即本地游客在本地的单项或多项服务、外地游客在本地的单项或多项服务、本地游客赴外地的单项或多项服务。

散客旅游的接待工作难度相对大,往往各种单项或几项服务都要求接待人员来完成。因此,旅行社安排的散客旅游接待人员应该是由业务精熟、信息丰富、知识面广、敬业精神强、熟悉旅行社全部业务的人员来担任。散客旅游接待的主要工作程序包括以下几个方面:

①建点建站。优选并建立门市点,建立现代化的网站。

②广泛收集旅游产品相关信息。包括餐饮、饭店住宿、交通、景点。

③采购旅游产品。根据旅游市场需求,与饭店客房、餐饮、景点等旅游企业建立广泛的业务往来协议,代为单项销售其客房、门票,代为推荐餐饮,代购机、车、船票等,作为本旅行社提供给散客的旅游产品。

④建立高效的预订落实机制。应在接收到游客消费要求的信息后,第一时间向各相关部门传达,迅速落实接待服务项目,及时向游客反馈信息。并建立跟踪询问制度,及时了解、督促其落实情况。

⑤组织提供适时、优质、高效的接待服务,让游客满意。

⑥定期总结、反馈信息。要通过门市接待和网站接待,对一个时期获取的游客具体要求整理分析,反馈给采购部门。

三、特殊旅游

(一)特殊旅游的概念和特点

特殊旅游是指为了满足游客的个性化需求,以某方面偏好为旅游专门目的,前往特定的旅游目的地,进行一些特定的旅游性活动。特殊旅游被属于自助旅游的一种特殊形式。我国目前的特殊旅游大致有考古类旅游、探险类旅游、文化类旅游、科考类旅游、体育类旅游等,参见图 4-6。

特殊旅游接待的特点主要包括有特定的旅游目的地、计划性非常强、对接待工作要求比较高几个方面。

(1)有特定的旅游目的地。已经有特定的人群经常或定期前往,一般预订时间较长。但游客总量较少,对游客个人的身心素质要求较高,如登山、蹦极、攀岩等。

(2)计划性非常强。特殊旅游的游客需求往往需要提供特殊的工具、向导、设施等,故消费层次较高,旅游接待经济效益好,如露营基地。

(3)对接待工作要求比较高。为使接待工作便于沟通,要求接待人员应具备相应的专业知识,如科考旅游、研学旅游,要求配备专业的导师。

图 4-6　体育旅游

图片来源：肖怡然 2021 年 7 月 25 日拍摄于厦门。

（二）特殊旅游接待程序

特殊旅游接待同样分为三个阶段，即接待的前期准备、实施接待工作、接待后续完善工作三个部分。

1. 接待前准备

无论人数多少，基本上同于团队旅游，但必须有针对性地进行特殊准备，有些还需要提前进行特别的准备事项：严格挑选导游，准备吃、住、行的条件外，还要求有以下特定的准备工作：

①要求旅行社提前探寻特定路线或特定地点。

②要求领队或导游掌握较丰富的相关知识。

③要求旅行社准备特殊目的所需要的专用设施、工具、装备等。

④极有可能建立较长期的、定期的游客群体，为在接待中满足其个性需求，应建立客史档案。

2. 实施接待工作

大体与国内异地游的旅游团队相同，但特殊旅游接待往往比常规观光旅游接待的危险性和风险性更大，因此必须制订应急预案并进行提前演练。旅行社等相关接待机构应该建立专业支持团队和后勤保障团队，坚持值班制度，随时应对紧急情况的发生。

3. 接待后续完善工作

应该做出比一般的旅游团队更为详尽的总结，并专门建立档案。

【案例研讨】

传统旅行社跨界玩转型

一、背景

在线旅游在机票酒店领域“火拼”，传统旅行社也在为转型忙碌。旅游运营商中青旅近日宣布除原有的旅游业务之外,未来将把“旅游+教育”“旅游+体育”“旅游+康养”作为拓展多元化业务的重点举措。

中青旅控股股份有限公司党委书记、总裁张立军表示,中青旅三大战略业务聚焦教育体育康养三大领域,实现跨界整合,深度布局3万亿元“旅游+大消费”市场。中青旅“旅游+教育”板块负责人表示,未来平台将成为策划并提供全方位研学旅行的综合服务商。到2020年,“旅游+体育”产业将拥有1万亿的市场容量,中青旅将推出自主IP赛事与赛事接待服务,并将通过搭建体育小镇和体育综合体,从而形成体育整合服务解决方案,激发体育旅游动能。此外,中青旅康养旅游将提供包括高科技诊疗服务在内的医疗旅游服务,以及旅游开发、康养市场衍生服务等。

二、分析

近年来,以旅游为载体的跨界产业融合蓬勃发展,旅游+教育、旅游+体育、旅游+康养已成燎原之势,产业布局正当其时,引来传统旅行社和在线旅行社纷纷涉足,就旅行社跨界转型,谈谈你的看法。

(来源:北京日报,2017-04-14.)

第四节　旅游购物及娱乐接待

一、旅游购物接待

(一)旅游购物的含义和意义

旅游商品是旅游购物资源的核心,也是吸引旅游购物的根源。狭义的旅游购物是指旅游或旅游业的一个领域或要素,指以非营利为目的的游客在非常住地以购物为主要旅游目的,并在购买过程中参与观看、娱乐、欣赏的旅游活动。广义的旅游购物是指游客在旅游目的地或在旅游过程中购买商品的活动以及在此过程中附带产生的参观、游览、品尝、餐饮等一切行为。

旅游购物不是单纯的购买商品的行为,还包括与旅游相关的休闲娱乐等活动,通常与特产店、景区门票、农家乐、酒店住宿组合在一起,是一种综合性很强的旅游行为。旅游购物作为一种旅游行为,对当地社会文化、经济、其他领域以及旅游政策都产生影响。

旅游购物对于旅游产业及整个国民经济都有着重要意义,发展旅游购物是提高旅游整体经济效益的重要途径,是增加收入和就业机会,振兴地方经济的重要手段之一。对国内而言,旅游购物的发展,可以直接满足本国人民日益增长的物质和文化需要;在国际范围内,旅游购物的发展,可以使世界各国人民加深对旅游目的地国家和地区的历史文化、民族传统的了解。

早在 2015 年 1 月国务院就印发了《关于促进旅游业改革发展的若干意见》(以下简称《意见》),《意见》提出了针对性政策措施来推动旅游购物的发展。《意见》中第十一条明确表示:扩大旅游购物消费。实施中国旅游商品品牌建设工程,重视旅游纪念品创意设计,提升文化内涵和附加值,加强知识产权保护,培育体现地方特色的旅游商品品牌。传承和弘扬老字号品牌,加大对老字号纪念品的开发力度。整治规范旅游纪念品市场,大力发展具有地方特色的商业街区,鼓励发展特色餐饮、主题酒店。鼓励各地推出旅游商品推荐名单。在具备条件的口岸可按照规定设立出境免税店,优化商品品种,提高国内精品知名度。研究完善境外旅客购物离境退税政策,将实施范围扩大至全国符合条件的地区。在切实落实进出境游客行李物品监管的前提下,研究新增进境口岸免税店的可行性。鼓励特色商品购物区建设,提供金融、物流等便利服务,发展购物旅游①。

(二)旅游购物的特征

1. 旅游购物是感性消费过程

经济的发展使人们的消费经历了生存消费、理性消费和感性消费过程。生存消费和理性消费属于纯物质消费,而感性消费却是介于物质消费和精神消费之间。旅游购物是一种追求较高层次的满足的过程,可以说旅游商品在其有用性的基础上包含了精神的内涵。旅游者更注重抽象、无形的精神或感性的需要,且很少认真或难以辨别不同产品或企业之间的实质性差异。如多年以来,入境游客最感兴趣的中国旅游商品一直是丝绸、茶叶和旅游纪念品的现象就是感性消费的表现。

2. 旅游购物更多追求的是心理满足

旅游购物是物质基础上的精神消费。在旅游过程中对旅游者购物的影响因素最大的是旅游商品的个性、文化内涵和感情表现。只有当旅游者购买到具有较高文化品位的旅游商品时,才能引起旅游者的心理满足。因此,旅游购物已经突破了一般购买商品的意义。除了少数为旅游做前期准备的居住地的购物外,大部分旅游购物的场所处于旅游目的地或旅游途中。旅游购物的数量与旅游目的地的旅游商品供给状况、经济发展水平和人文环境等因素密切相关。

3. 旅游购物目的的多样性

旅游者旅游购物时可能在同一种旅游商品上有自用、馈赠亲友、收藏等多种目的,这就要求旅游商品同时具有实用性、文化特色、独特性等质量特性。旅游者旅游购物目的的多样性,对旅游商品质量提出了更高的要求。

4. 旅游购物具有信息不对称特征

与普通消费品不同,一般的消费品主要体现的是使用价值,而旅游商品除了实用性之外,更主要的是体现它的文化特色。地方性、民族性等决定了一般旅游者对商品的了解程度

① 国务院关于促进旅游业改革发展的若干意见[EB/OL]. 中国政府网,2022-01-14.

低。又由于旅游者来自异国他乡，导致旅游商品市场交易中信息不对称程度比一般消费品交易更大。因此旅游商品的产品结构、制作繁易程度与其价格之间不存在完整的对等关系。这就容易导致旅游商品市场中的欺诈现象产生。

5. 旅游购物具有波动性特征

旅游购物属于非基本旅游消费，消费弹性大。从狭义来看，旅游购物支出波动性大。旅游购物的多少取决于旅游商品市场供应是否与旅游者的购物需求相一致。若旅游商品市场供应不能满足旅游者的购物需求，旅游者也许会减少或放弃购物；若旅游商品市场供应品种丰富且有特色，旅游者可能会增加购物量。因此，旅游商品市场的发达程度和购物环境，对于旅游购物消费有重要影响。

（三）旅游购物接待

一般的购物接待主要包括如下流程：

进店招呼—顾客接触—产品导购—关联销售—收银结账—送客。

旅游购物接待除了一般购物接待之外，主要还有旅游产品特色的介绍和顾客体验的环节。如在民族地区，一些特色纺织品和手工制品，可通过邀请顾客参与式体验来提升顾客对旅游商品的认知，从而促发旅游者的购买动机。再如今年广受年轻人喜爱的文创旅游商品，既结合了当地文化特色，又充分考虑了实用性和年轻人的消费偏好，如图 4-7 所示为乐山当地充满四川特色的旅游商品。

图 4-7　乐山旅游商品

图片来源：第五届四川国际旅游交易博览会 9 月 7 日在乐山开幕[EB/OL]. 搜狐网，2018-07-30.

二、旅游娱乐接待

（一）旅游娱乐的含义

游、购、娱是旅游者的目的性需求，偏精神和情感需求；而食、宿、行则是为达到目的所必备的日常生活性质的需求，偏物质性需求。旅游娱乐是指旅游者在旅游活动中所观赏和参与的文娱活动,是构成旅游活动的六大基本要素之一。旅游娱乐活动属精神产品,横跨文学、艺术、娱乐、音乐、体育诸领域。

旅游娱乐与娱乐消遣型旅游是有所区别的。娱乐消遣型旅游是指以娱乐消遣为主要动机的旅游活动,是一次独立的旅游活动;而旅游娱乐指的只是一次旅游活动中的一种具体的旅游行为,其旅游活动并不一定以娱乐为主要动机,也可能是其他类型旅游活动过程中穿插一种文娱活动项目。两者共同之处是都注重旅游活动的娱乐性和参与性①。

(二)旅游娱乐的类型

1. 专门性娱乐场所

一般是指设置在旅游景区内以提供娱乐活动为主的场所。例如,四川各地古镇的戏台戏院、休闲茶馆等。这类专门性娱乐场所不仅为游客提供服务,也为当地居民服务。

2. 辅助性娱乐设施或活动

(1)设置在旅游饭店中的娱乐设施

我国的高星级饭店通常都设置一些可供游客使用的娱乐设施,星级越高,相对来说娱乐设施设备越完善,如健身房、桑拿、游泳池、儿童乐园等,极大地充实了国内外游客在旅游途中的娱乐活动内容。

(2)旅游景区中设置的娱乐设施及活动

一些俱乐部、度假区或度假村等作为专门的娱乐旅游活动场所,在娱乐旅游项目的设置上具有独特的优势,它们或依山临水,或地处乡间林边,有的还拥有海滨、湖滨,甚至温泉等自然旅游资源,除了具有常规娱乐旅游产品所需的设备和设施外,还可进行野营、疗养、海水浴、沙滩浴、冲浪、潜水等专项特色娱乐活动项目。

在深圳世界之窗、民俗文化村、珠海圆明新园等主题公园的专场演出活动也属于旅游娱乐。深圳世界之窗的“创世纪”、民俗文化村的“绿宝石”、圆明新园的“华夏明珠”等演出活动,运用大制作、大场面、大色块的现代广场表演理论,采用专业的演员水准和通俗的表现手法,深受游客喜爱②。

第五节　会展接待

旅游产业与会展产业的融合是旅游产业融合的重要领域之一。会展不仅仅是字面上会议与展览,其英文简称 MICE,主要包含四个方面的内容:会议(Meetings),企业或社团举办的研讨会或培训会议;奖励旅游(Incentives Tourism),为鼓励和提升员工表现,举办的旅游活动

① 吴国清. 旅游线路设计[M]. 北京:旅游教育出版社,2006.

② 王兆明. 旅游学基础[M]. 北京:人民教育出版社,2007.

和聚会;年会(Comventions),公司团体举办的大型年会;展览(Exhibitions),以陈列和公开展示的形式,宣传和推广产品、科技和经营成果①。

一、会展接待的含义和功能

会展接待是指围绕参展与会客商的迎送和吃、住、行、游、乐等方面所作的安排,是会展服务工作的重要组成部分。

在会展活动中,接待的功能主要体现在以下两方面:

1. 为会展活动提供保障

通常规模较大或者会期较长、需要住宿的会展活动都离不开接待工作。会展接待通过妥善、周到、细心的安排,给参加对象提供各种方便,以便参展人员全身心地投入会展活动,从而保障会展活动顺利进行,提高会展活动的效率,保障预期目标的达成。

2. 树立良好的社会形象

会展接待的过程是主办者对外宣传、树立良好形象的契机。会展接待人员热情友好的态度和礼貌、优雅的接待风度,接待活动的合理安排和顺利进行,这一切都会给参加对象留下深刻的印象,有助于树立主办者良好的社会形象,提高主办者在参加对象和公众心目中的地位。出色的国际会展活动的接待,还有利于提高一个城市乃至整个国家的国际声望。2008 年我国成功主办北京奥运会,数以万计的接待人员为此付出了巨大的心血。这次重要的国际赛事的接待工作堪称世界一流,受到各国领导人和世界各大媒体的广泛的好评,大大提升了北京和我国的国际形象。

二、会展接待的特征

(一)广泛性

会展接待的对象十分广泛,以一次具体的会议或展览活动来看,接待对象不仅有正式成员和列席成员,还有特邀嘉宾,甚至还有参加对象的随行人员、前来采访的媒体工作人员,以及上级主管部门工作人员等。国际性会展活动的接待对象更为广泛,涉及不同国家和地区、不同民族、不同宗教信仰和文化礼俗、不同意识形态的参加者,既要照顾大多数,又要考虑少数人的特殊性,还要协调各种关系,这些都是对现代会展接待工作的重要考验。

(二)礼仪性

现代会展接待,特别是国际性会展接待,要非常注重礼仪和礼节。通过接待工作,企业不仅可以展示企业作风和企业文化,还可以对外树立良好形象、推销自我。接待工作做好了,不仅会给上级领导和来宾留下深刻的印象,而且无形中会为企业带来商机,既带来经济效益更带来社会效益。因此,会展接待人员一定要掌握对内和对外接待的基本知识和方法,熟悉各种国际礼仪和礼节,接待方式符合国际惯例,接待人员的言谈举止符合一定的礼节。

---

① 过聚荣.会展导论[M].上海:上海交通大学出版社,2006.

(三)服务性

在重大的会展接待工作中,接待工作负责人在对全局进行总体把握的前提下要随时根据接待工作的需要对接待方案予以调整,全程贯穿服务意识。在具体服务过程中每一个细节都要考虑到,尽最大可能避免疏漏。接待工作人员需要加强灵活应变能力,临场发挥能力和处理突发事件、意外事件能力的训练,提高处理突发事件、意外情况的水平,以便将各类有损企业形象的细节问题解决在萌芽状态,确保接待工作实现零失误①,见图 4-8。

图 4-8　会展接待

图片来源:肖怡然 2020 年 12 月 4 日拍摄于三亚红树林会展中心。

三、会展接待的基本流程及会展策划方案的撰写

(一)会展接待的基本流程

1. 会展接待准备——明确六要素

(1)明确办展的目的,分析可能参加会展的人员意图、背景、需求等。

(2)策划好会展开始与结束的时间,部署好会展接待开始与结束的时间,准确掌握来宾到达和离开的时间。

(3)明确会展地点和具体场所,来宾住宿的地点,茶歇位置布置,游览参观的地点,各种物品和设备摆放、陈列及存放的地点等。

(4)明确会展的主持人、嘉宾、发言人、参展观众及各个环节的服务人员,并且要对参展相关人员基本情况有所了解,特殊情况下还要了解其民族、宗教信仰、生活习俗、健康状况、所代表的组织机构等。

(5)明确会展的主题、内涵、整体规格和主要表现形式,做好会场布置、会展服务人员的着装、服务特色等方面的整体把握。

(6)确定会展接待流程和具体的形式,即在明确上述五个要素的基础上,针对具体的会

① 庞华.会展运营与服务管理[M].天津:南开大学出版社,2010.

展确定具体的会展接待策划，即拟订出接待计划和日程安排表。要将会展活动内容、项目及具体时间一一拟出，如迎送、会见、宴请、旅游观光、观看文艺演出等。重大国际性会展还应做好各国领导、嘉宾及来宾的安全保卫和文件资料保密的准备工作，并与媒体协调安排好新闻报道工作。

2. 会展接待业务的一般流程

(1)接洽。获取参展客户信息，拜访客户，获取客户资料，明确设计图交付日期。

(2)设计。与设计师沟通并及时同客户进行展位设计的交流，向客户交付设计初稿、设计说明、工程报价等。

(3)签约。同客户确定工程价格，明确同客户的相互配合，要求签订合同。

(4)制作。根据部门工作单完成制作及准备工作，安排客户到工厂实地察看准备情况，完成主办、主场、展馆等各项相关手续。

(5)现场施工。现场展位搭建，处理现场追加、变更项目，配合客户展品进场客户验收。

(6)展会举办。安排展会期间现场应急服务和增值服务。

(7)撤场。配合客户展品离场现场拆除。

(8)后续跟踪服务。为客户提供行业会展信息和分析，形成服务报告。

3. 会展接待安全

会展属于人员密集型活动，同时外来人员较多，安全显得尤其重要。会展安全主要包括人身安全、财产安全、资料安全，所有跟会展相关的资料都应指定地点存放，妥善保管，同时会展活动开始前及进行中都要严格限制到场人员。

(二)会展策划方案的撰写

1. 收集参加对象的情况

充分有效地收集参展对象的情况是有针对性地做好会展接待工作的必要前提。收集内容包括：

(1)参加对象的基本情况。参加对象的基本情况包括所代表的国家、地区或组织机构的名称，参加人数以及参加人员基本信息。

(2)参展的目的、意图和背景。主办方应当通过多种途径了解和掌握参加对象的目的、意图及其背景，以便有针对性地做好接待工作。

(3)抵离时间和交通工具。接送安排要准确掌握参加对象抵达和返回的具体时间及其所使用的交通工具，以便安排人员和车辆到机场、码头、车站迎接和送别。

2. 拟订接待方案

对于重要的会展接待，会务和展务工作机构应当事先拟订接待方案，接待方案被批准后，即成为会展接待工作的依据。

(1)会展接待方案的一般内容

①接待方针。接待方针即会展接待工作的总原则和总指导思想。接待方针应当根据会

展目标和会展领导管理机构对接待工作的要求以及参加对象的具体情况制订。

②接待规格。接待规格实际上是参加对象所受到的待遇,体现了主办者对参加对象的重视程度。主要体现在迎接、会议宴请、看望、陪同、送别对象时,主办方出席的人员身份。具体可分为高规格接待、对等规格接待、低规格接待三种情况,主要是依据主办方出席人员与参加对象的身份关系。除此以外就是会展活动过程中主办方安排会议宴请、参观、访问、游览、娱乐活动的次数、规模和隆重程度,以及食宿标准。

③接待内容。会展接待的内容包括接站、食宿安排、会议宴请、看望、翻译服务、观看电影和文艺演出、参观游览、联欢娱乐、送别等。接待内容的安排应当服从于整个会展活动的大局,充分考虑接待对象的需求。

④接待日程。编制会展接待日程安排表,并应结合会展活动日程的整体安排通盘考虑,以便于参加对象明确会展日程,做好相关安排。

⑤接待责任。严格落实会展活动中各项接待工作的负责部门及人员的具体职责。接待责任必须分解并且落实到人,必要时可设立专门的工作小组,如大型会展活动可设置报到组、观光组、票务组等工作小组。

⑥接待经费预算。会展的接待经费是整个会展经费的构成部分,主要是安排参加对象的各项支出。

(2)会展接待方案的书面格式

会展接待方案可以包含在会展整体策划书或预案之中,可以单独拟订,作为会展策划书或预案的附件。会展接待方案的书面格式如下:

①标题。综合性方案的标题由会展活动名称加“接待方案”组成,如“××商务会展接待方案”“德国××公司与成都××公司合作生产××发动机签字仪式接待方案”;单项接待方案的标题由接待活动的名称加“方案”组成。

②正文。正文要具体说明接待对象、规格、内容、时间安排、责任和经费等。

③提交方案的会务工作机构。

④提交方案的时间。

本章小结

旅游接待业核心系统是围绕旅游的六大核心要素“吃、住、行、游、购、娱”展开的,除了传统的餐饮、住宿、景区接待外,伴随旅游业的发展及旅游新业态的产生,旅游接待业系统也有了新的构成元素。本章围绕旅游接待业核心系统中各个子系统的内涵、特征、分类、接待要素和流程、管理理论和方法几个方面,对旅游接待业核心系统做了全面的介绍。

重点要求学生掌握传统酒店接待业务的内容及管理,了解新型住宿业接待内容和特征;掌握传统景区接待业务的内容及管理,了解跨界旅游接待;掌握传统旅行社接待业务的内容及管理;掌握会展接待业务的内容及管理;熟悉娱乐休闲接待、购物接待的内容。

在掌握理论知识的基础上，能运用于实践，从专业的视角评价传统旅游接待业的业务管理水平，思考并提出改进的措施。

复习思考题

一、填空题

1. 酒店__________部门是最早迎接客人也是最后送离客人的部门。

2. 汽车营地旅游接待业务的特点：综合性和集成性、__________和__________、专业性和规范性。

3. 邮轮旅游接待业是我国未来一段时期的新型旅游接待业的重要组成部分。2006 年 7 月 2 日，欧洲地区最大的邮轮公司意大利歌诗达公司面向广阔的中国市场开辟了“__________”号邮轮中国母港航次，中国邮轮旅游进入了全新发展时代。

4. 旅游景区服务内容繁多，旅游者又来自五湖四海，对旅游的需求千差万别。这决定了旅游景区服务接待管理活动具备__________、__________、__________和创新性等特点。

5. 会展旅游是会展业和旅游业跨界融合而出现的旅游新业态，主要服务项目有四大类，分别是会议旅游__________、__________、__________、节庆事件旅游。

二、名词解释

1. 住宿接待
2. 餐饮接待
3. 景区接待
4. 会展接待

三、简答题

1. 简述民宿接待与传统饭店接待的区别和联系。
2. 简述饭店前厅接待的基本要素。
3. 简述会展接待的基本流程。
4. 简述餐饮接待的基本流程。

四、论述题

举例说明特色小镇旅游接待业务管理包括哪些方面，并提出管理建议。

【拓展阅读】

西峡旅游“品牌战略”揭秘

“西峡美，惹人醉，不思归。”如诗如画的西峡山水、如梦似幻的西峡之旅与一批又一批远方游客结下难以割舍的情结。

然而，许多人还不知道，西峡旅游从规模开发至今，只有短短数年。从“西峡在哪里”到“最忆是西峡”，从“藏在深闺无人识”到跻身“中国旅游强县”，弹指一挥间。

在全省起步较晚的西峡旅游为何能以如此迅猛的后发优势逐鹿中原旅游市场，并以其独特的“西峡经验”与“焦作现象”“栾川模式”三足鼎立，领军中原旅游大开发。“西峡旅游的异军突起，除了自身的灵山秀水、独特的开发机制外，最为直接的因素，便是西峡几年来始终强力推进的旅游品牌战略。”西峡县委书记张生起坦言。

品牌之一：原生态——写在青山绿水间的“金”字招牌

走进西峡，满眼望不断青山绿水。龙潭沟飞瀑、老界岭白云、燃灯寺林海、石门湖碧波到处是一幅幅不假雕饰的天然生态画卷。

从把绿水青山变成“金山银山”，到既要“金山银山”又要绿水青山，再到绿水青山就是“金山银山”，西峡人在探索县域经济发展的认识历程经历了“三级”升华。“涵养绿水青山，营造碧水蓝天”，打造纯净的“原生态”品牌，成了西峡旅游“品牌战略”的核心。

按照四季常青、立体绿化、连片成带的要求，相继建成312国道沿线百千米林果绿色长廊，8万亩标准猕猴桃示范观光园和10万亩小杂果基地。并按照GAP标准在西峡北部山区青山碧水无污染地域建起了20万亩以名贵中药材山茱萸为主的无公害中药材种植基地。继2005年大幅度调整食用菌结构，压缩木腐菌，大力发展草腐菌之后，两年前，县委、县政府又作出决定：全面禁伐天然林。在各项经济指标快速上扬的同时，西峡的森林覆盖率同步持续递增，目前已高达78%。

品牌之二：多元文化——纵贯古今、跨越时空的百科综艺长廊

记录了30亿年地壳演化的地质文化，承载着1.7亿年的地球生命信息的恐龙文化，融会了浓郁民族传统和亲情的重阳文化，还有菊文化、哪吒文化、老子文化走进西峡，简直就像走进一道纵贯古今、跨越时空的文化长廊。

龙潭沟的茶艺表演，鹳河漂流和石门湖的民族风情展演、滑雪（草）场推出高山草原风情运动项目、寺山组织“传灯祈福”等特色文化旅游活动，带给游客全新的体验、愉悦的享受。生态为本、文化为魂。扩大文化与旅游的共生点，以文化彰显个性、丰富内涵、提高品位，是西峡旅游的努力方向。以“恐龙文化”和“重阳文化”为两大品牌，突出打造以中国南北分界线、长江黄河分水岭、古华北板块与扬子板块缝合带为标志的“地址文化”，进一步做大“重阳文化”，让西峡的山、水、龙、园渗透进厚重的文化底蕴，充分彰显文化旅游的品位和厚度，是西峡旅游的全新战略。目前，西峡已经出台相关政策，编制旅游文化一体化开发规划，致力于文化旅游的深度开发。业内专家指出，随着西峡旅游文化品位的进一步提升，西峡旅游必将以其丰富的文化底蕴和人文内涵成为河南旅游保持永久魅力的“压轴卷”。

品牌之三:“名园”“名山”“名漂”——构成西峡旅游的“拳头”和“王牌”

恐龙遗迹园二期工程按照世界级旅游景区定位,增建了白垩纪红层地貌游览区、恐龙骨骼博物馆、景区水系建设等,种植特种植被,通过在红层地貌上镶嵌、摆布恐龙骨骼化石、蛋化石、脚印化石、粪便化石等白垩纪时代的恐龙遗迹,并借助现代科技手段,增加多媒体互动参与项目,形成恐龙时代的原真体验区,目前部分项目已经完工。西峡归来不看龙,该县正致力把恐龙遗迹园打造成为河南旅游的“名园”。

在打造“名园”的同时,以打造“名山”为目标,按照国家级山地旅游度假区的定位,制订了老界岭风景区总体规划和详细规划,投资1.4亿元的老界岭综合旅游开发项目已进入实际操作阶段;按照中国北方漂流中心的定位“名漂”鹳河漂流规划实施也正稳步推进。西峡县委常委、宣传部部长、县旅游开发工作领导小组组长段文汉兴奋地说,我们始终坚持“政府引导,企业主体,市场运作,社会配合”的旅游开发模式,形成了以“三名”景区为龙头,龙潭沟、石门湖、老君洞、五道、滑雪(草)场等十多个特色景区互为点缀的建设格局,旅游产业发展呈现出“众星捧月”之势。

践行“西峡经验”,沿着“三名”战略,把特色做优,精品做强,品牌做响。目前,西峡已拥有4A级景区3家,3A级景区4家,形成了“一环四线”精品线路,春可游山、玩水;夏可漂流、避暑;秋可游园、品果;冬可滑雪、狩猎,全年都可赏龙、观洞、戏水、度假,一年四季,季季有景,365天,天天可游。西峡旅游品牌在省内及周边省市引起强烈反响,当前,该县省内客源市场稳定,陕西游客大幅增加,湖北、山西游客稳步增长;河北、山东、安徽、江苏已有相当数量的团队游客慕名而来,成为新的客源增长点,西峡的省外游客比例和客源半径不断扩大,以旅游为主体的第三产业增势强劲,三次产业结构达到了15.3:64.5:20.2。

品牌之四:工业游——西峡旅游最具潜力的拓展与延伸

投资6 000多万元,占地25 000平方米的全国一流浓缩丸自动化生产车间;浓缩伏牛山千种名贵中药材的中草药标本展馆;斥资4 000多万元,占地1 600亩的百草园;高耸入云的医圣张仲景巨型雕像、独具特色的宛药工业游令一批又一批的远方游客目不暇接,流连忘返。

宛西制药公司20世纪90年代末就在西峡北部山区建立了800多亩山茱萸生产基地,这个基地不仅是生产的第一车间,更是企业对外宣传的形象园和观光园。去年公司又在厂区附近的山坡上建起了1 200多亩的中草药植物园,种下了1 300多种名贵中药材,成为浓缩800里伏牛山“天然药库”中药材资源的精品园和观赏园,同时还在园中建起了博士后科研工作流动站,厂区和中药植物园浑然一体,成为集生产、科研、观光旅游于一体的工业园区。

综合实力位居全国同行业之首的河南西保冶材集团在企业获得大发展后,累计投资3亿多元,在县城西郊建起集生产、科研、办公、生活于一体,占地500亩的工业园区。同时也成为县城鹳河游览区上一个新的旅游观光点。据不完全统计,3年来,已有全国20多个省市和近十个国家和地区的上千名客商、专家等各界人士到西峡体验工业游的魅力,通过工业游感知西峡工业发展的巨大潜力,先后有100多个项目落户西峡。

品牌之五:“大旅游”服务——西峡旅游永葆青春的“活力磁场”

按照“把游客引进来,让游客乐起来,使游客留下来”的要求,西峡县切实强化旅游服务设施建设,拉长链条,完善功能,提高旅游产业化水平。

鼓励景区、宾馆、旅行社及农家宾馆上档升级,是西峡确立的“大旅游”战略工作重点。每晋升一个A级或一个星级的给予10万元重奖,对有突出贡献的旅行社、组织或个人及优秀的农家宾馆等都给予物质或政治荣誉等奖励。为全面提升旅游服务品位,该县还通过广泛开展评选“最佳服务景区”“最佳导游员”等活动,每年评选出30名优秀导游员,享受3 600元的政府津贴,进一步倡导文明规范服务理念,打造和培育旅游优质服务品牌。

为加快景区的深度开发,县财政每年拿出不少于2 000万元的资金用于景区的深度开发,并协调相关部门负责完善路、水、电、通信、绿化等基础配套设施;每年投入1 000万元开展旅游宣传推介,主攻主流媒体,开展主题活动,对接主要旅行社,与客源城市建立长期稳固的合作关系,巩固省内市场,开拓国内市场,西峡旅游声名远播。同时相继出台了一系列优惠政策,进一步拉长旅游产业链条,完善服务功能。全省首批5个游客中心之一的太平镇游客服务中心已经建成投入使用,该县正集中力量,在县城高标准建设高品位的游客接待服务中心,不断完善双龙至二郎坪农家乐游客服务中心,现已建成较大旅游宾馆20余家,其中四星级2家,三星级3家,农家宾馆近600家,星级农家旅馆80家,日接待能力达到3.5万人次。西峡力争用3年时间建设成集“吃住行游购娱”于一体的游客集散中心、休闲中心、娱乐中心和服务中心。

品牌之六:农游一体——西峡旅游富民强县的“助推器”

结合旅游资源丰富、特色农业优势明显的特点,以省“百村万户”旅游富民工程为契机,西峡县确立了“农游一体”发展理念,提出了“以游促农、农游合一、协调发展”的工作思路,统筹城市和乡村、农业和旅游,实现城乡融合、强村富民。

依托10万亩优质猕猴桃基地,35万亩野生猕猴桃基地,年产8 000万袋袋料及菌果药产业基础,把西峡乡村旅游划分为特色农业观光、旅游配套服务、移民新村建设和民俗农耕文化游四个类型,突出主业,完善要素,协调发展。在老界岭、龙潭沟、恐龙遗迹园等成熟景区所在地,发展以农家宾馆为主的专业村,在猕猴桃等特色林果基地专业村,发展观光农业,丰富旅游项目。西峡确定了基础条件较好的太平镇东坪村、双龙镇化山村、丹水镇丹水村、二郎坪中坪村4个景区配套服务专业村,田关乡孙沟村、丹水镇英湾村、五里桥镇黄狮村3个农业观光旅游专业村和军马河鱼库村1个生态移民新村作为试点村,示范带动,全面推进,取得了明显成效。双龙镇化山村现有农家旅馆150家,床位6 000张,2009年综合收入达5 000万元,全村农民纯收入的90%来自旅游服务业。

“农游一体”成为壮大旅游产业新的增长点和旅游富民的“助推器”。在8个“农游一体”试点村的引领下,转移农村劳动力1.5万人,试点村旅游总收入突破1亿元,农民人均纯收入的80%来自“农游一体”,初步达到了旅游强村、富民的目的。

(资料来源:河南日报,2010-06-11.案例入选时进行了部分修改。)

思考:旅游接待业的产业复合性能给你带来哪些启示?

第五章
旅游接待业辅助系统

【教学目标】

1. 知识目标：

（1）了解旅游接待业辅助系统的基本概念和定义；

（2）理解旅游接待业辅助系统的构成要素和涉及的主要内容；

（3）掌握旅游接待业辅助系统的作用和功能；

（4）掌握在线旅游接待的内容及特点；

（5）理解公共服务系统的特征及重要作用；

（6）了解旅游金融服务的作用及类型。

2. 能力目标：

（1）厘清旅游接待业辅助系统的地位、关联及作用，思考辅助系统对旅游接待业发展的影响；

（2）分析旅游接待业面临的新环境，拓展旅游接待业的边界。

3. 素质目标：

理解旅游接待业的系统关系，厘清辅助系统的旅游性及共享性。

【关键词】

在线旅游接待；旅游公共服务；金融保险；旅游接待业；辅助系统

引　言

随着旅游大众化趋势日益明显，游客旅游消费需求不断升级，迫切要求旅游产品生产供给一方提高旅游接待业的生产供给能力，以满足体量庞大的游客多元化、多层次的综合性旅游消费需求。旅游接待业的辅助系统对于提升旅游接待业产品和服务质量，提高游客旅游体验效能具有非常重要的作用。为了进一步提升旅游接待业产品和服务质量，必须对旅游接待业辅助系统有正确的了解和认识。本章通过梳理旅游接待业辅助系统的基本概念和定义，分析其构成要素和主要内容，并阐述了旅游接待业辅助系统的作用和功能，以期读者掌握其基本知识，为后续章节的学习奠定基础。

第一节　旅游接待业辅助系统概述

旅游接待业是为游客提供食、住、行、游、购、娱、商、学、养、闲、奇、情等综合性旅游消费需求服务的产业集群，是现代服务业的重要组成部分。旅游接待业辅助系统是相对于旅游接待业核心系统而言的，并非忽视旅游接待业辅助系统的重要性。

一、旅游接待业辅助系统的界定

我们认为，旅游接待业辅助系统的界定必须始终以旅游接待业核心系统为主要参照依据。众所周知，旅游接待业核心系统主要是旅游市场主体针对游客综合性旅游消费需求，围绕着食、住、行、游、购、娱等旅游六大传统核心要素衍生出来的综合性生产服务系统。那么，旅游业接待业辅助系统主要是在游客旅游消费需求不断升级推动下，各旅游市场主体围绕着除六大传统核心要素以外的其他旅游业辅助支持要素，为满足游客基本传统需求以外的其他享受型旅游消费需求而产生的产品和服务生产供给主体在相互协调、互为依托、协同发展中形成的具有辅助支持功能的旅游产品和服务生产供给系统。

二、旅游接待业辅助系统的地位

人们对旅游接待业辅助系统的重要性的认识是伴随着旅游业逐步发展而逐渐深化的。在现代旅游业出现之前以及诞生初期，人们关注的重心主要在以传统旅游六要素为产业核心的旅游接待业核心产业系统。随着工业化、城市化迅猛发展，旅游业大众化趋势日益明显，进入大众旅游时代，旅游不仅成为人们日常生活必需品，而且成为衡量幸福生活的一项重要指标。在经济环境、社会基础、政府政策、消费文化等多重因素叠加效应助推下，人们的旅游消费需求随之转型升级，精神文化层面的旅游消费需求激增，必然引导旅游接待业供给侧结构性升级转型，导致旅游接待业的产业范畴扩充和构成系统更加多元。在此背景下，各方主体对旅游接待业辅助系统的重要性的认识不断加深，旅游接待业辅助系统的地位、功能和作用日益得到彰显。

由上述可知，旅游接待业辅助系统是随着旅游业发展，旅游接待业产业范畴不断扩充，重要性和地位逐渐上升的。进入大众旅游时代，人们旅游过程中，在“食、住、行、游、购、娱”等基本核心需求得到满足后，在旅游消费需求升级驱动下，对旅游接待业辅助系统的需求日益旺盛，旅游接待业辅助系统在旅游接待业构成系统中的地位日益重要。换言之，旅游接待业辅助系统直接影响着游客的旅游体验质量，影响着游客对旅游活动的感知评价，影响着地区旅游业可持续发展。

总之,旅游接待业辅助系统的地位已经从以前的绝对辅助从属地位逐渐向旅游接待业具有决定性影响力的地位迈进。

【同步案例】

江南水乡乌镇

江南水乡乌镇有着"枕水人家"之誉。乌镇在开发中坚持"历史遗产保护和再利用",具体实施了遗迹保护工程、文化保护工程、环境保护工程等"三大工程",令乌镇充分再现了19世纪末20世纪初的水乡古镇风貌,由此形成一个吃、住、行、游、购、娱为一体的休闲观光区。乌镇开发的模式经验有典型意义,一直以来都是全国古镇保护开发中首创或成功运作的典范。

1. 景区概况

乌镇位于浙江省嘉兴桐乡市,是典型的江南地区汉族水乡古镇,也是江南六大古镇中最具代表性的一个,素有"鱼米之乡,丝绸之府"的美称。镇区内河网密布,民居临河而建,保留了独特地方习俗和文化传统的历史街区,真实体现了浓郁水乡风情和深厚文化底蕴。据考证,乌镇是中国最早修镇志的镇,古往今来人文荟萃,在一千三百多年的悠久历史中,这里诞生了诸如茅盾、沈约、梁昭明、鲁迅等名人大家,而且全国重点文物保护单位茅盾故居及翰林第、修真观戏台、昭明太子读书处等名胜古迹也坐落于此。

2017年乌镇接待的游客数量已超过一千万,成为国内外游客向往的国家5A级旅游景区。乌镇作为江南六大古镇之一,在2003年,其被列入国家首批十个"中国历史文化名镇"。2009年,荣获亚太地区旅游协会"生态旅游金奖",成为唯一一个获得该项殊荣的中国内地景区。乌镇以全新的开发模式实现了古镇旅游的提升和转型,是中国古镇旅游发展的成功典范。

近年来,乌镇旅游产业规模不断扩大。根据桐乡市统计局资料,2009年,乌镇景区接待游客331.89万人次,比上年增长16.7%,门票收入1.61亿元,比上年增长41.9%。2010年,乌镇景区接待游客531.69万人次,比上年增长60.2%,门票收入2.82亿元,比上年增长74.8%。根据调查,目前来乌镇游客的旅游活动具有以下特点:以双休日、节假日一日游为主;双休日期间游客数明显多于平时游客数,周六游客数明显多于周日游客数;一年内存在两个高峰期:春季高峰期和秋季高峰期。

2. 精品战略的实施主要表现

(1)精心设计的景区。游客抵达乌镇后首先来到的是一个现代大型停车场,景区入口前是具有现代气息的雕塑和喷泉,俨然置身于现代游乐园。游客疑惑间已迈入景区,但见园内修竹茂密,绿荫蔽日,已然一派古典园林风情,令人心旷神怡。

(2)精品化的旅游线路。短短2 km旅游线路安排了丰富的旅游内容。东栅景区由东栅老街、观前街、河边水阁、廊棚组成,传统作坊区、传统民居区传统文化区、传统餐饮区、传统商铺区和水乡风情区几个内涵、特色不同的区域。

(3)较为完善的旅游解说系统。乌镇景区旅游解说系统设计较为完善,例如入住子夜大酒店的游客可通过酒店内设电子触摸屏了解乌镇及景区各景点基本概况。

(4)互联网的乌镇旅游转型。在面对众多游客时,乌镇大力发展其特色旅游资源,同时积极促进互联网与乌镇旅游的融合。

3. 乌镇模式的启示

乌镇的成功经验表明,国内不再需要千篇一律的单纯的观光型景区了,而在景区中能够提供良好的融入式体验的吉镇景区更是应该打造精品化个性化的中高端景区。保证景区产权与做好原住民安抚工作,紧跟时下元素推出合适的规划与政策,改变依靠门票的单一收入方式,在保留本土风味的同时建立专业团队提供高附加值的专业服务才是当下众多的古镇景区能够脱颖而出的保障。

从本质上来讲,乌镇的成功绝不是偶然,运用全新的发展模式实现了自身的提升和转型,借助本体优势与专业的管理方法,充足的前期投入与正确的运营方向找到了适合自己的全新发展模式。更在不断的实践中丰富古镇旅游的内涵,丰富古镇发展模式,让古镇旅游成为我国旅游产品中一颗璀璨的明星。

讨论:

1. 在旅游接待中应该注意哪些事项?

2. 乌镇在旅游接待中有哪些值得学习的?

三、旅游接待业辅助系统的特征

现代旅游接待业由一些旅游产品生产提供商、旅游景区服务、旅游交通服务、旅行中介服务、旅游购物服务等和旅游直接相关的服务行业组成的旅游接待业核心系统和另外一些例如旅游公共服务、旅游金融保险服务、在线旅游接待等与旅游间接相关的旅游接待业辅助系统组成。

旅游接待业辅助系统的特征可以从以下几方面进行分析。

(一)从属性

旅游业辅助系统的从属性是显而易见的。由于旅游接待业由核心系统、辅助系统和保障系统构成,核心系统主要围绕着游客旅游活动必经的“食、行、购、游、购、娱”核心要素而形成的服务性产业体系;而旅游业辅助系统的构成产业主要是围绕着与整个旅游活动不直接相关,但是影响力日益提升的辅助支持性产业系统,如金融保险、公共服务、装备制造等产业。

因此,如果说旅游接待业核心系统是在整个旅游活动开展中居于主导地位的,那么旅游接待业辅助系统就是居于从属地位的。

(二)动态性

在经济环境、社会基础、消费文化、政府政策等多种因素驱动下,我国旅游大众化趋势加速,民众的旅游消费需求升级,扩展了旅游活动的构成要素和旅游产业的范畴,催生了新的旅游活动辅助支持产业，丰富了旅游接待业辅助系统的构成，带动了一大批相关产业，创造了更广泛的就业岗位。因此旅游接待业辅助系统的重要性和功能得到政府、旅游产品生产供给商、游客等多方主体的认可。可以预见，随着旅游业迅猛发展，旅游接待业辅助的内涵和外延必将动态扩充。因此，可以说旅游接待业辅助系统具有动态性的鲜明特征。

（三）系统性

根据吴必虎提出的旅游系统结构，旅游业是一个开放的系统，由客源市场系统（需求系统）、目的地系统（供给系统）、出行系统（连接需求系统和供给系统的纽带）以及支持系统四大系统共同构成①。我们认为，旅游接待业系统中，核心系统属于旅游系统中的供给系统的重要组成部分，辅助系统则属于支持系统的重要内容。那么，旅游接待业辅助系统是由与旅游活动的核心要素间接相关的各个不同产业构成的辅助产业系统，各个产业之间相互配合，相互促进，协调发展，综合性、系统性显而易见。

（四）复杂性

旅游业的综合关联带动作用和功能已经得到理论和实践界的广泛认可。首先，整个旅游活动的顺利开展涉及的要素和产业众多，例如，核心系统的旅游产品生产供给商、旅游交通产业、旅游饭店、旅游娱乐产业等，辅助支持系统的旅游地金融保险产业、旅游公共服务业等。这就决定了旅游接待业辅助系统的复杂性。其次，游客的旅游消费需求本身就具有复杂性、多样性，并且处于不断升级过程中，没有完成时，这就决定了旅游接待业辅助系统的内涵和外延不断扩展，产业边界不断扩充，进一步增强了旅游接待业辅助系统的综合性和复杂性。再次，随着旅游接待业辅助系统各个产业之间社会化程度提高，各相关企业之间的关联集中效应日益凸显，横向合作化和纵向联合化趋势明显，加剧了旅游接待业辅助系统正常运行的复杂性（图 5-1）。

图 5-1　贵州凯里 YX 农业观光园中的生态餐厅

注：①YX 为农业观光园名称，保障企业权利，隐去；②图片来源：笪玲 2021 年 8 月拍摄于凯里。

（五）经济性

现代产业划分本身就是依据因社会分工而形成的生产职能和组织的差异对人类社会经济活动进行的分类，与生俱来地具有经济生产的意义。现代旅游业本身就是第三产业的重要组成部分，其经济性是不言而喻的。旅游接待业是旅游市场主体通过向游客提供旅游综合性消费服务，满足游客旅游消费需求，提升游客旅游感知质量来获取经济利益的综合性产业。而旅游接待业辅助系统作为旅游接待业的重要组成部分，理所当然应当具有经济属性。

① 吴必虎. 旅游规划原理［M］. 北京：中国旅游出版社，2010.

尤其是进入大众旅游时代，随着游客旅游消费需求升级，精神文化体验方面的旅游消费需求增加，旅游接待业辅助系统的重要性日趋凸显，其经济属性日益重要，很大程度上决定了游客在整个旅游活动的消费决策以及对整个旅游活动的评价，影响了游客的旅游选择。

四、旅游接待业辅助系统的要素

旅游接待业辅助系统是由围绕着旅游活动的非核心要素，与旅游活动间接相关的一些产业组成的产业系统。具有从属性、动态性、系统性、复杂性、经济性等显著特征。构成旅游接待业辅助系统的产业主要有在线旅游接待系统、旅游公共服务系统、旅游接待金融保险等。

（一）在线旅游接待

在政府鼓励、经济助推、民众需要等多种因素驱动下，旅游业发展迅猛，尤其是进入大众旅游时代，旅游已经成为人们生活的"刚需"，民众的旅游需求业务激增，传统的旅游接待业务能力和速度逐渐不能适应日益增长的民众旅游需求业务规模扩张的形势。在现代互联网技术助推下，"互联网+"成为各行业的趋势。各行各业充分利用互联网技术开发网络业务平台。在线旅游接待就是在传统旅游接待业务能力和速度逐渐滞后现实形势需要的背景下，旅游市场主体利用互联网技术支持，开展在线旅游接待业务的各个行业和部门联合构成的旅游接待系统。技术进步，民众需求猛增，旅游接待业产业范围扩展是推动在线旅游发展的重要原因。

（二）旅游公共服务

旅游公共服务主要是指旅游目的地范围内，游客与旅游目的地居民共享的"水、电、气、路、网、污"等硬件公共服务体系。旅游业的发展离不开旅游目的地的公共服务的支持，旅游目的地的"水、电、气、路、网、污"等硬件公共基础设施的质量决定了游客旅游体验质量，影响了游客的旅游感知，很大程度上影响着游客对整个旅游活动的最终评价。因此，旅游公共服务在旅游接待业辅助系统中的地位和作用是不言而喻的。

（三）旅游融保险

随着民众消费观念的变化，适度超前消费成为"90 后""00 后"消费者容易选择的消费方式，京东、阿里巴巴等企业也适时推出了适应年轻消费者超前消费的金融产品；另外，各大商业银行也同样推出了信用卡等其他金融产品来适应民众的消费需求。旅游成为"90 后""00"后消费者适度超前消费的重要选择。因此，旅游市场的各大商家必须适时推出相应的适度超前旅游金融产品来满足游客旅游消费需求，同时也提升自己的经营业绩。

随着我国民众风险意识提升，规避风险的本能需要旅游保险业务部门适时推出旅游风险规避产品，提升旅行社、游客、其他旅游企业规避旅游风险的能力，减少他们的后顾之忧，共同助推旅游市场健康发展。

第二节　在线旅游接待

作为“互联网+旅游”最直接体现的新业态，在线旅游交易规模近几年发展迅猛。根据中国互联网信息中心（CNNIC）的统计数据，2019 年在线旅游市场交易规模约 10 059 亿元，相比 2018 年 8 750 亿元增加 14.96%。而 2015—2017 年市场交易规模（增速）分别为 4 127 亿元（31.42%）、5 779 亿元（40.03%）、7 426 亿元（28.5%）；2019 年在线旅游用户规模达 4.13 亿人，同比 2018 年 3.92 亿人增长 5.36%。而 2015—2017 年的用户规模分别为 2.75 亿人、3.26 亿人、3.76 亿人①。上述数据从在线旅游用户规模和市场交易规模两方面充分彰显了在线旅游迅猛发展现状。毫不夸张地讲，在线旅游已经彻底改变了人们的旅游消费习惯和方式。

一、在线旅游接待服务的内容

（一）在线旅游的背景

随着互联网技术的突飞猛进，互联网与其他产业的融合效应逐渐彰显，“互联网+”成为各个企业借助互联网技术构建自己的网上业务平台成为企业的日常业务。旅游业作为关联带动作用极强的服务性产业自然也概莫能外。在线旅游接待就是在旅游业发展到大众旅游时代，旅游接待业务量规模激增，传统的旅游接待能力和手段远远滞后于旅游需求市场业务量规模迅猛扩张的需要，在“互联网+技术”广泛运用的背景下，利用互联网技术，构建旅游接待业互联网业务平台，以满足民众不断增长的旅游消费需求，助推旅游业及其以旅游业为核心的泛旅游产业体系健康发展。科技加速度发展进步、民众旅游消费需求升级、旅游产业范畴迅速扩充，是驱动在线旅游业迅速发展的主要因素。

1. 技术的加速度发展为在线旅游的蓬勃发展提供了技术支持

我国的互联网技术发展与在线旅游平台发展几乎是同步的。1994 年 4 月 20 日，我国通过一条 64K 国际专线全功能接入国际互联网，互联网正式载入我国的历史史册。随后几十年来，互联网在我国全面发展，在各个行业全面渗透，不但成为我国新基础设施建设的重要内容，而且对我国经济转型、社会发展、技术进步、国际交流乃至国家治理等各方面产生了不可或缺的影响。同时，我国的在线旅游企业携程、同程艺龙等也起步于 20 世纪 90 年代中后期，到 2019 年，在线旅游市场交易规模约 10 059 亿元，在线旅游用户规模达 4.13 亿人，在线旅游市场交易市场和在线旅游用户都规模空前。可以预见，随着网络移动终端设备的普及，旅游消费群体大量从 PC 端向智能移动互联网设备方面转移，移动互联技术在 OTA 模式中的越来越重要。

① 前瞻产业研究院，2020-09-07.

2. 旅游消费需求升级是在线旅游发展的社会基础

我国已经进入大众旅游时代，旅游成为民众日常生活的刚需，也成为衡量人们幸福感、获得感的一项重要指标。在经济新常态和大众旅游时代，在后现代消费文化影响下，民众旅游需求不断升级，呈现多元化、个性化特征。为弥补传统旅游门店线下接待的不足，满足民众不断升级和日益多样化、个性化的旅游消费需求，旅游资源利用的界限日益开放，旅游产业的范围不断扩充。在新技术应用的助推下，"互联网+旅游"成为游客和旅游供给方一致的选择。在线旅游的信息和速度、便利、优势，能够有效地实现事前游客和旅游接待方企业之间的旅游信息、旅游服务精准衔接，方便快捷支付，事中及时纠错，事后及时评价，改变了游客的消费方式和消费观念。同时，政府也可以通过在线旅游大数据实现对旅游活动的监管，旅游数据的统计分析，及时调整旅游产业该政策，提高工作效率。因此，在线旅游成为旅游市场各方主体优先选择。

3. 旅游新要素不断衍生，产业边界扩充，是在线旅游发展的现实需要

在旅游业的关联带动下，以旅游业为核心的泛旅游产业体系初步形成。在技术进步、消费文化、政府政策鼓励引导、民众需求升级等多种因素驱动下，商、学、养、奇、情、闲等新的旅游活动要素开始出现。可以预见，随着文化、农业、体育、工业等产业与旅游业深度融合，必将有新的旅游要素不断衍生。为满足民众不断升级的、多元化、个性化的综合性旅游消费需求，围绕着旅游活动开展新的旅游要素，旅游产业开始跨界扩张，在线旅游就应需而生并蓬勃发展。例如，携程、途牛、飞猪、马蜂窝、曹操出行等在线旅游企业已经通过整合资源，业务涉及整个旅游活动的几乎所有要素。游客只需要通过在线旅游企业就可以非常便捷地完成整个旅游活动中的几乎所有需求，并且可以事后评价付款，减少了游客的很多麻烦和风险。可见，在线旅游本身就是旅游业跨界扩张的产物。

（二）在线旅游的概念和内涵

在线旅游（OTA）是旅游电子商务行业的专业词语，是指旅游市场各方主体利用互联网技术，构建旅游业线上业务平台，扩充自己的业务边界，延伸产业链，以满足游客不断升级的个性化多元化旅游消费需求，客观上共同提升整个旅游活动各个环节的效能和质量等一系列活动的总称。

在线旅游包括几方面主体：在线旅游服务商品供应商、游客、政府等。

1. 在线旅游服务商品供应商包含三类主体

第一类是航空公司、酒店、景区或传统旅行社，它们对其产品、打包线路进行出售，达到营收的目的。

第二类为在线旅游代理商，这类企业和上游供应商之间达成合作，以酒店、度假产品或是机票等产品为主线来向客户进行预订、销售，并进一步从合作企业的手中抽取一定比例的佣金，当作代理商的收益。在线旅游代理商主要分为两类：一类主要以机票、酒店、门票预订为基础的综合性旅游平台，主要代表有携程、同程艺龙、马蜂窝、飞猪、去哪儿网等；此外，还有一类民宿短租预订为主的旅游短租平台，主要代表有途家、小猪短租、木鸟短租等。

第三类则为在线旅游代理平台，它们负责对旅游信息进行发布，帮助旅游企业做好宣

传，为客户、旅游企业建立良好的交易平台，这类企业主要是通过点击率或是交易额这两种不同的渠道，从合作的旅游企业手中进行获利，典型的代表有飞猪、去哪儿网等。

2. 游客

游客在旅游活动开始前利用互联网对各种旅游信息进行在线查询，通过咨询专业人士，对旅游产品、酒店餐饮住宿、机票、导游服务、金融保险业务、旅游景区各种产品进行模块化个性化整合和在线定制预订，可以选择事后在线支付或者线下支付；旅游中可以对预订的相关产品和服务进行过程感知；旅游活动结束后，对整个旅游活动进行评价。

3. 政府监管机构

政府监管机构主要运用互联网和大数据、云计算技术，对在线旅游活动进行及时有效监管，确保整个在线旅游市场健康有序运行。同时，通过在线旅游数据信息进行搜集、分析，评估旅游产业政策体系，及时处理旅游突发事件。

(三)在线旅游的发展阶段

我国的在线旅游起步于20世纪90年代后期，已经发展了20多年。在此期间，我国在线旅游大致经历了：萌芽期、起步期、爆发期和成熟调整期(表5-1)。

表5-1　我国在线旅游发展阶段

序号	阶段名称	时间段	特征描述
1	萌芽期	1997—1999年	互联网向传统产业渗透，中青旅在线、华夏旅游网开始萌芽。
2	起步期	1999—2002年	携程网和艺龙网先后成立，主要在线业务通过收购传统旅游门店和分销商，或与传统旅游企业合作，扩展市场覆盖范围。市场中平台类业务与在线预订业务共存，形成多元体系。
3	爆发期	2003—2012年	巨头涌入，高速发展。腾讯、淘宝等巨头入局，进军在线旅游平台市场。随着大量资本的涌入，行业内垂直细分市场得到完善(提供旅游景点和旅行线路设计的途牛，社交化的旅行网站如马蜂窝，非标准住宿领域的途家)。各大厂商通过收购旅行社、建立线下网点整合线下产业链资源，提升对线下资源的掌控力。
4	成熟调整期	2013年至今	资源基本整合完毕，逐步形成规模，行业态势基本成型；专业功能性网站或平台出现；行业跨界趋势增强，竞争更加惨烈，行业集中度明显，寡头竞争格局显现。行业内出现移动化和碎片化的特点。在线旅游市场的需求进一步细分。互联网红利逐渐消失，引入新用户成本提升，开始挖掘老用户的单客价值。

资料来源：①马勇. 旅游接待业[M]. 武汉：华中科技大学出版社，2018. ②何建民. 旅游接待业[M]. 重庆：重庆大学出版社，2019. ③王桀，唐夕汐. 旅游接待业[M]. 北京：高等教育出版社，2021. ④刘琴. 我国在线旅游业的SCP范式分析[D]. 长沙：湖南师范大学，2018.

通过表 5-1 可以看出，我国在线旅游的发展与互联网在我国的发展几乎是同步的，更是从另一方面证实了互联网技术的进步是在线旅游发展的技术支撑。

二、在线旅游接待服务的类型和特征

（一）在线旅游接待服务的类型

在互联网技术和移动终端发展的推动下，我国在线旅游经过 20 多年的发展，资本介入程度越来越高，经过市场竞争，行业态势基本形成，未来发展趋势一片向好。通过分析在线旅游行业现有产品，根据不同的分类标准，我们梳理总结了在线旅游行业产品几大类型，主要有以下几方面：

从在线旅游供给侧市场细分标准分类，可以分为专门提供交通（机票等）、住宿（酒店等）、度假等深度服务的旅游产品。

从服务地域来划分，有专门做境外旅游的旅游产品和周边旅游产品等；从游客需求侧旅游消费群体划分，有提供中高端人士的商旅出行，年轻一代的穷游等；如今，从内容和人群关系出发，衍生出了攻略、社交等各种形式的旅游产品。从在线旅游产品的内容标准来划分，当下在线旅游产品主要有以下种类。

1. 模块化私人定制旅游产品

当前旅游需求市场细分已经成为趋势，各个旅游消费群体消费特征差异明显，小众化、个性化旅游成为主流。因此，针对特色鲜明的各类型游客消费群体，在线旅游服务代理商与景区、旅游地接社合作，向各类游客提供个性特征鲜明的旅游产品模块。同时，在线旅游代理商搜集游客信息，了解游客需求，向游客提供建议，售卖产品，实现游客与产品的供求信息资源精准对接。然后交由地接社等传统旅游服务门市，按游客各自需求提供具体旅游产品和服务。

2. 私人导游

游客旅游消费升级和疫情的影响，小众化、个性化旅游方式成为民众主要的旅游方式，康养旅游、研学旅游成为旅游市场较受欢迎的旅游产品。新的旅游方式对导游服务提出了更高的要求，私人导游服务应需产生。私人导游除了提供相应的导览服务，还需掌握其他方面的技能。比如，康养旅游市场的私人导游必须为游客提供康养咨询等相关服务；研学旅游市场的私人导游必须掌握研学旅游目的地研学系列产品的相关知识和能力。

3. 旅游社群

我国民众经济收入增加，互联网技术和移动终端设备的普及，旅游方式的小众化、个性化，后现代消费文化的深刻影响等多种因素，驱使民众热衷于把旅游作为实现自己兴趣认同、社会认同的重要手段。旅游社群就是民众通过旅游建立兴趣认同、社会认同的产物。在旅游社群中，民众乐于分享、认同圈子文化。他们可以共享旅游心得、旅游信息，可以寻找志同道合的旅伴，因此，成为大众旅游时代游客比较信赖的在线旅游平台。

4. 行程助手

后现代消费文化深刻影响下,游客旅游的随意性比较明显,“来一场说走就走的旅行”成为常态。这种旅游方式对行程助手的依赖度较高。游客只要在行程助手等产品上选择旅游目的地和具体需求,系统可以快捷地为游客提供旅游景区、酒店预订等建议,并为游客提供多项旅游线路规划选择。游客可以进一步调整需求条件,平台会推荐更适合的旅游产品,游客可以在移动终端上完成预订、支付、评价等活动,节约了游客的时间,为游客带来便利。

(二)在线旅游服务的特征

在线旅游与传统旅游业最大的区别是其供需双方可以不依靠门店,只利用在线业务平台实现游客与供应商之间信息资源和产品的精准对接。而传统旅游接待业必须依托门店。在线旅游服务有以下显著特征。

1. 进出门槛低,竞争激烈

由于旅游业的关联带动性极强,所涉及的环节和要素众多,在线旅游的业务面涵盖了旅游业的所有领域,所以说,旅游业几乎所有环节都可以成为在线旅游进入或退出市场的点,这个特点就决定了在线旅游行业平台较多,且产品和服务同质化严重,竞争激烈。因此,在线旅游企业“你未唱罢我登台”成为常态。

2. 业务不受时空限制,效率高,业务集中度强

在线旅游服务平台主要依靠 PC 和移动终端设备,借助互联网进行运营,实现供需双方精准对接,因此,业务处理上不受时间和空间的限制,游客可以随时随地利用在线旅游服务平台进行相关的旅游活动,这就导致了在线旅游平台处理业务效率极高。另外,随着在线旅游平台业务扩展,平台上即可提供游客所需要的所有旅游需求,而且产品多样化,游客选择空间大,为游客提供了便利,如此一来,自然业务集中度强。

3. 应用广泛,前景广阔

由于在线旅游平台操作简单,具有便捷性、精准性,能够有效实现供需双方的精准衔接,满足了游客多样化需求,扩展了供应方的业务,保证了其利益,实现了双方的多赢,深受各方主体的一致认同,拥有推广应用的广泛深厚的社会基础。另外,互联网技术不断发展,5G 技术推广使用,一定程度上助推了在线旅游的普及。因此,应用前景相当广阔。

三、在线旅游接待服务的管理

在线旅游是“互联网+传统旅游业”跨界深度融合的产物,是新兴的接待服务业,是第三产业的重要组成部分,主要是利用互联网技术构建旅游业网上业务平台,通过平台为供需双方提供旅游产品服务信息、旅游线路规划建议、旅游服务预订等沟通交流的平台。游客通过平台方便快捷地获取自己所需要的相关信息,完成旅游活动的相关环节,并进行预订、评价、支付等活动;旅游产品服务供给商通过平台宣传推介自己的产品及服务,完成自己业务量,扩张自己市场。通过平台,供需双方实现了精准对接,获得了双赢。

可见,在线旅游服务的管理,在线旅游平台的流程管理是重中之重。

(一)在线旅游服务平台流程优化

管理必须从人性出发,才能更有效。享受便捷,害怕麻烦是人之本性。在线旅游能够迅猛发展,很重要的原因就是为游客提供了不受时空限制的便捷、高效。因此,在线旅游流程优化只有从游客需求出发,为游客提供最大便捷、高效的旅游产品服务。

在线旅游服务平台优化具体包括:①提升在线旅游平台技术服务能力。确保在线旅游平台使用稳定,给游客提供快速流畅的使用体验。②优化在线旅游服务平台内容。利用大数据,对游客使用频率较高的搜索关键词、搜索内容进行智能排序,向旅游产品供应商提供相应的旅游产品服务信息,实现供需双方精准对接,提高游客使用效率。③优化在线旅游服务平台页面设计。使得模块功能布局醒目科学,平台页面图文并茂,视频、图片、文字布局合理,信息全面完备,能够对游客感官产生刺激,促使游客产生旅游动机。

(二)在线旅游服务人员管理

虽然在线旅游服务平台为游客旅游活动开展提供了便利,但是在线旅游接待一线服务人员的业务能力和水平对于旅游活动质量的影响仍然不容忽视,他们主要负责业务受理(订单业务的定、退、撤、增)、售后服务(旅游产品和服务评价、售后处理)、上传下达(供需双方信息衔接)。因此,在线旅游服务平台一线人员的业务管理是在线旅游接待业服务管理的核心部分。

在线旅游服务人员管理的主要内容包括:第一,建立科学有效工作章程和薪酬奖惩制度,激励他们的工作积极性,提升他们的服务水平,为游客提供高质量的感知体验;第二,定期为他们举行专业培训,提升他们业务能力;第三,建立业务流程查询库和业务处理反馈系统,使得一线业务人员工作中有充足的支持体系,能够有效处理工作中的突发问题。

(三)在线旅游游客研究管理

在线旅游服务平台发展如此迅猛,其根本原因在于能够实现供需双方之间信息的精准对接,为游客旅游提供便利。基本前提是对游客信息和特征进行分析研究,有针对性地为游客提供多元化、个性化、模块化旅游产品,能够满足游客综合性旅游需求。

在线旅游游客研究管理具体包括以下内容:

第一,与高校、科研院所、政府行业主管部门合作,建立游客研究中心。运用大数据技术,掌握游客相关信息(注册用户性别、年龄、居住地域、籍贯、学历、在线时长、点击购买关键词及其频次,兴趣爱好等),细分客户群体,有针对性地进行平台页面设计,产品组合设计,提供个性化的客服接待等。

第二,对游客访问在线旅游平台的时段、在业务集中时段增加一线业务服务人员,提供优质高效的业务服务,提高游客的满意度。

第三,实施监管游客旅游活动整个过程,对游客对旅游活动的评价进行关注,并形成反馈体系,适时改进旅游服务,提升旅游产品质量,增强游客体验感知。

第四，根据消费群体规模变动，适时调整在线旅游服务平台页面功能模块和旅游产品服务规模，做到供需双方动态精准对接。

【同步案例】

去哪儿网

（一）基本情况

去哪儿是中国领先的旅游搜索引擎，创立于 2005 年 2 月，总部在北京。去哪儿网为消费者提供机票、酒店、会场、度假产品的实时搜索，并提供旅游产品团购以及其他旅游信息服务，为旅游行业合作伙伴提供在线技术、移动技术解决方案。

（二）核心能力

去哪儿网拥有专业的搜索引擎。与通用搜索引擎不同，致力于旅游垂直领域深度搜索的去哪儿网，大大区别于百度与谷歌。原因在于去哪儿网提供的是专业，精准的旅游信息搜索，并且能够保证所有提供的信息是确切有效的，为其搜索结果负责。去哪儿网能够搜索到最全面和最丰富的低价产品。目前去哪网搜索范围覆盖了全球范围内大部分的酒店、航线、旅游线路和景点游记攻略。并且每日提供几千种旅游团购产品。

去哪儿网拥有金牌机票服务系统。机票是去哪儿网的最核心的业务之一，也是发展速度最快的业务。传统的在线机票预订，很容易遇到钓鱼网站、假冒网站、山寨网站、无代理资质的网站黑代理等。去哪网对所有代理商都做了 CATA 认证，以保证消费者不会受到欺诈。去哪儿开发了机票动态用户跟踪系统，并且提供一系列的工具，让消费者能够在这个过程中间保障自己的消费权益。同时去哪儿游点评平台覆盖了国内外大部分酒店，让用户更好地选择酒店。

（三）成功的因素

去哪儿网抢占了市场先机，没有强大的竞争对手。去哪儿网是国内第一个在线旅游平台。

去哪儿网拥有科学有效的经营模式，它在市场开拓和竞争的过程中，时刻关注着市场的动向和客户的需求，不断完善经营模式，使其拥有更好的价格优势，优秀的性价比获得了市场的更多份额。

去哪儿拥有庞大的数据库资源，它与大量的酒店航空公司合作，内部数据直接关联，拥有了大量的数据资源，从而给用户进行搜索查询带来了更大的便利，提高了客户的满意度。

讨论：国内在线旅游市场是否已被垄断？新的在线旅游平台是否还有发展空间？在旅游接待业中还有哪些服务需要注意细节？可举例说明。

第三节　旅游公共服务

旅游公共服务包含于整个社会的公共服务体系之中,同时不仅是现代旅游业的重要组成部分,而且在现代旅游接待业辅助系统中占据重要地位①。换言之,旅游公共服务体系不仅决定了整个旅游活动过程的通达性、便捷性和舒适性,而且影响着游客的整个旅游活动过程的体验质量,关系游客对整个旅游活动的评价。本节主要探讨旅游公共服务体系的相关概念、特征及其优化路径。

一、旅游公共服务体系的概念和构成

(一)旅游公共服务体系的概念

1. 旅游公共服务的概念

2011 年,《中国旅游业"十二五"专项规划》对旅游公共服务内涵作出明确的解释,指出旅游公共服务就是政府以及社会组织共同为游客提供基础性、公益性的服务②。李爽(2008)认为旅游公共服务是为了满足旅游者共同需求、政府和其他社会组织非营利为其提供服务和产品,这些产品具有明显公共性③。徐菊凤(2021)认为旅游公共服务是为满足旅游者的普遍需要而提供的产品和服务的总称,这些产品和服务具有公益性、共享性的特点④。

我们认为,旅游公共服务是社会公共服务体系的重要组成部分,指为满足游客在旅游活动过程中的旅游公共需求,由政府负责提供公共部门、国有或私人企业、社会组织负责生产,游客和当地民众共享的非营利性的公共产品或服务的总称。值得特别注意的是旅游公共服务的提供方式,主要包括政府提供、市场或社会提供、私人参与,或者是多种方式的混合提供。

2. 旅游公共服务体系的概念

"体系"是一个整体概念,指在一定范围内相互有关联的事物和意识按照秩序联系起来,共同结成一个整体⑤。体系的各个部分密切结合在一起,相互连接相互制约,共同发生作用,目的是实现同一个目标。

顾名思义,旅游公共服务体系是指为保障游客旅游活动正常开展,满足游客旅游公共需求,在一定地域范围内,在一定的旅游公共产品和服务供给模式与政策体系引领规范下,依

① 蔡慧子. 东莞市旅游公共服务体系建设现状与完善对策研究[D]. 华中科技大学,2018.
② 赵怡. 丽江市旅游公共服务体系建设现状与优化研究[D]. 昆明:云南大学,2018.
③ 李爽. 旅游公共服务供给机制研究[D]. 厦门:厦门大学,2008.
④ 徐菊凤. 旅游公共服务:理论与实践[M]. 北京:中国旅游出版社,2012.
⑤ 赵怡. 丽江市旅游公共服务体系建设现状与优化研究[D]. 昆明:云南大学,2018.

据一定的旅游公共服务的供给方式而形成的旅游公共服务系统。

旅游公共服务比较多地侧重于“是什么”与“为什么”的研究，而旅游公共服务体系则比较注重“怎么做”问题的探讨，相较于旅游公共服务，旅游公共服务体系更突出旅游公共服务的系统性与功能性特征。

（二）旅游公共服务体系的构成

旅游公共服务体系根据功能和运营方式不同分为基础性公共服务、市场性公共服务和管理性公共服务①。从其范围涵盖来讲，旅游公共服务体系主要包括与游客旅游公共需求息息相关的道路交通、水、电、气、网、污、安全救助、权益保护等要素。具体来讲，旅游基础设施体系（旅游交通基础设施、旅游景区主要交通连接线、旅游信息化基础设施）、旅游交通便捷服务体系（旅游交通引导标识系统、自驾车旅居车营地公共服务、城市休闲绿道“慢游”系统、旅游区交通服务闭环连接体系）、旅游信息服务体系（线下旅游服务功能站点布局、线上旅游信息服务平台、智慧旅游服务体系）、旅游行业监管与旅游者权益保护体系（旅游投诉受理机制、游客权益保障机制）、旅游者安全与救助体系（旅游安全制度、旅游紧急救援体系建设、旅游保险合作机制、旅游安全教育培训体系）、国民旅游休闲保障服务体系（拓展国民旅游休闲空间、提升国民旅游休闲服务能力）和其他公共服务体系都是旅游公共服务不可或缺的内容。

二、旅游公共服务体系的作用

随着旅游业快速发展，尤其是我国进行了供给侧结构性改革，更加强游客的核心地位，为游客提供能够满足其个性化、多元性需求的旅游产品和服务成为旅游业高质量发展的主要方向。因此，构建旅游公共服务体系的核心目标就是满足游客不断升级、日益个性化、多元化的旅游公共服务需求。旅游公共服务体系的作用主要体现在以下几方面：

（一）是提升民众幸福感、获得感，旅游供给侧结构性改革的必然要求

习近平总书记在党的十九大报告中明确指出：“中国特色社会主义进入新时代，我国社会主要矛盾已经转化为人民日益增长的美好生活需要和不平衡不充分的发展之间的矛盾”②。自我国经济发展进入新常态以来，高质量发展已经成为时代主题，“创新、协调、绿色、开放、共享”五大发展理论已经成为国策在实践中施行，并取得良好的经济效益、社会效益和生态效益。旅游业也已经进入新发展阶段，在旅游业高质量发展的征程上，贯彻新发展理论、构建旅游业新发展格局成为举国上下的一致共识。旅游业深入进行供给侧结构性改革，为民众提供高质量的旅游产品和服务，提升游客旅游活动的质量，吸引持续客源，保障旅游业持续健康发展成为旅游业发展的必要要求。旅游公共服务体系建设是旅游供给侧结构

---

① 蔡礼彬，罗依雯．基于服务科学的旅游公共服务体系设计研究[J]．山东社会科学，2019(7)：137-142.

② 习近平．决胜全面建成小康社会夺取新时代中国特色社会主义伟大胜利——在中国共产党第十九次全国代表大会上的报告[R]．2017.

性改革的重要内容，是整个旅游活动顺利圆满完成的重要硬件支撑。旅游公共服务体系建设质量一定程度上决定了旅游产品公共服务的质量，影响着游客的旅游体验质量，影响着游客对整个旅游活动的评价（图 5-2）。因此，旅游公共服务体系建设是旅游供给侧结构性改革的必然要求。

图 5-2　贵阳天河潭景区的便民设施

图片来源：笪玲 2022 年 8 月 26 日拍摄于贵阳。

（二）是旅游业高质量发展的必要保障

显而易见，持续不断的客源是旅游业高质量发展的根本保证，而旅游业的客源来自高品质旅游产品和服务的生产供给。旅游公共服务是整个旅游活动过程中，游客所享受的旅游服务的重要组成部分。可见，只有旅游公共服务得到游客的认可，提升游客满意度，才能在游客心目中构建起品牌形象，才得到游客多种方式的推介和宣传，建立游客的品牌忠诚度，为一个地区旅游业提供持续客源。因此，毫不夸张地说，旅游公共服务体系建设是一个地区旅游业高质量发展的必要保障。

（三）是城市品质提升的需要

未来我国区域城市的竞争将主要集中在政府能力的竞争，公共服务生产供给能力是政府能力的重要体现。旅游业对一个城市品质的提升的重要性不言而喻，旅游公共服务是一个地区公共服务的重要组成部分，旅游公共服务主要是为旅游流动人口提供的公共服务。一流的城市，一定有一流的旅游公共服务。旅游目的地建设与城市发展，公共服务成为重中之重。从我国旅游发展实践可以看出，凡是旅游经济发达的地区，必定是旅游公共服务先进完备的地区。因此，可以说，旅游公共服务体系建设是一个地区城市品质提升的需要。

三、旅游公共服务体系的特征

旅游公共服务体系是整个社会公共服务体系的重要组成部分，因此，理所当然具有社会公共体系的一切特征。旅游公共服务体系具备以下特征。

（一）共享性

旅游公共服务体系是社会公共服务体系的重要组成部分，具有公共服务的一般特征（即排他性、非竞争性和不可分割性)[①]。同时,旅游公共服务由于服务对象的特殊性,肯定有自己的特征。由于旅游活动的异地性和移动性特征,导致游客必须通过自己的移动才能完成旅游活动,而旅游目的地政府所提供的有些旅游公共服务设施和产品,游客享用的同时,并不排斥当地民众同时享用。换而言之,以旅游者为主要服务对象的旅游公共服务体系,在为满足外地游客完成旅游活动的同时,也可以兼顾当地居民的休闲娱乐游憩等幸福需求(参见图5-3)。

图5-3 既是公共交通又是旅游体验的城市单轨

图片来源:亢常弘2022年1月7日拍摄于重庆。

(二)兼具公益性和营利性的双重特征

旅游公共服务体系由于其消费对象主要是外来游客,但同时又允许本地民众享用,因此自然具有公益性和营利性的双重特征。在旅游公共服务体系中,有一部分旅游公共服务是以服务外来游客为主的,根本出发点是为提高区域内旅游公共服务生产供给数量和质量,提升区域旅游吸引力,构建区域旅游品牌形象,以吸引更多游客旅游消费,性质是介于纯公共产品和纯私人产品之间的准公共产品。这部分旅游公共服务可通过向特定具体服务对象收费或按照商业化、市场化方式来提供的,旅游公共服务的这一部分具有明显的经济利益指向性,具有盈利性的属性。另外一些旅游公共服务介于纯公共产品和纯私人产品之间,特别是一些公益性较强的旅游公共游憩设施,主要是外来游客和本地民众共享的,具有极高社会教育意义,公益性鲜明,包括纪念馆(堂)和展览馆、自然保护区、国家公园等公益性游览参观点,其非营利性较为突出。

(三)具有物质消费与精神消费的双重属性

旅游活动的本质就是为了享受和愉悦体验,因此旅游活动本身就具有物质消费和精神消费的双重特征,旅游公共服务的物质消费同样是为了追求过程体验和享受。

进入体验经济时代,心理精神消费成为游客关注的消费新方向。游客对旅游过程的重视程度越来越高,日益追求旅游过程中的高峰体验享受。另外,加上小众化、个性化、自驾等

---

① 刘莹莹.乡村旅游公共服务体系建设理念再审视及其实现研究——基于全域旅游视野[J].农业经济,2020(06):121-123.

旅游方式的涌现，游客对能引起自我心理需求共鸣或能实现自我价值的感性旅游产品更加偏爱，客观上强化了游客对关系旅游体验品质的旅游基础设施、旅游目的地信息、旅游公共安全、旅游监测保障等旅游公共服务的需求（参见图5-4）。

（四）具有多样性和区域性

旅游公共服务体系的多样性主要体现在服务对象需求层次的多样性、服务对象群体来源的多样性和生产供给主体的多样性。

首先，随着我国社会思潮变迁、经济的发展和消费观念变化，民众的旅游消费需求不断升级，而且日益差异化，对旅游公共服务的需求同样多样化，主要体现在对旅游公共服务的品种、层次、特色应是多样的。其次，随着旅游的社会认同功能凸显和新冠病毒感染疫情，旅游消费群体日益分化，不但呈现出多层次性，而且日益个性化、小众化，他们对旅游公共服务的需求必然是多样化的。再次，旅游公共服务的供给主体有私人企业、公共部门、国有企业、社会组织，呈现出多样化的状况。

旅游公共服务体系的区域性体现在一个地区的旅游公共服务只能提供给来到这一区域的外地游客和本地民众享受，对于外地民众和未来到此地的游客是无法享受到本地区的旅游公共服务的。

图5-4　贵州省黔东南苗族侗族自治州凯里南站

图片来源：张佳一2021年4月30日拍摄于凯里。

图5-5　西江千户苗寨具有特色民族风情的收费站

图片来源：张佳一2021年4月30日拍摄于西江。

（五）动态性

由于旅游公共服务的消费对象主要是外来游客，他们的来源是动态的，需求是动态性，因此，他们对旅游公共服务的需求是不断变化的。同时，随着科技进入和广泛使用，旅游公共服务的更新速度会越来越快，呈现出动态性的特征。

四、我国旅游公共服务体系建设的历程、现状及问题

旅游公共服务体系建设水平、运行状况和生产供给旅游公共服务产品的能力，直接影响整个旅游活动的质量，决定着游客对整个旅游活动的感知和评价，是衡量一个地区旅游业发展能力和水平的重要指标，对于本地区旅游持续健康发展具有重要影响。

伴随着现代旅游业的发展，我国旅游公共服务设施逐步改善，我国旅游公共服务体系建设正在积极有序推进，基本构建起我国的旅游公共服务体系，旅游公共服务体系在旅游业发展中的支持和保障作用日益明显。旅游公共服务体系的几大领域（旅游公共基础设施体系、旅游信息咨询体系、旅游交通集散体系、旅游便民惠民体系、旅游安全保障体系、旅游行政服务体系）都取得了不错的成绩，全国旅游公共服务体系初步建立。但是，由于多种原因，我国的旅游公共服务体系依旧相对滞后，不能满足游客不断升级的多元性旅游公共服务需求。旅游公共服务体系各领域的“短板”依然是制约旅游业持续发展的瓶颈。

（一）旅游公共服务体系建设的历程和现状

1. 我国旅游公共服务体系的历程

我国旅游公共服务体系建设与旅游业发展同步。众所周知，我国旅游业发展经历了四个阶段，旅游公共服务体系建设自然也经历了四个阶段，见表5-2。

表5-2 中国旅游公共服务体系发展阶段

序号	发展阶段	时间划分	旅游业基本特征	旅游公共服务体系建设特征
1	起步发展期	1978—1992年	游客以团队游为主，主要集中在国内外知名的旅游目的地；重视旅游结果	主要围绕旅游核心要素，满足游客基本旅游消费需求；基本集中在硬件旅游公共服务方面
2	发展提升期	1992—1998年	游客仍以团队游为主，仍然集中在知名旅游目的地；对文化旅游和旅游过程有了一定的重视	游客开始重视旅游过程，旅游接待业的辅助系统因此开始受到重视；侧重度仍在核心旅游活动要素
3	快速发展期	1998—2012年	自驾游开始出现，国家假日制度改革，民众旅游需求激增	旅游公共服务体系比较滞后，满足不了游客激增的旅游消费需求，迫在眉睫的是满足游客激增的基本旅游消费需求，因此主要建设仍然集中在旅游公共服务硬件方面；对辅助体系重视程度提升
4	转型提升期	2012年至今	后现代消费文化盛行，旅游者旅游消费层次提升，个性化、体验性旅游方式日益受到重视	游客对旅游公共服务的质量日益重视，旅游公共服务体系中，技术的功能越来越明显，科技程度提高

注：笔者根据文献整理。

2. 我国旅游公共服务体系的现状

（1）已经基本构建起旅游公共服务体系，能够满足游客基本旅游消费需求

截至2020年末，全国共有A级旅游景区13 332个，比上年末增加930个。其中，5A级

旅游景区302个，增加22个[①]。根据我国旅游景区等级评审标准，评选旅游景区等级对旅游公共服务体系有着明确严格的标准，通过我国行业主管部门推动的旅游景区评审工作，促进了我国旅游公共服务体系的建设，构建起我国基本的旅游公共服务体系。可以说，我国所有的A级旅游景区，旅游公共服务的供给能力能够满足涵盖旅游活动核心要素的游客基本的旅游消费需求。

（2）旅游公共服务体系供给能力仍然相对滞后

虽然我国旅游公共服务体系已经基本建立起来，能够满足游客基本的旅游消费需求。但是，随着我国旅游业的深入发展，游客消费需求的不断升级，尤其是体验经济时代，游客日益重视旅游过程中的各种体验，我国旅游公共服务体系所提供的产品和服务依然不能满足游客的衍生性旅游消费需求。例如，随着小众化、个性化旅游方式受到年轻人青睐，“说走就走”的旅游逐渐增多，游客对在线旅游服务的需求越来越高，对小众旅游目的地重视程度提高，而这些旅游目的地旅游公共服务体系不太完善，就影响了整个旅游活动中的过程体验。

（3）旅游公共服务体系的韧性有待提升

由于旅游业的弱质性，容易受到突发性自然灾害、安全事件、负面新闻的影响，而旅游公共服务体系仍然不能有效地为旅游业的健康发展提供保障和支持。旅游信息咨询服务体系功能有待提升，权威、透明信息的及时发布制度有待完善。目前仍然依赖地方政府的统一防控体系，旅游公共服务体系建设方面还欠缺这一项功能。

（二）旅游公共服务体系建设的问题

1.旅游公共服务体系存在供需矛盾

我国旅游公共服务体系的供需矛盾主要体现在结构性供需矛盾，时间性供需矛盾和空间性供需矛盾。结构性供需矛盾主要表现在游客不断升级的旅游消费需求与相对滞后的旅游公共服务体系供给之间的矛盾。随着游客旅游消费需求的升级，旅游的社会认同功能的凸显，游客对于旅游活动中的过程体验越来越重视，由此催生了很多新的旅游活动要素，彰显了游客新的旅游消费需求，但是当前的旅游公共服务体系并不能有效满足游客这些新兴的旅游消费需求。时间性供需矛盾体现在我国节假日，游客数量激增，导致旅游公共服务体系短期内供给能力不足，这个可以通过假日制度改革缓解。我国幅员辽阔，各地区之间旅游公共服务体系建设参差不齐。空间性供需矛盾体现在东部发达地区，旅游公共服务体系相对发达；而中西部旅游公共服务体系相对较差，区域间旅游公共服务体系建设发展不均衡。

我国实行梯度区域发展战略，旅游发展同样实行梯度发展战略；另外，由于区域发展产业惯性的原因，对旅游业的作用和功能的认知差异，导致我国旅游公共服务体系建设空间性不均衡。具体表现在，在我国东部沿海发达地区，旅游公共服务体系不论从基础设施、公共服务供给能力，还是公共服务的科技含量，都处于相对发达的地位，基本能够满足游客综合性旅游消费需求；而在中西部，尤其是民族地区，旅游公共服务体系及建设就相对滞后。

---

① 新华社，2021-07-05。

2. 新技术应用推广比较滞后

由于旅游业发展的不均衡，旅游业在地区发展中的地位差异，还有地方政府领导的认知差异，导致旅游公共服务体系建设中对新科学技术的应用和推广力度差异，直接决定了地区旅游公共服务体系生产供给产品和服务的质量和效益。整体上说，中西部旅游公共服务体系建设中新技术应用和推广相对滞后。例如，智慧旅游体系、直流电技术等。

五、旅游公共服务体系的优化

综上可知，我国旅游公共服务体系建设和发展是与旅游业的发展紧密相关的，因此，随着我国旅游业的深入发展，尤其是游客旅游需求升级，我国公共服务体系存在的各种问题和矛盾必将通过优化得到解决。

（一）政府引导，鼓励多元主体参与旅游公共服务体系建设

我国经济社会发展实践已经充分证明，我国能够取得社会主义建设发展的各项成就，离不开我国社会主义体制的优势。旅游业的发展自然也不例外。因此，我国各地政府必须发挥自身优势，做好顶层设计，鼓励多元主体参与本地的旅游公共服务体系建设。

旅游公共服务体系分为基础性公共服务、市场性公共服务和管理性公共服务，涵盖旅游公共基础设施体系、旅游信息咨询体系、旅游交通集散体系、旅游便民惠民体系、旅游安全保障和应急处置体系、旅游行政服务体系等领域。有些体系需要政府提供，比如，旅游行政服务体系；有些可以通过市场引导，鼓励私人企业、国有企业或者其他组织参与生产供给，例如，旅游信息服务咨询体系、旅游安全保障和应急处置体系，旅游交通集散体系等；有的可以允许多方主体单独或联合的方式来提供，例如，旅游公共基础设施建设运行等。

因此，政府必须通过科学引导，鼓励多元主体参与旅游公共服务体系建设，提升其生产供给能力，在优化我国旅游公共服务体系的过程中实现多赢，为我国旅游公共服务体系持续优化提供持续动力源。

【同步案例】

上海迪士尼面对紧急疫情

2021 年 10 月 31 日下午 6 点 05 分，上海迪士尼度假区接到协查通报，立刻发出通知，要求即刻起停止游客进入，所有在园的游客离园时，必须在出口处接受核酸检测。当天正是万圣节，晚上还有著名的“万圣节烟花秀”，许多人本是乘兴而来，没想到会遇到这样的突发状况。更要命的是，当时在园区游玩的游客多达几万人，这么多人被围困在这里，有老人有孩子还有孕妇，这场突如其来的危机，瞬间打乱了所有人的心。此时天已经黑下来了，游客们开始恐慌：还能回家吗？难道要在园里过夜了吗？我们应该怎么办？其实恐慌不止在园内蔓延，外界也关注着迪士尼的一举一动。10 月 31 日下午 5 点多，有网友陆续在微博里发布消息。底下的配图里，有游客滞留，有大量身穿防护服的工作人员进入迪士尼的身影。

就在很多人都不明所以时，20 多分钟后，上海迪士尼度假区就发布了官方消息："所有已在乐园的游客在离园时需要在出口处接受核酸检测。"一石激起千层浪，迪士尼迅速登上热搜，很多人都不停地刷新网络，关注着迪士尼的各种进展。不过更难捱的还属于园内的滞留人员。"不能出不能进了?"有人担心孩子的作业还没辅导，有人立即停止游玩，去准备排队做核酸。也有人表示不信："不至于全部都做核酸吧？有这么多人在园啊。"随着人越来越多，人群中出现了轻微的躁动，渐渐降临的夜幕中，孩子的哭声、喊叫声、说话声交织在一起，让这个平日里的童话乐园第一次变得紧张起来。为了疏解游客的情绪，迪士尼的工作人员自动拦起人墙，耐心地告诉排队出园的人发生了什么。而广播里也播放着"应新冠检测需求，目前迪士尼在园人员按序做核酸后方可离开"的消息。人群渐渐平静下来。大家自觉全程佩戴口罩，按照工作人员的指示排起长长的队伍。

为了提升检测速度，晚上八点半，迪士尼新开了核酸检测点，这不仅大大缩短了排队时间，也极大地分散了检测压力。实际上，从迪士尼发布通知后，医务人员、警察迅速逆行入园，半小时内，工作人员、医生、警察、保安所有人员就已经全部到位，根本没有给游客过多恐慌的时间。孕妇优先检测、口渴的给送水、哭闹的孩子有人哄，所有游客井然有序排队，没有一声抱怨。这得是什么样的组织和防控能力才能做到如此程度啊！但这还没完，更让人惊喜的，还在后面。

有网友调侃：没有想到，在迪士尼排得最长的队伍竟然是核酸检测！可让人更没想到的是，紧急疫情到来之时，上海迪士尼不仅没有给游客带来任何恐慌和压力，相反地，还以一种温情的方式，让大家度过了此生都难忘的一个夜晚。出园队伍太长？不要紧。"先看会表演吧！"园区灯光依然闪亮，城堡在五颜六色的灯光映衬下，更加梦幻。万圣节巡游依然在进行，黑巫婆等反派角色悉数登场，掀起一阵狂欢热潮。艾莎公主的歌声依旧！"如果不是在微博刷到了新闻，我都不知道园内发生了什么。"有游客在事后采访时激动地表示，当时园区的氛围丝毫没有受影响，自己反而最先是从外面得到的消息。而让迪士尼这个夜晚更"魔幻"的，莫过于晚上如约而至的烟花秀。在现场拍摄的视频中，我们看到的是，在迪士尼梦幻城堡背后腾空绽放的烟花，似梦似幻，数千游客在广场上席地而坐观看。烟花之下，是穿着防护服的疾控人员有条不紊地给游客做检测，是穿着警服的民警们不疾不徐地维持着秩序。烟花与防疫同框，秩序与温度并存，相信看到这一幕的中国人，都会为之动容，逆行抗疫者替我们守护美好的童话，没有哪一场烟花秀会比这个画面更美好了，因为它代表的不只是简简单单的一次核酸检测，更是一种中国温度。当然，还有那振奋人心的中国速度。烟花秀结束，检测者接上。截至次日中午，3.3 万人的检测结果全部出炉，结果均为阴性。感谢上海"逆行者"，感谢迪士尼。正如张文宏昨晚深夜发文所说："感谢今天不灭的烟火，让我们看到人类在灾难面前的从容淡定与对未来的信心。"相信有这样强大的内心，有这样及时并有效的防疫速度，在打败病毒这条路上，未来，一定可期。

（资料来源：人民日报客户端上海频道，2021-11-01. 案例入选时有修改。）

讨论：当旅游景区突遭重大公共事件时如何合理地疏散、安抚大批的游客？这些举措对当前疫情常态化下旅游接待业管理有哪些意义？

(二)科学规划,助推我国旅游公共服务体系持续优化

旅游公共服务体系是一个构成要素众多,体系复杂的系统,必须经过科学规划,才能逐步完善其构成要素,发挥其功能。一个地区旅游公共服务体系的科学规划,必须结合当地整个经济社会公共服务体系的规划,立足本地旅游公共服务体系的实际,科学预测分析游客的旅游公共服务需求,围绕着游客的旅游公共服务需求,补齐短板,为游客提供高质量的旅游公共服务产品;通过满足游客不断升级的旅游公共服务需求,提升游客整个旅游活动的质量,提高游客的忠诚度,扩大本地旅游产品的知名度和美誉度,为本地旅游业发展吸引持续客源。进而实现本地旅游业发展与旅游公共服务体系优化之间的协调发展。

(三)加大新科技应用推广力度,提升旅游公共服务体系供给能力

旅游公共服务体系供给能力的提升来自游客旅游消费需求的驱动和新技术的助推。因此,旅游公共服务体系建设过程中,新科技的使用和推广必须围绕着游客旅游公共服务需求的变动,分析游客的需求趋势的变动规律,研发利用新科技,为游客的个性化需求提供便利。同时,新科技的使用,可以为旅游公共服务体系的运营节约成本。例如,我国有些旅游景区地理位置相对偏僻,如果使用国家公共设施网络,前期基础设施建设投入巨大,可以使用新科技,节约成本。以电力为例,完全可以采用直流电技术,不用经过国家电网的直流电转换为交流电,在转换为直流电。不但节约了前期铺设线路的成本,而且日常运营成本也大大减少。

第四节　旅游金融保险

伴随着旅游业的迅速发展,旅游接待业相关要素的技术、设备、资本的越来越大,单靠政府财政资金和旅游主体个人投资,已经不能满足旅游接待业发展需求,也不能满足游客综合性旅游消费需求的增长,因此,迫切需要金融工具介入旅游接待业市场,实现旅游接待业主体和银行业的双赢。另外,随着旅游风险事故(旅游期间旅客人身、财产安全受到侵害)的增多和游客保险观念的变迁,旅行社和游客之间的纠纷案件逐年增多,冲击了我国旅游业的声誉。客观上急需保险业介入旅游活动,为旅游活动各方规避风险。

旅游金融是以旅游产业为基础平台,通过旅游资源、资产和未来收益的资本化,让金融工具充分发挥自身资源配置和投资引导的功能,起到旅游产业催化剂和倍增剂的作用,拓展旅游发展空间,延伸旅游产业链,提升旅游资源价值,构建泛旅游产业集群,创造旅游新价值,最终在旅游产业与金融业的互动协调发展中,驱动旅游产业做大做强。旅游接待金融是旅游金融的重要组成部分。

旅游保险是针对游客外出开展旅游活动,可能发生的人身安全和财产安全各种意外产生的保险产品。其目的在于为旅游业各方主体规避风险,减少损失,保障旅游业健康持续发展。

一、旅游接待金融保险的作用

(一)旅游接待金融的作用

1. 金融支持助推旅游业发展

任何产业的发展都离不开金融的重要支持,旅游业自然也不例外。金融支持旅游业发展主要体现在两方面。一方面通过直接融资贷款等政策性金融支持的方式为旅游产业发展提供资金支持,包括政府直接建立旅游发展基金和政策性银行提供旅游业信贷支持。推动持旅游业规模发展壮大;另一方面充分利用各种金融工具的资源配置功能推动旅游业各个要素结构持续优化。但是,我们通过梳理文献发现,金融支持助推旅游业发展的效益存在着地区差异,在东部沿海效益要好些,在中西部一些地区效益要差点。

2. 金融与旅游业的互动双赢

金融介入旅游业发展,从实际效果来讲,实现了两者之间的协调发展和双赢。旅游业在金融大力支持下,发展规模迅速扩大,在很多地区已经成为战略性支柱产业和民众的幸福产业,也成为政府释放内需的重要产业。金融业也通过介入旅游产业,衍生了具有旅游金融特质的金融产品,提升了效益。比如,针对政府的政府旅游发展基金和债券,针对游客的适度超前消费的旅游金融产品等。

3. 金融推动旅游业转型升级

金融主要通过对旅游活动中的供给方和需求方的支持,来助推旅游业健康持续发展。首先,通过科学研判游客消费需求升级趋势,归纳总结出游客消费规律和特征,并立足于现行旅游业发展实际,针对旅游接待业发展的短板,精准投放金融产品,为旅游接待业转型升级提供资金支持。其次,针对游客消费需求,加大金融对旅游消费的支持力度,引导培育旅游新型消费,适时投入消费金融产品,激发游客适度超前消费的动力,为旅游接待业转型升级吸引持续客源。

(二)旅游接待保险的作用

1. 保障旅游业健康持续发展

旅游业弱质性和高风险特质已经成为共识。由于旅游活动的异地性和移动性特征,随着旅游业深入发展,伴随着旅游市场的繁荣,与游客旅游活动相关的风险事故(旅游期间旅客意外伤害、财产丢失等)明显增多,游客与旅游接待业各方主体之间的投诉和纠纷案件逐年增多,给我国旅游业声誉造成了一定的负面影响,阻碍了我国旅游业的健康发展。保险业介入旅游活动,能够有效地减少避免此类纠纷发生,维护旅游业声誉,保障旅游业健康持续发展。

2. 为旅游接待业各方主体规避风险

旅游接待业涵盖游客整个旅游活动,涉及旅游业几乎所有要素,主体较多,比较复杂。

各主体承担风险能力差异性较大,游客承担风险能力是最弱的,其次应当是酒店服务业。保险业适时介入旅游活动,可以帮旅游接待业各方主体规避风险,减少损失,最大限度地保障旅游接待业稳定运营。笔者在四川省阿坝藏族羌族自治州茂县坪头羌寨,亲身经历了当地旅游接待户联盟与保险公司谈判,集体购买游客人身意外险的过程。当地群众如实陈述了旅游保险的保障作用,直言这个险种目前比较受欢迎。

二、旅游接待金融保险的特征

(一)旅游接待金融的特征

1. 持续性强、需求量大

十九大以后,随着我国社会主要矛盾的变化,旅游业已经成为我国的幸福产业之一,成为我国扩大消费,刺激内需的重要选择产业。另外,旅游已经成为我国民众的生活必需品,民众持续不断的需求成为旅游业持续发展的最大动力源,这就相应地给旅游接待金融带来了持续的发展动力,造成了旅游接待金融具备了持续性强的鲜明特征。旅游业的综合关联性强,旅游活动涉及的要素众多等特征,决定了旅游接待金融涵盖了旅游活动的所有要素,囊括了旅游接待业市场的供给方和需求方,这两方各个主体对旅游金融的需求量极大,既包括旅游接待业供给方建设性资本投入支持,也包括游客需求方对消费金融的需求。

2. 多样化、涵盖面广

由于旅游接待业涉及主体众多,包括旅游产品供给方和需求方。旅游产品供给方在旅游要素的各个领域,要扩大经营生产规模,提高旅游接待能力,扩大投入,需要金融的支持,涵盖了旅游活动的核心和辅助要素,涵盖面广。旅游产品需求方需要旅游消费信贷,同样需要旅游金融服务模式、服务流程等环节的支持。例如,在旅游准备阶段,需要旅游预算、住宿交通旅游预订、旅游保险购买等服务;旅游进行阶段,旅游目的地异地存取服务、旅游商品合作购买等其他相关旅游消费支付,旅游电子商城方面的服务等;旅游返程阶段旅游积分兑换和旅游保险后续事宜等。换言之,旅游接待金融涵盖所有旅游活动要素,涉及旅游消费的各个环节,具有涵盖面广的特征。

3. 动态性

我国民众消费已从观光型转向品质体验型,从注重结果转向注重过程。随着我国民众旅游消费观念不断转变,旅游消费结构、消费方式等不断升级,推动了旅游消费金融模式不断创新。旅游消费结构包括住宿、餐饮、交通、游览等基本旅游消费和娱乐、购物等具有较大弹性的非基本旅游消费。随着购物、娱乐等大量非基本旅游消费方面消费支出的增加,旅游企业不断创新旅游消费场景,金融机构不断创新旅游金融产品以满足旅游者的消费需求。由于民众追求品质幸福生活的需求是无止境的,这些都决定了旅游接待金融具有动态性的特征,必须围绕着游客旅游消费需求的变动和旅游业转型升级的特征来创新服务。

(二)旅游接待保险的特征

1.潜在市场需求巨大,供给短缺

旅游接待业供给方和需求方均涉及众多主体,它们都需要旅游保险业务的涉入和覆盖。首先,旅游接待业供给方的众多主体需要保险业的支持,例如,住宿、餐饮、交通、景区等这些容易发生游客人身、财产安全事故的场所的主体需要保险业的介入,为这些主体规避一定的风险,维护它们的声誉。同时,游客开展旅游活动同样有规避风险,减少避免损失的需求。但是在我国现行的旅游意外险方面,目前国内保险公司主要经营的险种有旅游人身意外险、交通人身意外险、住宿人身意外险、旅游景点人身意外险和旅游救援保险等五类,根本不能满足各方主体对旅游保险相关险种的需要。

2.需投保的种类较多,相对复杂

旅游业是弱质产业,风险较高,很容易受到自然、社会风险的影响①。2020 年开始的新冠病毒感染疫情对旅游业的打击大家有目共睹。根据数据显示,2020 年全球旅游总人次降至 72.78 亿人次,同比下降 40.8%。2020 年,全年国内旅游人数 28.79 亿人次,比上年同期下降 52.1%。国内旅游收入 2.23 万亿元,同比下降 61.1%②。旅游活动的异地性和移动性,决定了旅游活动必须离开惯常居住地,增加了旅游活动的不确定性,需要旅游保险来减少规避风险。旅游活动涉及“食、住、行、游、购、娱”等传统核心要素和“商、学、养、闲、奇、情”等衍生辅助要素,旅游保险也应当介入这些要素,这就意味着旅游保险潜在需求险种较多,相对复杂。

三、旅游接待金融保险的类型

(一)旅游接待金融的类型

根据不同的分类标准,旅游接待金融产品可以分为不同的种类。主要有以下几种分类:

①根据需求对象的不同,分为旅游接待业供给方各主体需要的旅游金融产品、旅游接待业需求方游客需要的旅游金融产品。

②按照业务类型分为三方支付、融资、保险、理财。

③按照服务方式分为传统型旅游金融产品(传统信贷产品、银行代销产品、定期不定期储蓄、个人理财产品)和互联网旅游金融产品(旅游消费信贷支付、旅游供应链融资、旅游担保等)。

④根据现代金融体系的三大支柱来分类,分为银行类旅游金融产品(旅游信贷、融资)、证券类旅游金融产品(旅游证券型融资,融资租赁等)、保险类旅游金融产品。

⑤根据用途分为投融资型旅游金融产品和消费型旅游金融产品。

---

① 李爽,黄福才,李建中.旅游公共服务:内涵、特征与分类框架[J].旅游学刊,2010,25(4):20-26.

② 钱亚妍.中国旅游保险业务的现状及对策研究[J].天津商学院学报,2005(4):15-18.

上述分类并不能穷尽旅游金融的分类，随着旅游业的转型升级，必定有新的旅游金融产品的衍生。

（二）旅游接待保险的类型

根据不同的分类标准，旅游接待保险可以分为不同的保险种类，主要有以下几种分类：

①根据需求对象的不同，旅游保险产品可以分为旅游接待业供给方各主体需要的旅游保险产品（如酒店、餐饮景区等场所的游客意外险）和旅游接待业需求方游客需要的旅游保险产品（游客人身、财产意外险）。

②根据风险种类，旅游保险产品可以分为交通意外保险、住宿保险、旅游救助保险等。因为旅游风险的可能性存在，旅游保险才有产生的必要。在整个旅游活动过程中，可能会遇到各种不可预测事件对游客的人身和财产构成损失或损害的风险，例如，交通风险、住宿风险、餐饮风险、购物风险、娱乐风险、景点风险及自助游风险等。

③根据风险产生的原因，旅游保险产品可以分为突发自然灾害型旅游保险、突发社会事件型旅游保险、突发诱致性旅游保险（例如自身疾病诱致性旅游保险）和个人责任型旅游保险等。

④根据保险缴费来源，旅游保险产品可以分为游客个人缴费的旅游保险和旅游接待业供应方的各个主体缴费的旅游保险。

四、旅游接待金融保险的趋势

（一）旅游接待金融的趋势

旅游金融通过对旅游产品供给方的各个主体提供直接或间接的资金支持，增强了旅游供给方的生产能力，为旅游者提供出更高质量的旅游产品；同时，旅游金融对游客者提供相应的旅游消费金融信贷等服务，引导刺激旅游消费需求，推动旅游经济实现高质量高水平的动态化供求均衡稳定，促进旅游产业健康发展。另外，银行也在旅游业持续发展中创新了金融产品，扩大了业务范围，获得了相应收益，实现了旅游业和金融业的双赢。

旅游金融具有以下发展趋势。

1. 数字化

在“互联网+旅游”和“旅游+”如火如荼深入展开的现实背景下，大力发展旅游金融相关业务，推动金融业务覆盖整个全旅游产业链是时代所需，既是金融业拓展业务提质增效和高质量发展的强大助力，也是旅游业转型升级的重要支撑。

在大数据和互联网技术迅猛发展的背景下，金融和旅游业与大数据和互联网技术的融合发展已经成为趋势。旅游金融未来将会与旅游业深度融合，从旅游活动开始前的旅游产品、线路推介、交通食宿预订到旅游过程中的游览体验，再到旅游活动结束后旅游评价积分兑换和旅游保险后续事项，旅游金融可以涵盖整个旅游活动的全过程，囊括全旅游产业链。这些都离不开互联网技术和大数据技术的助推。另外，目前我国旅游金融数字化在旅游经济发达地区和高学历人群中认可度较高。随着我国区域旅游发展均衡化程度越来越高，旅游金融数字化将日益普及。

因此，未来的旅游金融与互联网将你中有我我中有你，互相促进。换言之，旅游金融数字化必将是发展趋势。

2. 旅游投资证券化，旅游消费场景化

构建以国内大循环为主体、国内国际双循环相互促进新发展格局，是我国在新发展阶段，贯彻新发展理论的重大战略决策。旅游业具有综合关联性、广泛带动性和开放程度高等特点[①]，成为实施这一战略决策的重要载体。旅游业转型升级，实现高质量发展的前提保障是旅游业大规模投资，旅游资源证券化是实现其资本化的重要途径，实际上是增加了旅游投资企业的无形资产，使得他们可以吸引更多社会资本进入旅游业，能够促盘活旅游业许多资源，助推旅游业高质量发展。

在现代旅游消费图示下，旅游大数据已经把每位消费者的消费偏好编码成消费场景，完整呈现在旅游金融企业面前，旅游金融企业可以根据游客的职业、年龄、消费偏好、地域、学历等特征确定其等级，从而满足不同游客差异化的旅游消费金融需求，提供精准衔接的旅游消费金融产品和服务。随着旅游业发展的数字化程度提升，这种趋势会更加明显。

3. 便捷化

随着旅游接待业与互联网、大数据融合程度越来越高，“科技赋能”在旅游金融助推旅游业高质量发展中效果凸显，旅游企业、游客均感受到其便捷性。随着游客旅游消费需求升级，对旅游金融便捷性要求会逐渐提升，旅游金融企业为满足游客需求，必将创新自身旅游金融产品，顺应旅游接待业这种趋势。

（二）旅游接待保险的趋势

1. 业务延伸至全旅游产业链

随着我国社会主要矛盾的变化，旅游已经成为民众生活刚需，被列为幸福产业之一。在旅游业高质量发展的过程中，游客对旅游保险的需求是旺盛的，但是，我国旅游保险产品相对滞后。我国保险企业在自身拓展业务的驱动下，必将立足旅游企业和游客对旅游保险的需求，改善创新自己的旅游保险产品，设计全面保障的险种，把自己的保险业务延伸到整个旅游活动的全旅游产业链，涵盖旅游活动的所有要素。例如，酒店、餐饮、住宿、景区等旅游产品供给方有规避风险的旅游保险业务的需求；游客有旅游活动中人身、财产安全的旅游保险业务的需求。

因此，可以说，随着旅游业深入发展，旅游保险业务必将延伸至全旅游产业链，涵盖几乎所有旅游活动要素。

---

① 华萍.新发展阶段下的旅游消费金融：概念拓展、模式创新与研究展望——基于文献综述的视角[J].金融发展研究，2021(10)：49-54.

2. 集中化、品牌化

近年来，飞速发展的旅游业综合带动效应功能凸显，已经上升为我国战略性支柱产业之一。旅游提供安全保障的旅游保险行业也呈现出新的发展形势，旅游保险的业务竞争也呈现出激烈竞争的态势。外国保险公司进入中国市场，在中国的外国人出于经济和情感的考虑，会更倾向于选择外国保险公司。但是，我国大型保险公司由于资本、人才、信誉、品牌等优势，再加上注重开发和创新个性化、多元化的服务产品，更容易得到国内游客信任和青睐。因此，我国旅游保险市场上，游客选择旅游保险产品和服务时，会优先选择国内外大品牌保险公司，必将导致我国旅游保险业务的集中化、品牌化程度越来越高。

3. 便捷化

随着我国旅游金融保险与大数据、互联网技术结合越来越紧密，旅游保险与旅游业的融合程度日益提升。旅游保险的相关产品和服务在在线旅游产品推介时，就会嵌入到在线旅游平台。游客通过移动互联网终端在选择旅游产品和服务时，同时可以浏览到旅游保险的相关产品和服务，并且可以很便捷地比较优劣后做出购买决策，通过在线支付平台进行支付。在旅游活动结束后，可以通过移动终端设备处理旅游保险相关事宜，具有极大的便捷性。随着移动终端设备和互联网技术的普及程度提高，游客对这种便捷性的需求也越来越大，旅游保险企业必定会适时调整创新自己的旅游保险产品和服务，满足游客的需求，必然推动旅游接待保险的便捷化程度提升。

本章小结

本章先对旅游接待业辅助系统的界定依据进行阐述，认为旅游业接待业辅助系统主要是在游客旅游消费需求不断升级推动下，各旅游市场主体围绕着除六大传统核心要素以外的其他旅游业辅助支持要素，为满足游客基本传统需求以外的其他享受型旅游消费需求而产生的产品服务生产供给主体在相互协调，互为依托，协同发展中形成的具有辅助支持功能的旅游产品和服务生产供给体系。

通过阐述旅游接待业辅助系统的地位和特征，得出辅助系统的构成要素，围绕这些要素分章节进行详细分析。第二节在线旅游接待主要介绍其产生背景、发展现状、当前存在的问题、如何对其进行管理。第三节旅游公共服务体系主要介绍概念、作用、所具有的独特性质，在此基础上对我国旅游公共服务体系的建设提出优化路径；第四节旅游接待金融保险主要介绍其在旅游业中的重要作用、未来的发展趋势。

复习思考题

一、名词解释

1. 旅游接待业辅助系统
2. 在线旅游接待
3. 旅游公共服务体系
4. 旅游接待金融
5. 旅游接待保险

二、简答题

1. 简述旅游接待业辅助系统的概念、特征、作用和功能。
2. 简述在线旅游接待的概念、特征、作用和功能。
3. 简述旅游公共服务的概念、特征、作用和功能。
4. 简述旅游接待金融的概念、特征、作用和功能。
5. 简述旅游接待保险的概念、特征、作用和功能。

三、论述题

1. 论述旅游接待业辅助系统的地位、作用和运作机制。
2. 论述旅游接待业人才的素质要求和培养路径。

【拓展阅读】

红色旅游焕发青春活力

今年以来，全国各地红色旅游热度持续攀升，红色旅游的吸引力和影响力越来越强。不少红色目的地不断创新内容和形式，与夜间旅游、科技时尚、乡村振兴等融合发展，使红色文化更加鲜活生动，红色旅游迸发出青春活力，越来越多"90 后""00 后"的年轻人爱上红色之旅。

(一)红色旅游持续升温

纵观今年的节假日旅游市场，红色之旅都是热门选择。人们学习革命历史、感受革命文化的愿望日益强烈，参观革命旧址、纪念馆、博物馆蔚然成风。携程红色旅游大数据显示，今年上半年预订红色景区门票的人数同比增长 208%，较 2019 年同期增长 35%。红色旅游、红色乡村、红色景区成为搜索最多的关键词。北京、江苏、湖南、上海、河北、陕西、江西、四川、浙江、河南、贵州等红色旅游资源丰富的目的地人气兴旺。

从 2004 年到 2019 年，全国红色旅游资源不断扩充，每年参加红色旅游的人次从 1.4 亿增长到 14.1 亿。其中，年轻人的占比越来越重，红色旅游市场年轻化趋势明显。携程报告显示，在今年出行的红色游客中，"80 后""90 后"占七成，"00 后"同比增长 2.5 倍，下单红色旅游景区的"90后"同比增长21%,"00后"更为活跃,同比增长165%。"80后"最爱带娃逛红色景点,三成家庭选择红色亲子游。

"红色旅游+乡村旅游"带动了文旅产业高速发展。多地开发的"红色旅游+乡村旅游"特色线路,助推乡村振兴。石家庄西柏坡红色胜典景区、沂蒙红色影视基地、大别山红色旅游区、西江千户苗寨这些结合了红色与乡村特色的目的地受到游客喜爱,这些景区今年的订单量相比2019年平均增长496%。

携程研究院战略研究中心副主任张致宁认为,随着爱国主义教育深入人心,青少年对红色文化更加向往,红色旅游市场不断焕发出生机与活力。同时,红色旅游目的地基础设施提质升级,服务质量明显提升。

(二)红色体验鲜活起来

为丰富游客的游览体验,不少红色旅游景区推出夜间演艺,通过灯光、VR、沉浸式剧场等方式让红色故事"活"起来。苏州沙家浜风景区今年推出"横泾不夜天"文旅夜游项目,融沉浸式演艺、光影科技、民俗曲艺、街区观光、换装互动等于一体,带给游客立体化的夜游体验,门票订单量同比增长275%。

山东枣庄铁道游击队景区的"红色经典、缤纷夜游"游园活动受到游客喜爱。数百架无人机翱翔在景区上空,不断变换出人们熟悉的"党旗""日出""胜利""火车头""盒子枪"等经典红色造型。景区还利用裸眼3D的交互投影,让游客领略到铁道游击队景区不一样的景致。

山东沂南县常山庄是著名的"红嫂家乡"。当地人把"农家院"变成一个个实景小剧场,推出一系列红色沉浸式演出剧目。当游客进入小院后,可参与到演出互动当中。沂蒙红色影视基地打造的沉浸体验剧《沂蒙四季·红嫂》吸引了大批游客,成为沂蒙红色文化旅游新亮点,今年门票的订单量相比2019年同期增长超过17倍。

江西日前推出了首部革命旧址沉浸式实景剧《那年八一》,故事以1927年南昌起义为主线,通过多主角、时空并行交汇的第三人称叙事方式,展现一代中国青年为八一起义谱写的热血壮歌。《那年八一》在革命旧址上实景创作,借助声光电技术给观众带来沉浸式体验。不同于传统舞台剧的坐着看,游客边走边看演出,还可以换上军装成为剧中角色,参与演出。

这种沉浸式体验营造出逼真的现场感,让红色旅游进一步"圈粉"年轻人。携程数据显示:今年上半年,红色景区兼夜游属性的景区订单量同比上涨75%。游客选择红色景区时,对夜游项目更为关注。"沉浸式红色夜游"成为红色旅游的新趋势。

红色旅游不断提升游客的体验感,从最初的在纪念馆或旧址参观红色文物展陈、坐在剧场观看红色演艺,到参与实景沉浸式演出,游客从参观者到参与者,真实地感受红色历史的脉动,体验红色文化的精神魅力。

(三)红色旅游不断创新

很多红色旅游景区持续推动"红色旅游+",与多业态融合发展,积极拥抱智慧化、数字化,运用新技术不断带给游客眼前一亮的惊喜和全新的感官体验。红色文化高科技主题公园——赣州方特东方欲晓,运用4D轨道车电影、幻影成像剧场等高科技,打造互动性强的红色主题项目，尤其受到年轻游客的喜爱。

红色旅游还大力引入文博、文创、影视 IP 等要素，创新角色扮演、沉浸体验、户外拓展等新形式，推动红色旅游向着可互动、可参与、可体验的方向转型升级。以“红色旅游+影视IP”联动为例，途牛旅游产品设计师向记者介绍：“今年多部红色题材影视作品的热播，引发了年轻人对红色文化的浓厚兴趣。我们把年轻人的兴趣点融入红色旅游产品设计中，在与电视剧《觉醒年代》关联的新文化运动纪念馆、《新青年》编辑部旧址、李大钊故居等景点中，加入影视剧经典场景打卡内容，结合剧情调整导游词，形成影视场景和历史场景的深度互动，让年轻游客更有带入感地走进红色历史，感受红色文化。”

寓教于游的红色研学游受到家长和孩子的喜爱。途牛旅游在新推出的红色旅游产品中将红色旅游景点、历史情景再现、现场体验式教学进行深度整合。许多家长表示，红色旅游是学校之外不可或缺的“第二课堂”，希望与孩子一起通过穿红军服、走“长征路”、唱革命歌、吃忆苦思甜饭等方式，让年轻一代铭记峥嵘历史、赓续红色精神。

问题：

1. 中国文化道德怎样融入红色旅游接待过程？

2. 红色旅游接待中对辅助系统有何特殊要求？

第六章 旅游接待业保障系统

【教学目标】

1. 知识目标：

(1)了解旅游接待业保障系统、法律监管以及涉外旅游的基本概念和定义；

(2)理解旅游接待业保障系统的构成要素和涉及的主要内容；

(3)掌握旅游接待业人才培养的意义及模式；

(4)理解涉外旅游的相关法律知识和注意事项；

(5)掌握旅游接待业危机应对的措施和方法。

2. 能力目标：

培养学生形成旅游接待业经验和管理中的法律意识及应对危机事件的处理能力，具备涉外接待的基本能力。

3. 素质目标：

通过相关法律、危机、涉外素养的培养，具备旅游接待从业的认知能力和管理能力要求。

【关键词】

旅游接待业保障体系；旅游人才；法律监管；旅游危机；涉外旅游

引　言

随着旅游接待业的不断发展，也暴露出了诸多问题，关于健全旅游接待业保障系统越发迫切。而今，关于旅游接待业保障系统构建更多是在相关部门文件中出现。旅游接待业保障系统是旅游活动开展的重要支撑。一方面，旅游消费者在旅游过程中需要稳定、安全的社会环境、更需要通过法律制度进行维权。旅游接待业需要可持续的良好发展，更需要通过相关部门建立良好的保障机制为其保驾护航。其次，旅游接待业保障系统对旅游安全意识和旅游行为具有良好的约束力，可以通过运用政策的权威性和法律的强制性对旅游从业者和消费者的行为进行有效的规范，从而进一步加强旅游从业者的安全和服务意识，也进一步对消费者的行为进行有效约束并提升消费者维权意识。因此，旅游接待业保障系统的建立和健全对于旅游活动的开展以至于旅游业的整体发展都至关重要。

第一节 旅游接待业保障系统概述

一、旅游接待业保障系统的界定

随着旅游的迅速发展，业界与学界虽对旅游接待业的范围及含义有一定的研究，但就目前来看，学术界（尤其是国内学术界）对旅游接待业保障系统的研究尚未形成体系，更多着重于从各自研究领域切入相关保障系统的内容进行侧重研究，鲜少有专家学者进行全方位的系统研究。原因是多方面的：一方面，旅游接待业保障系统不属于旅游学科体系的"元问题"，因此受到的关注较少；另一方面，不少人认为旅游接待业保障系统涉及范围较广，大多根据自己的研究方向选择侧重性研究，因而当前学界关于旅游接待业保障系统界定较为不全面。《现代汉语词典》中对"保障"的定义可以理解为是保卫，以及起保卫作用的相关事物。《辞海》中的定义是"为完成某项任务而采取的保障措施的总称"[①]。系统一词来源于英文 system 的音译，有体系、体制、制度以及系统等多种解释。英汉词典中"系统"的定义则是"由若干部分相互联系、相互作用而形成的具有一定功能的整体"[②]。综合以上定义的理解，在本章节中我们可以将"保障系统"的概念理解为"为了促使某种目标的实现，适当采取的各类具有保障性意义的措施所构成的整体以及相互关联的结构"。将旅游接待业保障系统理解为"指为了实现旅游接待业可持续发展而采取的各种保障性措施所构成的一个整体"。

二、旅游接待服务保障的内容

（一）旅游接待业服务质量保障

旅游接待业是旅游接待业经营主体和服务主体为旅游者提供有形产品和无形服务的服务性行业。服务主体不仅需要满足旅游者旅游活动中基本的物质和生理需求，更需要提供精神和心灵的满足。因此旅游接待业的服务质量高低是旅游接待业管理中非常重要的环节，它直接关系到顾客对企业的认可度和满意度，直接形成旅游者对旅游目的地的旅游体验和旅游感知，也直接影响企业的口碑和企业品牌形象。随着旅游者对服务质量的要求越来越高，旅游市场竞争也越来越激烈，全面提高旅游接待业服务质量，增加企业的软硬实力，成为提升市场竞争力的重要路径，也是增强旅游接待业游客满意度与忠诚度的重要手段。

旅游接待业服务有着特殊性，它不仅提供有形的接待服务，如接待过程中以实物形态存在的硬件设施设备，如旅游活动中"食、住、行、游、购、娱"六要素配套产品的供给，包括住宿、

---

① 舒新城. 辞海[M]. 上海：上海辞书出版社，1999.

② 新英汉汉英词典[M]. 陕西：陕西人民出版社，2005.

餐厅、交通、商场、娱乐等设施、设备及布局，是实物硬件形式的服务供给。更重要的是旅游接待提供的是人与人之间的服务，常常以无形和难以标准化的形式存在，这种无形服务质量的好坏，与服务者的专业技能、文化素养、精神面貌、性格秉性等都有着很大的关系，具体在接待过程中如礼节礼貌、服务态度、服务技能、服务效率以及差异服务等，有着很大的弹性和难以量化的特点。有形设施容易通过加大投入获得改善和提升，而无形的服务，则是企业文化及员工专业素质、人文素养，以及对接待业的认知和理解的个人化体现，需要更深厚的思想和更朴实的情怀为支撑。但无形服务常常是旅游接待企业个性展示、品质体现和人文关怀的重要载体，在市场竞争激烈的今天，其对旅游者的满意度影响尤其重要，因此在对旅游接待业服务质量要素的认识中，需要对其充分重视。

因此从有形产品上提升完善服务设施功能和品质，在无形服务上提升服务态度、服务技能、服务效率、职业道德、服务方式等，从硬实力到软实力，整体提升旅游接待业服务质量。

(二)旅游接待业业务质量保障

中国旅游接待业是随着中国传统服务业发展而发展起来的，旅游接待业有着生产性服务和生活性服务的双重特点，它面对的是要求越来越高的旅游者，它是服务业中极具活力、挑战和创新潜能的产业，能够拉动相关产业的发展。在新的发展时期，旅游接待业在推动传统服务向现代服务转型和升级中，起到了极其重要的作用，通过创新催生许多新的服务业态。

对于每一个旅游接待企业来说，旅游接待业的核心是业务，业务的质量是旅游接待企业的立身之本和核心竞争力，高质量的业务成就高质量的企业，反过来优秀的接待企业必定追求高品质的接待业务。对旅游接待业业务进行严格的质量管理就显得非常重要，是企业内部最为核心的基础工作。旅游接待业务涉及行业多，要素复杂，且服务对象是流动的旅游者，旅游接待业务有着即时性特点，它不能固定，也不可储存。对每一种业务类型的质量都应有着相应的行业要求和标准，并严格按照相关的标准达到质量要求。能够量化的需要量化，能够程序化的需要程序化，尽量把接待业务的内容进行清晰的规定，并遵照执行。如酒店接待业务质量的管理，首先涉及酒店前厅接待质量的管理，其中又包括预订接待、入住接待、日常接待管理、客账业务管理等一系列的质量管理。其次，业务的核心之一还体现在酒店客房业务质量的管理，质量好坏直接影响到顾客的住宿体验，主要由包括如像客房清洁卫生管理、客房接待管理、客房安全业务管理及客房设备用品管理。除此之外，有酒店的餐饮管理等。每一个接待业务都会有非常复杂琐碎的内容和要求，都需要逐一管理到位，力求按照相关行业规范和企业自身的要求做到极致，实现业务质量的高品质。

(三)旅游接待业市场营销保障

旅游接待业市场营销管理是由营销活动的社会化所引起的。随着市场的变化和营销的深入发展，营销活动涉及的领域越来越广，并不断出现新的理论、技术和方法。旅游接待业市场营销管理的任务，就是围绕企业目标的实现及时进行营销策略的调整，其实质是做好需求管理，根据市场需求水平、时间和性质的不同，确定不同的营销管理任务。由于旅游接待业的市场供应为无形产品(服务和体验)，顾客的价值与满意度极为重要，而互联网的发展给顾客提供了更广的选择方式和渠道，对旅游接待业营销产生了重要的影响，也倒逼旅游接待市场营销的创新，如数字化技术催生的网络营销、移动营销、网络社群营销等，大大拓展了传统的营销方式、内容和形式。这些不断变化的技术手段、经济环境以及可持续发展理论（强调环境与社会责任），倡导的体验共享，以及共享经济等，都是前所未有的市场大背景的变化，这些新的思想和新的形式，都成为营销管理的影响因素，促进创新的旅游接待业营销策略和路径。

旅游接待业面对的是市场，在各行各业竞争如此激烈的背景下，旅游接待如何进行市场营销，在市场中占据份额，是旅游接待业市场营销管理的重要课题。它不仅需要研究自身优势，更需要研究市场现状，同时还需要研究消费者；不仅需要有敏锐的嗅觉，还需要有创新的精神和胆识。旅游接待业营销管理需要关注企业的微观和宏观环境，微观环境包括企业本身、现有竞争者、供应商、营销中介、顾客及公众；企业宏观环境包括人口环境、经济环境、自然环境、科技环境、政治环境以及文化环境①。分析环境是为了更加清晰地了解和把握自己所处的市场状态及自己的位置。

因为当今时代，缺的从来不是产品，缺的是有创意、有生命力、能让消费者怦然心动的产品。旅游接待业产品的丰富程度让人眼花缭乱，如何在众多的竞争对手中脱颖而出，这便需要在营销策略上下功夫。需要解放思想，拓展思路，开辟新机。市场营销的理论、方法及策略也需与时俱进，注重营销创新，抓住用户需求，把握时代的潮流，引领消费的升级，要做行业的前行者和创新的开拓者。总体需要提升营销策略的专业化水平，树立企业的品牌意识，充分挖掘自身优势，特色和差异，并借助有效的方式传达给消费者，要改变过去的价格营销，进行品牌营销、文化营销、时尚营销及新理论营销。

（四）旅游接待业客户关系保障

在科学技术飞速发展的今天，旅游业的竞争也日愈加强，旅游接待业企业之间的竞争方式也发生了转变：市场竞争的焦点除了传统的产品竞争、品牌的竞争外，服务竞争和客户竞争已成为新的竞争方向，且越来越被重视。随着互联网时代的到来，旅游者选择空间及自由越来越大，客户需求呈个性化特征，谁最先满足客户的需求，谁就最有可能实现旅游产品的销售，因此由专注“产品”转变为专注“客户”成为企业新的突破。旅游接待业面对的服务对象是顾客，顾客是旅游接待业企业的生存之本，赢得客户，就是赢得市场，赢得未来。因此，快速找准并满足客户个性化的需求，企业才能生存和发展，进行有效的顾客关系管理成为提升企业竞争力的重要手段。大多数旅游接待企业虽然认识到顾客关系管理的价值和意义，但如何利用大数据获得完整的顾客信息、准确把握顾客个性化需求方面还有欠缺；在迅速应对市场需求，改善与顾客的沟通技巧和创新顾客关系方面也尚有不足。

客户关系管理，英文全称为 Customer Relationship Management（简称 CRM），是一种管理理论，也是一种管理软件和技术，最早出现在美国。20 世纪的 80 年代，美国就有关于顾客与企业联系信息的接触管理和关系营销的概念出现，为 CRM 奠定了基础。CRM 通过将人力资源、业务流程与专业技术进行有效的整合，最终为企业涉及客户或消费者的各个领域提供

---

① 孟芳.《接待业与旅游市场营销》（第七版）评介[J].旅游导刊，2018(2):93-97.

完美的集成,使得企业可以以更低成本、更高效率满足客户的需求。并与客户建立起有效的一对一营销模式,让企业最大程度地提高客户满意及忠诚度,不断发展新客户,并牢牢地把握住给企业带来最大价值的客户群。CRM 的核心内容主要是通过不断地改善与管理企业销售、营销、客户服务和支持等与客户关系有关的业务流程并提高各个环节的自动化程度,从而缩短销售周期、降低销售成本、扩大销售量、增加收入与盈利、抢占更多市场份额,寻取新的市场机会和销售渠道,最终从根本上提升企业的核心竞争力,使得企业在激烈的竞争环境中立于不败之地。

总体来说,客户关系管理中需要围绕客户,分析市场,了解客户需求,只有真正地了解客户的真实需求,才能细分市场,实施有效的客户管理关系。还需要充分关注顾客的利益,充分认识到顾客利益的重要性,才能制定出保证客户利益措施的方案,急顾客所急,想顾客所想,用真诚和高效获得顾客的信任,从而建立良好的客户关系。

三、旅游接待业保障的作用

(一)是旅游接待顺利开展的基础保障

旅游接待业保障系统是旅游活动开展的保证,更是旅游消费者进行维权的根本所在。

我国一系列法律法规和标准对旅游行业相关主体的责任作出了相关规定,为旅游活动的发展保驾护航。首先,旅游经营者作为旅游经营的责任主体,需要建立完善的管理制度,严格根据国家的相关法律、法规和行业标准进行相关旅游活动的经营和管理,执行和遵守与旅游发展有关的旅游法、消费者权益保护法、消防法、文物保护法、出入境管理法等法律规定,以及相关行政法规和强制性标准。其次,旅游从业人员作为旅游行业的一线工作人员,他们是直接为旅游消费者提供服务的端口,是保障消费者安全的重要关卡,旅游从业者安全方面的工作和培训是提高其安全意识和服务技能的重要途径,也是保障旅游服务产品安全的重要前提。对旅游从业人员安全、服务质量、应急救援等综合培训更是从根本上为保障旅游活动的顺利开展加固了一道防线。最后,严格按照国家安全生产的相关法律法规以及国家、行业标准执行,具备相关安全生产条件,是履行旅游行业安全发展的基本义务。

(二)是旅游接待可持续发展先决条件

作为第三产业的支柱型产业,随着旅游业的日益壮大,不仅展出了对相关产业强大的带动能力,更是可以创造出庞大的经济效益并且辐射范围极广。党的十八大特别强调:“要加快转变经济发展方式,促进经济持续健康发展。深化旅游业改革,实现旅游业可持续发展,对于加快我国经济发展、扩大就业、推动经济结构战略性调整、促进国内外交流合作具有重要意义。”第一,法律的强制性作用和政策的规范性作用为旅游接待业的可持续发展提供了最为有力和基础有效的保障,让旅游接待业的发展有法可依,有规可循。并对旅游接待业市场秩序进一步规范,不断营造出有利于旅游接待业健康发展的大环境,为其良好发展提供制度性保障。第二,由于国家以及各地方性的政策支持和人才机制的构建,也为旅游业的可持续发展不断注入了人才保障,为其创新发展不断增添核心力量,进一步推动旅游业产业融合和结构化改革创新发展,并引领旅游业快速发展。第三,相关行业标准更是为旅游接待业的可持续发展构建了规范性的标准范本，为旅游咨询、信息服务、安全救援等旅游管理服务能力的提升，进一步完善旅游景区管理规章制度、应急预案和应急救援机制，保障游客基本权益，为旅游业发展打下了良好的基础。因而建立和完善我国的旅游接待业保障系统不仅为旅游业的可持续发展创造了可能性，更强有力地提供了基础保障。

四、旅游接待业保障系统要素

（一）旅游人才培养

人才是旅游市场的核心竞争力，在当今时代，能够拥有高素质的专业旅游人才就在市场竞争中占据一席之地。要在旅游市场竞争中获得更大的市场份额，首要任务是培养一支经验丰富、专业能力强、高素质的人才队伍。高素质专业人才的质量和数量决定着旅游业的健康发展，在高质量专业人才储备达不到一定数量要求时，旅游业的发展进程和规模就会受到限制。根据区域旅游业的发展进程和规模来看，我们可以对人才的需求进行基本的判断和预测，并进一步明确旅游人才的结构性和质量性需求，制定可实施的人才培养方案，从而构建稳定和完善的旅游人才培养体系，为旅游业的可持续发展提供人才保障。

旅游业作为综合性的产业，除自身发展外还涉及社会的各行各业。因此，对于高素质的旅游人才更是要求其具备多维的知识体系，在旅游人才的培养体系中，政府部门应当根据区域旅游的发展，规划人才的需求和培养，对人才的待遇和保障提供有效的支撑，在此基础上建立能够进行跨区域的旅游人力资源调配系统。并联合企业建立良好的区域合作，在区域旅游合作中，不同区域旅游企业之间的商务合作可根据具体情况灵活处理。

（二）旅游法律监管

旅游业的发展离不开外部良好的环境依托，没有任何一家企业能够脱离出外部环境发展，更不可能带动行业营造一个全新的行业环境，这就体现出国家政府在行业发展中的主导性地位。作为政府相关部门，切实发挥好自身的权威性、主动性和协调性，积极引导区域旅游业向可持续方向发展，建立健全与旅游相关的法律法规体系，构建发展的法治保障。旅游接待业保障体系构建的制度基础源于法律的保障，因而法律保障不仅是旅游业发展的行动指南，更是旅游活动开展的法律依据。它不仅可以运用自身的强制性有效地对旅游行为进行规范，更是直接明确规定了旅游主体的责任和义务，为旅游活动的安全顺利开展和行业的发展提供了全面的制度性保障。自 20 世纪 80 年代以来，随着旅游业的蓬勃发展，立法要求也被提上议事日程。1985 年，《旅行社管理暂行条例》正式颁布，这是我国第一部规范旅游活动的法律。此后，国家和地方政府也根据旅游的不断发展和暴露出的诸多问题相继出台了相关法律法规。直至 2013 年，我国专属于旅游业的第一部法律《中华人民共和国旅游法》（以下简称《旅游法》）终于颁布。《旅游法》的颁布为旅游业的发展提供了基本的法律保障并指明了发展方向。

（三）旅游涉外事务

涉外事务指合同的一方为外国人或双方都为外国人或者合同的履行地在外国，只要有任意因素是在国外或者涉及国外的事务那么该行为就可以视为涉外事务。目前,我国的涉外旅游接待市场发展还处于完善期,对相关主体的市场准入要求相对较高。主要通过立法对涉外旅游市场进入者的软、硬件条件做出规定,通常包括确保市场主体正常运营的必要资产(如资本金)、从事市场活动必要的法律文件(如章程、协议)、具有市场专业知识的人员、符合市场活动需要的设施场地等。此外,还对各涉外旅游市场的从业人员有知识、经验、操守等方面的要求,需要培养具有较强语言运用能力,具有良好的中西方文化素养,熟悉国内外旅游市场规律,具有较强涉外交际能力,掌握涉外旅游接待服务及管理的专业知识。

(四)旅游危机安全

在旅游业发展的过程中,我们不难发现,有些许旅游企业在利益的诱惑下,难以保持初心,更忽略了相关管理制度,对安全问题抱有侥幸心理降低要求和标准,反而促使旅游安全事故的发生。再加上监管不力、责任的不明确以及相关安全设施的升级和维护困乏,旅游安全事故已然变得频发,鉴于安全事故的发生因素是多方面的,旅游安全管控的机制更需要严格、多维地进行管控。并通过相关部门之间政策控制和利益协调,对旅游过程形成全方位的各部门相互关联的管控流程,使得管控细化参与到旅游安全的全部过程。

第二节　旅游人才培养

在旅游发展的初级阶段,游客的旅游消费需求层次不高,旅游接待业人才需求层次不高。随着我国经济发展,居民可支配收入增加,游客的旅游消费需求层次逐渐升级;另外,随着旅游业产业边界不断扩充,旅游要素不断衍生,旅游高科技设备不断使用,旅游业需要的资本技术的占比越来越高,旅游接待业人才需求层次越来越高,这对我国旅游人才培养体系提出了更高的要求。因此,旅游人才培养主体必须了解旅游业发展的实际,了解旅游人才市场发展的需求,调整自己的人才培养模式,培养旅游业需要的各种层次的人才,为旅游业发展提供人才支持。

旅游业的综合带动效应和扩大就业、助推民众实现转换、推动旅游目的地经济社会发展等作用和功能已经被理论和实践界所证实。在构建以国内大循环为主体、国内国际双循环相互促进新发展格局的大背景下,旅游业更是被视为是深化改革、扩大内需、刺激挖掘消费潜力、扩大开放、构建“双循环”发展格局的重要载体。因此,旅游业的高质量发展,不仅是提升民众幸福指数,提高民众获得感的重要途径,而且肩负扩大内需的重要政治任务。旅游人才是推动我国旅游业发展的第一资源①。旅游业的高质量发展,人才是根本驱动力。本节主要阐述旅游高质量发展的人才素质的基本要求,并借鉴国际经验,提出我国旅游接待人才的培养路径。

---

① 郭又荣.“互联网+”背景下旅游信息化人才培养模式研究[J].河北旅游职业学院学报,2020,25(02):89-92.

一、旅游接待业人才培养的素质要求

（一）旅游接待业人才需求规律

我国旅游接待业人才需求及其结构是在游客旅游消费需求升级和旅游业转型升级共同驱动下，随着我国旅游业发展而不断变动升级的。在我国旅游业发展的不同阶段，我国旅游接待业对旅游人才的需求是有明显区别的。

自邓小平黄山谈话起，我国现代旅游业发展共经历了四个阶段，对旅游人才的需求具有层次性、多元性，详见表6-1。

表6-1　中国旅游业发展阶段与旅游人才需求特征

序号	发展阶段	时间划分	旅游业基本特征	旅游接待业人才需求特征
1	起步发展期	1978—1992年	旅游业发展之初，主要以国际游客为主，目的是创汇；旅游方式以团队游为主，主要集中在国内外知名的旅游目的地；国内旅游市场尚在培育阶段，国内客源主要集中在东部沿海发达地区，游客比较重视旅游结果	中国旅行社、中国国际旅行社成立，以接待国际游客为主，对涉外旅游人才需求比较迫切 主要围绕旅游核心要素，满足游客基本旅游消费需求；基本集中在硬件旅游公共服务方面。对国内旅游人才需求不是很旺盛，我国旅游院校的旅游人才培养体系处于发展期
2	发展提升期	1992—1998年	游客仍以外国游客为主，但是国内旅游市场逐渐培育起来；旅游方式仍以团队游为主，仍然集中在知名旅游目的地；游客对民族地区文化旅游和旅游过程有了一定的重视	游客开始重视旅游过程，游客在旅游活动核心要素满足之后，开始对精神文化层面的旅游产品产生兴趣，旅游接待业的辅助系统因此开始受到重视；侧重点仍在核心旅游活动要素。国内旅游市场逐渐形成，旅游人才需求逐渐多元化，层次性明显
3	快速发展期	1998—2012年	自驾游开始出现，国家假日制度改革，国内旅游市场兴起，民众旅游需求激增；入境、出境、国内游三大旅游市场基本形成	旅游人才培养供给比较滞后，满足不了游客激增的旅游业迅猛发展的需求，迫在眉睫的是增加旅游人才供给，因此这一阶段，旅游院校人才培养体系逐渐完善。游客对旅游接待业辅助体系重视程度提升，高层次旅游人才需求旺盛

续表

序号	发展阶段	时间划分	旅游业基本特征	旅游接待业人才需求特征
4	转型提升期	2012 年至今	后现代消费文化盛行，旅游者旅游消费层次提升，个性化、体验性旅游方式日益受到重视；供给侧结构性改革	游客对旅游产品和服务的质量日益重视，旅游业生产供给体系中，技术的作用和功能越来越明显，科技程度提高；对旅游特种设备、旅游大数据、旅游金融保险等科技人才重视程度提高，人才供给相对滞后；与第三方合作成为旅游人才实用新模式

资料来源：郭旭红. 中国旅游业发展研究[M]. 武汉：华中科技大学出版社，2019.

从表 6-1 中可知，随着旅游业深入发展，我国对旅游接待业人才的需求结构呈现出逐步上升的态势。在旅游业发展之初，发展旅游的主要目的是出口创汇，为改革开放和社会主义建设吸引资金，客源主要以国外游客为主。所以，对涉外旅游人才需求量比较大。

在我国民众可支配收入增长和假日制度改革等多种因素的驱动下，我国民众旅游需求迸发，国内旅游市场蓬勃发展，民众对旅游活动的基本要素的需求旺盛，旅游业对旅游基本要素需求方面的旅游人才需求量比较大。

随着我国民众旅游消费需求升级，尤其是进入大众旅游时代，我国民众受到后现代消费文化思潮的深刻影响，游客们开始注重旅游过程，对精神文化层面的旅游产品需求日益旺盛，旅游业成为游客彰显个性和社会认同、团体认同的方式之一。同时，由于互联网技术和大数据的广泛应用，旅游的便捷性大大增加，游客对旅游接待业辅助体系生产供给的衍生性旅游要素消费需求逐渐增加，这就推动旅游业对文化旅游规划设计人才、旅游信息人才、旅游创意人才、旅游特种设备人才、文化遗产保护开发人才等高层次人才的需求增加。

综上，旅游业对旅游人才的概念是随着旅游业深入发展而变动的，对旅游人才的需求也随着游客旅游消费升级和旅游业转型升级而逐步提高层次的。

（二）旅游全球化时代对旅游接待业人才的素质要求

旅游业是党和国家领导人最早确立为对外开放的产业之一。到如今，旅游业已经成为我国开放程度很高的一个产业，被列为我国支柱性产业之一，作为我国与其他国家互联互通、交流互鉴的重要途径。可以说，旅游早就进入到全球化旅游时代。

未来的旅游发展，全球化趋势将更加猛烈。虽然受到新冠病毒感染疫情影响，旅游全球化进程受阻，但是疫情结束后，这一进程将会呈加速趋势。因此，未来我国必将是全球旅游市场的重要旅游目的地和最大的客源国。因此，对于旅游人才素质要求越来越高。旅游全球化时代，我国对旅游接待业人才的素质提出了更高的要求，主要有以下几方面。

1. 身体素质强，身心健康，格局远大

未来的旅游人才必须身体素质强，身心健康，格局远大。首先，无论是国际性旅游目的地还是世界最大的客源国，都意味着我国的涉外旅游业务将暴增，意味着我国的旅游人才只有身心健康，才能有充沛的精力适应各种涉外旅游事务，满足国内外各类游客多元化多层次的旅游消费需求。另外，只有格局高远，才能应对形形色色国内外游客，以及纷繁复杂的涉外旅游业务，提升自己能力，适应未来旅游业发展形势需要。

2. 具有国际视野，拥有与国际接轨的人性化服务理论

旅游作为我们与世界各国互通有无、交流互鉴的途径，已经成为具体政策得到推行和实施。我国民众对国门外的世界充满了兴趣，世界其他各国游客对我国自然风光、民族文化同样兴趣盎然。由于世界各国民众的宗教信仰、思想观念、行为模式、饮食习惯、喜好与民俗禁忌等千差万别。因此，要求我国旅游人才应当具有国际视野，能够为国内外游客提供与国际接轨的人性化服务。例如，出境旅游的领队必须了解各地的民俗禁忌，根据不同情景和场域调整自己的国际礼仪，才能帮助游客更好地体验当地习俗，提升全体游客的旅游体验质量，提高整个旅游活动的质量。

3. 具有广而专的知识结构，并且不断提升学习

随着民众对精神文化层面的旅游产品兴趣增加，旅游的教育功能凸显，民众对旅游人才，尤其是导游或领队的知识结构要求越来越高，要求他们知识结构里面不仅要有历史人文方面的知识，还要有地理自然方面的知识，同样还需要有美学、休闲学、康养方面的内容，还要有世界各地的风土人情、宗教禁忌等知识，而且需要他们具有较强的交流沟通能力。只有拥有广而专的知识结构，才能满足游客不断增长的自然、文化旅游产品的需求。同时，游客需求在不断升级，这就决定了我国旅游人才必须自我学习，不断提升自己的知识和能力，以适应我国旅游业发展对各类旅游人才的巨大需求。

4. 有团队合作意识，对不同场景具有较高的掌控能力

随着我国旅游业技术含量越来越高，我国民众旅游消费需求升级和日益多元化、个性化、复杂化，旅游业的高质量发展越来越需要团队协作。因此，这就要求我们的旅游人才必须具备团队合作意识，具有团队合作能力，这样才能适应旅游业高技术程度越来越高的挑战，才能共同应对游客日益复杂的不同层次的旅游消费需求。同时，此次疫情，从根本上改变了我国民众的出游方式，定制游、自由小众游已经逐渐成为我国民众的重要旅游方式，这就要求各类旅游人才具有对不同场景的较高掌控能力，才能不断创造亮点，吸引游客注意力，提高他们的旅游体验质量，为旅游业发展培育忠诚客户群。

二、旅游接待业人才培养的国际经验

西方国家由于旅游业起步早，因此，在旅游业接待业人才培养方面积累了丰富的经验，值得我们学习借鉴，详见表 6-2。

表 6-2　西方发达国家旅游接待业人才培养模式一览表

国别 比较项目	美国	瑞士	澳大利亚	日本
发展动力	酒店业的快速发展对中高层酒店管理人才的需求推动了旅游教育的发展。康奈尔大学酒店管理学院的创建被视为美国旅游教育的开端	早期是第一线员工的需要推动职业教育的发展，后期由于高层人才的需要推动学历教育的发展	入境旅客快速增长，中层酒店与服务管理人才需求驱动	日本政府高度重视旅游业，2003 年颁布了观光立国战略，以旅游业发展促进经济增长，为了发展旅游教育事业，大学也开始培养专业才。旅游高等教育有序开展
特点	职业教育与学术教育混合存在，具有弥散性和混合性的特点，人才培养，个人能力的培养	治学严谨、学以致用、店校合一；重点强调理论与实践相结合	市场针对性强，旅游职业教育与职业资格密切，关注学生职业生涯发展	强调厚基础和宽口径；国际化办学；校企合作
培养内容	课程内容是根据旅游行业的发展变化及国际旅游业发展现状来设计与确定的，教学内容更切合实际，同时具有预测性，教给学生终身受用的东西	课程体系既有行业定向性，时还有综合性和创新性。理论课程教学重在培养学生职业能力和综合能力，实践课程教学则重在培养学生的岗位适应能力	在旅游企业人员的共同参与下研究制订的，符合市场对旅游专业人才的要求，有明确的素质依据，和标准，并随着旅游市场的变化而调整	大学设置基础学部教育基础课程，旅游专业可以在此框架中开设基础课；必须宽口径地设置学科，适应旅游业迅速发展的需要，学生必须经过学习相关的基础文化知识，才能学习旅游专业
培养途径	通过学校和教师为学生提供完善的学习条件和帮助，由学生自己努力完成	店校合一，以店为校	途径灵活，根据自己的工作、生活情况选择学习方式	日本企业注重员工的基本素质，尤其是可塑性，重视企业内教育，多数企业都有自己的培训系统，新招聘的大学生必须接受岗前培训
不足之处	基础理论深度不够，技能精但知识面窄，缺乏转岗和发展弹性	以培养实际操作技能为主，在理论功底和基础能力培养上有一定的欠缺	短期内发展迅速，导致供大于求，人才培养竞争激烈	注重自己培养，与旅游客源国旅游人才培养不能精准衔接
发展趋势	强调管理能力与技能并重转型	培养国际意识，注重国际市场竞争	强调加强市场细分、划分小型市场	注重国际合作，教师学生互访交流

资料来源：①晁小景. 我国旅游专业院校应用型人才培养的对策研究[D]. 天津：天津工业大学，2017. ②贾玉云. 中外对比视角的高职旅游人才培养模式研究[D]. 沈阳：辽宁师范大学，2009.

从表6-2中可以看出，发达国家旅游接待业人才培养的发展趋势有以下两点：①重技能与重理论两种教育体系正日益融合；②区域合作日益频繁。

三、旅游接待业人才培养的模式创新

旅游业迅猛发展对旅游业各领域的人才需求是旺盛的，而且是不断升级的，尤其是旅游接待业对旅游活动各个要素、各环节的人才需求更是迫不及待。为满足旅游业对人才的旺盛需求，《“十四五”文化和旅游发展规划》指出：要优化人才培养结构、培养模式、评价机制，使各领域人才各得其所、尽展其长。培养一批文化和旅游领域急需紧缺人才、高技能人才。夯实基层人才队伍，引导文化和旅游领域专业技术人才向艰苦边远地区和基层一线流动。开展专家服务基层活动。推进“订单式”人才援助①。

为贯彻落实《“十四五”文化和旅游发展规划》的人才战略，我们必须对我国的人才培养模式进行创新，主要应从以下几方面着力。

（一）科学规划，做好顶层设计，构建明确的旅游接待业人才培养目标

旅游人才培养只有以旅游产业发展需求为导向，精准定位，科学规划，构建明确的旅游接待业人才培养目标，在顶层设计层面，既要体现现实需求紧迫性，也须具有一定的前瞻性，预先布局，有序推进，才能阶段性地培养各类旅游接待业人才，支持我国的旅游接待业有序地高质量发展。

我国各类旅游院校要根据旅游业发展趋势，对应国际先进的旅游发展业态，针对构建的目标，明确层次多元的人才培养目标，构建科学、合理人才培养内容体系，有针对性地提升人才的知识、能力和素质。

（二）针对旅游全球化的背景，培养综合型复合人才

旅游全球化已经成为趋势，因此，培养具有国际视野的综合型复合人才也将是必然趋势。培养国际化综合性复合旅游人才语言确实是其较为基础的能力。因此，必须重视对“专业+语言”综合能力的培养。我国已经成为世界级旅游目的地，国外游客将会逐年增多，对旅游接待业人才语言能力提升是个机会，必须让培养对象在实践中磨炼提升自己的语言能力和交流沟通能力，培养他们成为具有全球眼光和视野的综合性复合人才。

（三）借鉴国际经验，与国外旅游院校联合培养，构建旅游人才交流互通国际平台

旅游人才培养国际化，首先既要重视对旅游院校师资的培养，组织教师赴国际企业进行挂职锻炼、国外合作企业考察与交流等，提高教师的国际化实践水平；又要重视对外部国际化教师资源的引进，可以采用长期聘任具有丰富经验的国际旅游人才、组织外企专家讲座等多种形式。其次，利用发达国家旅游院校资源，联合为我国培养旅游人才。旅游院校应充分利用国际化办学资源，通过国际合作提高我国人才培养质量，满足我国旅游业发展对高素

---

① 中华人民共和国文化和旅游部.“十四五”文化与旅游发展规划[R]. 中华人民共和国文化与旅游部网站，2021.

质、国际化旅游接待业各类人才的需求。再次,构建我国旅游人才交流互通平台,与国外旅游院校、旅游企业合作,互派学生前往各自旅游院校学习交流,互相在双方企业挂职,通过实践增长自身能力。

第三节　旅游法律监管

一、法律监管的概念

法律是"由享有立法权的立法机关行使国家立法权,依照法定程序制定、修改并颁布,并由国家强制力保证实施的基本法律和普通法律总称"①。法律具有强制性、规范性以及普遍性等特点。而监管通常从字面意思可以拓展为监督和管理的内容,并不是词汇的简单分解,监管具有其特有的内涵。国外有学者认为"监管是国家凭借政治权力对经济个体自由决策所实施的强制性限制"②。而国内有学者则认为"监管就是由监管者为实现监管目标而利用各种监管手段对被监管者采取一种有意识的和主动的干预和控制活动"③。监督一般在我国可以理解为监察和督导,"而管理带有浓厚的计划经济体制色彩,对某行业进行管理实质上有政府或公权力干预企业经营行为的含义"④。从字面理解上探索,可以理解监督是为事后达到目标所采取的调整办法,管理是在目标实现过程中采取的调整措施,在监督和管理的两者组合过程中却缺乏了事前的调整手段,监管正是弥补了这一问题,逐步形成了对事物发展(旅游活动)的整个过程的调整,针对不同的领域,其侧重的方面会有所区别。鲜有关于法律监管概念的研究,更多是研究法律监督的概念。我们试将法律和监管概念相结合,认为法律监管可以表达为运用法律手段对某个主体发展全过程实施的强制性限制。

二、法律监管对旅游接待业的意义

(一)提供法律依据

在我国,旅游法具有广义和狭义之分。广义的旅游法主要是指关于调整旅游法律关系的所有相关法律法规,主要包含三个方面:一是专门的旅游立法,除 2013 年颁布的《旅游法》之外,不仅包含《导游人员管理条例》《旅行社条例》等实体法规范,还包含《旅游投诉暂行规定》《旅游行政处罚办法》等程序法规范;二是旅游活动应当适用的一般法律,有《侵权责任法》《民法通则》《合同法》等民商事法律,也有《价格法》《出入境管理法》等行政规范,还有

① 思想道德修养与法律基础编写组. 思想道德修养与法律基础[M]. 北京:高等教育出版社,2018.

② 吴弘,胡伟. 市场监管论——市场监管法的基础理论与基本制度[M]. 北京:北京大学出版社,2006.

③ 赵锡军. 论证券监管[M]. 北京:中国人民大学出版社,2000.

④ 董玉明,陈耀东,孟凡哲. 旅游法学论点述评[M]. 北京:知识产权出版社,2006.

《公司法》《消费者权益保护法》等经济法规范；三是与旅游相关的其他立法，如《文物保护法》《非物质文化遗产法》《风景名胜区条例》等（表 6-3）。

表 6-3　不同级别相关部门颁布旅游相关法律法规、条例

级别	名称
全国人大常委会	《中华人民共和国旅游法》
国务院行政法规	《旅行社条例》《导游人员管理条例》《中国公民出国旅游管理办法》等
旅游部门规章	《旅行社条例实施细则》《娱乐场所管理办法》《导游管理办法》《中外合资经营旅行社试点经营出境旅游业务监管暂行办法》《博物馆管理办法》《旅行社服务质量赔偿标准》《旅游资源保护暂行办法》《旅游安全管理办法》《世界文化遗产保护管理办法》《旅行社责任保险管理办法》《旅游投诉处理办法》等
地方旅游法规	《海南省旅游管理条例》《云南省旅游条例》《四川省旅游条例》《湖南省旅游条例》《河南省旅游条例》等
与旅游相关的法律法规	《中华人民共和国文物保护法》《中华人民共和国森林法》《中华人民共和国食品卫生法》《中华人民共和国公司法》《民法通国消费者权益保护法》《中华人民共和国合同法》《中华人民共和国出入境管理法》《中华人民共和国铁路法》《风景名胜区条例》等

注：表格根据国家文化和旅游部官网以及相关机构官方网站整理。

狭义的旅游法指 2013 年 10 月 1 日颁布实施的《中华人民共和国旅游法》，共计 10 章 112 条，分为总则、旅游者、旅游规划和促进、旅游经营、旅游服务合同、旅游安全、旅游监督管理、旅游纠纷处理、法律责任、附则，于 2016 年 11 月 7 日和 2018 年 10 月 26 日进行修正。《中华人民共和国旅游法》是我国旅游行业真正意义上的第一部专项立法，在该项立法中指出对旅游经营者和旅游者的合法权益保障是突出要点，以及保护和合理利用开发旅游资源，并对旅游市场秩序进行有效规范，为旅游业的可持续发展进一步提供了强有力的法律依据和保障。

（二）规范市场秩序

自改革开放后，旅游业在我国的发展日益加快，从最开始低起点逐步缓慢发展，一直到如今的飞速发展，形成以国内旅游消费市场为主体，国际旅游市场共同协调发展的旅游市场格局，逐步扭转了旅游业在我国的地位，在“十二五”期间，国家的战略体系将旅游业的发展全方位融入，旅游业也成为我国第三产业的支柱产业，完美地实现了历史性的跨越。但随着旅游业的日益壮大，也暴露出诸多问题，较为明显的就是随之而来市场混乱问题，随即国家也出台了系列决定和文件，不断规范市场秩序（表 6-4）：

表 6-4　国家相关部门颁发规范旅游市场的相关法律法规、条例等

时间	颁发部门	名称	备注
1985 年	国务院	《旅行社管理暂行条例》	我国第一部旅游行政法规,标志着依法管理旅游业的开始
1995 年	国家旅游局	《关于整顿旅行社的初步意见》《旅游对外招徕管理的若干规定》《关于加强对全国旅行社审批、登记、年检管理的通知》《旅游投诉暂行规定》《旅行社质量保证金暂行规定》,随后又发布了《旅行社质量保证金赔偿办法》《旅行社质量保证金赔偿试行标准》《旅行社质量保证金暂行规定实施细则》	
1996 年	国务院	《旅行社管理条例》	我国旅游市场监管步入法治化阶段
2001 年	国家旅游局	《旅行社管理条例实施细则》《导游人员管理办法》	中国正式加入世界贸易组织(WTO)
2001 年	国务院	《中国公民出国旅游管理办法》	
2013 年	全国人大常委会	《中华人民共和国旅游法》	我国的第一部旅游法
2015 年	国家旅游局	“12301 国家智慧旅游公共服务平台”上线	
2019 年	国务院办公厅	《国务院办公厅关于加快推进社会信用体系建设构建以信用为基础的新型监管机制的指导意见》	
2019 年	文化和旅游部	《在线旅游经营服务管理暂行规定(征求意见稿)》	
2021 年	文化和旅游部	《“十四五”文化和旅游市场发展规划》	
2021 年	文化和旅游部	《加强导游队伍建设和管理工作行动方案(2021—2023 年)》《关于加强政策扶持进一步支持旅行社发展的通知》《关于加强旅游服务质量监管提升旅游服务质量的指导意见》	

注:表格根据国家文化和旅游部官网以及相关国家或地方官方网站整理。

(三)维护旅游消费者合法权益

1. 旅游消费者概念

关于旅游消费者的定义,世界各国主要都是根据本国实际情况进行本国思想文化的表达,所以当前还未形成统一的标准。相对具有权威性的主要有世界旅游组织的定义:“任何以消遣、体育、商务等为目的,而在其居住国,不论国籍如何,所进行 24 小时以上,一年之内

旅行的人，均视为旅游消费者。”[①]该定义中强调了消费者目的，同时强调了旅游的异地性特征。我国的专家学者们也对旅游消费者进行了定义，如叶晓辉认为：“旅游消费者是指在旅游过程中为生活消费需要，购买、使用商品或者接受服务的个人或单位。旅游消费者的产生首先要具有支付能力，其次是具有闲暇时间，此外还受到科技发展水平、政府鼓励政策等社会因素，身体状况、家庭状况等个人因素的影响和制约。”[②]朱虹定义为：“基于观光消遣目的进行的离开住所一定时间，在别地进行游览活动，以满足其精神文化享受的一种活动的总称。”[③]等等。无论如何进行定义我们会发现他们始终围绕以下几点：一是消费者，具备消费者的相关特征；二是具有一定休闲消遣目的；三是活动范围具有异地性。

2. 旅游消费者与消费者关系

探讨旅游消费者合法权益维护的问题，前提还需要进一步厘清消费者和旅游消费者之间的关系和差异。无法否认的是消费者的范畴本就包含了旅游消费者的领域，不过旅游消费者具有其自身独特的特点。首先，旅游消费者只存在于旅游消费过程中；其次，旅游消费者具有物质和精神需求的双重特征，在旅游过程中会产生普通的物质型消费，更有精神文化服务型消费内容。需要涉及的相关产业和部门互相衔接和配合，因此消费类型的法律关系更为复杂，且旅游消费者和风险系数远高于普通消费者，发生消费者侵权的可能性也就更高。

3. 旅游消费者权益保护

在旅游活动开展的过程中，旅游消费者往往因为信息的不对称性处于弱势的地位，一方面主要在于旅游业本身具有异地性的特征，旅游消费者本身就难以全面地获得旅游地的实时信息，从而导致信息流通的不对称；另一方面则是在于旅游经营者们大多都是具备相应的专业知识和主导权的组织机构，旅游消费者在旅游活动中难以维护自身的权益。因而，我国中央和地方政府都相继出台了诸多关于消费者权益保护的相关措施，主要依托于立法、行政、司法机关的相关法律法规和条例进行规范和实现。

（1）立法保护

旅游消费者的合法权益保障从根本上无法脱离完善、健全的法律体系。法律本身具有强制性，对消费者权益的保障起到根本性的作用。我国与旅游消费者权益相关的法律法规主要有《中华人民共和国消费者权益保护法》《中华人民共和国旅游法》《旅行社服务质量赔偿标准》《中国公民出国旅游管理办法》《民法总则》《反不正当竞争法》《旅行社条例》及其细则等。其中2013年颁布的《中华人民共和国旅游法》中，诸多内容都是涉及保护旅游消费者权益的，不管是对行业监督管理，还是经营者管理都是以人为本，时刻关联着旅游消费者权益的保护。

（2）行政保护

旅游消费者合法权益的保护离不开健全的行政监督体系。在消费者权益得到保障和经

---

① 杨富斌，王天星. 西方国家旅游法律法规汇编[M]. 北京：社会科学文献出版社，2005.

② 叶晓辉. 旅游法理论与实务[M]. 北京：清华大学出版社，2009.

③ 朱虹. 旅游消费者权益保护研究[D]. 哈尔滨：黑龙江大学，2013.

营者履行义务方面，国家的行政部门承担着法定的职责。《中华人民共和国消费者权益保护法》明确规定："各级人民政府应当加强领导，组织、协调、督促有关行政部门做好保护消费者合法权益的工作，落实保护消费者合法权益的职责。各级人民政府应当加强监督，预防危害消费者人身、财产安全行为的发生，及时制止危害消费者人身、财产安全的行为；各级人民政府工商行政管理部门和其他有关行政部门应当依照法律、法规的规定，在各自的职责范围内，采取措施，保护消费者的合法权益。"

(3)司法保护

旅游消费者合法权益的实现离不开完善的司法体系的建立。司法体系作为消费者权益实现的重要保障，国家有关部门出台了系列相关法律法规，并对在旅游活动经营过程中出现的损害消费者权益的违法行为采取措施进行惩处，且强调符合《中华人民共和国民事诉讼法》起诉条件的旅游消费者合法权益争议的案件，必须及时审理。旅游消费者在旅游活动中合法权益遭受损害，可以对相关经营者提起诉讼，要求人民法院判决其承担民事责任。如果经营者侵害旅游消费者合法权益行为情节严重，构成犯罪的，人民检察院可以对该旅游经营者提起公诉，人民法院应积极受理，依法及时作出判决。

(4)促进行业发展

旅游业具有极强的产业带动性和经济辐射范围广的特征，因此对相关产业的发展具有突出的促进作用。党的十八大强调："要加快转变经济发展方式，推动经济持续健康发展。深化旅游业改革，实现旅游业可持续发展，对于推动我国经济加速发展、扩大就业、促进经济结构战略性调整以及推进国内外交流合作具有重大意义。"旅游业的可持续发展不仅促进了相关产业联动发展，更是推动我国经济发展的重要契机。而完善旅游监管法律制度是为旅游业发展保驾护航的重要支撑，促使旅游业的发展更为规范，建立了良好的发展环境。

而今国家出台的相关诸多政策直接针对性地落实到了旅游的发展之中，更是为旅游业的发展指引了方向，进一步促进企业升级产业结构，变革人才培养体系，全方位地进行深化改革，不断为旅游业的可持续发展构建了良好的环境。

三、旅游接待业的主要法律监管部门

我国主要采取政府部门结合旅游行业自律的方式对旅游接待业进行综合的监管。国务院的直属机构是国家文化和旅游部，主要负责对我国旅游接待业进行统一监管，主要职能在于："统筹协调旅游业发展，制定发展政策、规划和标准，起草相关法律法规草案和规章并监督实施；制定国内旅游、入境旅游和出境旅游的市场开发战略并组织实施；组织旅游资源的普查、规划、开发和相关保护工作；指导重点旅游区域、旅游目的地和旅游线路的规划开发，引导休闲度假；监测旅游经济运行，负责旅游统计及行业信息发布；承担规范旅游市场秩序、监督管理服务质量、维护旅游消费者和经营者合法权益的责任，组织拟订旅游区、旅游设施、旅游服务、旅游产品等方面的标准并组织实施；推动旅游国际交流与合作，承担与国际旅游组织合作的相关事务；依法审批经营国际旅游业务的旅行社，审批出国(境)旅游、边境旅游；

会同有关部门制定旅游从业人员的职业资格标准和等级标准并指导实施等。”①

除国家文化和旅游部的统一监管之外，各省份、自治区以及直辖市还设立省级、地州市和县级等三级地方旅游部门进行地方监管。各地方旅游部门受上一级旅游部门和同级政府部门的双重领导，并主要受地方政府的领导，主要负责区域内旅游行业相关管理工作，属于当地旅游工作的归口管理部门。

中国旅游协会是旅游接待业的综合性行业自律组织，它是我国相关旅游企事业单位以及相关组织机构等在平等自愿的基础上组建起来的，其主要职能是："协会以'依法设立、自主办会、服务为本、治理规范、行为自律'为宗旨。遵守国家的宪法、法律、法规和有关政策，遵守社会道德风尚，代表和维护全行业的共同利益和会员的合法权益。致力于为会员服务，为行业服务，为政府服务，充分发挥桥梁纽带作用。与政府相关部门、其他社会团体以及会员单位协作，为促进我国旅游市场的繁荣、稳定，旅游业持续、快速、健康发展做出积极贡献。"

第四节　旅游涉外事务

一、旅游接待业涉及的主要涉外事务

(一)涉外旅游的概念

"涉外"在现代汉语词典中的定义为：涉及与外国有关的，多指与国外有关的问题、工作等。关于涉外旅游的概念，我国的专家学者从自己的研究方向对其进行解释，1988 年我国最高人民法院颁布的了《关于贯彻执行〈中华人民共和国民法通则〉若干问题的意见(试行)》对涉外民事关系解释为："凡民事关系的一方或双方当事人是外国人、无国籍人、外国法人的；民事关系的标的物在外国领域内的；产生、变更或消灭民事权利义务关系的法律事实发生在外国的，均为涉外民事关系。"

对于我国而言，涉外旅游不仅包括国际旅游，也包括涉及中国台湾地区、中国香港地区、中国澳门地区的旅游以及有涉外因素的国内游②。

(二)涉外旅游市场的准入和禁入

关于涉外旅游市场的准入和禁入是对涉外旅游市场的进入主体的监管，更是涉外旅游市场安全和风险防范的重要保障。监管理论及成熟度关系着市场的发展，更关系着市场的准入性，发达市场的准入要求较低，但绝非可自由出入；发展中市场由于机制的不健全，相反

---

① 中央人民政府. 文化和旅游部职能配置、内设机构和人员编制规定[R]. 2018.

② 闻银玲，罗一涵，曹兴龙，等. 涉外旅游法律问题研究[M]. 上海：上海财经大学出版社，2014.

进入市场的要求就会设置更高的条件,一般需要缓冲渐进的过程。①

在涉外旅游市场准入的执行上,各国有前置式(审核许可)或后置式(登记、核查)的不同模式。但对有违法犯罪或信用不良记录、具有市场安全隐患、不适合市场特定要求者(含企业、个人),各国均有禁止进入涉外旅游市场的规定,发布禁入命令也是各国监管机构的常用监管方法。

1. 经营入境旅游业务的市场准入

根据《旅行社条例》的规定,申请设立旅行社,经营入境旅游业务的,应当具备下列条件:

①有固定的经营场所;

②有必要的营业设施;

③有不少于 30 万元的注册资本。

《旅行社条例实施细则》则对前述经营场所和营业设施规定了具体要求,其中经营场所应当符合以下条件:

①申请者拥有产权的营业用房,或者申请者租用的、租期不少于 1 年的营业用房;

②营业用房应当满足申请者业务经营的需要。

营业设施应当至少包括下列设施、设备:

①2 部以上的直线固定电话;

②传真机、复印机;

③具备与旅游行政管理部门及其他旅游经营者联网条件的计算机。

申请设立旅行社,经营入境旅游业务的,应当向所在地省级旅游行政管理部门或者其委托的设区的市级旅游行政管理部门提出申请,并提交设立申请书、法定代表人履历表和身份证明、企业章程、验资机构出具的验资证明、经营场所的证明、营业设施设备证明或说明、企业名称预先核准通知书等证明文件。受理申请的旅游行政管理部门应当自受理申请之日起 20 个工作日内作出许可或者不予许可的决定。予以许可的,向申请人颁发旅行社业务经营许可证,申请人持旅行社业务经营许可证向工商行政管理部门办理设立登记;不予许可的书面通知申请人并说明理由。

经营入境旅游业务的旅行社应当自取得旅行社业务经营许可证之日起 3 个工作日内,在国务院旅游行政主管部门指定的银行开设专门的质量保证金账户,存入质量保证金 20 万元,或者向做出许可的旅游行政管理部门提交依法取得的担保额度不低于相应质量保证金数额的银行担保。此外,旅行社每设立一个经营入境旅游业务的分社,应当向其质量保证金账户增存 5 万元;质量保证金的存期由旅行社确定,但不得少于 1 年;账户存期届满,旅行社应当及时办理续存手续。

2. 经营出境旅游业务的市场准入

(1)一般规定。《旅行社条例》规定,旅行社取得经营许可满两年,且未因侵害旅游者合法权益受到行政机关罚款以上处罚的,可以申请经营出境旅游业务。但外商投资旅行社不

① 顾功耘. 经济法教程[M]. 2 版. 上海:上海人民出版社,2006.

得经营中国内地居民出国旅游业务以及赴港、澳、台地区旅游的业务，除非国务院决定或者我国签署的自由贸易协定和内地与港、澳关于建立更紧密经贸关系的安排另有规定。此外国务院出台的《中国公民出国旅游管理办法》第3条对旅行社经营出国旅游业务的条件作了更加具体的规定：①取得国际旅行社资格满1年；②经营入境旅游业务有突出业绩；③经营期间无重大违法行为和重大服务质量问题。未经国务院旅游行政部门批准取得出国旅游业务经营资格的，任何单位和个人不得擅自经营或者以商务、考察、培训等方式变相经营出国旅游业务。

申请经营出境旅游业务的旅行社，应当向国务院旅游行政主管部门或者其委托的省级旅游行政管理部门提出申请，并提交原许可地旅游行政管理部门出具的、证明其经营旅行社业务满两年且连续两年未因侵害旅游者合法权益受到行政机关罚款以上处罚的文件。受理申请的旅游行政管理部门应当自受理申请之日起20个工作日内做出许可或者不予许可的决定。予以许可的，向申请人换发旅行社业务经营许可证，旅行社应当持换发的旅行社业务经营许可证到工商行政管理部门办理变更登记；不予许可的，书面通知申请人并说明理由。

(2)特别规定。我国对旅行社申请经营边境旅游业务和赴中国台湾地区旅游业务作了特别规定。根据《边境旅游暂行管理办法》的规定，申请经营边境旅游业务的旅行社必须是旅游行政管理部门批准、可接待外国旅游者的旅行社。根据《大陆居民赴台湾地区旅游管理办法》的规定，大陆居民赴台团队旅游须由指定经营大陆居民赴台旅游业务的旅行社（以下简称“组团社”）组织，组团社由旅游行政管理部门，从已批准的特许经营出境旅游业务的旅行社范围内指定，由海峡两岸旅游交流协会公布。除被指定的组团社外任何单位和个人不得经营大陆居民赴台旅游业务。

3. 导游（领队）人员的市场准入

我国对导游（领队）人员实行上岗资格证制度。符合条件的人员可以通过参加全国统一的导游人员资格考试取得导游人员资格证书，并申请领取导游（领队）证。《旅行社条例》第31条规定，旅行社为接待旅游者委派的导游人员或者为组织旅游者出境旅游委派的领队人员，应当持有国家规定的导游证、领队证。《中国公民出国旅游管理办法》第10条也规定，组团社应当为旅游团队安排专职领队。领队应当经省、自治区、直辖市旅游行政部门考核合格取得领队证。

《导游人员管理条例》则对导游人员的任职资格作了具体的规定。国家实行全国统一的导游人员资格考试制度。具有高级中学、中等专业学校或者以上学历，身体健康，具有适应导游需要的基本知识和语言表达能力的中华人民共和国公民，可以参加导游人员资格考试；经考试合格的，由国务院旅游行政部门或者国务院旅游行政部门委托的省级人民政府旅游行政部门颁发导游人员资格证书。取得导游人员资格证书的，经与旅行社订立劳动合同或者在导游服务公司登记，方可持所订立的劳动合同或者登记证明材料向省级人民政府旅游行政部门申请领取导游证。具有特定语种语言能力的人员，虽未取得导游人员资格证书，旅行社需要聘请其临时从事导游活动的，由旅行社向省级人民政府旅游行政部门申请领取临时导游证。同时，《导游人员管理条例》还对不能取得导游证的情形作了规定：

(1)无民事行为能力或者限制民事行为能力的；

(2)患有传染性疾病的;

(3)受过刑事处罚的,过失犯罪的除外;

(4)被吊销导游证的。

省级人民政府旅游行政部门应当自收到申请之日起15日内颁发导游证;发现不符合颁发导游证规定情形、不予颁发导游证的,应当书面通知申请人。

《出境旅游领队人员管理办法》规定,申请领队证的人员,应当符合下列条件:

(1)有完全民事行为能力的中华人民共和国公民;

(2)热爱祖国,遵纪守法;

(3)可切实负起领队责任的旅行社人员;

(4)掌握旅游目的地国家或地区的有关情况。

组团社要负责做好申请领队证人员的资格审查和业务培训。业务培训的内容包括思想道德教育、涉外纪律教育、旅游政策法规、旅游目的地国家的基本情况、领队人员的义务与职责。对已经领取领队证的人员,组团社要继续加强思想教育和业务培训,建立严格的工作制度和管理制度,并认真贯彻执行。领队证由组团社向所在地的省级或经授权的地市级以上旅游行政管理部门申领,并提交下列材料:申请领队证人员登记表组团社出具的胜任领队工作的证明、申请领队证人员业务培训证明。旅游行政管理部门应当自收到申请材料之日起15个工作日内,对符合条件的申请领队证人员颁发领队证,并予以登记备案。旅游行政管理部门要根据组团社的正当业务需求合理发放领队证。

4. 旅游饭店(酒店、旅馆)的市场准入

关于旅游饭店(酒店、宾馆)的市场准入监管,我国目前除了国务院批准、公安部发布的《旅馆业治安管理办法》外尚无其他规范旅游饭店的法律、法规和规章。《旅馆业治安管理办法》从安全的角度规定,开办旅馆,其房屋建筑、消防设备、出入口和通道等,必须符合《中华人民共和国消防法》等有关规定,并且要具备必要的防盗安全设施。申请开办旅馆,应当经主管部门审查批准,经当地公安机关签署意见,向工商行政管理部门申请登记,领取营业执照后,方准开业。经批准开业的旅馆,如有歇业、转业、合并、迁移、改变名称等情况,应当在工商行政管理部门办理变更登记后3日内,向当地的县、市公安局、公安分局备案。经营旅馆,必须遵守国家的法律,建立各项安全管理制度,设置治安保卫组织或者指定安全保卫人员。接待境外旅客住宿,还应当在24小时内向当地公安机关报送住宿登记表。

此外,国家旅游行政管理部门还出台了一系列技术标准,如《旅游涉外饭店星级标准》,但此类标准的强制性有一定限制。中国旅游饭店业协会还制订了《中国旅游饭店行业规范》(2002年5月1日起施行,2009年8月8日修订),但该规范仅仅属于行业性自律规范,其效力性有限。

(三)涉外旅游市场的退出

1. 旅行社的市场退出

根据我国现行法律法规的规定,经营出境或入境旅游业务的旅行社,违反规定从事经营活动的,旅游行政主管部门有权吊销其出境或入境旅游业务经营资格。

根据《中国公民出国旅游管理办法》的规定,组团社有下列情形之一,情节严重的,由旅游行政主管部门取消其出国旅游业务经营资格:

(1)入境旅游业绩下降的;

(2)因自身原因,在1年内未能正常开展出国旅游业务的;

(3)因出国旅游服务质量问题被投诉并经查实的;

(4)有逃汇、非法套汇行为的;

(5)以旅游名义弄虚作假骗取护照、签证等出入境证件或者送他人出境的;

(6)国务院旅游行政部门认定的影响中国公民出国旅游秩序的其他行为。

此外,组团社有下列情形之一的,由旅游行政主管部门取消其出国旅游业务经营资格:

(1)组团社违反规定,多次不为旅游团队安排专职领队的;

(2)组团社或者旅游团队领队违反规定,未要求境外接待社不得组织旅游者参与涉及色情、赌博、毒品内容的活动或者危险性活动,未要求其不得擅自改变行程、减少旅游项目、强迫或者变相强迫旅游者参加额外付费项目,或者在境外接待社违反前述要求时未制止,造成恶劣影响的。

根据《旅行社条例》的规定,旅行社终止经营的,应当到工商行政管理部门办理注销登记,并在登记办理完毕之日起10个工作日内向原许可地旅游行政管理部门备案,交回旅行社业务经营许可证。旅行社终止经营,未在规定期限内向原许可地旅游行政管理部门备案,交回旅行社业务经营许可证的由旅游行政管理部门责令改正;拒不改正的处1万元以下的罚款。

2. 导游(领队)人员的市场退出

导游(领队)人员违反规定从事导游活动的,颁发导游(领队)证的旅游行政主管机关有权吊销其导游(领队)证。根据《导游人员管理条例》的规定,导游人员在涉外旅游活动中,有下列情形之一的,省级人民政府旅游行政部门应当吊销其导游证:

(1)导游人员未经旅行社委派,私自承揽或者以其他任何方式直接承揽导游业务,进行导游活动,情节严重的;

(2)导游人员进行导游活动时,有损害国家利益和民族尊严的言行,情节严重的;

(3)导游人员有擅自增加或者减少旅游项目、擅自变更接待计划、擅自中止导游活动情形之一且情节严重的;

(4)导游人员进行导游活动,向旅游者兜售物品或者购买旅游者的物品的,或者以明示或者暗示的方式向旅游者索要小费,情节严重的;

(5)导游人员进行导游活动欺骗、胁迫旅游者消费或者与经营者串通欺骗、胁迫旅游者消费,情节严重的。

根据《中国公民出国旅游管理办法》的规定,旅游团队领队有下列情形之一的,旅游行政主管部门应当吊销其领队证:

(1)旅游团队领队违反规定,未要求境外接待社不得组织旅游者参与涉及色情、赌博、毒品内容的活动或者危险性活动,未要求其不得擅自改变行程、减少旅游项目、强迫或者变相强迫旅游者参加额外付费项目，或者在境外接待社违反前述要求时未制止，造成恶劣影响的；

(2)旅游团队领队违反规定，与境外接待社、导游及为旅游者提供商品或者服务的其他经营者串通欺骗、胁迫旅游者消费或者向境外接待社、导游和其他为旅游者提供商品或者服务的经营者索要回扣、提成或者收受其财物，情节严重的。

此外，旅游团队领队违反规定，对可能危及人身安全的情况未向旅游者做出真实说明和明确警示，或者未采取防止危害发生的措施，情节严重的，旅游行政部门可以吊销其领队证。

根据《出境旅游领队人员管理办法》的规定，领队人员伪造、涂改、出借或转让领队证，或者在从事领队业务时未佩戴领队证，情节严重的，由旅游行政管理部门暂扣领队证 3 个月至 1 年，并不得重新换发领队证。领队人员未履行规定的职责，由旅游行政管理部门责令改正，并可暂扣领队证 3 个月至 1 年；造成重大影响或产生严重后果的，由旅游行政管理部门撤销其领队登记，并不得再次申请领队登记。

(四)中国旅游者出境旅游

出境旅游是我国旅游市场的重要组成部分。随着港澳台游、边境游和出国旅游市场需求的不断增长，对中国公民出境旅游的监管成为涉外旅游监管的重要内容之一。为了保障中国公民出入我国国境的正当权益，促进国际交往，我国颁布了《中华人民共和国出境入境管理法》《中华人民共和国海关法》《中华人民共和国出境入境边防检查条例》《中国公民出国旅游管理办法》《中国公民因私事往来香港地区或者澳门地区的暂行管理办法》《大陆居民赴台湾地区旅游管理办法》等法律、法规和规章。

1. 中国公民出入境的管理机关

依据《出境入境管理法》的相关规定，公安部、外交部按照各自职责负责有关出境、入境事务的管理。出入境边防检查机关负责实施出境、入境边防检查。公安部、外交部在出境入境事务管理中，应当加强沟通与配合，并与国务院有关部门密切合作，按照各自职责分工，依法行使职权，承担责任。此外，《出境入境管理法》还规定，定居国外的中国公民要求回国定居的，应当在入境前向中华人民共和国驻外使馆、领馆或者外交部委托的其他驻外机构提出申请，也可以由本人或者经由国内亲属向拟定居地的县级以上地方人民政府侨务部门提出申请。

2. 中国公民出入境的证件管理

根据《出境入境管理法》的规定，中国公民出境、入境，应当依法申请办理护照或者其他旅行证件。中国公民前往其他国家或者地区，还需要取得前往国签证或者其他入境许可证明。但是，中国政府与其他国家政府签订互免签证协议或者公安部、外交部另有规定的除外。中国公民以海员身份出境、入境和在国外船舶上从事工作的，应当依法申请办理海员证。中国公民往来内地与中国香港特别行政区、中国澳门特别行政区，中国公民往来大陆与中国台湾地区，应当依法申请办理通行证件，并遵守本法有关规定。

(1)护照。护照是指一国公民向本国或外国当局证明其身份的文书。它是各主权国家发给本国公民出境、旅行、居留、入境的证件。由于护照能证明持有人的国籍、身份，可以使持证人在国外得到外国当局或者本国驻外大使馆、领事馆的保护，因此，凡出国人员均应持有效护照，以便有关当局查验。

护照分为外交护照、公务护照和普通护照三种，外交护照主要发给出国从事外交工作的政府高级官员、外交及领事官员等；公务护照主要发给政府一般官员和驻外大使馆、领事馆的不具有外交职衔的工作人员等；普通护照分为因公普通护照和因私普通护照两种，普通护照主要发给侨民以及包括旅游在内因私出国的公民。

中国公民出境旅游应申请办理普通护照。按照法律规定，申请人应向户口所在地的市、县公安机关出入境管理部门提出申请，并回答有关询问，履行下列手续：提交本人的居民身份证、户口簿、近期免冠照片以及申请事由等相关材料。国家工作人员因前往外国定居、探亲、学习、就业、旅行、从事商务活动等非公务原因出境申请普通护照的，还应当按照国家有关规定提交相关证明文件。普通护照的有效期为：护照持有人未满 16 周岁的 5 年，16 周岁以上的 10 年。

申请人有下列情形之一的，护照签发机关不予签发护照：①不具有中华人民共和国国籍的；②无法证明身份的；③在申请过程中弄虚作假的；④被判处刑罚正在服刑的；⑤人民法院通知有未了结的民事案件不能出境的；⑥属于刑事案件被告人或者犯罪嫌疑人的；⑦国务院有关主管部门认为出境后将对国家安全造成危害或者对国家利益造成重大损失的。申请人有下列情形之一的，护照签发机关自其刑罚执行完毕或者被遣返回国之日起 6 个月至 3 年以内不予签发护照：①因妨害国（边）境管理受到刑事处罚的；②因非法出境、非法居留、非法就业被遣返回国的。

《护照法》对违法行为规定了罚款、拘留和没收违法所得三种处罚。弄虚作假骗取护照的，由护照签发机关收缴护照或者宣布护照作废；由公安机关处 2 000 元以上 5 000 元以下罚款；构成犯罪的，依法追究刑事责任。为他人提供伪造、变造的护照，或者出售护照的，依法追究刑事责任；尚不够刑事处罚的，由公安机关没收违法所得，处 10 日以上 15 日以下拘留，并处 2 000 元以上 5 000 元以下罚款；非法护照及其印制设备由公安机关收缴。持用伪造或者编造的护照或者冒用他人护照出入国（边）境的，由公安机关依照出入境管理的法律规定予以处罚；非法护照由公安机关收缴。

（2）签证。签证是指主权国家官方机构发给外国人，入出该国国境或在本国停留、居住的许可证明。中国公民凭护照或其他有效证件出入境，无须办理签证。但若作为允许中国公民前往一个国家或中途经过或停留的证件，中国公民在经批准出境获得护照后，应申办欲前往国家的签证或入境许可证。按照国际惯例，一般按护照种类发给相应签证，但也可发给高于或低于护照种类的签证。出国旅游应向驻华使、领馆办理签证申请；没有使、领馆，也没有其他使、领馆代办业务的，则需到办理该国签证的国家办理。出国旅游要提前办理签证；办好签证后还应特别注意有效期和停留期；需延长的，应向有关单位办理申请延长手续。

（3）旅行证。中华人民共和国旅行证是发给不便或不必持用中国护照的中国公民的临时证件，是代替护照使用的国际旅行证，与护照具有同等效力，前往世界各国有效。旅行证是中国公民出入境的主要证件，由中国驻外的外交代表机关、领事机关或外交部授权的其他驻外机关颁发,有效期为2年。下列人员可申领中华人民共和国旅行证:①遗失外交、公务、普通护照,需要回国人员;②未持用港澳同胞回乡证,需要回内地的中国香港特别行政区中国公民和中国澳门特别行政区中国公民;③定居海外、未持用中国台湾居民来往内地通行证的中国台湾居民;④未持用中国澳门特别行政区有效证件,需返回中国澳门申请特别行政区护照或旅行证的海外中国澳门中国公民;⑤其他不能或不便持用护照而需要进入中华人民共和国的中国公民。

(4)出入境通行证。出入境通行证是中国公民出入边境的通行证件,由省级公安机关及其授权的公安机关签发,证件在有效期内一次或多次出入境有效。

护照以及出入境证件持有人出现下列情形之一的,原发证机关或上级机关予以吊销和宣布作废:持证人因非法进入前往国或者非法居留被送回国内的;持护照、证件招摇撞骗的;从事危害国家安全、荣誉和利益活动的。若违反法律规定,持证人还将受到收缴证件、警告、拘留的处罚,情节严重的追究其刑事责任。

3. 中国公民出境限制

根据《出境入境管理法》第十二条的规定,中国公民有下列情形之一的,不准出境:

(1)未持有效出境入境证件或者拒绝、逃避接受边防检查的;

(2)被判处刑罚尚未执行完毕或者属于刑事案件被告人、犯罪嫌疑人的;

(3)有未了结的民事案件,人民法院决定不准出境的;

(4)因妨害国(边)境管理受到刑事处罚或者因非法出境、非法居留、非法就业被其他国家或者地区遣返,未满不准出境规定年限的;

(5)可能危害国家安全和利益,国务院有关主管部门决定不准出境的;

(6)法律、行政法规规定不准出境的其他情形。

4. 中国公民出境旅游的类别

我国公民出境旅游主要包括港澳台旅游、边境旅游和出国旅游三部分。港澳台旅游主要是指组织居民以旅游团或者其他方式前往中国香港、中国澳门和中国台湾地区进行的旅游活动;边境旅游主要是指经批准的旅行社组织和接待我国及毗邻国公民,集体从指定的边境口岸进出入,在双方政府商定的区域和期限内进行的旅游活动;出国旅游主要是指前往经过国家批准的中国公民出国旅游目的地的国家进行的旅游活动。

(五)中国公民出境旅游

出境旅游主要指到自己国家以外的国家或地区旅游度假,我国公民出境旅游监管主要涉及出境证件管理、出境边防检查、出境限制以及出境旅游安全管理等问题。各国对于出境旅游安全都极其重视,基本会采用立法的形式进行严格的规范,如规定旅游经营者负有警示说明义务,对出境旅游可能危及旅游者人身、财产安全的事项,应当向旅游者做出真实的说明和明确的警示,并采取防止危害发生的必要措施;此外,还规定了突发事件的应急处理机制和报告机制,在境外发生危及旅游者人身安全的情形的,旅游经营者及其委派的导游人员、领队人员应当采取必要的处置措施并及时报告旅游主管部门,还应当及时报告驻该国使领馆、相关驻外机构和当地警方等。对旅游者在境外滞留不归的，旅游经营者委派的领队人员应当及时向旅行社和驻该国使领馆、相关驻外机构报告。旅游经营者应当及时向旅游主管部门和相关部门报告，并协助提供非法滞留者的信息。

1. 出国旅游目的地批准制度

中国公民出国旅游目的地批准制度是指对外开放出国旅游目的地的国家（地区），必须由国家旅游行政主管部门会同国务院有关部门提出，报国务院批准后，由国家旅游行政管理部门公布的一种管理制度。审批出国旅游目的地国家（地区），涉及一个国家的主权和对本国旅游者和旅游经营者的权利保护。因此，能够成为中国公民旅游目的地国家（地区）必须具备以下条件：

（1）对方是我国的客源国；

（2）政治上对我国友好，旅游资源有吸引力；

（3）对我国旅游者没有歧视性、限制性、报复性政策；

（4）旅游者有安全保障，具有良好的可进入性。

《旅行社条例》第 25 条规定："经营出境旅游业务的旅行社不得组织旅游者到国务院旅游行政主管部门公布的中国公民出境旅游目的地之外的国家和地区旅游。"此外，《中国公民出国旅游管理办法》第 2 条第 2 款规定："任何单位和个人不得组织中国公民到国务院旅游行政管理部门公布的出国旅游目的地国家以外的国家旅游；组织中国公民到国务院旅游行政管理部门公布的出国旅游目的地国家以外的国家进行涉及体育活动、文化活动等临时性专项旅游的，须经国务院旅游行政管理部门批准。"

2.《中国公民出国旅游团队名单表》

实行《中国公民出国旅游团队名单表》管理制度，是旅游行政管理部门按照"总量控制，出入挂钩"的原则，对出国旅游人数实行总量控制，并对组团社名单表进行监督的一项管理制度。《中国公民出国旅游管理办法》第 7 条、第 8 条规定了具体适用《中国公民出国旅游团队名单表》（以下简称《名单表》）管理制度的方式和办法。该制度的具体实施办法是：国家旅游行政管理部门根据上年度全国入境旅游的业绩、出国旅游目的地的增加情况和出国旅游的发展趋势，在每年 2 月底确定本年度组织出国旅游的人数安排总量，并下达到各省旅游行政管理部门。国家旅游行政管理部门对各省旅游行政管理部门核定的组团社年度出国人数安排和组团社组织公民出国的情况进行监督。《名单表》由国家旅游行政管理部门统一印制一式四联。编号下发给各省旅游行政管理部门，各省旅游行政管理部门再核发给各组团社。

3. 旅游团队出入境管理制度

旅游团队出入境管理制度，是指组团社在组织旅游团队出境、入境时应当遵守《中国公民出国旅游管理办法》及其他法律规定，履行相应手续，接受监督管理的制度。根据规定，各组团社组织中国公民出国旅游前，必须为旅游者办理前往国家的签证等手续，为团队安排专职领队，接受国家指定的开放口岸对护照、签证、《名单表》的检查，在旅游团队出入境时交验《名单表》。经国务院有关部门批准，旅游团队可以到旅游目的地国家按照该国有关规定办理签证或者免签证。同时旅游团队出境前已经确定分团入境的，组团社必须事先向入境边防检查总站或者省公安边防部门备案。出境后因不可抗力或者其他特殊原因需要分团入境的，领队应当及时通知组团社，组团社应当立即向有关入境边防检查总站或者公安边防部门备案。

4. 特种旅游管理制度

特种旅游管理制度，是指组织中国公民到国务院旅游行政管理部门公布的出国旅游目的地的国家以外的国家进行涉及体育活动、文化活动等临时性专项旅游的，必须经国务院旅游行政管理部门批准的制度。该制度具体有三层含义。

(1)组团社应当组织中国公民前往经批准开放的旅游目的地国家或者地区进行旅游活动；

(2)开展诸如体育活动、文化活动等临时性专项旅游的，可以到出国旅游目的地以外的国家进行；

(3)到出国旅游目的地以外的国家开展特种旅游活动，必须经国务院旅游行政管理部门批准。

(六)外国旅游者入境旅游

自由旅行权是旅游者最基本的权利，属于基本人权的范畴。根据旅游者本国法律和旅游接待国法律，旅游者可以在履行一定手续的前提下，自由出入国境参加旅游活动。这种自由旅行权不应受任何非法干涉，旅游者也不应因种族、肤色、国籍、宗教等方面原因而遭受歧视①。因此各国一般在通过国内立法规定旅游者自由出入国境的权利之外，各国政府之间也通过缔结国际条约、国际公约或政府间国际旅游组织的宣言、决议等方式，在全世界范围内共同保护各国旅游者的此项合法权益。

此外，外国公民入境旅游的安全问题也是监管的重要内容之一。对此，各国相关立法均规定发生入境旅游者非法滞留于本国境内的，接待旅游者的旅游经营者应当及时向本国旅游行政管理部门、治安管理部门和外事部门报告，并协助提供非法滞留者的信息。

1. 外国旅游者入境监管机关

根据我国《出境入境管理法》的相关规定，外国人入境、出境和在中国境内停留、居留，必须经中国政府主管机关许可。公安部、外交部负责有关外国人出境、入境事务的管理，具体监管机关包括：一是中国政府驻外签证机关，即驻外使馆、领馆或者外交部委托的其他驻外机构，主要负责在境外签发外国人入境签证；二是中国政府在国内负责外国人出境与入境、停留与居留的管理机关，其中出入境边防检查机关负责实施出境、入境边防检查，县级以上地方人民政府公安机关及其出入境管理机构负责外国人停留、居留管理。

此外，公安部、外交部还可以在各自职责范围内委托县级以上地方人民政府公安机关出入境管理机构、县级以上地方人民政府外事部门受理外国人入境、停留与居留申请。

---

① 韩玉灵. 旅游法教程 [M]. 3 版. 北京：高等教育出版社，2011.

2. 外国旅游者入境证件监管

外国旅游者入出中国国境，必须持有合法有效的证件，主要包括护照、签证、旅行证和入出境通行证等。

（1）护照

护照是主权国家发给本国公民出入国境和在国外居留、旅行等合法的身份证件，主要用来证明护照持有者的国籍、身份和出国目的。根据出国目的不同，护照分为外交护照、公务护照和普通护照，其中普通护照又分为因公普通护照和因私普通护照。

（2）签证

签证是主权国家发给申请者出入该国国境或者外国人在该国境内停留、居留的许可证明，是附签在申请人所持的入出境通行证件上的文字注明，也是一个国家检查进入或者经过这个国家的人员身份和目的的合法证明。

签证按照性质一般分为外交签证、礼遇签证、公务签证和普通签证。我国政府主管机关根据外国人申请入境的理由，发给相应的签证，具体根据外国人来华的身份和所持护照的种类确定发给哪种签证。《出境入境管理法》规定，对因外交、公务事由入境的外国人，签发外交、公务签证；对因身份特殊需要给予礼遇的外国人，签发礼遇签证；对因工作、学习、探亲、旅游、商务活动、人才引进等非外交、公务事由入境的外国人，签发相应类别的普通签证。外国人申请办理签证，应当向驻外签证机关提交本人的护照或者其他国际旅行证件，以及申请事由的相关材料，按照驻外签证机关的要求办理相关手续、接受面谈。旅行社按照国家有关规定组织入境旅游的，可以向公安部委托的口岸签证机关申请办理团体旅游签证。口岸签证机关签发的签证一次入境有效，签证注明的停留期限不得超过三十日。

（3）旅行证

旅行证是指外国旅游者前往中国不对外国人开放的地区旅行，必须向当地公安机关申请办理的旅游证件。由旅游者临时居留地或工作地的市、县公安机关办理。申请者在办理旅行证时必须交验护照或者居留证件，提供旅行事由的有关证明，填写旅游申请表。外国人旅行证的有效期限最长为 1 年，如需延长有效期、增加不对外国人开放的地点、增加偕行人员，必须向当地公安机关申请延长或者变更。

（4）出入境通行证

中华人民共和国出入境通行证，是出入中国国（边）境的通行证件，由省、自治区、直辖市公安厅（局）及其授权的公安机关签发。该证件在有效期内一次或者多次入出境有效，属于一次有效的，在出境时由边防检查站收缴。

3. 港、澳、台同胞入境监管

（1）港、澳同胞来往内地的法律规定

1999 年 1 月 1 日以前，港、澳同胞来内地旅游必须申请办理“港、澳同胞回乡证”，不必办理签证。从 1999 年 1 月 1 日开始，港、澳居民来内地旅游，开始使用“港、澳居民来往内地通行证”。该证件是港、澳居民出入内地旅行证件和在内地居留、住宿和旅行的身份证件。由公安部委托中国香港、中国澳门中国旅行社受理申请，授权广东省公安厅审批，签发“通行证”。凡是具有中国国籍的中国香港、中国澳门居民，只要未向国籍管理机关申报为外国人，无论是否持有外国护照或者旅行证，均可申请该通行证。18 岁以下的港、澳居民可申请 3 年期有效证件，18 岁以上（含 18 岁）的港、澳居民可申请 10 年期有效证件。

（2）中国台湾居民来往大陆的法律规定

中国台湾居民来往大陆需办理《台湾居民来往大陆通行证》，该证简称“台胞证”，是中国台湾居民来往大陆和在大陆旅行、居留的身份证件。“台胞证”分为 5 年有效和一次有效两类。第一次前往大陆的中国台湾居民，可先行通过中国台湾代办机构向设在中国香港或中国澳门的中国旅行社提出申请，即可办理 5 年有效期的“台胞证”。中国台湾居民从其他国家前往大陆，而未申请有效“台胞证”时，可向当地中华人民共和国使领馆申请中华人民共和国旅行证，但其后需改办“台胞证”。事先未办妥“台胞证”或签注、需临时来大陆的中国台湾居民，凭本人中国台湾身份证或有效的中国台湾地区出入境证件，可在经授权的公安机关口岸签证部门办理“台胞证”及来往大陆签注。中国台湾居民来往大陆通行证签注分为中国台湾居民来往大陆签注（一般是在大陆停留不超过 1 年时间）和中国台湾居民居留签注（一般是在大陆居留 1 年以上）两类。

（七）涉外旅游合同

旅游合同是旅游者与旅游经营者之间设立、变更、终止民事权利和义务关系的协议，具体而言，是指旅游经营者与旅游者之间，在旅游活动中因提供旅游服务、接受旅游服务和给付服务费而达成的协议。合同是当事人双方意思表示一致的结果，遵循意思自治原则，旅游合同也是如此。但旅游合同也有其特殊性，旅游合同的一方当事人是旅游经营者，相比旅游者在旅游合同中居于绝对优势地位，有可能会利用自己的优势地位损害旅游者的合法权益。此外，旅游合同多为旅行社为重复使用而事先拟定的格式合同，具有条款的单方事先决定性和不变性，旅游者往往只能概括地表示接受或者不接受。由于旅行社单方拟定，旅游者的合法权益有可能会受到侵害。因此，各国一般会通过立法对旅游合同的签订、合同的内容、格式合同、合同的履行等问题加以监管。根据我国《旅游法》《旅行社条例》《中国公民出国旅游管理办法》等法律法规的规定，涉外旅游合同的监管主要涉及旅游合同的签订、格式合同、示范合同以及旅游合同的履行等方面。

1. 旅游合同签订的监管

首先，我国将旅游合同的签订作为旅游经营者的一项法定义务予以明确。《旅游法》第 57 条规定，旅行社组织和安排旅游活动，应当与旅游者订立合同。《旅行社条例》第 28 条规定，旅行社为旅游者提供服务，应当与旅游者签订旅游合同。《中国公民出国旅游管理办法》第 13 条规定，组团社经营出国旅游业务，应当与旅游者订立书面旅游合同。

其次，我国还对旅游合同的具体内容作了强制性规定。《旅游法》第 58 条第 1 款规定，包价旅游合同应当采用书面形式，包括下列内容：

（1）旅行社、旅游者的基本信息；

（2）旅游行程安排；

（3）旅游团成团的最低人数；

(4)交通、住宿、餐饮等旅游服务安排和标准；

(5)游览、娱乐等项目的具体内容和时间；

(6)自由活动时间安排；

(7)旅游费用及其交纳的期限和方式；

(8)违约责任和解决纠纷的方式；

(9)法律、法规规定和双方约定的其他事项。

第59条规定，旅行社应当在旅游行程开始前向旅游者提供旅游行程单。旅游行程单是包价旅游合同的组成部分。《旅行社条例》第28条也作了类似规定，旅游合同应载明下列事项：旅行社的名称及其经营范围、地址、联系电话和旅行社业务经营许可证编号；旅行社经办人的姓名、联系电话；签约地点和日期；旅游行程的出发地、途经地和目的地；旅游行程中交通、住宿、餐饮服务安排及其标准；旅行社统一安排的游览项目的具体内容及时间；旅游者自由活动的时间和次数；旅游者应当交纳的旅游费用及交纳方式；旅行社安排的购物次数、停留时间及购物场所的名称；需要旅游者另行付费的游览项目及价格；解除或者变更合同的条件和提前通知的期限；违反合同的纠纷解决机制及应当承担的责任；旅游服务监督、投诉电话；双方协商一致的其他内容。

此外，还规定了旅行社的合同条款说明和告知义务。《旅游法》第58条第2款规定，订立包价旅游合同时，旅行社应当向旅游者详细说明前款第二项至第八项所载内容。《旅行社条例》第29条第1款规定，旅行社在与旅游者签订旅游合同时，应当对旅游合同的具体内容做出真实、准确、完整的说明。《旅游法》第62条规定了旅行社的告知义务，订立包价旅游合同时，旅行社应当向旅游者告知下列事项：

(1)旅游者不适合参加旅游活动的情形；

(2)旅游活动中的安全注意事项；

(3)旅行社依法可以减免责任的信息；

(4)旅游者应当注意的旅游目的地相关法律、法规和风俗习惯、宗教禁忌，依照中国法律不宜参加的活动等；

(5)法律、法规规定的其他应当告知的事项。

2. 格式合同的监管

根据《旅行社条例》的规定，旅行社和旅游者签订的旅游合同约定不明确或者对格式条款的理解发生争议的，应当按照通常理解予以解释；对格式条款有两种以上解释的，应当作出有利于旅游者的解释；格式条款和非格式条款不一致的，应当采用非格式条款。

3. 示范旅游合同的监管

实践中，我国旅游行政主管部门与工商行政主管部门往往会共同制订旅游合同示范文本，并积极推行，引导旅游者和旅游经营者使用。示范文本规范了旅游业务中的通行概念，明确了旅游者和旅行社双方当事人的权利与义务，将法律、法规和行业要求贯穿其中，具有指导性、规范性、公平性和可操作性的特点，在规范、平衡双方的权利与义务，提高旅游服务质量和强化旅游市场监管等方面具有积极作用。目前，涉外旅游合同示范文本主要有《出境旅游合同》示范文本、《大陆居民赴台湾地区旅游合同》示范文本和《国内旅游合同》示范文本(入境游适用该文本)。

4. 旅行社违反合同义务的监管

《旅游法》规定,旅行社违反规定,有下列行为之一的,由旅游主管部门责令改正,处 3 万元以上 30 万元以下罚款,并责令停业整顿;造成旅游者滞留等严重后果的,吊销旅行社业务经营许可证;对直接负责的主管人员和其他直接责任人员,处 2 千元以上 2 万元以下罚款,并暂扣或者吊销导游证、领队证:

(1)在旅游行程中擅自变更旅游行程安排,严重损害旅游者权益的;

(2)拒绝履行合同的;

(3)未征得旅游者书面同意委托其他旅行社履行包价旅游合同的。

此外,《旅行社条例》也对旅行社不履行合同义务的相关法律责任作了规定。第 50 条规定,旅行社未与旅游者签订旅游合同或与旅游者签订的旅游合同未载明《旅行社条例》第 28 条规定的事项的,由旅游行政管理部门责令改正,处 2 万元以上 10 万元以下的罚款;情节严重的,责令停业整顿 1 个月至 3 个月。第 59 条规定,违反本条例的规定,有下列情形之一的,对旅行社,由旅游行政管理部门或者工商行政管理部门责令改正,处 10 万元以上 50 万元以下的罚款;对导游人员、领队人员,由旅游行政管理部门责令改正,处 1 万元以上 5 万元以下的罚款;情节严重的,吊销旅行社业务经营许可证、导游证或者领队证:

(1)拒不履行旅游合同约定的义务的;

(2)非因不可抗力改变旅游合同安排的行程的;

(3)欺骗、胁迫旅游者购物或者参加需要另行付费的游览项目的。

第 61 条规定,旅行社违反旅游合同约定,造成旅游者合法权益受到损害,不采取必要的补救措施的由旅游行政管理部门或者工商行政管理部门责令改正,处 1 万元以上 5 万元以下的罚款;情节严重的,由旅游行政管理部门吊销旅行社业务经营许可证。

(八)旅行社涉外经营

出国旅游经营规则和服务质量管理制度主要是指具有出国旅游经营权的旅行社,必须按照《中国公民出国旅游管理办法》及其他法规规定的经营规则和服务质量要求从事出国旅游业务经营活动的管理。组团社必须提供的服务包括:为旅游者办理出国手续;委派领队;带领游客出入境;提供合同约定的服务;选择境外旅行社,并监督、督促其履行合同。组团社必须遵守的经营规则包括:组织旅游者参加出国旅游活动,应当前往经国家批准并公布的旅游目的地的国家;不得采取不正当手段经营出国旅游业务损害竞争对手利益,应当向旅游者提供真实可靠的出国旅游信息,不得做虚假宣传,报价不得低于成本价;不得提供国家法律、法规禁止的旅游项目等。

此外,《旅行社条例》还对旅行社违反规定从事经营行为的法律责任作了规定:旅行社未取得相应的旅行社业务经营许可,经营入境旅游业务、出境旅游业务的,由旅游行政管理部门或者工商行政管理部门责令改正,没收违法所得,违法所得 10 万元以上的,并处违法所得 1 倍以上 5 倍以下的罚款;违法所得不足 10 万元或者没有违法所得的,并处 10 万元以上 50

万元以下的罚款；外商投资旅行社经营中国内地居民出国旅游业务以及赴中国香港特别行政区、中国澳门特别行政区和中国台湾地区旅游业务，或者经营出境旅游业务的旅行社组织旅游者到国务院旅游行政主管部门公布的中国公民出境旅游目的地之外的国家和地区旅游的，由旅游行政管理部门责令改正，没收违法所得，违法所得10万元以上的，并处违法所得1倍以上5倍以下的罚款；违法所得不足10万元或者没有违法所得的，并处10万元以上50万元以下的罚款；情节严重的，吊销旅行社业务经营许可证。旅行社组织中国内地居民出境旅游，不为旅游团队安排领队全程陪同的，由旅游行政管理部门责令改正，处1万元以上5万元以下的罚款；拒不改正的，责令停业整顿1个月至3个月。旅行社及其委派的导游人员、领队人员有下列情形之一的，由旅游行政管理部门责令改正，对旅行社处2万元以上10万元以下的罚款；对导游人员、领队人员处4 000元以上2万元以下的罚款；情节严重的，责令旅行社停业整顿1个月至3个月，或者吊销旅行社业务经营许可证、导游证、领队证：

(1)发生危及旅游者人身安全的情形，未采取必要的处置措施并及时报告的；

(2)旅行社组织出境旅游的旅游者非法滞留境外，旅行社未及时报告并协助提供非法滞留者信息的；

(3)旅行社接待入境旅游的旅游者非法滞留境内，旅行社未及时报告并协助提供非法滞留者信息的。

二、旅游接待业涉外事务主要管理部门

(一)我国涉外旅游监管主体

从20世纪50年代的中国国际旅行社、外事办公室、侨务办公室到80、90年代的旅游局、旅游办公室、旅游处、旅游委员会、旅游协调组、旅游行业协会、旅游区域管委会，以及2018年后的文化和旅游部等，均先后成为我国涉外旅游的监管主体。改革开放以来经过三十多年的发展，我国已形成一个相对完整而有序的涉外旅游行政管理组织网络体系，对保障旅游者权益和旅游业的发展做出了重要贡献。目前，我国涉外旅游行政管理主体可以分为三类：国家旅游行政管理部门、地方旅游行政管理部门和其他依法授权的旅游组织。

1. 国家旅游行政管理部门

1964年7月，第二届全国人民代表大会常务委员会批准设立中国旅行游览事业管理局，1978年改名为“旅游管理总局”，1982年改名为“旅游总局”，同年8月正式更名为“国家旅游局”，是对全国旅游业进行统一行业管理的国务院直属机构。根据党的十九届三中全会审议通过的《中共中央关于深化党和国家机构改革的决定》《深化党和国家机构改革方案》和第十三届全国人民代表大会第一次会议批准的《国务院机构改革方案》，2018年3月改为中华人民共和国文化和旅游部，属于国务院组成部门，统领文化和旅游工作，内设办公厅政策法规司、人事司、财务司、艺术司、公共服务司、科技教育司、非物质文化遗产司、产业发展司、资源开发司、市场管理司、文化市场综合执法监督局、国际交流与合作局(港澳台办公室)等13个机构[其中国际交流与合作局(港澳台办公室)负责指导、管理文化和旅游对外及对港澳台交流、合作及宣传推广工作]，指导、管理有关驻外文化和旅游机构，承担外国政府在华、

港澳台在内地(大陆)文化和旅游机构的管理工作,承办文化和旅游中外合作协定及其他合作文件的商签工作,承担政府、民间及国际组织在文化和旅游领域交流合作相关事务,组织大型文化和旅游对外及对港澳台交流推广活动。

2. 地方各级旅游行政管理机关

1985 年 1 月国务院批准了国家旅游局《关于当前旅游体制改革几个问题的报告》,该报告指出:各省、自治区可根据国内外旅游发展的需要设置旅游局,统管本地区的旅游工作;经济特区和省以下的市县,如需设立旅游行政管理部门,可本着精简的原则,因地制宜加以设置。目前,我国省、自治区、直辖市和新疆生产建设兵团均设立了旅游行政管理部门;计划单列市、副省级市、地级市以及绝大多数县(市、区)也均设立了旅游行政管理部门。在履行涉外旅游监管职责时,我国地方各级旅游行政管理机关既向同级人民政府负责,同时接受上一级国家旅游行政管理部门的领导和业务指导。

3. 其他旅游行政管理组织

依法授权行使涉外旅游行政管理职权的其他旅游行政管理组织,在我国主要包括旅游行业自律组织(如旅行社协会、旅游饭店业协会等)、资质和星级评定机构、旅游景区行政管理机构、旅游度假区和旅游经济开发区行政管理机构等组织。

(二)我国涉外旅游监管的模式

如前文所述,目前世界主要旅游国家涉外旅游管理部门分为旅游委员会模式、旅游部或旅游局模式、混合职能模式、非国家机构管理模式等。而我国涉外旅游国家管理机构的模式整体上属于旅游局模式,即在中央机关中按主管业务范围划定部门。从我国国家旅游行政管理体制的沿革来看,仅新中国成立初期采取了中国国际旅行社这种非国家机构管理模式,以后均采取旅游局这种国家机构管理模式①。我国地方旅游行政管理机构的模式主要有三种:

1. 旅游委员会模式

撤销旅游局,成立旅游委员会或旅游管理(发展)委员会,建立相关部门共同介入的管理机构。如 2001 年杭州市成立了杭州市旅游委员会,并建设了杭州旅游商贸系统,由杭州市旅游委员会、西湖风景名胜区管理委员会、贸易局、环保局、工商局、监察局、西湖博览会办公室、杭州商业资产经营公司、杭州旅游集团有限公司等 9 家单位组成,设有常规的会议和联络机制共同推动杭州旅游事业的发展。2011 年北京市旅游局更名为北京市旅游发展委员会,联合园林、绿化、文化、文物、水务、商务、规划、国土、建设、交通等多个部门,共同推动北京的旅游事业。此外,海南、南京、贵阳、秦皇岛、黄山、舟山、桐乡等地均设立了类似的“旅游委员会”部门,用以协调统筹旅游事业。上海也曾经设立了上海市旅游事业管理委员会,但在 2008 年又更名为“上海市旅游局”,回归了旅游局模式。

① 刘元亮. 旅游法学[M]. 北京:法律出版社,2011.

2. 旅游部或旅游局模式

文化和旅游部负责旅游行业管理和下属企业的发展、相关职能部门在各自职责范围内行使管理权。我国很多地方采用这种模式，如上海、重庆、合肥、宁波等。

3. 混合职能模式

混合职能模式即政府管理旅游的职能与其他管理职能结合起来成立一个部门，或者在与旅游业关系密切的部门中设立旅游局、旅游处。这种模式一般以市、县级采用居多，如黄石市商务委员会（市旅游局）、四川省荣县商贸和旅游局、杭州市拱墅区商贸旅游局等。

上述三种模式中，第一种模式是多部门协调配合，但往往会造成监管不作为；第二种模式突出旅游行政主管部门的主导地位，但很难实现多部门协调监管，容易产生监管越权；第三种模式中旅游行政管理部门不独立，地位相对弱化。

（三）我国涉外旅游相关立法

改革开放 30 多年来，随着旅游业的发展，特别是出境旅游和入境旅游的快速发展，旅游业的法治建设进程也在不断加快。到目前为止，与涉外旅游有关的法律、法规和规章主要有旅游基本法、旅游行政法规、旅游部门规章、旅游地方性法规、其他相关法律法规。

1. 旅游基本法

旅游基本法是一个国家发展旅游事业的根本法律，是规定一个国家发展旅游事业的根本宗旨、根本原则和旅游活动各主体根本权利与义务关系的法律，它对旅游业的长远发展具有至关重要的意义。国家旅游局早在 1982 年就成立了《中华人民共和国旅游法》起草领导小组和工作小组，经过 30 多年的不懈努力，2013 年 4 月 25 日。第十二届全国人大常委会第二次会议通过了《中华人民共和国旅游法》，并自 2013 年 10 月 1 日起施行。《旅游法》对旅游经营、旅游服务合同、旅游安全、旅游监督管理等作了明确规定，是我国涉外旅游监管的基本法律依据。

2. 旅游行政法规

行政法规是国务院为领导和管理国家各项行政工作，根据宪法和法律，并按照《行政法规制定程序条例》相关规定而制定的政治、经济、文化、外事等各类法规的总称。关于涉外旅游的相关行政法规，我国国务院相继出台了多部，见表 6-5。

表 6-5　涉外旅游相关行政法规

时间	颁发部门	名称	备注
1985 年 5 月 11 日	国务院	《旅行社管理暂行条例》	
1996 年 10 月 15 日	国务院	《旅行社管理条例》	
2001 年 12 月 11 日	国务院	《国务院关于修改〈旅行社管理条例〉的决定》	

续表

时间	颁发部门	名称	备注
2009年1月21日	国务院	《旅行社条例》	对经营入境旅游业务、出境旅游业务的旅行社的设立条件、设立程序、具体经营行为以及监督检查和相关法律责任等作了明确的规定
1987年11月30日	国家旅游局	《导游人员管理暂行规定》	
1999年5月14日	国务院修订	《导游人员管理条例》	对从事涉外旅游业务的导游人员的任职资格、服务行为以及法律责任等进行了规范
1997年7月1日	国家旅游局、公安部经国务院批复联合发布	《中国公民自费出国旅游管理办法》	标志着我国公民自费出国旅游的开始
2001年12月12日	国务院	《中国公民出国旅游管理办法》	标志着我国对出国旅游的管理手段和管理方式实现了从行政管理向法制管理的转变

注:表格根据国家文化和旅游部官网以及相关国家或地方官方网站整理。

3. 旅游部门规章

旅游部门规章是由国家旅游行政管理部门制定的规范旅游服务和管理行为的规定和技术性规范,文化和旅游部(国家旅游局)发布的与涉外旅游监管有关的部门规章详见表6-6。

表6-6 涉外旅游相关部门规章

发布时间	名称	类别
2009年4月3日	《旅行社条例实施细则》	旅行社监督方面的规章
2010年8月29日	《中外合资经营旅行社试点经营出境旅游业务监督暂行办法》	
2013年9月26日	《旅游服务质量保证金存取管理办法》	
1999年8月27日	《导游证管理办法》	导游人员(领队人员)监督方面的规章
2001年12月27日	《导游人员管理实施办法》	
2002年10月28日	《出境旅游领队人员管理办法》	
2005年6月3日	《导游人员等级考核评定管理办法(试行)》	
1997年10月15日	《边境旅游暂行管理办法》	出境旅游监督方面的规章
2006年4月16日	《大陆居民赴台湾地区旅游管理办法》	

续表

发布时间	名称	类别
1990 年 2 月 20 日	《旅游安全管理暂行办法》	旅游安全监督和保险方面的规章
2001 年 4 月 25 日	《旅行社投保旅行社责任保险办法》	
2010 年 11 月 25 日	《旅行社责任保险管理办法》	
2010 年 5 月 5 日	《旅游投诉处理办法》	旅游投诉与纠纷处理方面的规章
2013 年 5 月 12 日	《旅游行政处罚办法》	

注:表格根据国家文化和旅游部官网以及相关国家或地方官方网站整理。

4. 旅游地方性法规

旅游地方性法规是指由地方人大制定的综合性法规。随着旅游业的不断发展,20 世纪 90 年代,海南省率先出台了《海南省旅游条例》,各省份相继出台了旅游地方性法规,如:2003 年上海出台的《上海市旅游条例》,2005 年云南省出台的《云南省旅游条例》,2006 年四川省出台的《四川省旅游条例》,2009 年湖南省出台的《湖南省旅游条例》等,对旅游业的规划开发,以及旅游经营者、导游人员、旅游行政主管部门之间权利和义务等进行了规范。自此以后,我国各省份陆续制定了综合性旅游法规,为旅游业的发展提供了一定的法律依据。

5. 其他相关法律法规

旅游业是一项综合性的经济行业,尤其是涉外旅游业离不开相关行业的协调与配合。目前,与涉外旅游监管有关的其他法律、法规和规章见表 6-7。

表 6-7　涉外旅游其他相关法律

发布时间	法律、法规及条例名称
1986 年 12 月 3 日	《中国公民因私事往来香港地区或者澳门地区的暂行管理办法》
1987 年 11 月 10 日	《旅馆业治安管理办法》
1991 年 12 月 17 日	《中国公民往来台湾地区管理办法》
1994 年 10 月 9 日	《自然保护区条例》
2006 年 1 月 18 日	《娱乐场所管理条例》
2006 年 4 月 29 日	《护照法》
2006 年 9 月 6 日	《风景名胜区条例》
2012 年 6 月 30 日	《出境入境管理法》
2013 年 7 月 3 日	《外国人入境出境管理条例》

注:表格根据国家文化和旅游部官网以及相关国家或地方官方网站整理。

三、旅游接待业涉外事务的注意事项

（一）我国与外国以及与港澳台地区间的关于旅游市场开放的争议

随着国际旅游的发展，我国与外国之间为了相互开放市场而达成双边或多边协议，例如我国与肯尼亚、葡萄牙、南非等国家签订了专门的旅游合作协议，以及我国在加入世界贸易组织时达成的开放我国服务业（包括旅游业）的多边公约。我国大陆地区与我国港、澳、台地区间也达成了贸易投资的安排，其中包括旅游市场的开放。在履行这些公约、协定或安排时可能会产生关于市场开放的争议。由于此类争议属于国家间或政府间的争议，一般按照公约、协定或安排中的争议解决条款来解决争议。双边协定一般规定是协商方式，而在世界贸易组织下的旅游争议，协商不成可以提交世界贸易组织争端解决机构来裁决。此类争议的解决依据是国际法，即有关旅游的国际条约或国际惯例。

（二）旅游经营者间、旅游者与旅游监管者或其他监管部门间的旅游争议

各国政府基于主权，可以对在本国境内的旅游经营者、旅游者进行监管，包括入境的外国旅游者和旅游经营者，如果发现其有违反本国相关法规的行为，可以依法进行处罚。如果触犯刑律，应追究其刑事责任。例如旅游者非法入境、外国旅游者非法滞留本国、外国旅游者盗取文物和野生动物等，一经发现，必须由旅游监管部门或相关部门进行处罚。此类争议属于非平等主体间的行政争议，旅游经营者、旅游者可以依据相关法律提起行政复议或提起行政诉讼。此类争议解决时适用的是本国的法律，不会考虑适用外国法。

（三）旅游合同争议

首先是旅游者与其他旅游服务企业之间的合同争议。除了旅行社提供旅游服务外，还存在其他的旅游服务企业，例如旅游景区服务企业、旅游购物企业、旅游餐饮企业、旅游宾馆企业等，在旅游者和这些旅游服务企业之间存在旅游消费关系，这些争议属于合同争议。其次是旅游服务企业之间的合同争议。无论在包价旅游中，还是在代办旅游中，旅行社都无法完成所有的旅游业务，必须借助于其他的旅游服务企业的服务，因此在旅行社之间或旅行社与其他旅游服务企业之间，如运输企业、餐饮企业、宾馆企业、旅游商品销售企业之间会达成旅游服务安排的合同。这些争议属于经营者之间的合同争议。第三，旅游投资合同争议。在旅游业发展中必不可少的是旅游开发和旅游投资，如投资设立旅游企业，或旅游企业投资开发旅游景区等，在这些开发或投资进程中也会产生争议。

（四）各国旅游法律之间的差异

随着旅游业的发展，旅游作为现代服务业的一种对国民经济的发展的促进作用逐渐显现，为了更好地发展和规范旅游业，一些国家开始制定旅游方面的法律法规。日本、巴西、韩国、英国、美国、法国、德国、加拿大、墨西哥等国家或地区制定了相应的旅游法律法规，但这些旅游地法律存在着差异。例如，英国于 1969 年颁布了《英国旅游发展法》，于 1992 年发布

《包价旅游法规》;美国主要颁布的旅游法规有《美国全国旅游政策法》以及一些州的地方法律;法国1982年制定了《法国调整旅行社同顾客关系的一般销售条件》;德国颁布《民法典》中对旅游合同的鉴定作了规定;韩国制定了《韩国旅游事业振兴法》。各国旅游立法中很多是促进旅游业发展、监管旅行社的经营等公法规范,但也存在调整旅游者与旅行社之间的民事权利、义务、责任的私法规范。各国调整国际旅游关系的法律法规的差异导致了法律冲突的存在。如果各国法律相同,便不会发生法律适用上的矛盾或冲突,也就没有选择法律的必要。虽然目前各国在本国法律管辖下一般不会考虑别国公法的适用,但对于调整国际旅游法律法规中的私法规范的适用上还是存在大量的法律冲突。

各国普遍赋予了外国人平等的民事法律地位,并且在逐步地承认外国法在本国的效力,这就使得司法机关在处理民事关系时,考虑适用外国法还是本国法,才会产生法律冲突。如果本国法律不平等地保护外国人的旅游权利,则涉外旅游法律关系无从产生。如果本国拒绝承认任何外国旅游法律法规在本国的适用,也不会产生法律冲突。目前,为了发展旅游业,相互开放旅游市场,维护本国旅游业的利益,也需要承认彼此旅游法律法规中的私法规范的域外效力。

综上所述,当发生法律争议需要解决时,与该争议有关的国家的法律都有可能适用,这就产生了法律冲突。法院或仲裁庭等必须首先解决的问题就是法律适用问题,这对涉外旅游关系中的当事人的实体权利影响很大。

(五)涉外旅游民事法律冲突解决的方法

在涉外民事领域存在着法律冲突,使得涉外民事关系处于不确定或争议中,从而影响国际民事交往。因此,各国不断地寻找解决法律冲突的方法。在国际私法解决法律冲突的三种方法中现代社会主要运用后两种,即冲突法的方法和国际统一实体法的方法。但这两种方法各有利弊,并且在不同的民事领域表现出的作用也不同。

1. 国内实体法方法(属地主义的方法)

无论是否具有涉外因素,都必须适用本国法律,对于本国人进行的民事行为,无论发生于何处,都必须适用本国法。这种观念历史上被称为属地主义的方法。随着国际经济交往的发展,绝对的国内实体法方法越来越不利于国际民商事关系的发展。现代社会,各国越来越多地适用国际统一实体法方法和冲突法方法来解决法律冲突。

2. 国际统一实体法

对涉外旅游关系来说,最方便、最有效的调整方式是通过国际统一的实体法来进行。从19世纪开始,许多学者和国际组织都致力于法律的国际统一。尤其是第二次世界大战以后,以联合国为核心的一些国际组织做了很多工作,并在许多民商事领域取得了成果。例如,在国际货物贸易领域达成了《联合国国际货物销售合同公约》,在海运领域达成了海牙规则、维斯比规则、汉堡规则,在航空领域达成了《华沙公约》《蒙特利尔公约》等国际公约,在这些领域国际统一化程度相对比较高。而在国际旅游法律方面,国际统一程度则相对不高,主要成果有:国际统一私法协会《关于旅馆合同的协议(草案)》《国际旅馆业新规程》《欧洲理事会成员国关于旅馆经营者对旅客携带物品之责任的公约》《关于旅行契约的国际公约》《国际旅馆协会与国际旅行社协会联合会关于旅馆与旅行社合同的协议》等。究其原因,主要是因为国际旅游服务业发展较晚,各国对旅游业的重视不够。随着国际旅游业的飞速发展,国际旅游法的国际统一化运动也会加速发展。

然而,由于当代国际社会仍然是一个以主权国家为基础的社会,各国法律间的差异和冲突不会在短期内消除,而国际统一立法也不能完全被所有国家无保留地接受,即使接受,仍需各国国内法院依照有关国家的国内法来解决。短期内,法律冲突的解决仍需要间接的方法,即冲突法的方法。

3. 冲突法的方法

冲突法的方法,就是用冲突规范的间接调整的方式来规范涉外民事关系。例如,我国《合同法》第 126 条规定:"涉外合同的当事人可以选择处理合同争议所适用的法律,但法律另有规定的除外。涉外合同的当事人没有选择的,适用与合同有最密切联系的国家的法律。在中华人民共和国境内履行的中外合资经营企业合同、中外合作经营企业合同、中外合作勘探开发自然资源合同,适用中华人民共和国法律。"这就是涉外合同领域的冲突规范。根据冲突规范的指引最终确定适用涉外旅游关系的法律,即准据法,它有可能是中国法,也可能是外国法。目前,涉外旅游法律冲突的解决主要依靠冲突法的方法。

第五节　旅游危机安全

一、旅游接待业中的常见危机安全及原因

(一)危机和旅游危机

危机,原意是指潜伏的危险或者祸害,也指既有危险也有机会的时刻。从危机管理的角度而言,危机既是面临的危险,又伴随着机会的产生与把握,所谓既是危险也是机会。关于旅游危机的相关研究,最开始主要集中在对旅游的安全性产生影响的领域方面,主要是指对旅游消费者造成了重大的安全隐患等,如暴力事件、空难、恐怖活动等,但并未形成明确的旅游危机定义,也未出现规范的学术界定归纳。后期随着旅游业的不断发展,旅游危机的相关研究不断深入,使得旅游危机的定义逐步受到关注和重视,对其含义逐步定型,最终形成了独立的概念。从相关研究和实践过程的情况出发,对旅游危机的定义主要从以下两个视角进行阐释:

①从旅游目的地视角定义,旅游危机是指旅游目的地受到不可控的负面情形影响,从而导致了目的地的旅游发展产生了非正常的波动情形。

②从游客的视角定义,旅游危机是指能够实际或者潜在对于游客产生负面影响的突发事件,且该突发事件使得游客难以容忍,极大地破坏了旅游体验。

也有学者综合认为旅游危机是“指任何可能影响企业及其产品长期信誉或者干扰企业继续正常运营的情况。也可以是影响旅行者对一个目的地的信心并扰乱继续正常经营的非预期性事件,这类事件可能以无限多样的形式在许多年中不断发生”①。

危机和旅游危机这两个概念很容易使人混淆,两者之间的相似之处在于两者均具有极大的破坏性,能够使得社会产生重大的人、物损失等,对社会造成严重的负面影响,在大多情况下,两者会指向同一事件。两者之间的差异在于研究和管理方向的不同,例如“9·11”事件,若从恐怖主义方向去研究,更多涉及的是社会和政治问题;若从旅游危机的角度去研究,它就主要是旅游危机事件。再者,两者的影响领域也有所差异。从本质上讲,旅游危机事件也属于危机事件的范畴,但它的影响范围主要局限于旅游产业的领域,但危机事件的影响则是全社会的方方面面。

(二)旅游接待业危机的特征

1. 不可预见性

不可预见性是旅游指接待业危机爆发的时间、地点、方式及其影响大小等都是无法预先感知的,具有极大的不确定性。例如,2017 年九寨沟 7.0 级地震造成重大人员伤亡,景区景观也遭到一定程度的损坏。地震所造成的接待业舆情危机是我们所无法预料的,具有不可预见性。

2. 破坏性

旅游接待业危机一旦爆发,不仅会对接待业相关企业造成一定的经济损失,更会对企业形象、信誉造成威胁,并且这种威胁很难在短时间内得以消除。例如,曾轰动一时的丽江女游客遭围殴致毁容事件,给整个丽江古城的接待业造成了极具破坏性的影响。不仅使前往该地旅游的游客数量大幅度减少,使旅游经济收入降低,并被贴上“不安全”的标签,为其形象修复制造了较大难度。

3. 紧迫性

随着新媒体的快速发展,公众发表观点的渠道更加多样化,信息的传递速度加快,留给接待业相关企业的应对时间相对较少,在这种情况下,接待业相关企业若未能迅速做出应对,将会错过最佳解决时机,导致舆情进一步恶化,加快接待业舆情危机的爆发速度。例如,三亚“宰客门”事件的爆发,正是由于游客的投诉未能引起相关部门的重视,没有进行及时有效的处理和应对,从而使舆情危机爆发,在全国范围内造成较为恶劣的影响。

(三)旅游接待业危机周期

旅游危机的周期概括下来主要是以下 4 个阶段:危机潜伏期、危机爆发期、危机消退期、危机恢复期。

---

① 柏杨.旅游学概论[M].合肥:安徽大学出版社,2009.

1. 潜伏生成期(危机潜伏期)

旅游危机的潜伏生成期是旅游危机的蛰伏和产生的时期。在这个过程中,旅游危机的各个要素互相影响,它们之间的矛盾不停地产生与消除,并渐渐累积,直至爆发旅游危机,这整个过程属于量变引起质变得过程。在量变阶段,并没有产生很大的危害,因此容易被忽视,不易被察觉。但是其并非没有任何预兆,倘若我们能够及时地监控和发现危机的前兆,采取恰当的对策,能够很大程度上避免旅游危机的产生和其带来的损失。

2. 危机爆发期

危机蛰伏到一定的时期,当其危害性累积到一定的程度,便会促使旅游危机的产生和爆发。旅游危机的爆发期是从隐性转变为显性并迅速扩展的阶段,从此之后将会对旅游系统带来明显的损害。当旅游危机爆发时,其危害程度会急速上升,在短时间内对旅游业相关组织和机构造成重大影响和损失。

3. 危机消退期

旅游危机的消耗减缓期,旅游危机的危害从峰值逐渐下降,矛盾和冲击也开始减弱,危机形势好转。这一时期,旅游危机已经被较好地管控,旅游系统开始恢复,但是要恢复原貌还需时日。

4. 危机恢复期

危机恢复期,则意味着造成旅游危机的重要影响因素得到解决,旅游行业的发展正逐步恢复正常。

经历了以上四个时期,旅游危机也就完成了一次生命周期。

(四)旅游接待业常见危机安全

近年来,随着旅游接待业的不断壮大和发展,旅游接待业成为了第三产业的支柱产业。但旅游业本身具备的敏感性和脆弱性,容易遭受不可控因素的影响和打击,例如:地震、台风、海啸、战争、疾病、犯罪、意外事故等因素的影响。因而,旅游接待业的发展会面临不断的危机。

1. 旅游外部危机

(1)自然灾害

由不可预测和不可抗拒的自然灾害所带来的旅游地旅游危机,如地震、海啸、洪水等。自然灾害由于其自身的不可预测性,往往能够在很短的时间内对某一地区带来很大的影响,给当地的旅游产业造成灭顶之灾。例如 2008 年,我国先后发生了“2008 年春南方雪灾”“5·12”汶川大地震,导致我国的旅游产业在 2008 年的低迷与衰退。

(2)社会危机

由于社会矛盾的激化引发的社会矛盾集中爆发,引起了社会的动荡和不稳定,进而发生的恐怖袭击或者影响较大的破坏性事件同样可以使得旅游地爆发旅游危机。例如,2001 年发生在美国的“9·11”事件就导致了美国纽约等地的旅游危机。再如发生在我国西藏、新疆地区的“3·14”事件、“7·5”事件,严重影响了社会的稳定进而引发旅游危机。

(3)疾病传播

全国范围乃至全世界范围的疾病传播,使人口流动性骤降,人们的生命健康受到巨大的威胁。传染病的传播让游客们对人口密集地避之不及,导致旅游业一落千丈。2003 年的 SARS 病毒事件以及 2020 年新冠病毒感染疫情的爆发,对我国乃至全世界的旅游业都具有危机性的影响,造成全球范围内的旅游业大滑坡,给各旅游目的地和旅游企业都带来了发展停滞期,甚至造成了致命性的打击。

2. 旅游内部危机

(1)旅游犯罪

随着旅游业的蓬勃发展,旅游消费者的数量日益激增,区域间的旅游客流量的不断增大,加上旅游消费者的安全意识和自我保护能力的欠缺,以及社会贫困差距和收入分配不均,再加上旅游企业管理制度的不完善和相关旅游立法的不健全,盲目追求经济利益等综合因素的影响,导致在旅游活动过程中出现的违法犯罪现象的不断攀升,对旅游产业的发展和旅游活动的开展造成重大影响。

(2)意外事故

一些旅游地区的设施不够完善,管理不够严谨,导致旅游者在旅游的过程中出现意外事故,进而影响旅游地的声誉,令很多游客望而却步,由此带来的旅游危机屡见不鲜。

(3)恶性竞争

近年来,随着旅游业的迅速发展,旅游市场竞争日显激烈,各大旅行社为争取旅游市场占有率陆续推出违背成本价格的旅游产品,甚至打出"零元游"的旗号吸引旅游消费者。因为其产品销售价格从根本上低于产品成本价格,理论上不可能实现盈利,而旅行社为了保障自身经营利益,在旅游活动过程中的旅游服务和产品质量上大打折扣,并通过增加旅游购物点的数量和停留时间,甚至采用强迫旅游消费者购物、擅自增加自费项目等手段获取利益。从总体发展上来说,旅行社之间畸形的价格竞争不但没有给消费者带来实际的优惠和好处,反而造成了行业的乱象百出,使得消费者失去对旅行社的信任,对旅游业的发展造成极大的负面影响。

二、旅游接待业危机安全应对的主要措施

旅游业是众所周知的弱质性、高风险产业,容易受到自然灾害、安全稳定形势、突发事件等各种因素的影响①。随着我国经济社会的发展,利益主体多元化、团体化,游客进入旅游目的地,游客的建议和意见必须得到应有的重视和解决,才能保障旅游目的地持续客流。另外,技术进步,网络自媒体发展,网络主体的意见也不容忽视,因此,旅游目的地党、政、民、社等各主体必须整合各种技术和资源,提升旅游目的地的现代化社会治理能力,构建现代治理体系。另外,旅游的异地性特征决定了旅游活动必须要游客流动才能完成,在旅游活动开展过程中,存在一定的突发风险,对游客生命财产安全产生威胁。例如,突发性自然灾害、突发

① 张江峰.岷江上游民族地区旅游小城镇研究[D].成都:西南民族大学,2020.

性安全事故等。因此,旅游目的地的突发危机应急处理能力就更为关键了。

旅游接待业危机的爆发虽然可能给接待业造成一定的负面影响,但是通过及时有效的管理措施可以尽可能地将其负面影响降低,使旅游接待业恢复健康平稳发展,具体的管理措施如下。

(一)危机防范

危机防范是在危机发生之前所做的防范措施,以降低危机发生的可能性,是接待业危机管理的根本措施。正所谓防患于未然,若接待业能做好危机的防范工作,就能减少许多不必要发生的危机。具体的防范措施有:一是提高接待行业的服务质量。通过提供优质的服务来提高顾客对接待行业的满意度,从而减少因顾客不满所引发的危机。与此同时,服务质量的好坏不仅影响顾客的忠诚度,更会影响企业形象的树立。二是完善接待业投诉机制。建立完善的投诉机制,不仅可以使顾客有效维护自身的合法权益,避免因投诉无门所引发的表达失语或信息饥渴,而且接待业相关企业可以根据顾客的投诉找到问题所在,并加以及时的处理和改进,避免事件进一步发酵为危机。

(二)危机监测

危机监测的目的是增强对接待业危机的敏感度,提高对接待业危机的识别和应对能力,是接待业危机管理的重要措施。具体的监测措施有:一是建立危机监测机构,以便第一时间发现危机并制订妥善的应对措施,避免因接待业舆情危机的紧迫性所导致的不良后果。二是对接待业从业人员进行相关培训,让员工熟悉危机管理,知道如何对待危机,提高应对危机的辨别和处理能力,不至于因惊慌失措导致舆情危机恶化。

(三)危机应对

危机应对是危机爆发后所采取的有效控制和妥善解决的想法和行为,是接待业危机管理的关键措施。在具体的应对过程中要做到以下三点:一是主动应对。即正确认识接待业危机,不逃避、不掩饰自身存在的问题,敢于积极面对、主动解决。二是规范应对。要建立规范的接待业危机应对制度,遵守相关制度,切忌盲目随意行动。三是快速应对。即在接待业危机发生后,要尽可能快速地采取行动,这是接待业危机的紧迫性造成的,快速应对可以减少不实传闻和谣言的扩散。

(四)危机修复

接待业危机的修复是针对接待业危机爆发后导致的负面影响所采取的形象修复措施。具体的形象修复策略有:①否认策略,即表示危机的爆发与自身无关。该策略的使用有一定的风险,易被公众误解为在推卸自身责任。②规避责任策略,即在合法合理的范围之内,利用各种方式排除不属于自己责任的部分。该策略若使用恰当,将在一定程度上减轻危机造成的负面影响。③减少敌意。当外界缺少有利因素时,常用的方式有强化支持、给予补偿、寻求开脱等;当外界情况有利时,则常用揭露问题的根本并对传闻进行矫正等方式。④承认错误。在实际错误面前主动承认错误并寻求修正和弥补是一种较为有效的策略,可以展示出自身诚实的态度,赢得公众的好感。⑤信息公开,即在危机爆发后主动公布事实真相及事件的整个发展、解决过程。⑥纠错和形象恢复,即纠正自身存在的错误并采取一定的补救措施。该策略以实际行动为主,是危机形象修复的根本策略。

三、旅游接待业危机安全应对的防御机制

近年来,旅游接待业的发展虽然日益向好。但是,由于受到地震、泥石流、台风、海啸等自然因素及战争、犯罪、意外事故等社会因素的影响,接待业的发展正面临不断的危机。因此,加强与相关部门的沟通与协作,建立能够有效分散和化解危机的防御机制,减弱危机对接待业所造成的影响,是接待业危机管理的重要内容,对接待业的发展具有至关重要的意义。

(一)危机安全防御的概念

防御在汉语词典中解释为防守、抵御。危机防御主要是指人们对危机的认知,表现为具有很强的危机意识以及在认知基础上构建的防御系统。危机防御机制则是指运用一系列的手段和方法对可能形成的危机设置信号,通过对危机信号的搜集来预测危机发生的可能性和强度,并采取一定的行动措施来应对和化解危机。接待业危机防御机制对于及时应对和化解接待业危机事件具有至关重要的意义。

(二)接待业危机安全防御机制的运行流程

1. 收集和监测危机信息

收集和监测危机信息是危机防御机制运行的起始环节,该环节的主要内容有:①加强接待业与外界的沟通,包括相关政府部门、同行业的竞争者以及公众,通过与外界的接触和沟通来收集和监测危机信息;②加强接待业内部的监测,通过询问接待业从业人员对行业发展的意见,从而找出自身存在的不足和弱点,以此作为接待业的潜在危机信息。通过对危机信息的收集和监测,可以增强接待业的危机意识,防微杜渐,做到真正意义上的防患于未然。

2. 判断危机发生的可能性和强度

在收集和监测到危机信息之后,就必须对危机发生的可能性和强度进行测定。所谓可能性,是指危机发生的概率,即危机信号在多大程度上会导致危机的爆发。所谓强度,指的是危机的破坏程度,即危机的发生会造成多大程度的破坏。通过对危机发生可能性和强度的测定,可以使接待业对各种不同类型的危机信号进行识别,以找出真正威胁接待发展的危机信号。

3. 制订危机防御方案

在识别出真正威胁接待业发展的危机信号之后,就必须要尽快制订危机防御方案。危机防御方案的制订可以由专门的危机防御小组来完成。在制订方案的过程中,必须保证方案的实用性、特殊性和科学性。

4. 实施危机防御方案

实施危机防御方案是危机防御机制运行的最终环节。在实施危机防御方案的过程中，要不断地对危机信息进行监测，以判断方案是否有效以及危机是否得到有效的应对和化解。在方案结束之后，还必须要对实施情况进行总结，判断危机是否彻底解除，接待业是否得以健康有序地发展，同时吸取教训，避免发生同类错误，给接待业的发展造成不必要的损失。

（三）接待业危机安全防御机制构建的原则

1. 特殊性

接待业具有敏感性和脆弱性的特征，极易受到各种自然危机和人为危机的影响，从而导致接待业危机的产生。因此接待业危机防御机制的构建应该针对接待业的具体特征，要能够体现接待业的特殊性，而非照搬一般的危机防御机制。只有建立起有针对性、特殊性的接待业危机防御机制，才能够真正起到防御作用，以应对和化解接待业所面临的危机。

2. 实用性

接待业危机防御机制构建的根本目的是要尽最大可能将危机消灭于萌芽状态，实现有效分散和化解危机。因此，接待业危机防御机制的构建必须实用，各项防御指标必须有效、可操作。只有危机防御机制具有实用性，才能够避免形同虚设，在真正意义上帮助接待业实现危机防御。

3. 科学性

科学性是指危机防御机制的构建要有科学依据，要能够精确分析和判断潜在危机可能对接待业所造成的破坏和影响，准确预测危机发生的可能性和强度，使接待业危机防御机制能够科学、高效地识别和应对危机，避免因主观臆断或失误所造成的不必要的损失。

4. 动态性

由于旅游接待业的发展是依托一定的社会环境的，随着社会环境的不断变化，旅游接待业亦然会随之变化，并处于动态之中。当接待业不断变化时，接待业防御机制也要相应地发生变化。因此，接待业危机防御机制具有动态性的特点。通过不断调整和改变接待业危机防御机制，可以更好地促进接待业的健康发展，真正地做到防患于未然。

（四）接待业危机安全防御机制构建的措施

接待业危机防御机制的构建是接待业危机管理的重要组成部分，通过建立行之有效的接待业危机防御机制，可以促进接待业的平稳健康发展。根据危机防御主体的不同，可以将接待业危机防御机制的构建措施分为宏观和微观两个层面。

1. 宏观层面

宏观层面的危机防御机制主体是政府主管部门，其主要的措施如下：

（1）加强接待业危机防御立法

危机防御立法是危机防御机制得以有效运转的基础。只有建立起一套相对完备的立法体系，才能在面对潜在危机时，使政府部门、相关企业、组织及个人能够各司其职，明确各自的职责和权力，避免因推诿扯皮或权力交叉所导致的危机处理或应对混乱。故针对我国接待业的发展，应由政府主管部门联合接待业相关单位制定一部危机防御法规，使危机防御真正地做到有法可依，促进接待业危机防御的规范化、秩序化发展。

（2）组建危机防御协作组织

危机防御相关法律建立之后，还要组建危机防御协作组织。危机防御协作组织的主要职能是使相关法律得到及时、有效地执行，危机得到快速、准确地处理。危机防御协作组织的建立，旨在增强各部门、机构和企业之间的协调能力，使其成为一个有机整体，而非各部分功能的简单相加。通过整体协作，不断加强相互之间的联系和沟通，共同应对和化解危机。

（3）优化行业内外部环境

优化行业内外部环境是构建接待业危机防御机制的前提。只有当接待业拥有一个优良的内外环境，才能使整个行业得到健康有序的发展，进而使危机防御机制的有效运行成为可能。具体而言，首先，政府主管部门要加强对行业内环境的优化，为接待业相关企业营造一个公平、公正的市场环境，为企业发展提供相关政策和法律支持，以促进接待行业的稳定发展；其次，要加强对行业外环境的优化，主要体现在加强与公众的沟通，当潜在危机出现时，政府主管部门要能够在第一时间向公众说明问题所在，使公众了解真相，避免因歪曲事实给接待业所造成的负面影响，赢得公众的好感。

2. 微观层面

微观层面的危机防御主体是接待业相关企业，其主要措施如下：

（1）加强危机防御培训

加强危机防御培训可以促进危机防御机制的有效运行。通过培训，可以树立强烈的危机防范意识，在面对潜在危机时，可以在第一时间进行识别和处理。具体的危机防御培训包括两个方面的内容：一是对企业高层管理者的培训，使管理者具有前瞻意识，在危机爆发前做好防御工作，适时调整企业的发展战略和规划，真正做到防患于未然。二是对企业员工的培训，使员工树立危机意识，了解各种危机信号是如何诱发危机的产生的，提高对危机信号的辨别和应对能力。

（2）设置危机防御小组

设置危机防御小组可以使企业更快速、专业地应对危机。在小组成员的选择上，应该尽可能地由熟知接待业危机防御机制的企业高层管理者和专家组成。小组的主要职责如下：在危机发生之前，搜集和监测企业存在的各种危机信号，通过严谨地分析和计算来预测危机发生，制订科学的危机应对措施并确保措施得到贯彻执行；在危机发生时，向企业提供专业的指导和咨询，确保危机得到正确的处理和应对；在危机发生之后，总结危机发生的原因并做出相应的调整，以促进接待业的健康发展。

（3）进行危机模拟训练

进行危机模拟训练是不断促进企业对危机的反应能力和处理能力提升的良好方式。企业通过长期的危机模拟训练，不仅提升了企业的危机防范意识和能力，更通过长期的训练使得员工对危机的处理了然于心，当危机真正发生时能够从容应对、快速处理，而且可以在企业内部建立起一套规范的应对机制,以科学、有效地应对危机。

(4)建立信息监测系统

建立信息监测系统可以使企业实现真正意义上的危机防御,将危机消灭于萌芽状态。信息监测系统的主要内容有:①对接待业法律法规信息的监测,可以使企业了解最新的法律政策,制定相应的发展策略和方针;②对公众信息的监测,包括公众对企业的感知、看法和评价,以及公众对企业发展的建议、反馈等,通过对公众信息的收集,使得企业可以进一步掌握公众的意见和想法,从而针对性地提供令其满意的产品和服务;③对竞争对手信息的监测,使得企业掌握竞争对手的实时发展状况,寻求自身的优劣势和竞争点。促进企业的进一步发展;④对企业信息的监测,可以使企业找出自身存在的不足和缺点并加以改进,实现企业的可持续发展。为确保信息监测系统的有效运转,必须要能够及时地获取各种信息并保证信息获取途径的通畅。

本章小结

保障系统可以理解为“指为了实现某种目标而采取的各种保障性措施所构成的一个整体及其相互关联的结构”;旅游接待业保障系统理解为“指为了实现旅游接待业可持续发展而采取的各种保障性措施所构成的一个整体”。

监管不同于监督。监督一般理解为监察督促,人们常用“经济监督”一词表达国家权力机关、行政机关、经济职能机关、社会团体以及公民对国民经济管理和社会经济活动的监察和督导。其次,监管也不同于管理。管理带有浓厚的计划经济体制色彩,对某行业进行管理实质上有政府或公权力干预企业经营行为的含义。“监管”属于多领域的专业性词汇,在不同的领域其侧重点有所不同。旅游监管包含两方面的内容,即对旅游市场内各主体及其行为的监管和对监管主体的监管。

当前旅游业人才培养应当学习借鉴国际经验,结合我国实际状况,对人才培养的模式进行创新。由于旅游接待业是一个相对敏感和脆弱的行业,因此有效的接待业危机管理可以在很大程度上减轻危机对其所造成的破坏和负面影响,促进其健康快速发展。其中,接待业危机管理措施包括危机防范、危机监测、危机应对及危机恢复。

涉外旅游涉及外国的因素是指:第一,作为旅游关系的主体的一方或双方是外国自然人、外国法人或无国籍人。最常见的是出境旅游和入境旅游时,提供旅游服务的一方或接受旅游服务的一方为外国人。有时外国国家可能成为涉外旅游关系的主体。第二,客体涉外。就旅游而言,是指旅游在外国进行或完成。第三,产生、变更或消灭旅游权利义务关系的法律事实发生在外国。

旅游危机是指任何可能影响企业及其产品长期信誉或者干扰

企业继续正常运营的情况。也可以是影响旅行者对一个目的地的信心并扰乱继续正常经营的非预期性事件，这类事件可能以无限多样的形式在许多年中不断发生。旅游危机应对的主要措施包括危机防范、危机检测、危机应对和危机修复。加强与相关部门的沟通与协作、建立能够有效分散和化解危机的防御机制、减弱危机对接待业所造成的影响，是接待业危机管理的重要内容，对接待业的发展具有至关重要的意义。

复习思考题

一、名词解释

1. 保障系统
2. 旅游接待业保障系统
3. 法律监管
4. 旅游人才
5. 旅游危机

二、简答题

1. 简述旅游接待业保障系统的要素。
2. 简述旅游接待业危机管理的具体实施措施。
3. 结合具体实例谈谈如何进行旅游接待业危机恢复管理。
4. 在建立旅游接待业危机防御机制的过程中应该注意哪些问题？
5. 简述旅游接待业涉外事务的注意事项。

三、论述题

1. 论述旅游接待业保障系统对旅游业的重要性。
2. 根据所在地区提出一个旅游危机相关案例进行分析。

【拓展阅读】

对外服务过程中语言沟通障碍

在“一带一路”建设过程中，运用英语可以有效地进行人文交流，了解当地文化，同时也为智慧旅游的发展提供了便利条件。

宜春是丝绸之路的重要经过地，其地理位置和历史文化都为旅游产业的发展提供了便利条件。宜春整个城市的旅游发展在“一带一路”的建设背景下，有效地朝多元化、便利化和国际化方向迈进。伴随"一带一路"产业的不断发展,宜春旅游产业正在朝好的方向不断迈进,从2016年开始,宜春市接待外国游客增长了23%。2017年宜春接待外国游客入境量增长24%,2018年这一比例达到了30%。

但是,"一带一路"产业的发展为宜春市旅游服务带来了机遇的同时也提出了挑战。宜春旅游产业在发展过程中的很多方面还停留在传统思维模式上。很多商家在提供旅游服务过程中,思想观念还停留在有游客来就开张,各类纠纷和问题去找相关执法部门解决这样的处理方式。例如,一位来自澳大利亚的游客,在旅游过程中丢失了护照,旅游景区的相关人员无法与该游客进行语言交流,造成了问题处理过程中的困扰,语言交流沟通的困难影响了这一事件的处理。然而,在涉外旅游服务过程中,存在着一个典型的问题就是相关人员对语言的掌握不够,最终造成失误用语的情况。例如一位美国游客请导游陪同他到中国一家饭店用餐,上菜时希望服务员不要把蜜汁事先浇在鸡上,他要自己来。就对导游说:Would you please tell her to serve the chicken undressed? (请你告诉服务员上鸡肉时,别先浇汁,好吗?)导游以为 undress 是不穿衣服的意思,而且服务员还是一位年轻姑娘,于是大惊,便立刻回答 No,I can't. (不行)。游客问为什么,导游回答 You are in China,sir. (这是在中国,先生)游客觉得自己的合理要求被拒绝,感到很难理解,于是很不满意。所以,英语导游在涉外游服务中如果不能准确理解游客表达意思会造成不必要的误会。除此之外,相关人员语法的语用失误也表现在英汉对于反意疑问句的不同回答上。有这样的一个例子,一个英国旅行团来中国杭州观光旅游,根据安排,游客们在杭州境内的时间较长,而计划内景点却不多,待完成了计划内的所有节目后,还有半天时间。于是导游就推荐游客们去动物园看熊猫表演。可是当他们一行人来到熊猫馆时,动物园的工作人员告诉他们熊猫在几天前被借走了。导游十分抱歉地向游客们翻译了动物园的这个解释。其中一位男游客立刻走到导游面前问道:You didn't know that beforehand, did you? 这时导游没注意,混淆了中英文对于反义疑问句的不同回答方式。他立刻回答:Yes. 而他的这句回答在英语中就等于:是的,我事先知道这件事。那位客人自然有些生气,但又怕是误会,有紧追问了一句:You didn't meant that you knew it in advance, did you? 不幸该导游对自己的用语失误没有丝毫察觉,再次回答:Yes. 于是游客十分气愤,之后就打电话投诉了这位导游。所以,如果不在意旅游服务过程中的语言服务,是会造成一些不必要的误会和麻烦的。

事实上,"一带一路"为旅游产业发展提供了很好的机会。要更好地发展旅游产业,就需要注重旅游语言服务并将其纳入到建设中。所有地区的旅游产业发展与建设都离不开与游客的沟通交流,在沟通交流过程中,语言是最重要的桥梁,也是产业发展的基础条件。可以说"一带一路"背景下,涉外旅游需要培养符合这一产业发展背景的专业旅游人才,实现与游客之间的语言互通。在整个产业发展过程中,要鼓励英语服务和管理人员提高相应的英语水平,参与到语言实践活动中,树立"一带一路"建设中的品牌意识,从而可以吸引更多的外国游客来旅游。

思考:新发展时期,旅游"去库存"的意义何在?

第三部分
旅游接待业管理

第七章 旅游接待业质量管理

【教学目标】

1. 知识目标：

(1)了解旅游接待业质量管理的重要性和其影响因素；

(2)熟悉旅游接待业服务质量的评价体系以及旅游接待业服务质量提升的难点；

(3)掌握旅游接待业的客户特征、客户关系以及客户的管理；

(4)了解旅游接待业的品牌营销、网络营销以及危机事件营销。

2. 能力目标：

形成质量管理理念，具备良好的客户关系理解和实践技能。

3. 素质目标：

具备旅游接待业质量管理的理解能力和执行能力。

【关键词】

质量管理；质量评价；客户关系；市坜

旅游接待业质量管理是旅[illegible]服务主体的关键环节，也是旅游接待业的生命线，在一定程度上直接影响着旅游业的发展和延续。随着市场经济不断发展、旅游市场竞争愈发激烈，人们对旅游接待业服务质量的要求也越来越高。只有不断提升服务质量，满足旅游消费者的旅游期望，才能促进旅游接待业的健康发展，更好地提升旅游接待业的品质。所以，旅游接待企业全面了解旅游接待业的质量管理，抓好服务质量管理就显得尤为重要。

第一节　旅游接待业质量管理概述

一、旅游接待业质量管理的重要性

旅游接待业质量管理贯穿了旅游消费者整个旅游体验过程，影响着旅游消费者对旅游体验活动满意度的高低，也是旅游消费者对当次旅游体验评价高低的关键因素。对于旅游企业和旅游者来说，追求的都是高于期望甚至超出期望的旅游体验，这也是旅游消费的良性循环和旅游接待业健康发展的方向。

（一）是衡量旅游企业品质成败的标准

对旅游企业来说，衡量企业成败的关键是企业的经营业绩和利润，而旅游企业的业绩和利润来源于旅游产品或者旅游服务的变现能力。旅游产品是有形和无形的结合体，有形的符合需求的旅游产品叠加优质的旅游服务，才能加速旅游产品的变现能力，提升企业经营业绩和利润。所以，旅游企业除了关注有形的旅游产品的品质之外，对于无形的旅游服务质量的管理也十分重视。

（二）是满足旅游体验过程质量的前提

对旅游者来说，都希望能够在旅游消费过程中能够享受到高于期望甚至超出期望的旅游产品或者旅游服务。这样，旅游者才会觉得物超所值，达到旅游活动的目的，也是旅游者参与旅游活动的初衷。放松心情，陶冶情操，感受愉悦的服务，体验高品质的旅游产品（包含旅游服务）一直是旅游者追求的旅游目的。要达到旅游者的目的，旅游接待企业必须关注好旅游服务质量管理，把控好旅游服务质量。

（三）是旅游接待业内部衔接的关键

旅游接待业从传统的酒店、景区以及旅行社，延伸到新型汽车营地、邮轮、民宿等接待业中，同时也跨界到会展、特色小镇等特色旅游接待业中，种种旅游接待业形态都离不开质量管理这一环节。而且旅游接待业也在随着时代的进步、经济的发展和业态的融合，对质量管理提出了更高的要求。

二、旅游接待业服务质量的影响因素

旅游接待业是旅游目的地经营和服务主体为旅游者提供有形产品与无形服务的服务性行业。旅游接待业服务质量从狭义上来定义指旅游目的地经营与服务主体的服务人员服务劳动的使用价值，不包括任何实物形态的服务劳动。广义上的定义则是一个完整的服务质量的概念，指旅游目的地经营与服务主体综合自身所有资源与要素为旅游者提供服务，从而在使用价值上满足其物质与精神需求的程度,包括旅游目的地的基础设施、旅游产品等实物形态服务的使用价值,也包括非实物形态的使用价值①。旅游接待业服务质量的影响因素复杂多变,就具体的旅游接待企业而言,主要包括以下方面。

(一)服务硬件

服务硬件是旅游接待业服务的基础,一次满意的服务体验大多数时候需要硬件的支撑。比如星级酒店,需要配套符合酒店标准的硬件设施:优雅舒适的酒店大堂、温馨亲切的客房设施、美观适用的餐饮设施、功能齐全的酒店娱乐设施等去支撑旅游者享受酒店服务的前提。如果硬件设施满足不了旅游者基本的吃、住、行、游、购、娱等需要,那服务质量也就无从谈起,也肯定是一次不满意的旅游体验。

其一,硬件设施必须能够正常运转,能够顺利履行和满足旅游者对服务的基本需求。其二,硬件设施必须有较好的维护和保养,能够在状态良好的情况下给旅游者以愉悦的享受。其三,各种硬件设施合理搭配、组织,能组合和烘托出较好的服务氛围,能让旅游者有一个享受服务的良好环境。以高星级酒店为例:酒店大堂区域硬件设施(图7-1)、电梯设备、空调设施、灯光设备、公用洗手间、酒店背景音乐系统、停车场配套,以及客房、餐厅、健身房、多功能厅(图7-2)等其他对客区域里面的各种硬件设施必须能够正常运转,能够满足客户入住酒店的相关需求;同时这些硬件设施还必须有专门的维护和定期的保养,使其能够在良好的状态下去为客户服务;另外酒店这些硬件设施,往往在建设初期,设计师或者规划公司都会根据酒店的定位、主题、风格或者特色,统一斟酌其功能性、外观形态、色调协调搭配等,从而能够让客户有温暖亲切、舒适宜人、联系感应、共通共享等入住体验。

图7-1　H酒店大堂一角

图7-2　H酒店多功能厅

注:①为保护企业权益,酒店名匿名为“H”酒店;②杨洁2021年5月20日拍摄于贵阳。

(二)服务标准

服务标准和流程,是规范操作的指导方针,任何需要人参与和执行的环节,必须要有经

① 马勇. 旅游接待业[M]. 武汉:华中科技大学出版社,2018.

过实践检验过的标准和流程,以实现标准化操作,合理化运行。这些服务标准一定是旅游经营者和服务主体经过大量的实践,科学地总结而得。有些标准和制度还需要不断根据时代的进步、经济的发展,以及顾客需求的变化及时地去更新。

当前,需要推进旅游服务相关标准修订工作,完善旅游标准体系,推动各层级旅游标准协调发展。提升旅游服务标准制修订水平,增强旅游服务标准的科学性、先进性、有效性和适用性,对接国际规则体系,不断提升旅游标准国际化水平。要重点加强旅游新产品新业态、在线旅游服务、旅游服务质量评价等领域的标准制订。在具备一定发展基础、形成一定规模和可复制可推广经验的基础上,有序制订涉及旅游新业态、新模式等方面的标准。在国家标准及相关行业标准、地方标准的修订中,进一步突出旅游服务质量方面要求。支持和引导市场主体和各类社会机构积极参与旅游服务标准制订,鼓励行业协会、学会等完善团体标准,激发企业制订发布标准的积极性。如图 7-3、图 7-4 所示是 H 酒店服务标准操作程序(Standard Operating Procedures)。

Standard Operating Procedures-Food & Beverage

餐饮部标准操作程序

Subject	:taking reservation special request	**Effective Date**	:
主题	接客人预定	**执行日期**	:2022.01.01
Policy No		**Issued by**	:ADD Manager
制度编号	FB-ADD-Ho-06	**发布**	:西餐厅经理
Page	:	**Approved by**	:Resident Manager
页数	:1/2	**批准人**	:驻店经理
Distribution	All Employees		
分发	所有员工		

- **Objective**
  目的

All reservations and special requests will be taken accurately with all details being entered into the reservation request diary.
所有有关预订的全部细节必须要记录在预订簿上。

- **Policy Statement**
  政策
- **Procedures**
  程序

1. Answer the phone as per phone answering procedures.
   接听电话要按照接听的标准和程序进行。
2. Take all details for reservations/special requests entering the items in the appropriate columns as headed on the reservations diary.
   - Guest' s name
   - Spelling of the name
   - Date and time of reservation
   - No. of persons for the booking
   - Special requirements if any
   - who take the reservation
   - Guest contact number
   - Company name

   Inform the captain or staff immediately on the received information.

图 7-3 H 酒店 SOP-1(标准操作流程)

Standard Operating Procedures-Food & Beverage

餐饮部标准操作程序

Subject	:taking reservation special request	**Effective Date**	:
主题	接客人预定	**执行日期**	:2022.01.01
Policy No		**Issued by**	:ADD Manager
制度编号	FB-ADD-Ho-06	**发布**	:西餐厅经理
Page	:	**Approved by**	:Resident Manager
页数	:2/2	**批准人**	:驻店经理
Distribution	All Employees		
分发	所有员工		

将预订内容及特殊需求详细/准确的记录到预订本上:
- 客人姓名
- 姓名拼写
- 预订时间
- 人数
- 特别要求
- 接受预订者姓名
- 客人联系号码
- 公司名称

通知领班和相关服务员关于客人的预订要求

3. Write legibly in block letters.
   要书写的清楚。
4. Repeat reservation/special request details back to the guest, including the day and date which is located on top of the reservation book page.
   向客人重复预订内容及特殊需求,并记录到预订本上。
5. Specifically ask if the guest would require smoking or non-smoking section of the restaurant.
   And record this in the reservations book.
   特别要问一下客人要求吸烟区还是不吸烟区并作以记录
6. If the guest wants to order from the menu, the hostess must take their order according to the standard and procedure.
   如客人要求预先点菜时,领位员应按点菜的标准与程序为客人点菜。

图 7-4 H 酒店 SOP-2(标准操作流程)

注:为保护企业权益,酒店名匿名为"H"酒店。

(三)服务员工

我们把在旅游接待业中给顾客提供直接和间接服务的服务参与者统称为服务员工。绝大多数旅游接待业服务的提供都需要服务员工去参与和执行,同时服务员工也是服务标准的实操者。因此,服务员工服务素质的高低直接影响着旅游接待业服务质量水平的高低。服务素质包括了服务员工的服务态度、服务技能、服务效率,以及礼貌礼节和职业道德等方面。所以需要旅游接待业经营和服务主体加强服务员工的培训和服务标准执行的监督。

旅游接待业服务员工因其工作性质的关系，优秀的服务员工除了有相应的学历基础及技能水平以外，还需要有良好的亲和力、较强的沟通和表达能力、快速的反应能力以及团队合作能力等这些特征，如图 7-5 所示。所以，旅游企业需要在招聘员工时特别关注这方面能力的测试，服务员工入职后加强实操培训、师傅传带、适时评估，以及适当的奖惩激励，从而达到旅游企业对服务员工的要求，给客户提供超出期望的服务，为旅游接待业服务质量的稳步提高打好基础。

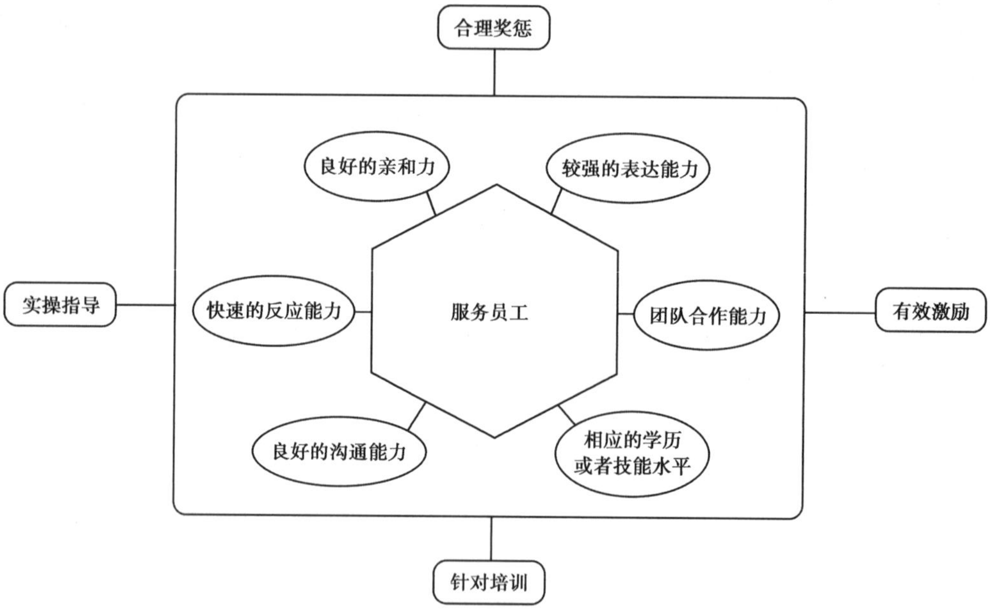

图 7-5　优秀服务员工能力要求

第二节　旅游接待业服务质量管理

政府及相关行业部门相继出台了《旅行社等级的划分与评定》《导游服务规范》《旅游饭店星级的划分与评定》《旅游景区质量等级的划分与评定》《旅游度假区等级划分》等国家标准及相关行业标准，都在一定程度上给旅游接待业在服务质量管理方面提供了一定的参照标准。2021 年 5 月，文化和旅游部发布的《关于加强旅游服务质量监管，提升旅游服务质量的指导意见》，其中提到“要进一步夯实旅游服务质量提升的工作基础，充分发挥旅游服务标准、旅游服务质量监测和评价、旅游服务质量认证等对提升旅游服务质量的基础性作用”。

一、旅游接待业服务质量的评价体系

加强旅游接待业服务质量评价指标、模型和方法研究，建立以游客为中心的旅游接待业服务质量评价体系。加快建立区域、业态、企业等旅游接待业服务质量监测机制，推进监测结果应用，督促引导社会各方提升旅游接待业服务质量水平。旅游接待业服务质量的评价体系是由政府、行业组织、企业，以及旅游消费者相互监管和相互促进的活动。评价体系能促进旅游接待业健康发展，满足旅游消费者对服务质量的要求，从而为旅游经营和服务主体创造经济价值，提升旅游接待业的发展水平①。

（一）旅游接待业服务质量评价主体

1. 游客

游客的评价是旅游接待业服务质量评价体系的中心和主体，游客的评价很大程度上直接反映了旅游接待业服务质量的水平高低。有关专家指出，过去对旅游接待业的质量评价主要依靠游客满意度，但这是一种基于游客主观感受的量化评价，偏重于测量游客对旅游业形象、服务、价格、投诉处理等方面的主观感受。随着我国旅游接待业进入发展新阶段，这种评价体系难以直接揭示形成质量问题内在原因的局限性日渐显现。尤其是顾客满意度会因游客的收入水平、消费心理、游客心情、身体状况等非质量因素影响，容易导致满意度的测评值偏离服务质量真值的情况。

2. 旅游企业

随着政府以及相关旅游行业协会出台相关政策和标准的执行，多数旅游企业也设置了相关部门和机构，一方面监督本企业对相关政策和标准的执行情况，另一方面也收集顾客对旅游企业的意见和建议，同时还处理客人投诉及意见反馈，以此推动旅游企业自身服务质量的改进与提高。如：高星级酒店都会设置宾客服务中心或者大堂副理，旅游景区景点一般都有设置服务监督台，旅行社一般都有服务投诉电话等，这些部门或者机构都有专门的流程去处理旅游投诉或者建议，同时事后还会出具相关的分析报告，这种评价体系对旅游接待业服务质量的提升和改进起着重要的作用。

3. 第三方测评

第三方公司或者机构测评，是指旅游企业为了获得更加专业和客观的旅游服务质量水平的数据，更加准确地反映旅游企业目前服务质量的现状，而雇用旅游企业之外的机构或者公司做专业的测评。其出具的报告包括硬件设施是否贴合顾客需求，服务标准是否准确和实用，服务员工的服务素质及技能水平高低等全方位有关服务质量的反馈。专业性和客观性往往是第三方测评的主要特征，但是第三方测评往往需要花费更多的时间和经济成本。高星级酒店的“神秘客人计划”“线上邮件调查报告”等都是第三方测评的体现。

（二）旅游接待业服务质量评价体系

我国第一个旅游服务质量指数模型 2014 年在上海诞生，简称“上海指数”，标志着我国

---

① 文化和旅游部. 关于加强旅游服务质量监管提升旅游服务质量的指导意见[EB/OL]. 中国政府网，2021-05-21.

旅游服务质量有了更加客观与科学的评价模式。“上海指数”包括了覆盖基础设施、综合能力和公共服务等要素的行业支撑质量,以及顾客感知质量两个方面。改变了以往“顾客满意度”的单一评价模式,特别是指数围绕吃、住、行、游、购五大旅游要素,对旅游设施、行业绩效、管理水平、人力资源和环境资源等内容细化,能有效查找旅游行业中存在的薄弱环节,发现需要重点提升的领域和关键的改进点,从而提升旅游服务质量。

对旅游市场服务质量科学监管的前提是对其进行监测,而监测的核心问题就是能对服务质量进行测量和评价。只有通过对服务质量的测量和评价,才能发现问题,实现服务质量的持续改进,从而不断推动旅游业高质量发展。下面以某高星级酒店为例(图 7-6),分析该酒店的服务质量评价体系。

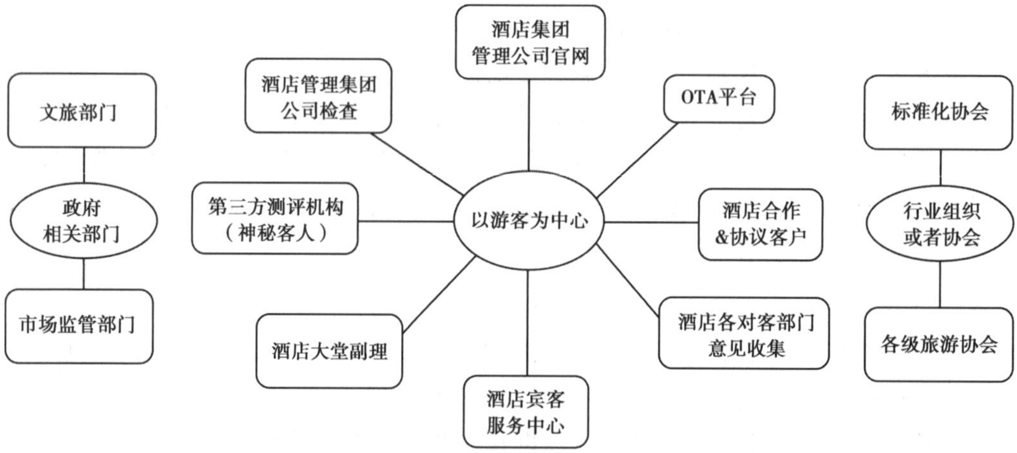

图 7-6　某高星级酒店服务质量评价体系

从该酒店的服务质量评价体系来看,也是以游客为中心,辅以政府相关部门和行业组织或者协会来形成该酒店的服务质量评价体系。

1. 核心部分(以游客为中心)

这是该酒店服务质量评价体系的重要部分,以游客(顾客)为出发点,从不同的角度反应出顾客满意度的评价体系,包含以下几个方面。

(1)酒店管理公司的检查

酒店管理公司会定期安排相应的服务质量检查,检查小组以集团品牌服务标准作为参照,检查酒店的服务质量和服务标准运行情况,从而进行打分或者评估,以此反映该酒店服务质量的实际水平和需要改进和提高的地方。

(2)酒店集团管理公司官网

很多酒店集团公司都开通了集团官网线上预订,集团会员可以直接通过酒店集团官网预订。客人在消费过程结束后,会给客户反馈评价链接或者打分系统进行评价。该结果也会直接反映出酒店的服务水平,不仅包括酒店硬件设施设备的服务呈现,也包含酒店服务质量的部分。

(3)OTA 平台

OTA 合作平台(如携程网、去哪儿网、艺龙网、美团、大众点评等 OTA 平台)也是该酒店销售的重要组成部分,不仅能够给酒店增加销售业绩量,OTA 平台的点评系统还能反映酒店经营水平和服务质量的情况。在大数据时代的今天,如果客户点评表现出色的话,更能通过平台起到较好的宣传作用。

(4)第三方测评机构(神秘客人)

第三方测评机构(神秘客人)是指酒店管理公司为了获得关于酒店运营水平和服务质量更加客观的数据,外请第三方专业机构,安排专业的人员进行匿名入住,并在酒店各营业区域消费和体验。神秘客人通过对该消费过程的观察和体验,形成反映客人满意度高低和入住酒店期间整体感受的相关专业报告。该报告能客观反映酒店经营和服务的现状,是酒店服务质量表现的重要参考数据。

(5)酒店大堂副理(值班经理)

酒店大堂副理是酒店服务质量的窗口,酒店大堂副理代表酒店与客人进行直接和面对面的接触,负责向客人提供细致周到的服务;同时也会处理酒店经营过程中一些紧急的运营事件,特别是在收集客人意见,处理客人投诉方面发挥着积极的作用。往往大堂副理的报告也能反映酒店服务质量的实际情况和经营中需要改进的地方。

(6)酒店宾客服务中心(酒店总机)

酒店宾客服务中心是酒店的信息中心,主要任务是收集信息,并对信息进行处理的部门。而收集在住客人的服务及相关意见是宾客服务中心的重要工作,住店客人意见能直接有效地反映酒店的服务质量情况。

(7)酒店各对客部门意见收集

酒店除了大堂副理和宾客服务中心以外,还有其他直接面对客人提供服务的部门(如会议中心、西餐厅、中餐厅、酒吧、健身中心等),都能在对客人服务过程中,通过积极的沟通和交流以及客户意见收集,能够获得很多关于服务质量的反馈,这些反馈对于酒店服务质量水平是最真切的反应,能够给酒店管理层提供重要参考。

(8)酒店合作 & 协议客户

酒店合作 & 协议客户,包括酒店 VIP 客户,一般都有专人(销售)跟进负责,往往也会得到较多的客户意见(包括酒店产品和服务质量等方面)。对这些意见进行分类和汇总,也能较客观地反映酒店服务质量以及经营的现状。

2. 政府相关部门

(1)各级文旅部门

酒店的上级文旅部门,管理和监督酒店按照政府相关规定和要求运营,检查旅游市场秩序和服务质量,受理旅游者投诉,维护旅游者合法权益,一定程度上从正反两个方面推进着酒店按照规定经营,做好服务质量的提升。

(2)市场监管部门

市场监督部门主要涉及酒店市场经营秩序、产品质量安全监督、食品安全生产、特种设备监督等多个方面开展工作。这些都是酒店服务的基础，直接影响着酒店服务质量的提高。

3. 行业组织或者协会

(1)各级旅游协会

各级旅游协会在开展酒店行业调查、评估论证、培训、咨询等服务，加强会员和行业自律，依法开展行业发牌认证、评优评奖，促进会员诚信经营，维护会员和行业公平竞争等方面发挥着重要作用。同时也对促进酒店行业健康发展，引导酒店服务质量稳步向前有着较大的贡献和鞭策的作用。

(2)相关标准化协会

相关酒店标准化协会在履行酒店行业标准的执行，监督酒店标准化的及时更新和与时俱进，落实酒店标准化运营实效，带动酒店服务质量的提高方面起着积极的作用。

二、旅游接待业服务质量提升的难点

旅游接待业服务质量提升是旅游经营者和服务主体关注的重点和核心课题，往往很多时候都是雷声大雨点小，口号很响落实很难。因为人是旅游接待业服务提供的核心，加上旅游企业本身制度完善与否也各不相同，以及服务员工自身的情况差异都会影响旅游接待业的服务质量提升。接下来从以下两个方面叙述一下旅游接待业服务质量提升的主要难点。

(一)执行的力度(旅游接待业所有参与者)

旅游接待业所有参与者的执行力就是在既定的战略和愿景的前提下，组织对内外部可利用的资源进行综合协调，制订出可行性的战略，通过有效的执行措施最终实现组织目标、达成组织愿景的一种力量。执行力是一个变量，不同的执行者在执行同一件事情的时候也会得到不同的结果。执行力不但因人而异，而且还会因时而变。如果要想解决执行力的若干问题，就必须先剖析影响执行的根源，然后再找其方法，这样解决问题自然就会变得清楚些、容易些。通用公司前任总裁韦尔奇先生认为所谓团队执行力就是“企业奖惩制度的严格实施”。而中国著名企业家柳传志先生认为，团队执行力就是“用合适的人，干合适的事”。

执行力既反映了组织(包括政府部门、事业单位、旅游行业协会、旅游企业等)的整体素质，也反映出管理者的角色定位。管理者的角色不仅仅是制定策略和下达命令，更重要的是必须具备执行力。执行力的关键在于通过制度、体系、企业文化等规范及引导员工的行为。管理者如何培养部属的执行力，是企业总体执行力提升的关键。

(二)监督的落实(企业监督、政府职能部门监督)

这里的监督不仅包括政府的相关部门(文化旅游部门、市场监管部门等)，也包括旅游行业组织(各级旅游协会等)，更重要的是旅游企业内部的管理者或者监管部门(质检部、客服部等)。

首先，政府统领，多方配合。政府的相关部门根据相关政策和要求，去监督旅游企业的执行情况，加大检查力度，落实旅游企业的主体责任。旅行社要规范经营内容和行为，防范系统性经营风险，加快理念、技术、产品、服务、模式和业态创新，实现数字化转型。星级饭店和等级旅游民宿要全面提升管理水平和服务质量。A级旅游景区要落实"错峰、预约、限量"要求，依法落实最大承载量核定要求，完善流量控制制度，实现国有旅游景区门票网上预约全覆盖，进一步提高景区线上预约便利度。在线旅游经营者要提高专业服务能力，鼓励旅游购物企业建立完善旅游购物无理由退货制度，切实保障游客旅游购物权益。市场主体应针对老年人等特殊群体，有效提升旅游服务便利性，从而打好提升旅游接待业的服务质量的基础。

其次，行业组织，质量至上。鼓励和支持各类旅游协会、商会等旅游社会组织推动市场主体进一步提高旅游企业服务质量，鼓励和支持相关行业组织建立服务质量分会，加强质量文化宣传引导，提升"质量兴旅、质量强旅"意识。这些行业组织在加强行业管理，增强行业活力等方面发挥了重要作用，同时向会员宣传政府旅游服务质量管理的有关政策、法律、法规并协助贯彻执行，组织会员订立旅游服务质量行规行约并监督遵守，维护旅游市场秩序，协助业务主管部门建立旅游信息网络，搞好质量管理工作，并接受委托，开展规划咨询、职工培训，组织技术交流，举办展览、抽样调查、安全检查，以及对旅游专业协会进行业务指导，都能对旅游接待业服务质量的提高发挥积极的作用。

最后，创新模式，社会监督。鼓励和支持旅游企业建立健全质量管理体系，大力推广应用先进质量管理方法，创新旅游服务质量管理模式，完善消费后评价体系。鼓励和支持有条件的旅游企业建立"首席质量官""标杆服务员"等相关制度。支持和引导旅游企业公开旅游服务质量信息，发布旅游服务质量承诺，加快建立优质旅游服务承诺标识和管理制度，接受社会监督[①]。

三、提高旅游接待业服务质量的立足点

旅游接待业服务质量是助推旅游目的地旅游业发展的关键组成部分，也是现代服务业服务质量全面提升的保障之一。旅游接待业发展过程中，无法完全杜绝服务质量问题的产生，但是可以通过有效的途径将服务质量问题发生的概率降至最低，实现旅游接待业服务质量的提升和既定目标的实现。

（一）顾客至上，个性为魂

旅游经营活动中，顾客永远是服务质量的直接感受者，顾客满意度也是旅游接待业服务质量的直接体现。所以，从旅游产品的设计、旅游服务流程的制订，以及旅游服务员工的操作培训等，都必须以顾客满意度为出发点。

同时，顾客需求的个性化碎片化会愈演愈烈，不仅会产生更多全新而细分的需求，即使

① 文化和旅游部.关于加强旅游服务质量监管提升旅游服务质量的指导意见[EB/OL].中国政府网，2021-05-21.

在传统产品和路线上也需要解锁新的玩法,这就要求更广泛而多样的资源供应商加入旅行服务体系中来。所以,除了标准化的设计之外,还应考虑顾客的个性化需要,灵活调整变通,始终紧抓顾客满意度这个中轴线。

(二)全员参与,品牌塑造

在充分竞争的市场环境下,旅游产品的同质化、信息获取的便利化等因素导致旅行服务商和客户之间的黏度较低。由于转换成本低,客户可以任意地切换服务商。这就需要旅游企业从上到下,全员参与进来,一方面把关好旅游产品,设计出符合顾客的贴切的旅游产品,同时关注创新与新意;另一方面注重与客户的情感联系,通过服务员工娴熟的服务技能、热情的服务态度、亲切的沟通交流反馈树立旅游企业自身的品牌,把顾客发展成“常客”“忠实客户”;并利用顾客的“口口相传效应”形成良好的口碑宣传,加深品牌印象,树牢品牌意识,健全品牌运营管理体系,让服务优质的旅游企业脱颖而出。

(三)细节取胜,力求精致

旅游企业作为服务型行业,没有太多技术壁垒,能不能在激烈的市场竞争中立于不败之地,就要看自己的服务能不能得到顾客的认可,留住顾客,发展顾客。而服务质量水平的高低又常常取决于服务细节是否过硬。

旅游接待业的细节更是体现在旅游活动中的方方面面,有从硬件设计方面的细节设计与考虑,也有在服务流程中对细节服务的设定,更重要的是对顾客需求细节的关注。从顾客的习惯、爱好、禁忌等方面去做好服务准备,同时在服务过程中仔细观察,积极沟通交流,精心分析总结,使我们的服务能够达到“尊重顾客、理解顾客、关爱顾客、真诚服务于顾客、让顾客感动”的效果。

(四)员工第一,人才培育

随着中国旅游业的发展与进步,中国旅游教育的规模和培养体系也在不断壮大,中国旅游教育经过30多年的发展,已经形成中等职业教育、专科(含高职)、本科、研究生(博士研究生、硕士研究生及MTA)4个层次的旅游人才培养体系。再加上旅游行业从业培训的补充和积累,已经为旅游业培养了大量的旅游从业人才,也为旅游接待业的发展提供了人才基石。

但是,中国旅游教育起步晚,发展尚不成熟,在教育培训方面还是有一些问题:教学观念比较陈旧落后,教学内容(专业设置、课程设置和教材)与实际部分脱节,实践教学方面发展较滞后,师资力量不足,教学环境比较封闭。另外,旅游企业员工入职后,往往企业在实际培训中效果各异、参差不齐,员工服务技能水平差异较明显。所以提高员工素质,特别是综合素质仍然是提升旅游接待业服务质量的重要课题。需要各类学校、培训机构以及企业自身适应旅游人才市场需求、注重旅游实践能力的培养、打造旅游专业应用型人才。

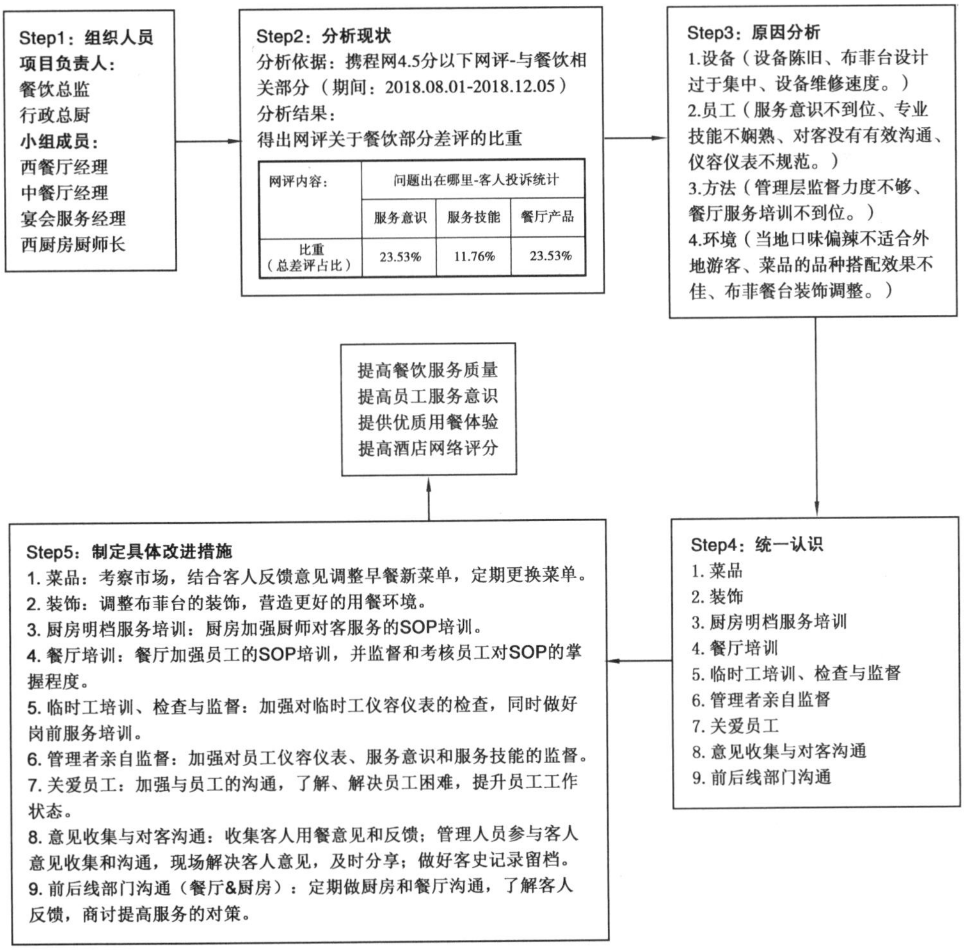

图 7-7　H 酒店高服务质量案例：携程网评分（餐饮部分）提高改进计划

第三节　旅游接待业客户关系管理

顾客关系管理（CRM，Customer Relationship Management）是旅游企业经营管理重要的一环，其宗旨是企业以顾客满意度为目标，使能在市场上维持竞争力。CRM 能够有效地解决旅游企业面对顾客的复杂烦琐事务，为旅游企业提供迅速反映顾客需求、弹性回应市场变化、缩短顾客服务时间与流程、增加顾客服务满意度等效益。目前我国大多数旅游接待业虽已逐渐认识到 CRM 的价值和重要意义，但是在充分利用大数据获得完整的顾客信息、准确地把握顾客个性化需求方面还有欠缺，在快速响应市场、改善与顾客的沟通技巧和创新顾客关系策略方面有待进一步提升。

旅游接待业顾客关系管理就是指旅游接待企业在现代市场营销理念的指导下，充分运用互联网、移动终端、物联网等现代信息科技，有效整合企业的各项资源，为管理者提供全方位的顾客视角，赋予企业更完善的顾客交流能力，提高企业的整体经营管理水平，提升顾客满意度，最大化顾客收益率和企业的盈利能力①。

一、旅游接待业的客户特征

目前，我国已经进入中国特色社会主义的新时代，社会主要矛盾已经转化为人民日益增长的美好生活需要和不平衡不充分的发展之间的矛盾。旅游接待业顾客特征也随着经济的发展和时代的变化，出现了一些变化和新的特征。

(一)旅游期望复杂性

在新时代中，顾客更加关注自己精神和文化生活的需要与满足，已经从最初的满足好奇心、增加见识、放松心情等逐渐向着全面化、个性化方向发展，他们不再仅仅满足于旅游产品和旅游服务的价格、质量、品牌和便利性等因素，而是更加注重产品和服务的附加值，如顾客关怀、个性化需求的满足程度、与企业之间的相互信任等。因此，旅游接待企业需要更多地关注顾客，重视企业与顾客之间的沟通、交流以及良好的互动，充分维系与顾客关系，加强企业 CRM 的建设。

(二)旅游需求个性化

游客出行，购买旅游产品，享受旅游服务，都是以游客自我为核心；旅游接待业所有经营活动也是以顾客为中心；因此，如何服务好顾客，提升顾客满意度就是旅游接待企业的重要环节。顾客来自世界各地，对旅游产品和服务的需要有不同的个人期望值，旅游企业也很难同时满足所有顾客的需要。所以，就需要 CRM 对顾客信息进行分类、分析和有效管理，制订顾客的个性化服务建议方案，为在旅游活动中满足顾客个性化需要，为提升旅游服务质量奠定良好的基础。

二、旅游接待业的客户关系

旅游接待业的客户关系区别于传统行业的客户关系，旅游接待业中同客户的联系往往更加紧密，黏合度也会更高，互动也更加频繁，同时旅游接待业还能引导客户尝试或者推荐旅游新产品和旅游新服务。在 CRM 中维持好客户关系，引导朝着不断满足客户需求，从而刺激顾客重复购买、升级购买，甚至推介友人购买，进而不断提升旅游企业盈利能力。

(一)互动关系

旅游接待业客户管理的互动关系，是指在 CRM 中，旅游企业同顾客经常或者定期进行相互联动，这种联动是双向性的，区别于传统的单向的、被动的关系。

旅游企业把企业信息、产品服务信息，以及新产品更新信息等，定期同客户通过多种形

---

① 马勇. 旅游接待业[M]. 武汉：华中科技大学出版社，2018.

式进行互动分享,让顾客加深旅游企业的印象。比如:每逢节假日给客户送去节日问候或者节日贺卡,或是在客户特殊的日子里(结婚纪念日、生日等)赠送旅游企业个性化定制的礼物,以及通过售后的意见收集、针对性的调查问卷,都能不断加强同顾客的联系。往往随着时间的推移,以及联系的长期保持及加强,客户会慢慢信任旅游企业、依赖旅游企业,也会更加愿意同旅游企业(这里一般都是旅游企业客户经理或者销售代表等)形成良性和友好的合作"朋友"关系。

(二)引导关系

通过第一步的信息分享和良性互动,旅游企业往往能够在其中识别很多客户的个性化需求,这些需求就是旅游企业的机会所在。旅游企业可以结合企业实际情况合理设计符合客户需求的个性化和差异化的旅游产品和服务,进行精准化介绍和推荐,从而能够引导客户形成对旅游产品和服务的购买或者体验,给旅游企业带来较好的收益,也能实现客户和旅游企业双方的利益最大化。

三、旅游接待业的客户管理

CRM 的实施在一定程度上改变了旅游企业对旅游市场以及旅游客户的看法。过去,旅游企业把发展新客户看作是扩大旅游市场的关键因素。现在,旅游企业不但要重视新客户的发展,更要注重对原有客户的维系和潜力发掘。通过对旅游客户交往的全面记录与分析,不断加深对旅游客户需要的认识,还能发现现有客户的购买潜力,达到进一步提高销售额,降低成本,增加利润率,提高客户满意度,同时还能实现带动新客户的目标,继而实现旅游企业和旅游客户的双赢。

(一)发展客户

旅游客户是旅游企业的宝贵资源,积累和发展一定数量的旅游客户是旅游企业发展的可靠保证,但是如何获得源源不断的客户资源是每一个旅游企业面临的重要课题。作为旅游企业来说,在发展客户之前首先需要特别关注以下两个方面。

首先,了解企业内外部的资源及产品服务现状。这是旅游企业发展客户的基础,这样才能清楚旅游企业给旅游客户所能提供的是什么,能提供到什么程度(如果创新,可能的极限大概在什么范围),能够满足旅游客户哪方面的旅游需求(甚至超出期望的预估限度),能够实现旅游客户哪方面的旅游价值。

其次,以企业文化营造作为发展客户关系的基础。在发展客户之前必须做好企业文化的准备,以旅游客户为中心,已经为绝大多数旅游企业所达成共识,但是怎样去实现旅游客户为中心,使这句口号能够落实和着地,需要旅游企业在企业文化方面做好准备。旅游企业需要转变经营理念,有相应的以旅游客户为中心的制度和规范去保驾护航,加以有效的培训去落实,再有相应的以客户为中心的组织和部门去加以监督,才能在发展客户之路稳步向前。

(二)维系客户

旅游客户是一个结构多样的群体,对企业的贡献度和潜力价值也会有区别,为了更有效地利用旅游企业的资源去维系好客户,同时也能做到有的放矢,让较有限的旅游企业资源发挥较大的效用,所以非常有必要对旅游企业的客户做好细分。根据细分旅游客户,设计不同的旅游策略,结合旅游客户的特征制订出最佳的发展、维系和加强的策略和手段,达到实现旅游企业价值的最优化。

另外,旅游企业还要不断去分析和总结各种 CRM 的实施效果,评估其有效性,总结归纳,同时不断去了解和分析客户流失情况,找到问题症结,及时调整,提升旅游客户的忠诚度,把旅游客户培养成旅游企业的忠实客户。

(三)带动客户

带动客户主要分为两个方面,一方面是通过旅游企业的努力,让我们的老客户去带动新客户,间接地发展新客户。另外一方面是通过我们对客户的维系,对客户需要的了解,对旅游产品和旅游服务不断地调整和优化,带动旅游企业老客户去消费去体验,提升旅游企业的销售,实现旅游企业对旅游客户的预期收益。

第四节　旅游接待业市场营销管理

由于旅游行业的特殊性,它具有有形与无形相结合、生产与消费同时、季节性强、需求弹性大等特征,所以旅游接待业市场营销与一般市场营销相比有着自己的特殊规律。旅游接待业市场营销不仅仅来源于传统的 4Ps 理论,即产品(Product)、渠道(Place)、价格(Price)、促销(Promotion),结合了 4Cs 理论,即顾客(Customer)、成本(Cost)、便利(Convenience)和沟通(Communication),同时还融合了关系营销、一对一营销等理论。本节主要从旅游接待业品牌营销、网络营销以及危机事件营销,简要对旅游接待业市场营销做一些阐述。

一、品牌营销

我国已有多个省市把旅游产业作为主导产业和优先发展产业,旅游发展势头十分迅猛,旅游市场竞争日趋激烈,硝烟四起。伴随着知识经济时代的来临,旅游接待业市场营销竞争呈现出一个重要特点:旅游的"产品营销"舞台正逐渐让位给"品牌营销",旅游营销进入品牌竞争时代,"品牌力成为现代旅游业核心竞争力",谁能打造最强势、最知名旅游品牌,谁就占据拥有了未来的旅游市场先机。这在国际国内已有许多成功先例:"啤酒城"——慕尼黑,"音乐之都"——维也纳,"诗画江南,山水浙江"——让浙江在全国人心中灵动起来,"彩云之南,万绿之宗"——让全世界都记住了云南。这些国际上著名的城市和地区都用自己独特的卓有成效的品牌营销策略在公众心中树立了自己的旅游品牌形象,张扬了个性,创造了不可替代的知名度、美誉度、向往度，成功地吸引了大量旅游者。所以我们的当务之急是强化品牌意识、推进品牌战略、制订品牌规划、加强品牌宣传、创新品牌管理、提升品牌价值，最终达到打造特色旅游目的地强势品牌形象、增强品牌整体竞争实力的目标。

另外，旅游接待业品牌不光表现在有形的旅游产品的价值方面，还体现在无形的旅游服务的个性化和差异化方面。所以，一方面，旅游企业要根据旅游者的需求和产品的实用性与功能性，注重有形旅游产品的设计和性价比的考虑；另一方面，旅游服务水平也是其品牌的重要构成，是旅游接待业品牌营销不可缺少的部分。比如：在中国餐饮界知名的品牌——海底捞，除了坚持“无公害，一次性”的选料和底料原则，严把原料关、配料关，二十多年来历经市场和顾客的检验，加以“海底捞”特色服务，成功地打造出信誉度高、颇具四川火锅特色的火锅品牌。

二、网络营销

旅游接待业网络营销是指旅游接待企业以电子信息技术为基础，以计算机网络为媒介和手段而进行的各种营销活动；是目标营销、直接营销、分散营销、顾客导向营销、双向互动营销、远程或全球营销、虚拟营销、无纸化交易、顾客式营销的综合。一方面，网络营销要针对新兴的网上虚拟市场，及时了解和把握网上虚拟市场的旅游消费者特征和旅游消费者行为模式的变化，为企业在网上虚拟市场开展营销活动提供可靠的数据分析和营销依据；另一方面，网络营销在网上虚拟市场开展营销活动，从而实现旅游企业目标。

旅游网络营销也是目前旅游接待业重要的营销方式，目前主要集中在网络宣传、网络电子商务、网络在线服务等方面。有些大型的旅游企业会设计自己的旅游网站，在网站上可以实现宣传旅游企业的产品、服务、企业文化、业务发展等相关信息，同时也有购买链接、线上支付、线上咨询、意见反馈等功能。此外，大多数旅游企业都与大型网络平台（携程网、艺龙网、美团网、大众点评网等）直接合作，把线下直接搬到线上，为旅游消费者搭建了全天候的选购平台。

另外，网络短视频营销和网络直播营销现在也在如火如荼地开展，也是各旅游企业十分热衷的选择，部分旅游企业也尝到了甜头。目前短视频、直播网站和 App（抖音、快手、腾讯、头条等）特别受大众欢迎，有着巨大的购买潜力和商机。如何利用好短视频和直播营销等新营销工具进行创收，已经成了旅游企业提高销售的重要市场营销补充。

三、危机事件营销

旅游企业具有较强的敏感性和脆弱性，极易受到外部事件的影响。战争、瘟疫、政治动乱、自然灾害、恐怖活动等非预期事件都会影响旅游者旅游活动的意愿。旅游是一种非基本需要，一旦受到外部因素的影响，这种非基本需要就会给基本需求让路。从 2003 年的“非典”到 2020 年的“新冠病毒感染疫情”，全球旅游业受到了前所未有的冲击，很多旅游企业甚至部分以旅游业为支柱产业的国家，都遭遇“寒冬”。由此可见旅游营销的危机事件营销对一个企业有多重要。

旅游接待业危机事件营销是指为避免和减轻危机事件给旅游业所带来的严重威胁，通过研究危机事件、危机事件预警和危机事件救治，利用特定事件、周边新闻或重大活动，结合营销的产品或者服务做相关的推广，达到恢复旅游经营环境、恢复旅游消费信心的目的，进行的非程序化的决策过程；旅游危机事件营销管理主体包括政府、旅游企业、旅游协会、旅游从业人员、公众、旅游企业等多个行为主体。

除了宏观的、影响巨大的危机事件之外，旅游企业在日常运营当中也会碰到一些危机事件，比如食品安全事件、客人人身安全事故、经营投诉、经营安全生产事故等，这些危机事件也会对旅游企业有一定的影响，有时甚至会对旅游企业产生致命的打击。

鉴于旅游危机事件对旅游行业的巨大危害，实施有效的危机事件营销管理，消除或者减少旅游危机事件对旅游企业的消极影响，以利于旅游者形成安全的目的地感知，促进危机事件发生地旅游接待业的健康持续发展。

本章小结

本章主要介绍了旅游接待业质量管理的基本概述；旅游接待业服务质量管理的评价体系、提升的难点以及如何提升旅游接待业服务质量；同时了解旅游接待业客户关系管理和旅游接待业市场营销的部分内容。希望能够在社会经济不断发展的今天，对旅游接待业服务质量的提升上有一些积极的作用。以高质量旅游服务供给引领和创造新需求，助力建设高标准旅游接待业市场体系，不断增强广大游客的获得感、幸福感、安全感。

复习思考题

一、名词解释

1. 旅游接待业服务质量
2. 旅游接待业顾客关系管理
3. 旅游接待业网络营销
4. 旅游接待业危机事件营销

二、简答题

1. 简述旅游接待业质量管理的重要性。
2. 旅游接待业服务质量的影响因素有什么？
3. 如何进行旅游接待业的客户管理？

三、论述题

1. 请论述如何提高旅游接待业的服务质量。
2. 请论述旅游接待业中客户的特征。

【拓展阅读】

里兹-卡尔顿

里兹-卡尔顿公司的创始人凯撒·里兹被称为世界豪华饭店之父。他于1898年6月与具有"厨师之王,王之厨师"美誉的August Ausgofier一起创立了巴黎里兹饭店,开创了豪华饭店经营之先河,其豪华的设施、精致而正宗的法餐,以及优雅的上流社会服务方式,将整个欧洲带入到一个新的饭店发展时期。随后于1902年在法国创立了里兹-卡尔顿发展公司,由该公司负责里兹饭店特许经营权的销售业务,后被美国人购买。

(一)质量管理

里兹-卡尔顿饭店的成功与其服务理念和全面质量管理系统密不可分。里兹-卡尔顿饭店的服务理念都来源于这个品牌的创始人凯撒·里兹先生,他的服务理念为美国豪华饭店的发展提供了一整套新的观念。

今天,"里兹"已经成为豪华和完美的代名词。在《新英汉词典》中,它的中文注释是:极其时髦的,非常豪华的。

里兹-卡尔顿饭店在其服务理念的指导下,于1992年,作为饭店业中的第一个也是唯一的一个获得了"梅尔考姆·鲍尔特里奇国家质量奖"。这项奖是在美国国会授权下,以美国前商业部长命名,由美国国家技术与标准学会设立的最有权威的企业质量奖。

全面质量管理最初是在生产领域产生并得以应用的,其基本含义包括以下四个方面:第一,强烈地关注顾客。第二,坚持不断地改进。第三,改进组织中每项工作的质量。第四,精确地度量。

(二)指导方针

质量管理始于公司总裁、首席经营执行官与其他13位高级经理,无论总经理还是普通员工,都要积极参与服务质量的改进。高层管理者要确保每一个员工都投身于这一过程,要把服务质量放在饭店经营的第一位。高层管理人员组成了公司的指导委员会和高级质量管理小组。他们每周会晤一次,审核产品和服务的质量措施、宾客满意情况、市场增长率和发展、组织指示、利润和竞争情况等,要将其四分之一的时间用于与质量管理有关的事务,并制定两项策略来保证其市场上的质量领先者的地位,其第一项质量策略就是"新成员饭店质量保证项目",高层管理者确保每一个新成员饭店的产品和服务都必须满足集团的顾客的期望。这一项目始于一个叫"7天倒计时"的活动,高层经理亲自教授新员工,所有的新员工都必须参加这项活动,公司总裁向员工们解释公司的宗旨与原则,并强调100%满足顾客的需求。100%满足顾客的需求是里兹卡尔顿高层管理人员对质量的承诺。具体来说,公司遵循下列五条指导方针:

(1)对质量承担责任;

(2)关注顾客的满意;

(3)评估组织的文化;

(4)授权给员工和小组;

(5)衡量质量管理的成就。

(三)全面质量管理的黄金标准

1. 信条

对里兹-卡尔顿饭店的全体员工来说,使宾客得到真实的关怀和舒适是其最高的使命。

2. 格言

“我们是为女士和绅士提供服务的女士和绅士”。这一座右铭表达了两种含义:一是员工与顾客是平等的,不是主人和仆人或上帝与凡人的关系,而是主人与客人的关系。二是饭店提供的是人对人的服务,不是机器对人的服务,强调服务的个性化与人情味。

3. 里兹-卡尔顿饭店将其服务程序概括为直观的三部曲

(1)热情和真诚地问候宾客,如果可能的话,做到使用宾客的名字问候;

(2)对客人的需求做出预期和积极满足宾客的需要;

(3)亲切地送别,热情地说再见,如果可能的话,做到使用宾客的名字向宾客道别。

4. 基本准则

具有里兹特色的服务战略注重经历,创造价值。

全面质量管理使里兹-卡尔顿在竞争中处于有利位置,同时它在营销方面也不甘落后,采取一些有效的营销战略,使其经营管理更加面向顾客,它强调顾客的特殊活动,并通过其富有创造性的营销活动为顾客创造价值。

里兹-卡尔顿公司通过对质量的严格管理取得了成功,它那枚由凯撒·里兹先生亲手设计的徽章走向了世界,由象征着财源的狮子头与英国皇家标记皇冠组合而成的图案代表着里兹-卡尔顿的胜利越来越多地出现在我们的生活之中。

思考:根据里兹-卡尔顿的资料介绍,结合其质量管理和指导方针,总结一下里兹-卡尔顿服务质量管理的做法。

(资料来源:360百科.案例选入时有修改。)

第八章
旅游接待业信息化服务

【教学目标】

1. 知识目标:

(1)了解信息化服务的基本概念;

(2)了解旅游接待业信息化服务的应用方向;

(3)了解新一代信息技术对旅游接待业信息化服务的影响;

(4)了解旅游接待业管理信息化服务的风险控制。

2. 能力目标:

具备旅游接待主要行业信息技术运用的基本技能,能够积极践行信息化技术在旅游接待业中的创新及探索。

3. 素质目标:

具备旅游接待、信息管理、信息运用等复合能力。

【关键词】

信息化管理;信息化服务;大数据;云计算;物联网;移动互联网;虚拟现实

引　言

人类发展史中,我们可以发现,信息传播变革能起到历史性指引作用的是信息技术的发展与创新。每一次的信息传播革命都能给人类的政治、经济、文化以及社会生活带来巨大的影响,推动着人类社会文明朝着更高的层面前行。自人类用语言交流以来,还发明了文字进行信息传递,又通过制造纸张和印刷技术来扩大信息传递的范围,而今又通过现代通信技术、电子计算机技术提高信息传递的时效性。人类一直在追求信息交换的便捷性和速度。在21世纪的今天,利用互联网、数据库和数据管理软件对信息进行系统化管理与应用正成为新的一种社会形态,即信息社会,这是世界第三次信息产业浪潮的到来。根据中国国家信息中心发布的《2017 全球、中国信息社会发展报告》，按照信息社会指数（ISI），预计中国 2020 年将进入信息社会初级阶段。2021 年 3 月在《中华人民共和国国民经济和社会发展第十四个五年规划和 2035 年远景目标纲要》中将“加快数字化发展，建设数字中国”作为独立篇章，将打造数字经济新优势，坚持新发展理论，营造良好数字生态，列为中国“十四五”时期目标任务之一。截至 2021 年 6 月，我国网民规模达 10.11 亿，互联网普及率达 71.6%。十亿用户接入互联网，形成了全球最为庞大、生机勃勃的数字社会。其中，我国在线旅行预订用户规模达 3.67 亿，较 2020 年 12 月增长 2 411 万，占网民整体的 36.3%①。旅游电子商务的快速发展推动着旅游接待业信息化服务的升级换代，因此，系统地学习信息化服务相关知识对旅游接待业从业人员尤为重要。

第一节　信息化服务认知

一、信息资源与信息管理

（一）数据、信息、信息处理

数据是人们用一种抽象化、图形化或符号化的方式对客观事物进行描述或表达的形式。例如消费者的性别是女性，年龄 22 岁，身高 160 厘米，体重 60 千克，这里的“女”“22”“160”“60”等都是对客观实际的真实记录，这样的记录被称为数据。数据可以是文字、图片、声音、视频等形式。

信息是经过加工处理后有一定意义，可以为人们提供决策依据，有使用价值的数据。信息无处不在，随时随地可以产生，是反映人对客观事物的各种印象。它是有价值的，能客观反映现实世界中不同角度对自然、社会、思想的描述。信息由数据所表示，这样便于让人们理解和使用。例如消费者的性别是女性，年龄 22 岁，身高 160 厘米，体重 60 千克，这里的性别是“女性”、年龄是“22 岁”、身高是“160 厘米”、体重是“60 千克”被旅游接待业获取并做出接待策略和方法的决策，这就是有价值的消费者信息，可以为旅游接待消费者服务时提供对应的服务项目，使消费者获得更好的旅游体验，从而使接待部门获得好的评价或经济利益。数据可以是原材料，而信息是经过加工生产出来的产品。数据是否成为信息，关键看信息处理的系统，一个系统的信息也可能是另一个系统的数据，数据和信息不是直接进行分类的，根据其不同的价值用途可以进行转换。

信息处理是通过对信息进行收集（接收）、分类、汇总、存储、检索、传送、发布等一系列的操作和整理的过程。虽然信息是有价值的数据，但是大多数信息仍然需要处理后才能更好地为人们提供决策支持。信息采集以后要从用户的需求出发对信息进行核对、变更、分类、

---

① 第 48 次中国互联网络发展状况统计报告[R]．北京：中国互联网络信息中心，2021.

汇总并存储,可根据人们对客观事物的需要进行检索,按需提取相关信息进行信息计算和传递,为人们提供决策依据。

(二)系统和信息系统

系统是由一些相互关联、互相作用并互为依赖的模块或组件,为达到同一个目的或目标而形成的具有相应功能属性的一个有机整体。相互关联的这些模块或组件是具有某种功能的子模块、子系统,系统一般可以由多个子模块或子系统相互关联组成。例如一个旅游饭店公司就是一个系统,由人力资源、项目开发、财务管理、技术维护等多个子系统(部门)组成,子系统还可以分解成细化的专门机构,例如项目开发部可以下设多个开发项目。

信息系统是由计算机软件和硬件、通信设备和网络设备、信息数据资源、权限用户和管理制度组成的以处理信息流为目的的人机一体化系统。信息系统主要有五个基本功能,即对信息的输入、存储、处理、输出和控制。信息系统经历了简单的数据处理信息系统、孤立的业务管理信息系统、集成的智能信息系统三个发展阶段①。信息系统通常具有数据采集(收集)、数据传输、数据存储、数据加工与处理的功能。

(三)管理、组织和管理信息系统

管理即是为了达到某种目标,协调调动各种资源应用一切思想和方法合理地去计划、组织、指挥、协调和控制他人,以最小成本获取最大或最好的利益的生产目标。管理是在特定的一个组织中开展的,是为这个组织服务的。

组织是一个稳定、正式的社会结构,它接受组织周边的有利资源并对资源进行整合以获取利益。一个旅游企业的组织结构是为了保证该企业能够实现其经营目标,通过设置各个层级的业务职能部门,约定其各自的处置权限、应得利益、部门责任,协调部门内部或部门之间的协作关系,以达到整体高效率开展经营活动的管理体系。

管理信息系统是对一个管理组织对象(企业、部门)运用计算机技术、管理技术和决策技术以及现代化综合管理思想、方法和手段结合起来,辅助管理人员进行管理和决策的系统。管理信息系统主要是集中管理组织中的各类数据和信息集合,通过计算机或计算机网络快速处理、统一协调,通过管理预测、计划、调节、优化和控制等相关手段为管理人员提供辅助决策支持的活动。

(四)信息资源

信息资源即是通过人们开发、组织、策划与利用的信息集合,它是信息和资源两个概念结合而生的新产物,它本质上还是一种信息,或是一个信息集合。信息资源逐步成为社会政治经济发展的一种重要资源,其和物质资源、能量资源可以并称为现当代社会政治经济发展的三大主要支柱。这种资源的开发与利用已经成为衡量一个国家政治经济发展水平和综合国力的重要指标之一,我们合理有效开发与使用各类信息资源成为21世纪打造数字地球、

① 上海社会科学信息研究所. 信息安全辞典[M]. 上海:上海辞书出版社,2013.

数字社会和推动社会政治经济发展最为重要的途径。

信息资源不但自身具有较高的社会价值和社会影响力,同时还具有开发、支持和指导利用其他资源的能力。信息资源相对于其他以物质形态呈现的自然资源而言,它是一种非物质形态的资源和社会财富。同时,它承载于不同形态的物质载体上,发挥着自身的重要作用。在社会生产过程中,信息资源越丰富,人们利用其驾驭其他资源的能力就越强,而掌握信息资源驾驭能力的人或职业利用其他资源的效率就越高,这使得信息驾驭能力与社会信息化程度和科技发展水平成正比。

二、信息化的概念

(一)什么是信息化

随着时代变迁、信息化的不断演变与推进,关于信息化有着不同的观点。以下是具有代表性的观点:

(1)从技术层面研究,信息化的核心是信息资源开发与利用,是依靠网络技术、通信技术、数据库技术等多种信息技术的一种技术融合与技术开发的过程。

(2)从过程层面研究,信息化是在社会政治经济活动中通过信息技术开发和有效利用信息资源,以推动社会经济可持续发展和社会文明进步的一个过程。

(3)从组成因素层面研究,信息化由信息基础设施、信息技术与信息产业、信息技术应用项目和信息技术人才所组成的集合。

(4)从狭义层面研究,信息化可以认为是生产信息的社会生产工具信息化,由社会各行业和各领域的手工操作、机械化操作向使用基于计算机、计算机网络设备等现代化信息技术工具和智能化、数字化的新技术工具操作转变的过程。

(5)从广义层面研究,信息化也可以认为是社会各行业和各领域的广大从业人员、劳动者普遍掌握基于信息技术的高科技工具,是充分利用信息资源,大力提高社会生产力和国家综合实力的主要技术指标。同时,信息化也能真实反映人民生活水平明显改善,社会物质文明、精神文明显著提高和进化。

(二)信息化的发展演变

信息化由日本的梅棹忠夫于20世纪60年代末在其所著《论信息产业》中从社会产业结构演进的角度率先提出来。当时他认为"信息产业其实是一项服务业"。他将信息产业定义为"所有从事制作、处理和买卖言语活动、言语性符号、形象符号等信息的产业"。他向世人描绘了信息革命和信息化社会的发展前景并预见到信息技术的发展将会引起一场全面的社会新变革,并将人类社会推向信息化社会。

信息化的发展演变经历了三个阶段,分别是数字化阶段、网络化阶段和智能化阶段。

1. 数字化阶段

二战以后,随着计算机的发明与逐步发展,电子化数据大量应用,促使数字化阶段奠定了信息化的基础,实现数据资源的获取和原始积累。

2. 网络化阶段

在20世纪90年代中期,互联网开始较大规模的商业应用,信息化进入一个高速发展的全新阶段,这是一个以互联网应用为主要技术的阶段,促进了信息数据资源的聚集与交换。

3. 智能化阶段

2008年11月,IBM公司提出“智慧地球”概念、智能化阶段的特点,主要以物联网和云计算为代表的数字化、互联化、智能化,通过数字化万物相连,将各类信息资源进行智能分析,利用嵌入的感应器等各种数字装备帮助人类进行各种类人智能化的精细工作和生活。

(三)传统信息技术与新一代信息技术

传统的信息技术,被称为IT,相关行业被称为IT行业,IT行业引领社会发展,主要是用于管理和处理信息所采用的各种技术的总称。它主要是应用计算机科学和通信技术来设计、开发、安装和实施信息系统及应用软件。它也常被称为信息和通信技术,主要包括传感技术、计算机与智能技术、通信技术和控制技术。

新一代信息技术目前主要包括六个方面,分别是5G网络、物联网、大数据、云计算、区块链和人工智能。2010年中国国务院发布的《国务院关于加快培育和发展战略性新兴产业的决定》中列了七大国家战略性新兴产业体系,其中包括“新一代信息技术产业”。关于发展“新一代信息技术产业”的主要内容是“加快建设宽带、泛在、融合、安全的信息网络基础设施,推动新一代移动通信、下一代互联网核心设备和智能终端的研发及产业化,加快推进三网融合,促进物联网、云计算的研发和示范应用。着力发展集成电路、新型显示、高端软件、高端服务器等核心基础产业。提升软件服务、网络增值服务等信息服务能力,加快重要基础设施智能化改造。大力发展数字虚拟等技术,促进文化创意产业发展”。

(四)旅游接待业信息化管理

旅游接待业信息化管理是通过信息技术在接待消费者的过程中收集、处理、分析、发布消费信息和产品信息的信息化管理方式。随着互联网的发展,全球经济网络化发展十分迅速,旅游接待业也不可避免地需要借助信息化技术进行发展。在2015年,中国全年旅游业对GDP的直接贡献为3.32万亿元,占GDP总量比重为4.9%;综合贡献为7.34万亿元,占GDP总量的10.8%①。从综合贡献来看,旅游业已经成为国民经济战略性支柱产业。很多消费者出于各种因素考虑,越来越多地愿意提升消费水平,为旅游的品质和服务买单,特别是通过网络预订旅游服务项目成为新的时尚。

旅游接待业信息化管理是指围绕相关产业结构升级,利用信息技术充分整合行业相关旅游信息资源,改进管理流程和手段,使之成为旅游接待业发展的重要创造力和推动力,并对行业快速发展和管理能力水平提高产生重要影响。其目的是建设成为消费者可以在任何时间、地点,运用任何信息平台随时可以查询、存取旅游接待业有关机构、企业信息的管理系

① 国家旅游局. 2015年中国旅游业统计公报[R]. 文化和旅游部政府门户网站,2016-10-18.

统。例如携程网等电子商务平台通过信息化技术优化整合了旅游接待业的相关企业信息，消费者可以在线随时随地了解有关饭店宾馆、景区景点、文娱项目等企业的餐饮、住宿、门票、交通和天气等信息的实时情况，为消费者提供美食、休息、出行、游览等便捷快速的消费服务。

旅游接待业信息化管理也是把旅游出行、住宿接待、游览接待、购物接待、娱乐接待、会展接待、综合接待等有关的信息整合起来的过程，通过信息技术或相关信息管理系统让经营管理人员和消费者能方便快捷地获取这些旅游相关需求的信息。通过信息化管理还可以影响到相关企业的管理结构和行业发展结构的调整，促进机构、企业和相关行业提升生产率，改变经营、管理模式，进一步提升旅游经济在国民经济中的地位和战略作用。

三、从信息化管理到信息化服务

（一）信息化管理的战略意义

1. 信息化管理影响竞争力

竞争力即是竞争中的能力，是参与者在竞争中所体现出来的综合能力。在信息社会，竞争力主要体现在信息化管理的力度。中国的旅游业在发展的过程中，抓住了机遇，利用信息技术把旅游资源推向全球市场，吸引了大量的海外游客的同时也提升了国内旅游人次总量。在全球化竞争中，旅游服务质量、旅游管理效率以及信息传播速度是旅游市场竞争力的要素。通过信息技术提升管理竞争力已经成为国内旅游接待业企业发展的新动力。2019 年中国国内旅游人数 60.06 亿人次，比上年同期增长 8.4%；入出境旅游总人数 3.0 亿人次，同比增长 3.1%；全年实现旅游总收入 6.63 万亿元，同比增长 11%①。而截至 2019 年 6 月，我国在线旅行预订用户规模达 4.18 亿，占网民整体的 48.9%。2019 年携程与猫途鹰（TripAdvisor）达成战略合作，共享旅游品类库存。其海外用户规模超过 1 亿，产品覆盖全球 200 多个国家和地区，国际业务收入占集团总收入的 35.0% 以上②，极大地提升了企业的全球市场竞争力。

2. 信息化管理影响发展战略

中国入世以后，旅游市场逐步对外开放，国外的旅游接待业允许经营国内旅游业务。这些旅游接待业携带大量资金、技术和管理优势参与到国内的竞争中来。特别是新的信息技术应用，使得我国的旅游业承受着这种开放式的竞争所带来的阵痛。规划旅游接待业发展战略最大的挑战就是如何利用好信息技术。随着信息化技术的日新月异，旅游接待业的信息化管理无法一步到位。因此要制定信息系统战略、信息资源战略、信息管理战略、信息技术战略来支撑自身发展战略。信息技术作为信息化管理中的核心，直接影响信息化管理的理论、速度和可持续发展，还决定了发展的差异化优势。信息化管理影响着竞争力、组织结

① 文化和旅游部. 2019 年旅游市场基本情况[R]. 文化和旅游部政府门户网站，2020-03-10.

② 中国互联网络信息中心. 第 45 次中国互联网络发展状况统计报告[R]. 北京：中国互联网络信息中心，2020.

构、人力资源战略、发展目标定位和创新能力这些发展战略的重要因素。

3. 信息化管理影响消费者管理战略

消费者管理战略是发展战略最为重要的内容。消费者就是旅游接待业的财富，一切的经营策略都要围绕着消费者，不断挖掘极具价值的消费者是经营中的关键环节，也是旅游接待业发展的生命。一般涉及消费者管理的信息系统被称作客户关系管理信息系统，这个系统要求以消费者为中心，从市场营销、销售与服务流程、企业文化等多方面来改善、提高整个客户关系生命周期的效率。旅游接待业经营消费者管理战略的主要目的是稳定客户源和扩大消费者群体，只有扩大消费者群体，旅游接待业才能不断壮大发展。因而在日常的经营活动当中，旅游接待业企业就特别关注消费者需要什么，需要什么样的服务，用什么样的方式去关心他们、吸引他们。通过信息化管理，旅游接待业可以实现差异化客户营销策略、细化客户服务、挖掘客户需求、维护客户关系、扩大客户范围。例如旅游接待业现在常用的网络下单平台，可以满足消费者差异化的需求，提供网络远程及时交流、产品定制营销、产品售后服务、网络点评等在线服务。

（二）信息化管理的作用与范围

1. 信息化管理的作用

信息化管理对旅游接待业有着重要的重组作用。由于信息化的作用，每个旅游接待业从业机构价值链发生了改变，从而影响了整个产业链，在整个产业链中原有的旅游接待业流程结构产生了新的变化。原有的组团模式不能满足信息社会消费者对旅游接待服务的需求，出现大量自助游、自驾游散客。在信息化管理的影响下，旅游产业流程、市场运作结构、客户关系维护都在发生变化，基于信息技术变化的旅游接待业从业机构重组已经显而易见。旅游服务的流程交叉特性和网状结构的价值链关系特别适合利用信息技术去寻找每一个旅游接待业的价值增长点，使得收益最大化。

信息化管理对旅游接待业经营模式还有着优化作用。在信息技术的作用下，旅游接待业经营模式发生了翻天覆地的改变。大量的从业机构获取的利润大比例来自网络经营，网络经济成分占旅游接待业收入较高比例。特别是新冠病毒感染疫情以来，网上交易活动呈现较强增长态势。随着信息技术的革新更替，促使互联网技术快速成长，通过构建集成化信息系统、加入综合性电子商务平台、构建自有电子商务平台，更好地解决沟通交流、产品展示等问题，提高业务处理效率，使得业务范围不断扩大，不再受地域环境的限制。旅游接待业经营模式向网络经营模式转变，并随着信息技术的提升而逐步优化。

2. 信息化管理的范围

信息化管理已经成为旅游接待业管理当中的重要内容，占据主要地位。信息技术的不断推陈出新，已经使得网络无处不在，信息随手可取，传统的管理知识已经不能胜任现有的信息化管理工作。传统旅游管理的订单管理、客户管理、营销管理等都已发生重要变化。从业人员需要从信息管理的角度去开展管理活动，以新的网络认知去完善发展途径，特别是中国的信息技术已经走在世界前列，旅游接待业如何去适应需要自身创新性地开展经营管理活动,走自己的路,不再跟随,建立管理自信,这是我们目前面临的主要问题。

旅游接待业信息化管理的范围随着信息技术的变化主要涵盖行业信息化管理、流程信息化管理、目的地信息化管理、企业信息化管理、接待业支撑体系信息化管理。

行业信息化管理包括市场管理、企业管理、服务管理等需要利用信息技术提高行业管理效率,提高旅游服务市场规范化管理和政府宏观调控能力等为主的电子政务平台。

流程信息化管理主要是旅游接待业服务流程管理,旅游接待服务流程环环相扣,如住宿服务、餐饮服务、导游服务、出行服务等环节都是旅游接待业服务流程中的节点。这些节点之间需要信息相互流通,通过信息化管理进行信息交换,可以为消费者出行带来更好的旅行体验。

目的地信息化管理主要依托于国内各大电子商务平台、目的地区域网络宣传平台、目的地旅游接待业从业机构网络平台的建设以及在线旅游预订用户通过网络反馈评论大数据平台。

企业信息化管理是旅游接待业信息化管理的核心内容,因为基础信息就来自服务企业,服务企业没有信息化、没有建立或接入信息管理系统,旅游接待业信息管理就无从谈起。

接待业支撑体系信息化管理由旅游诚信体系、旅游投诉体系、旅游保障体系、旅游危机处理体系等进行支撑。这些支撑体系的信息系统,可以借助于政府电子政务平台和行业信息管理平台进行建设。

(三)信息化管理的内容

旅游产业已经成为中国国民经济战略性支柱产业,信息社会相关产业的持续发展需要借助信息技术来进行推动。

1. 信息技术

信息化管理是利用信息技术方法开展的一种管理,旅游接待业需要了解和熟悉有关信息技术,包括计算机技术、数据库技术、软件开发技术、网络通信技术等。旅游接待业从业人员或从业机构都需要掌握一定的信息技术,对于相关的软件、设备、系统平台等,需要进行系统培训,以达到熟悉其功能、熟练其操作的效果。

2. 信息系统软件

旅游接待业信息化管理的主要形式是信息管理软件系统,系统的开发需要了解旅游接待业的完整体系和信息化流程,使得开发出的软件系统在每个环节流程上的信息可以无缝交换数据。从业机构和行业的办公自动化系统、政府的电子政务系统、大数据信息服务系统可以构成整个旅游接待业的信息化管理流程服务平台。

3. 信息化管理战略

由于信息技术的发展是一个渐进过程,旅游接待业从业机构信息技术应用能力也是一个渐进过程。因此旅游接业信息化管理需要制定一个战略规划来进行分步实施,这个战略规划要根据自身发展战略、市场的需求、竞争环境的变化等因素来制定。

4. 信息系统的实现方法

旅游接待业信息化管理是一个不断变化的系统工程，通过组建开发团队、完成市场调研、分析市场需求、开展系统规划、实施系统设计和实现、强化系统测试、熟悉系统运行和规范系统维护管理。系统信息的实现可以是定制开发，也可以选购适合的成品软件。

四、旅游接待业信息化服务

信息技术的发展不断引领世界科学技术的更新，是当今世界一门非常重要的技术，它的发展对旅游接待业显得越来越重要。随着经济全球化的影响力越来越大，各行业竞争已经不止在国家、地区，而是将范围扩大到全球，要想提升市场竞争力，相关行业信息化的建设就显得很重要，特别是基于互联网的全球营销模式、售后模式、物流模式等。

2018 年、2019 年中国在线旅行预订用户规模均超过 4 亿人次，2020 年即使受到新冠病毒感染疫情影响，中国在线旅行预订用户规模均已达到 3.4 亿人次以上①。基于这些通过信息化手段接受旅游接待服务的消费者与有关接待服务业的企业和机构信息互动，已将旅游接待业从信息化管理向信息化服务转变。旅游接待业面对的是消费者，对消费者不能用管理，而应该用服务。因此，信息技术在旅游接待业中的应用，更多地应该围绕着服务来思考，把用于内部管理的信息化管理融入信息化服务当中，优化内部管理、提高服务水平、提升服务质量。要做好信息化服务，信息化管理是重要的基础，只有在拥有良好的信息化管理模式和完善的信息管理系统的前提下，信息化服务才能真正实现优质服务于消费者的最终目标，从而使旅游接待业从业机构获得良好的竞争优势。

（一）信息化服务的影响

信息化服务是旅游接待业信息技术应用的高级阶段，通过将内部管理和外部服务整合在集成化系统里。例如将酒店管理的部门分工管理对应消费者服务的相关服务模块，使得消费者可以第一时间找到为自己服务的相关岗位，还可以通过点评打分等方式，将相关岗位的服务效果反馈到管理监督部门。

1. 信息化服务影响组织结构

由于管理与服务的融合，信息化服务可以影响到旅游接待业从业机构的组织结构，信息技术介入可以代替某些岗位的具体工作，为了信息系统能让数据流动起来，将改变传统从业机构的组织结构。

2. 信息化服务影响竞争方式

在信息化服务的环境下，所有服务都是公开透明的。因此，旅游接待业从业机构的竞争更多的是技术的竞争和服务方式创新的竞争。拥有优质快速的网络服务、在线服务，就需要提升信息技术的投资，加强网络经营和网络服务。利用智能机器人、语音助手等新的技术手段开展创新性服务，在增强竞争力的同时，为消费者带来新的服务方式体验。

---

① 中国互联网络信息中心. 第 48 次中国互联网发展报告[R]. 北京：中国互联网络信息中心，2021.

3. 信息化服务影响从业人员

信息化服务包括了信息化管理，相关从业人员必须具备一定的信息化素质和技能，提升从业人员的信息化综合素质也是一种新的趋势。例如原有的客服人员在原有岗位素质和职业能力的基础上，还要求能够熟练操作计算机和通过网络与消费者进行交流。销售人员需要熟练地操作相关系统，及时为消费者提供业务咨询。信息查询，在报价的时候，不再是简单的估算，而是精确地根据系统提供的有关信息进行精准报价和灵活报价。

（二）信息化服务的应用

旅游接待业信息化服务，主要借助信息系统以及电子商务平台，为用户提供查询、预订、销售、咨询、售后、评价等有关服务。

1. 基于网站的电子商务定制服务

旅游接待业通过电子商务平台可以有机地结合不同的旅游线路产品，给用户带来个性化的旅行，吃、住、行、娱都可以实现个性化的定制服务。

2. 基于移动端网络的信息查询服务

随着4G、5G网络在中国的普及和运行，中国的网民总数已突破10亿人。智能手机、平板电脑已成为人们生活中经常使用的信息技术产品，各种提供旅游接待业相关信息的应用软件应运而生，人们在出行消费前，通过移动互联网进行信息查询已成为常态。

3. 基于社交软件小程序的点单服务

社交软件已经成为中国网民的常用网络交流软件，借助这些社交软件开发的网络支付已成为移动支付的主要支付方式。借助社交软件开发小程序是旅游接待业最便捷的信息化服务方式，集点单与支付为一体，既方便旅游接待业销售管理，也方便消费者点单支付。

4. 快速便捷的电子地图和导航服务

GPS导航、北斗导航等中外导航系统可以通过智能手机、车载系统等平台将谷歌地图、百度地图、腾讯地图等软件融入其中。旅游接待业在信息化服务开发的过程中，可以很方便地通过授权将地理位置通过嵌入到系统中，方便消费者及时找到相关位置。

（三）中国旅游信息化服务的趋势

未来个性化旅游、深度自由行、云旅游等新的旅游形态会越来越受大众追捧。在移动互联网高度发达的今天，消费者对于旅游的良好服务体验有强烈的需求。

国家文化和旅游部、国家发展改革委等十部门联合印发的文旅资源发〔2020〕81号文《关于深化“互联网+旅游”推动旅游业高质量发展的意见》中提到，以互联网为代表的现代信息技术持续更新迭代，为旅游业高质量发展提供了强大动力，从政府层面结合信息化建设提出推动旅游业高质量发展的指导意见。文件中还多次提到以“互联网+”为手段的服务方式、服务平台、服务水平、服务能力、服务监管等有关信息化服务的问题。因此，未来我国旅游接待业信息化服务的趋势主要体现在以下几个方面：

1. 建设智慧旅游景区

以政府为主体制订智慧旅游景区建设标准,引导社会相关行业引进资金和技术积极开展数字化、智能化产品开发,明确有效针对景区进行智慧旅游建设,提升有效体验度,打造样板智慧旅游景区。

2. 创新旅游公共服务模式

开发由政府提供公共信息服务,依托市场提供行业信息服务,搭建政府与市场相结合的旅游公共服务平台。充分拓宽旅游公共服务信息采集路径,有效整合多部门服务于旅游接待业的相关数据信息,利用新一代信息技术,及时有效地面向社会和行业发布相关信息,在法律的框架内积极推动相关行业信息资源共享。

3. 线上线下营销服务

统筹线上线下,强化品牌引领,通过互联网有效整合线下资源,由相关行业与互联网服务平台合作建设各类旅游接待业网络品牌店,提供线上商务活动有关功能,使消费者能有效获得信息查询、票务预订、营销优惠、个性化管理、线上文旅产品购买等服务。

4. 虚拟现实旅游体验

相关行业充分运用数字技术展示特色文化内涵,积极打造数字文博馆、数字展览馆等,提升虚拟现实旅游体验。

5. 加强旅游监管服务

利用新一代信息技术主动对旅游接待业实施数据采集与分析,强化安全管控,全面提升相关行业或活动的突发事件预判和应急处理。通过新兴信息技术设备有效利用定位技术、遥感技术、传感技术在自助旅游、特种旅游等新型旅游业态中开展运用。政府需要建设多层级基于大数据旅游接待业的市场运行监测体系,主动实施区域内旅游消费趋势监测,建立和完善依托于数据的政策制定和调整机制。

6. 保障旅游数据安全

在有关个人隐私和网络安全、数据安全的法律法规框架下,明确安全管理的主体责任,在旅游相关信息数据的采集、存储、传播、共享、使用、销毁等过程中,严格遵守法律规定、遵循科学逻辑,防范有关信息的遗失、毁坏、泄露和篡改。

第二节 旅游接待业信息化服务的具体应用

全国旅游标准化技术委员会 2013 年制订的《旅游企业信息化服务指南》(LB/T 021—2013)中规定了旅游企业信息化服务的通用要求和旅行社、星级饭店、旅游景区信息化服务要求。这个标准适用于旅游接待业相关经营单位的信息化服务,结合行业监督、公共服务,参考此标准,旅游接待业信息化服务主要应有以下内容。

一、通用性服务

通用性服务是旅游接待业相关从业机构信息化服务都应该具备的基础服务，通过这些基础服务，可以实现统一标准、信息共享。

（一）网络服务

信息化服务主要的设备是计算机设备和网络设备，因此统一网络服务标准，共享需求是最为基础的建设。

1. 终端接入

需要配置相关互动终端设备、使用正版的软件，包括计算机、多媒体触摸一体机、LED 显示屏、互动信息软件、信息客户端等软硬件设备。

2. 网络覆盖

网络服务需接入互联网，而且网络流量、网络设备要适应服务需求。在服务范围内或重点地区实施无线信号网络覆盖，其信号强度要确保消费者正常使用，同时网络设置要符合国家相关网络安全规定和行业标准。

（二）信息服务

信息服务是旅游接待业与消费者互动的主要渠道，因此提供良好的信息服务，可以为旅游接待业带来较好的市场竞争力。信息服务要确保信息的发布和存储符合国家信息安全有关法律法规和行业标准及规定。

1. 信息发布渠道

相关旅游接待业要通过网站、电子邮箱、手机短信、社交软件、微博、电子商务平台等多种信息化发布载体或多媒体触摸一体机、LED 显示屏等载体发布符合国家法律法规所规定的准确、真实有效的信息。

2. 信息平台建设

旅游接待业可以通过自建信息化集成平台或加入信息化共享平台等方式完善信息化平台建设。信息化平台要实现共享化的信息发布、信息咨询、接受投诉、接受预订、消费支付等功能。

3. 信息服务内容

为了方便消费者能够直观地了解有关消费信息，信息服务应该包括以下主要内容：

（1）基本介绍、营销活动、气象信息等；

（2）产品介绍、产品视频、产品图片；

（3）本地交通信息（含到达途径和导航信息）、联系方式、投诉途径、问答式常见问题解答；

（4）从业机构所在地的相关旅游接待业信息资源，或者链接当地政府部门官方网站，接待机构相关网站、交通出行等咨询预订服务网站、旅游出行地图查询网站等；

(5)信息平台内设有导航、内部信息检索功能;

(6)当地旅游政府部门、从业机构信息化平台开放旅游相关信息资源共享。

4. 特色服务

信息服务还应具有一定的特色服务。在发布基础信息资源的前提下,可以设置一些特色信息发布内容。

(1)环境特色:包括周边的交通、住宿、餐饮、购物、娱乐等信息;

(2)满意度调查:包含旅游接待业产品信息发布时设计消费者点评模块,点评内容可以是总体满意度评价,也可以是对各个单项评价,如对价格、服务、消费体验等满意度评论或评分,消费者的点评内容通过审核无误后可以显示或者查看;

(3)共享区域:为消费者提供言论发表的模块,供消费者发表言论、分享旅游游记、心得等,还可以转发消费者发布的微博、朋友圈、短视频;

(4)数据挖掘:对消费者网络状态和行为进行分析研判,为改进旅游接待产品开发和旅游接待服务提供决策依据;

(5)服务通道:消费者能够有效获取相关服务信息,服务信息应具备相应操作的软硬件条件、有相应办理期限承诺、可在线或电话查询受理情况等,还应在承诺的时间内向申请人提供有效信息;

(6)多语言浏览:能提供中文和一种以上国际通用语言的浏览界面。

5. 咨询服务

为了让消费者能够准确地了解有关消费信息,旅游接待业应该提供多渠道的咨询服务,包括在线留言、社交通信软件、电话、电子邮件等方式。

6. 商业信息发布

旅游接待业从业机构通过网络社交媒体、电话、短信息等方式定期、不定期向消费者发布商业信息时,要尊重和征求消费者的意愿,如接收人不再愿意接收相关信息,应立即停止上述行为,并向接收人表达歉意。

(三)预订服务

旅游接待业信息发布所涉及的多种平台都应接入预订服务,预订通道要设置有效的联系方式;预订服务可以与国内、国外各类预订平台或电子商务平台合作,为消费者提供更便捷的网上预订服务;需提供订单查询、订单修改、取消服务和再次预订等功能,让消费者有更好的预订体验。

(四)支付服务

旅游接待业提供的网络支付服务要符合国家有关法律法规的标准,要提供安全有效的接入方式;做好安全防范,预防消费者从支付接口出现支付安全问题;设立在线或电话咨询渠道,为消费者解答支付中遇到的问题和困难;要为消费者提供支付账单或消费订单信息的查询、下载、打印;消费者支付成功后应该利用手机短信或电子邮件等方式告知消费者消费成功或提示消费信息;消费者改变订单内容或取消订单所产生的消费差价、费用退款应按约定或公告的退款时间内返还消费者。

(五)投诉受理

旅游接待业为了更好地服务于消费者,需要通过信息服务平台设立有关投诉渠道,有效解决消费者的诉求。

1. 投诉渠道

可采用电话、网络等形式的投诉受理方式,涉外旅游还应该提供多语言环境的投诉渠道。

2. 电话受理时限

向外公布的电话投诉方式要提供超过12小时的人工受理服务和全天24小时智能语音受理服务。

3. 网络受理时限

在网络等信息化平台上要设置醒目的投诉链接或模块,消费者投诉后能自动通过网络社交平台或电话语音、短信或者网络平台查询到所投诉问题的受理情况及相关处理结果。

(六)服务管理

旅游接待业信息化服务在日常管理中要做到有序、有人、依法、提升、合法、安全。

1. 有序管理

在信息发布、消费咨询、产品预订、结算支付、受理投诉等相关工作的具体流程及遇到突发事件时,应制订完备的应急预案。

2. 有人管理

信息化服务工作中,应该设立信息化管理部及与之有关的专兼职管理岗位。并通过制订相应的培训、考核、激励机制,完善有关人员管理和岗位管理办法。一般情况下,专兼职管理从业人员具有大专以上文化程度、熟悉旅游接待业相关业务以及信息管理能力,有良好的职业操守。

3. 依法管理

旅游接待业相关机构的信息化管理平台在完善和提升有关服务而需要收集消费者个人信息、建立其消费内容的电子档案、开展消费行为数据分析和数据挖掘时,应遵守相关各级法律法规,不能泄露和买卖消费者有关信息。

4. 提升管理

旅游接待业要通过建立的信息化服务平台及其他途径所收集到消费者反馈的对于产品和服务的意见和建议。这些意见和建议要有完备的反馈和持续改进的机制,并做好反馈信息、处置信息的档案管理。

5. 合法管理

旅游接待业信息化服务的网络物理安全、运行安全、数据安全等应符合各级有关网络安全、信息安全的法律法规和行业规定。

6. 安全管理

旅游接待业信息化服务应在公安、消防、公共安全等有关国家机关的帮助下建立安全有效的应急系统和应急预案。所设置的信息反馈和安全警报软硬件装置应方便快捷对消费者进行安全预警和帮助其报警求助。

二、旅行社服务

(一) 网上服务

旅行社信息化服务平台应具有以下特色内容或功能。

1. 信息介绍

信息介绍的内容应包括清晰的旅游商品分类介绍、旅游目的地推荐、旅游攻略等。

2. 电子订单

旅行社可以通过信息服务平台与消费者在线签订旅游合同,合同内容和格式条款须符合国家相应的法律法规,通过电子签章后,双方可以下载电子文件、打印纸质文件。同时需要在网络上提供与消费者签订的电子预订单、电子订单、电子行程单以及订单的电子结算单,或者可以将电子合同和其他有关订单以电子验证码、消费码形式发送到消费者的接收设备。

3. 单项委托

信息服务平台可以为消费者提供在线购买单项委托服务或购买通道。消费者在成功购买此项委托服务后,服务平台或委托平台应该以验证码或消费码的形式向消费者接收设备进行消费信息发送,消费者使用接收设备即可获得此项委托服务。

4. 自主查询

通过信息化服务平台,消费者可以对旅行社提供的旅游线路产品进行组合查询。

(二) 门市服务

旅行社门市部信息化服务应实现以下功能或服务。

1. 信息介绍

通过设置LED电子显示屏、多媒体触摸一体机、液晶电视等多媒体方式滚动发布旅游线路、旅游目的地信息、旅游产品价格等信息。

2. 信息查询

提供智能设备、多媒体触控一体机、计算机等上网设备,并设置快捷方便的方式查询旅行社门市部销售的旅游产品信息。

3. 智能化自助设备

设置智能化自助设备,可方便快捷地查询旅游相关信息、下载软件、留言投诉等功能。智能化自助设备发布的相关信息应与旅行社官方网站等网络信息发布平台实现信息同步。

4. 一体化管理

旅行社下属分支机构与总部实现信息互通、查询共享和营销信息一体化,并实现一体化管理、一体化招揽、一体化接待和一体化财务管理。

(三)旅行服务

(1)旅行社可建立热线服务电话。热线服务电话可以全天不分时段接受消费者对旅游产品的咨询、旅游产品的预订、消费者求助救援、旅途答疑投诉等相关服务需求,服务流程规范合理,问题处理符合法律规范,及时回复、确认。

(2)旅行社可建立贵宾服务信息化系统。可以通过电话或网络通知、人脸识别、贵宾刷卡等信息技术方式获知消费者进入特定场所确定其身份,由系统根据贵宾分类提供相关信息给服务人员,以提供个性化的服务。

(3)旅行社可建立旅游线路产品自助设计系统。消费者可通过门户网站自助设计板块、智能设备自主设计客户端等途径自行设计旅游线路产品需求,受理后可通过上述途径将涉计的消费产品及其价格实时反馈给消费者。

(4)旅行社可开发应用程序客户端。开发智能手机、平板电脑、移动电脑可使用的应用程序客户端,方便消费者利用上述设备通过互联网进行旅游咨询、消费预订、支付结算等业务。根据需要向消费者客户端发送有关旅行注意事项、目的地天气预报、交通信息、个性推荐信息等。

(5)旅行社可通过信息技术手段尽到告知义务。在消费者旅行出发前24小时,旅行社通过电话、短信、社交软件、电子邮件等信息技术手段联系消费者,并与其确认有关消费内容及出行安全事项告知。

(6)旅行社可建立旅行服务综合管理系统。能根据组团社或散客的需求生成调度计划,实时处理和监管旅行业务,对消费者信息进行数据挖掘,实现在线结算等,发生异常情况能向有关人员自动提醒。旅行服务综合管理系统可以与企业内部管理系统有机整合,与合作的宾馆饭店、旅游景区、旅行社、保险公司、航空公司等业务单位的网络平台有效对接,实时、高效地处理旅行业务。

(7)旅行社可选用射频识别、卫星定位等技术对导游领队、旅游团队、旅游车辆进行实时监管,遇到突发事件能够及时处置。

(8)旅行结束后,旅行社在规定时间内可通过电话、手机短信、社交软件、电子邮件等途径对游客进行回访。

三、饭店服务

（一）店内服务

旅游饭店内部信息化服务有以下内容。

(1)旅游饭店信息化服务平台相关建设要符合国家标准,没有国家标准的要参考行业标准。

(2)旅游饭店大堂可安装 LED 电子显示屏。使用多语种(中文和至少一门国际通用语言)或文字在显示屏上发布消费价格、外汇牌价、活动信息和天气预报等内容。

(3)旅游饭店大堂可安装自助智能终端。通过终端查询当地与旅游和旅游接待有关的信息,终端需有多语种(中文和至少一门国际通用语言文字)供给消费者选择。终端发布的信息要与旅游饭店其他信息化服务平台实现信息一体化。

(4)旅游饭店可建立一卡通系统。消费者可以通过一卡通实现由饭店授权的各种消费、结算,以及刷卡通行饭店内的大门、电梯、客房等门禁。

(5)旅游饭店可建立贵宾服务信息化系统。可以通过电话或网络通知大堂、人脸识别、贵宾刷卡等技术获知消费者身份,由系统根据贵宾分类提供相关信息给服务人员,以便提供个性化的服务。

(6)旅游饭店可建立智能化数字管家系统。通过设置在客房、餐厅、电梯等设施设备的智能设备、感应器、摄像头感知分析消费者的有关行为信息,实现为消费者个性化调节室内温度、灯光亮度、数字电视开关、窗帘开关、空气交换、水温设定等服务,还可以具有优化后的多种个性化功能选择设定,例如睡眠环境、通风环境等。还可以智能化管理可视对讲门禁系统,提供面部识别、门禁卡、NFC 或语音识别开关门,通过室内显示设备或移动智能设备观察门前状况、远程遥控开锁等。

(7)旅游饭店可以为消费者提供视频点播服务。引入符合相关法律规定的视频点播系统,系统内部需设置多种语言节目,消费者可以根据自己需要进行视频点播,浏览饭店服务信息,所在地旅游资源信息,高铁、轮渡、航班、旅行大巴、公共交通等交通信息,消费者的消费信息及其他服务信息。

(8)旅游饭店客房内部可安装智能数字播放器等设备或多功能集成设备。

(9)旅游饭店应设置商务中心提供线上、线下办公等服务,需设置上网环境,配置计算机、复印机、打印机、传真机等软硬件设备有偿或无偿使用等服务,或设置全自助式商务办公环境提供临时办公服务。

(10)旅游饭店应设置会务中心提供会议举办服务,需设置电视电话会议、同声传译、多媒体演讲、多媒体会议等多功能设施、设备以满足会务服务。

(11)旅游饭店应建设移动交互式智能化点餐服务平台,消费者可通过智能终端在线点餐,平台可向餐厅发布食物制作任务并优化制作流程和安排送餐服务,提供备注、催单等功能。

(12)星级饭店、品牌连锁饭店可开发移动终端应用程序(App)或即时通讯软件小程序,为消费者提供饭店所有门类或专项服务业务的查询、预订和支付。

(二)应急救援

旅游饭店应急救援有以下内容:

(1)旅游饭店内部、外部重点区域、特殊区域需设置不间断的监控设备进行监控和录像,所存音视频等信息保存不少于一个月。

(2)旅游饭店大堂、各类电梯和各楼层、特殊场所设置可应急性通信设备,并实现全天候信号畅通;遇到发生应急情况,需要开展紧急疏散的,可通过应急显示屏(液晶电视等)、短信、内部应急广播等途径,并用多语种(中文和至少一门国际通用语言)及时告知管理者、消费者和工作人员。

(3)所有公共区域要保障无线通信相关信号覆盖到位,无特殊情况不得屏蔽移动通信信号。

四、景区服务

(一)网上服务

景区信息化平台有以下特色内容或功能:

(1)景区可提供停车信息、交通信息(含周边信息)。

(2)景区导游词(含虚拟导游)和内部景点介绍等。

(3)景区可提供游览电子地图(含全景图)。

(4)景区可提供虚拟游览。

(5)景区可在消费者通过线上购买或申领门票后,将可识别的门票码、识别码或门票购置、取票凭证的相关信息发送至消费者移动终端。

(6)景区可提供特殊时段(旅游高峰期)景区或旅游区域范围内有关消费者接待容量、交通状况等信息的咨询和查询服务。

(二)游览服务

(1)高等级景区内部可建设游客服务问询中心,安装热线电话,全天候提供有关旅游产品信息、旅游资源简介、旅游产品消费预约、投诉咨询等多语种(中文和至少一门国际通用语言)的智能语音或人工语音服务;语音服务要求应答确认及时,语音指引规范,合理时段内人工语音与智能语音便捷切换,并能对接当地 12301 旅游热线平台。

(2)各类景区可开发智能移动终端应用程序客户端(App)或即时通讯软件小程序,为消费者提供景区内多语种(中文和至少一门国际通用语言文字)智能化导游、导航、导览、导购和询问、预约、电子支付等电子商务服务以及景区周边区域的旅游资源信息检索服务。

(3)各类景区可根据内部容量设定游览电子预约服务。消费者通过景区信息门户、移动客户端、电话等方式,按照自身需求进行游览日期、浏览项目或游览线路的预约。

(4)高等级景区可建设智能化、信息化停车场,在景区交通主干道、主要入口处通过电子显示屏实时显示停车容量及余量，引导车辆有序通过或进入，还可提供远程查询停车位位置、预订、电子支付等服务。

（5）高等级景区可建设服务全面、智能化程度高的多功能游客智能服务中心。中心一般应具备以下功能。

①提供符合网络安全规范的无线上网热点或有线上网连接服务（配置可上网计算机），便于消费者实名咨询、查阅旅游相关信息资源。

②设置触摸一体机自助多媒体终端，实现旅游相关信息查询、留言、投诉以及虚拟仿真或虚拟现实旅游等功能，互动系统有多语种（中文和至少一门国际通用语言文字）。自助多媒体终端所发布的自身资源信息应与景区信息门户平台的资源信息同步。

③提供多语种（中文和多门外语）的自助语音电子导游设备租用服务或开发基于智能移动终端应用程序客户端（App）或即时通讯软件小程序的数字导游应用软件供消费者选择使用。

（6）景区可在主干道及主要入口处、游客服务中心和内部主要道路及游览区域设置显示终端（户外大型电子显示屏、室内显示屏、液晶显示器等），用多语种（中文和至少一门国际通用语言文字）及时准确地发布景区气象信息、实时景区容量、日期时间（多时区）、注意事项以及重点区域游览人流量、预计等候时长等信息。

（7）根据环境容量控制的需求，景区可建设电子门禁系统，消费者可通过二代身份证、电子门票二维码（或获验证码）刷卡、扫码进入景区。

（8）消费者进入和离开景区时，景区可通过身份识别后由管理系统自动向消费者移动终端发送迎送消息（手机短信），内容可以包含迎送语、气象信息、客服电话、信息门户平台链接或景区信息化服务应用程序客户端（App）下载地址、即时通讯软件小程序名称、游览提示等。

（9）景区可在主要游览道路、资源点或重要提示处设置智能化多媒体导览系统或移动终端扫码识别打开导览信息。

（10）游客服务中心或其他合适的位置可设置各种制式的手机充电接口，做好日常维护，确保正常使用。

（三）应急救援

（1）景区可规范建立应急救援机制，所建设的信息化管理平台应与 12301、110、119、122、120 等国家旅游部门或国家应急救援有关的公共安全系统联动。

（2）景区可在各重要出入口、人群聚集区域、交通重要区域安装智能监控设备进行应急安全监管并录制监控视频，视频保存期不少于 30 天。

（3）高级别自然景区或有自然风险景区可创建智能定位系统，通过消费者移动终端或智慧景区监控摄像头对区域内发生意外的消费者、管理工作人员、有关车辆实施精确定位，便于及时开展救援工作。

（4）景区可在游览重点区域或有风险隐患的游览点配备应急通信设备，为工作人员提供通信保障，并保持全时段信号畅通；如遇突发事件或异常情况，可通过景区内部设置的户外电子显示屏、园区广播和移动终端等途径，运用多语种（中文和至少一门国际通用语言）及时向景区内所有人员发布提示或引导信息。

（5）景区可在内部建立智能化监控平台，通过大数据分析判定或预测区域内人员进入量超过最大容量时，实时实施人流控制，并通过景区信息门户平台、景区内部广播、手机短信、旅游公共信息网站等智能化、信息化服务系统及时发布引导信息和应急信息。

五、公共服务

鼓励政府部门根据本地具体情况采用政府与市场相结合的旅游接待业公共服务平台运营模式，由政府依法制订相关信息服务规则和标准，通过政府引导，相关行业机构和企业参与运营的方式实现可持续运营与发展。

（一）网上服务

信息化公共服务平台有以下特色内容或功能：

（1）可提供区域内停车信息、交通信息，包括停车场实时信息，高铁、飞机、轮渡、旅游大巴、公交系统相关时刻表等信息。

（2）可提供区域内旅游资源信息介绍及其内部景点信息介绍等。

（3）可提供区域内住宿、餐饮、娱乐、购物资源信息介绍。

（4）可提供区域内游览电子地图。

（5）可提供各大电子商务平台与区域内旅游业有关的线上消费信息发布，或在各大电子商务平台开辟本区域服务专区。

（6）可提供区域内实时天气预报、未来天气预报等天气信息。

（7）可提供区域内旅游景区内游客容量预警实时数据，引导消费者理性出游。

（二）公共救援

通过信息服务平台连接各有关公共安全部门，在平台内破除部门障碍，统一调度，统一指挥组织开展实施旅游公共安全救援。

1. 文化和旅游部门

通过12301旅游热线获取救援信息，通过信息服务平台及与有关部门联系开展救援，第一时间安排一线工作人员前往救援地点参与救援，并协调各部门之间的合作。

2. 公安部门

通过110报警热线获取救援信息，通过信息服务平台及时与有关部门联系开展救援，第一时间安排一线民警前往救援地点参与救援，并协调各部门之间的合作。

3. 消防救援局

通过119救援热线获取救援信息，通过信息服务平台及时与有关部门联系开展救援，第一时间安排消防救援人员及救援特种车辆前往救援地点参与救援，并协调各部门之间的合作。

4. 交通管理部门

通过122道路交通事故报警热线获取救援信息，通过信息服务平台及时与有关部门联系开展救援，第一时间安排一线交警前往救援地点参与救援，并协调各部门之间的合作。

5. 医疗救助部门

通过120急救热线获取救援信息，通过信息服务平台及时与有关部门联系开展救援，第一时间安排医护人员和救护车前往救援地点参与救援，并协调各部门之间的合作。

6. 其他部门

通过其他部门热线获取救援信息，通过信息服务平台及时与有关部门联系开展救援，第一时间安排一线工作人员前往救援地点参与救援，并协调各部门之间的合作。

（三）特殊群体服务

为信息操作能力不足的特殊群体（老年人、残疾人等）保留线下服务，同时旅游公共服务平台中要面向特殊人群开发专门的应用程序和界面，优化使用体验。

六、监管服务

监管服务通过政府、行业、企业等机构投入的智慧城市、智慧交通、智慧旅游基础设施及设备进行大数据采集分析加强旅游安全监测，提升旅游领域突发事件预警和应急处置能力。

（一）安全监管

安全监管主要从信息化设备运用、政策制定、机制完善三个方面实现政府主管部门的监管作用。

（1）推动北斗定位技术、物联网设备、虚拟现实设备、电子围栏、遥感卫星等技术和设备在个性旅游、特种旅游中的运用。

（2）完善全国旅游监管服务平台，逐步完善中央与地方旅游监管服务平台体系建设，最终形成旅游市场信息化、智能化监管服务格局。

（3）积极引导各地区建设开发基于大数据、云计算的旅游市场经济运行监测体系，实时监测区域旅游接待业消费趋势，建立以数据为导向的政策调控机制。

（二）运行监管

运行监管主要通过制订标准、统一数据接口、实施数据共享、监测旅游接待业机构运行数据实现安全运行监管。

（1）制订信息化标准，规范旅游接待业机构信息服务平台接口，使接入监管平台的实时数据实现信息共享。

（2）通过公共信息服务平台所获取各项信息实时数据进行大数据分析，从交通信息、人员流动信息、旅游资源容量信息、天气信息等方面实施运行监管。

（3）根据实时运行情况对有关旅游接待业反馈大数据分析预判结果，提供天气预警、容量预警、交通预警、自然灾害预警、旅游安全风险预警等公共安全服务。

（三）风险处置

我国于2016年12月开始实施的《旅游安全管理办法》中，根据可能对旅游者造成的危害程度、紧急程度和发展态势，风险提示级别分为一级（特别严重）、二级（严重）、三级（较重）和四级（一般），分别用红色、橙色、黄色和蓝色标示。

（1）四级风险的，加强对旅游者的提示。可通过公共信息服务平台将提示信息发布至已对接的各旅游接待业信息发布平台上，提醒消费者和从业人员。

（2）三级风险的，采取必要的安全防范措施。在采取措施的同时可通过公共信息服务平台将有关防范措施发布至已对接的各旅游接待业机构信息发布平台上，提醒消费者和从业人员。

（3）二级风险的，停止组团或者带团前往风险区域；已在风险区域的，调整或者中止行程。在处置的同时可通过公共信息服务平台将有关停止组团（带团）、调整（中止）行程的公告信息发布至已对接的各旅游接待业机构信息发布平台上，提醒消费者和从业人员。

（4）一级风险的，停止组团或者带团前往风险区域，组织已在风险区域的旅游者撤离。在处置的同时可通过公共信息服务平台将有关停止组团（带团）、组织撤离的公告信息发布至已对接的各旅游接待业机构信息发布平台上，提醒消费者和从业人员。

其他旅游接待业机构应当根据风险提示的级别，加强利用信息化服务平台对消费者的风险提示。

第三节　旅游接待业信息化服务与新一代信息技术

“旅游业是现代服务业的重要组成部分，已经成为我国国民经济的战略性支柱产业。当前，以互联网为代表的现代信息技术持续更新迭代，为旅游业高质量发展提供了强大动力。”这是2020年11月文化和旅游部、国家发展改革委、教育部、工业和信息化部、公安部、财政部、交通运输部、农业农村部、商务部、市场监管总局十部委关于深化“互联网+旅游”推动旅游业高质量发展的意见开篇之语。该意见中总体要求基本原则的五个坚持之中列入了“坚持技术赋能”。“坚持技术赋能”的内容是：推动5G、大数据、云计算、物联网、人工智能、虚拟现实、增强现实、区块链等信息技术革命成果应用普及，深入推进旅游领域数字化、网络化、智能化转型升级，培育发展新业态新，推动旅游业发展质量、效率和动力变革。意见中提到信息技术即是新一代信息技术的主要技术内容，因此旅游接待业学习、使用相关信息技术是未来发展的趋势。

一、旅游接待业与大数据

人们在生活中有很多大数据的体验，例如在电子商务平台上，消费者通过智能手机客户端点餐，当打开软件时，消费者会发现软件里推荐的都是自己平时比较喜欢吃的菜品或是自己多次点过的美食，这时会发现身边的朋友打开同样的电子商务平台点外卖出现的点餐推荐内容与自己的不同，这就是大数据应用的一个方向。外卖电子商务平台每天上千万人进行外卖点餐，平台收集了大量的消费数据，通过数据分析，设置相应算法，根据消费者的消费信息预测其消费点餐偏好，做出相应的信息推送，增加消费者下单消费的成功率。有时候会感觉点餐平台比我们自己还懂自己的“口味”。

（一）大数据的概念

大数据，从字面理解就是数据量巨大，也可以说是海量的数据。百度百科的定义是：大数据或称巨量资料，指的是所涉及的资料量规模巨大到无法透过主流软件工具，在合理时间内达到撷取、管理、处理、并整理成为帮助企业经营决策更积极目的的资讯。麦肯锡全球研究所给出的定义是：一种规模大到在获取、存储、管理、分析方面大大超出了传统数据库软件工具能力范围的数据集合，具有海量的数据规模、快速的数据流转、多样的数据类型和价值密度低四大特征。本书认为大数据是可以加工的大规模数据，并以加工后的数据开展分析处理业务工作及其流程并可以获得相应利益的数据处理形式。面对全球和中国巨大的旅游市场，特别是个性化旅游需求越来越突出的今天，如何提升旅游接待业市场竞争力，本文认为大数据对于旅游接待业信息化服务而言是一个重要的技术内容。

（二）大数据发展趋势

1. 数据的资源化

大数据逐渐成为国家、社会和企业关注的战略资源，并且已经成为人们重视和相互竞争的新目标。既然是一种资源，世界上很多地区和国家就开始从国家层面制定相关的法律法规、行业标准，以规范这种资源有效利用与开发。

2. 与云计算的深度结合

大数据的数据存储、分析等应用离不开云处理，云端的存在为大数据的生存和发展提供了物理基础，云端是大数据产生的主要平台之一。还有移动互联网、物联网等新一代的信息技术也是大数据信息来源主要力量，它们之间相辅相成，合力助推信息时代的数字技术和数字经济发展。

3. 科学理论的突破

21 世纪以来，短短 20 年，大数据快速发展，犹如当年的第一代的信息技术的发展一样，让人们看到了大数据的未来，很多人预判这可能是新一轮的技术革命。以此为基础的人工智能、新一代通信网络和机器人等相关技术，在数字世界里可能会出现众多新的算法和基础理论以及它们的更新，并可能实现科学技术的突破。

4. 数据科学和数据联盟的成立

数据科学正逐渐成为一门专门的学科，人们开始对这门学科越来越熟悉。在高等院校和职业院校将设立专门研究数据科学和学习数据科学技术的专业，也会产生一批与数据科学相关的新的就业岗位。与此同时，基于这样的平台基础，也会建立跨多领域的数据共享平台，由此形成数据联盟，这样的平台会逐渐成为新一代信息技术系统的核心设施。

5. 数据泄露泛滥

现在数据泄露事件随时可闻，特别是中国有超10亿的网民，每个人都会在互联网上留下这样那样的个人信息，各行业在业务推广和商业运作中也流行收集各类信息，虽然2021年9月中国已经开始实施《中华人民共和国数据安全法》，但是长期积累的数据安全问题还需要一个消化期，也许要有漫长的路要走，这需要全社会参与到数据安全维护的工作中来，广泛宣传，形成全领域、全行业、全社会的数据安全保障。

6. 数据管理成为核心竞争力

数据既是一种资源，同时也是一种资产，如何管理好这种资产在信息社会将成为相关机构的核心竞争力，并通过财务状况表现出来。“数据资产是核心资产”的概念逐渐深入人心之后，各级各类管理者对于数据管理便有了更为清晰的判断，将数据管理作为核心竞争力，制定战略性规划、设计持续发展策略与优化数据资产管理，提高数据资产管理效率，使之成为影响收入增长率、销售收入增长率的正向指标。

7. 数据质量是BI（商业智能）成功的关键

利用新一代信息化技术开展自助式大数据智能设备商业应用的机构会在这个时代崭露头角，其面对的主要威胁是大数据来源中会出现海量低质量、低价值的数据。如果能解决理解原始数据与数据分析之间的差距，可极大提高相关机构或企业的成功率、消除低质量数据并通过BI获得有效的最佳决策。

8. 数据生态系统复合化程度加强

在这个现实世界，大数据并不是唯一的、独立的、复杂的计算机网络，犹如网络与互联网的区别，它是一个由大量活跃的模块与多样化参与者所构建而成的数据生态链，是由终端设备、基础设施、网络服务、网络接入服务、网络数据、网络数据服务、网络数据零售、网络数据客户等一系列商业机构和其他参与者共同构建而成的行业生态环境。这样的数据生态系统已逐渐形成，未来的发展将更多趋向于生态内部细分，形成可持续发展之路；实现商业模式创新，优化调整机制、体制；内部结构的调整，促使竞争环境规范完善等，从而使得数据生态系统复合化程度加强。

（三）旅游接待业大数据应用案例

1. 旅游预警——“贵州省‘行游贵州’预警提示系统”

“行游贵州”预警提示系统小程序是由贵州省旅游发展委员会主导建设的，以“安全行贵州，安全在贵州”为主题，于2018年推出使用的大数据应用程序。系统以全省旅游景区为试点，利用微信小程序为游客提供便捷的实时景区预警信息服务功能，开启了“智慧旅游”新模式，实现了“微信扫一扫，预警早知道”的一键式智慧旅游信息服务（图8-1）。

2. 大数据旅游——一码游贵州

作为贵州省全域智慧旅游发展三年行动方案的重点项目之一,“一码游贵州”全域智慧旅游平台于2020年5月19日正式上线(图8-2)。该平台以大数据、5G直播、新零售、区块链等多项前沿科技为支撑,广纳贵州文化和旅游信息资源,将专业化的旅游资讯、个性化的产品服务、前沿化的科技感知,进行多维度、立体化、精准式的传播,为广大游客提供“吃、住、行、游、购、娱”等方面的智慧旅游服务。

图8-1　“行游贵州”预警系统

图8-2　一码游贵州小程序

平台上线以来,以渗透服务需求、沉淀用户数量、收集使用数据、培养使用习惯、增加客户黏性为目标,得到了社会各界和广大游客的认可,真正实现平台落地发展。

二、旅游接待业与云计算

网络上有很多计算机服务器的利用率并不高,受硬件设备的寿命、更新换代和数据业务变动的影响,数据安全性和稳定性往往不能满足用户需求。随着互联网的普及与发展,移动设备接入互联网后,因为设备的存储空间有限,大量的视频、照片等信息资源严重占用设备存储空间,而网络数据服务提供商处理这些数据也会产生更多的负载。为了有效地解决这些问题,从节约资源、控制成本的方向出发,把分布在网络上处在不同地理位置的硬件设备通过分布式计算把这些设备连接在一起,形成一个巨大整体,完成大规模的、复杂的计算和数据处理任务。由此产生了很多对于技术更强大的计算能力和服务能力的需求,这种随着对计算能力、资源利用效率、资源集中化的迫切需求,使得云计算应运而生。

(一)云计算的概念

云计算是分布式计算的一种,指的是通过网络“云”将巨大的数据计算处理程序分解成无数个小程序,然后通过多部服务器组成的系统进行处理和分析这些小程序得到结果并返回给用户。云计算早期,简单地说,就是简单的分布式计算,解决任务分发,并进行计算结果的合并,因而云计算又称为网格计算。通过这项技术,可以在很短的时间内(几秒钟)完成对数以万计的数据的处理,从而达到强大的网络服务①。

云计算可看成是一种计算模型,其主要是由解决机构自身的计算需求而发展起来的"内部云""私有云",最早是研究应用虚拟化、动态、实时分享等特点的技术以满足自身的应用需求目的。但是随着新一代信息技术的不断发展和利益需求的产生,开始出现向外出售或出租这种自有的计算能力而逐渐形成"公有云"。所以从部署类型或者说从"云"的归属来看,云计算主要分为私有云、公有云和混合云三种形态,并提供三种主要服务类型。一是以提供虚拟化计算资源,如虚拟机、存储、网络和操作系统等为主的基础设施服务;二是为开发、测试和管理应用程序软件提供以需求为目标的开发环境平台服务;三是以托管和应用程序管理为目的,并允许其用户远程网络连接管理应用程序的服务。

(二)云计算发展趋势

1. 云计算贴近生活

"云计算"给普通人的感觉是飘在"云"端,与大众生活没有直接关联。而过去一段时间,大家都能感受到云计算的快速发展已经进入每个人们熟知的行业。身边的"云"会越来越多,"云"将会影响我们每个人生活的方方面面,并且出现更多的创新。

2. 云计算与大数据快速融合

随着近些年大数据行业迎来超速发展,面对大数据快速增加对存储的需求,拓展云空间是最优的解决方案,云计算的灵活扩展空间、超强计算能力,帮助使用者深挖数据社会经济价值。

3. 云计算将发挥分析优势

利用云计算空间和平台,可以帮助使用机构分析数据、挖掘数据的商业价值,同时云分析可以覆盖每位消费者和其所涉及的每个商业领域。

4. 自动实现云分析

基于云服务的相关资源,使用机构有关的业务部门借助在云平台中创建自己的数据库,可以按照其需求和预算选择数据库的规模和速度,并利用设置的自动算法对有关数据资源进行分析统计后将结果实时反馈给使用机构。

5. 云计算使得世界智能化

人们生活中的很多东西开始变得"智能化",智能穿戴装备、智能家电、智能汽车等,并且很多智能装置的运行软件和数据都是在云端执行。相信在未来我们的生活中会出现越来越多依赖云计算的智能设备,给人们的生活带来更多的方便和良好的体验。

---

① 许子明,田杨锋.云计算的发展历史及其应用[J].信息记录材料,2018,19(8):66-67.

6. 云分析将改善人们的生活

云分析能够利用城市环境信息来改善城市居民的生活条件，提高人们的生活水平。

7. 云计算将实现工业物联网

未来各类工业机械将更多将数据通过互联网传输到云中，以获得有关使用的情况，提高设备的使用效率。

（三）旅游接待业云计算应用案例

1. 云计算优化服务——铁路 12306App

“铁路 12306”是中国铁路客户服务中心推出的官方购票应用软件，于 2013 年 12 月 8 日正式上线试运行，与火车票务官方网站共享用户、订单和票额等信息，并使用统一的购票业务规则，软件具有车票预订、在线支付、改签、退票、订单查询、常用联系人管理、个人资料修改、密码修改等功能。12306 是世界上规模最大的实时交易系统之一，被誉为“最繁忙的网站”。每年春运是 12306 一年中最繁忙的时段，从 2014 年开始，12306 就把网站访问量最大的查询业务分担到“云端”。查询是售票系统访问量最大的部分，它的请求次数一般占到整个网站的 85% 以上，12306 查询功能接近 100% 的访问都在云端进行，查询能力可以达到每秒 40 万次（图 8-3）。

图 8-3　12306 官网

2. 云计算服务贵州旅游——贵州华为云软件开发云创新中心

华为软件开发云是融合华为多年研发积累的实践经验、理论、工具为一体的研发云平台，为贵州省软件企业、高校与培训机构、孵化器、创客空间等提供端到端的云服务解决方案，有助于提升贵州省软件企业研发质量和效率，并为高校与培训机构在大数据人才培养上提供统一化平台，形成教—学—产的培养体系，为学生毕业就增值提供技能实战基础。该项目由华为公司、贵阳国家高新区、云上贵州公司共同建设运营，内容包括“一云一中心”，即软件开发云平台和软件开发云创新中心，组成贵州省软件行业的公共服务平台，对增强贵州省软件企业竞争力，促进软件信息产业集聚，提升产品质量具有重要支撑作用（图 8-4）。

图 8-4 贵州华为云软件开发云创新中心

三、旅游接待业与人工智能

1946 年诞生的世界上第一台计算机每秒钟可进行 5 000 次运算,超越了人的固化思维,在当时是破天荒的事情。从计算机诞生的时候,人类就希望计算机能够具备强大的能力,能替代人类大脑的功能,甚至于幻想计算机能和人一样进行思考和做事,因此人们将计算机称之为"电脑"。

(一)人工智能的概念

人工智能,英文缩写为 AI。它是研究、开发用于模拟、延伸和扩展人的智能的理论、方法、技术及应用系统的一门新的技术科学。

目前,最常见的人工智能定义有两个:一个是明斯基提出的定义,"人工智能是一门科学,是使机器做那些人需要通过智能来做的事情"。而"更学术"一些的是尼尔逊教授对人工智能下的定义:"人工智能是关于知识的学科——怎样表示知识以及怎样获得知识并使用知识的科学。"所谓"知识的科学"就是研究知识的表示、知识的获取和知识的运用。

人工智能是研究使计算机来模拟人的某些思维过程和智能行为(如学习、推理、思考、规划等)的学科,主要包括计算机实现智能的原理、制造类似于人脑智能的计算机,使计算机能实现更高层次的应用。人工智能将涉及计算机科学、心理学、哲学和语言学等学科。可以说几乎是自然科学和社会科学的所有学科,其范围已远远超出了计算机科学的范畴,人工智能与思维科学的关系是实践和理论的关系,人工智能是处于思维科学的技术应用层次,是它的一个应用分支。

(二)人工智能发展趋势

1. 突破传统岗位创造未来场景

随着 AI 技术的应用,各行各业都在创造新的想象力来引入人工智能。更多是场景创造和岗位更替或补充,因此在未来一段时间,人工智能还会继续在这个方向上继续发挥它独特的魅力,例如无人驾驶、智能客服、语音识别、数据分析等。

2. 人工智能为大数据产业发展提供新的机遇

随着基于信息化改造的新一代信息技术的大量普及，特别是新一代互联网技术、高速通信技术、传感技术的发展与应用，由此产生并存储的数据量快速增加，这些情况为训练人工智能或者说人工智能自我学习、深度学习提供了技术和数据基础，大数据提供各式各样的算法模型素材应用于人工智能，使其能在相关领域的大数据应用中积累经验、发现规律，使深度学习成果得以持续提升，同时也为大数据产业发展提供新的动力源泉。

3. 人工智能从“感知”到“认知”突破

就目前而言，人工智能常用的模拟人听觉、视觉、触觉的形式已经成熟运用，而且还朝着超越人类自身水平的方向发展。借助各种新一代信息技术的不断更替，人工智能也开始朝着对知识的熟练运用方向发展，通过大数据的存储学习新的“知识”，犹如人类学习知识的方式，不断积累，当“知识”积累到一定的量时，灵活利用新的技术对客观事物进行认知将是可以预见的突破。

4. 智能信息化时代新基础设施建设

从中国制造到中国智造也是近 20 年的快速转型。进入到信息时代，信息技术基础设施将决定这个世界新的发展游戏规则。抓住这样一个重要的历史机遇，将决定未来经济社会如何适应智能信息化时代继续稳定高速地发展，可以预见，智能时代的以人工智能有关设施为主的新基础设施建设必会决定未来世界发展新格局。

5. 多模态深度语义理解

早期的人工智能深度学习，其主要是语言、文字、可视化等单模态学习。而百度提出的“多模态深度语义理解”，则让人工智能从“看清听清”逐渐过渡到“看懂听懂”。例如现在的语音识别不再只是简单地识别语言文字，而是结合上下文，听懂使用者所表达的意义。未来人工智能将对嗅觉、味觉、联想思维、环境识别、心理因素等不能直接量化表达的模态进行融合，使得人工智能真正地“聪明”起来。

（三）旅游接待业人工智能应用案例

1. 智能化服务——酒店智能机器人

随着智能时代的到来，人工智能产品早已融入了社会的方方面面。酒店行业就是在这样的大环境下，也面临着许多挑战、转型以及创新。现在很多酒店为了吸引客流量都会选择购买智能机器人，不仅能够帮助酒店吸引顾客，还能帮助酒店解决很多的问题。从顾客进入酒店，办理完入住，智能机器人还可以带顾客去房间或者是去任何顾客想去的酒店区域，比如电梯、餐厅、会务中心等。

如果说顾客需要送物，只要在小程序上预订就好，前台的工作人员要把顾客所需要的物品放置在机器人的储物舱里，机器人能够自己乘坐电梯送到客房门口，然后智能拨打客房电话，引导消费者开门自取。如果消费者有外卖或者是快递，机器人也可以送到房间，在行进过程中，智能机器人还能够主动避让行人和物品，避免磕撞发生意外（图 8-5）。

图 8-5　智能机器人(酒店版)

2. 智能化语音交流——讯飞听见智慧平台

在国际化的旅游出行中,语言交流障碍是接待服务经常遇到的一个重要问题,现在通过智能语音识别可以很好地解决这个问题。讯飞听见是科大讯飞公司多年的自然语言处理、声纹识别、语音识别、翻译等核心技术的成果转化和积累,形成了以转文字、云会议、拍字幕、找翻译、智能硬件、行业解决方案等为核心的智慧办公系列产品和服务平台,可满足多场景、多终端、多形式的办公需求,其发展口号为:让办公更高效,让生活更简单,让沟通无障碍,用人工智能建设美好世界(图 8-6)。

图 8-6　讯飞听见智慧办公平台官网

四、旅游接待业与物联网

网络的出现,使得人们的交流方式多了一种选择,借助互联网,在世界各地网络互联的两端可发送电子邮件异地沟通,逐渐互联网借助超文本标记语言(HTML)和万维网(WWW),使地球真正变成一个地球村,随时随地可通过互联网获取信息,而到如今,多媒体数据大量出现在移动端,互联网已不是一项简单的通信技术,而是使世界成为一个信息社会界。新一代信息技术的发展，开创了大数据时代、智能信息时代，深刻地改变着人们的学习、生活、商业活动和消费习惯。

21世纪，人工智能感知与识别技术及其应用高速发展，信息通过传感器和识别终端自动生成信息并实时准确地传播，展开了对真实世界的物理感知、精准测量和动态监控，万物互联时代到来。

（一）物联网的概念

国际电信联盟对物联网的定义是指通过射频识别、红外感应器、全球定位系统、激光扫描仪、气体感应器等信息传感设备，按约定的协议，把任何物品与互联网连接起来进行信息交换和通讯，以实现智能化识别、定位、跟踪、监控和管理的一种网络。简而言之，物联网就是“物物相连的互联网”。

我国《2010年国务院政府工作报告》中对物联网有以下的定义：物联网是指通过信息传感设备按照约定的协议，把任何物品与互联网连接起来，进行信息交换和通信，以实现智能化识别、定位、跟踪、监控和管理的一种网络。它是在互联网基础上延伸和扩展的网络。

（二）物联网发展趋势

1. 智能家居设备移至办公室

随着智能家居的技术成熟、产量上升，更多的人开始使用智能家居，扫地机器人、网络控制的照明设备、可上网查询菜单的烤箱等家居设施开始大量进入普通人家，成系统的智能家居设备也开始流行。可以预见的是，未来智能产品的方便快捷、信息直达在家庭以外会先朝着人们工作的环境发展，未来将会有更多的公司机构将物联网技术用于办公和产品生产。办公机构可以使用智能照明和传感器来减少每月的电能消耗；智能摄像头和门锁可远程授权送货的人或员工进入企业大门，使企业更安全。智能恒温器可通过了解员工的温度偏好，并以最便宜的加热或冷却时间来减少对能源的消耗。

2. 物联网在医疗保健领域的重大增长

医疗行业在物联网方面的应用会得到长足发展，大量的医用设备接入物联网，可以实现远程精确控制的医疗手术、问诊等医疗活动，优化医疗环境，提高人们获得更优秀医疗资源的机会。特别在康复治疗和物理治疗方面，开发新的设备，提升治疗的效果，通过与医院联动，实现居家治疗也是未来的一种趋势，推动产业和技术双发展提升社会效益和经济效益双丰收。

3. 人工智能和物联网的结合将加强

通过物联网的发展，会快速提升智能设备的信息存储和机器学习，以此为基础的人工智能发展会得到较大优化。物联网属于人工智能的关联性应用，如智能感知和识别技术就在物联网中起到了关键的作用。人工智能的发展促进了物联网的形成和大范围应用普及，并使物联网更智能、更便捷，这将创造出极大的社会价值和经济价值。

4. 语音控制功能起飞

通过物联网连接的大量设备，简单依靠计算机或是移动设备控制会显得比较繁琐。在信息技术高速发展的时代，语音识别技术是人们容易掌握和使用的控制技术手段，随着消费者在家中与语音助手交互变得更加舒适，他们的熟悉程度将促使该技术进入工作环境，再逐步推广至人们学习、生活、工作的各个方面。未来也许我们从出门开始，就不断呼唤着身边的各种智能设备，为我们学习、居家、出行、旅游、工作等社会活动带来方便快捷的服务。

（三）旅游接待业物联网应用案例

1. 物联网特色服务——共享出行

共享出行（自行车、电瓶车、汽车）是一种交通物联网的应用模式，用户可扫码开锁，循环共享。用户通过 App 扫描车身上粘贴的二维码，或输入车辆编号，点击“立即用车”就可以解锁使用。借助电子围栏技术建立的“虚拟”出行范围和规范的停车区域，App 引导用户在提前设定好的“指定停车点”集中规范停车，作为旅游交通出行服务的一种补充形式，出行方便、快捷，一经推出就在很多旅游地区获得好评。

2. 万物互联服务——智慧饭店

传统的高级饭店都是需要自己亲自去酒店办理登记和退房的，这是很繁琐的一系列操作，如遇人流量增大和工作人员疏忽，会造成费时又费力的不好体验，而物联网的特点能较好解决这些问题。物联网能辅助消费者在移动智能设备上完成订房退房过程，而且还能根据自己的喜好优选出适合自己的房间，智能又便捷。通过物联网接入饭店中的各类硬件设施进行功能设置，将门禁、灯光、窗帘、空调等房内设备连为一体，消费者可以通过智能移动设备进行控制管理，当觉得室内光线亮度不够时，可以根据当前时间对灯光、窗帘等进行调节，并且还能够对消费者的睡眠质量进行检测，为其生成睡眠质量的检测报告并发送至智能移动设备上，由此可知未来随着物联网技术的不断成熟，物联网智慧酒店也将为我们带来更加舒适的居住体验。

五、旅游接待业与移动互联网

1969 年美国国防部国防高级研究计划署资助建立了一个名为 ARPANET（即“阿帕网”）的网络，这个网络把位于加利福尼亚州三地的加州大学洛杉矶分校、加州大学圣芭芭拉分校、斯坦福大学，以及位于盐湖城的犹他州立大学的计算机主机连接起来，位于各个节点的大型计算机采用分组交换技术，通过专门的通信交换机和专用通信线路相互连接。这个 ARPANET 网就是互联网最早的雏形。互联网的诞生是人类通信与网络技术的一次革命，它给世界带来了翻天覆地的变化。1981 年，IBM PC 个人计算机问世，之后 PC 个人计算机的普及，使计算机进入了家庭，而个人计算机与互联网的结合，开创了互联网时代。进入 21 世纪之后，智能手机大面积普及，手机与互联网紧密地结合在了一起，人们创造性地将移动通信和互联网结合起来，移动互联网就此诞生。

(一)移动互联网概念

移动互联网是PC互联网发展的必然产物,将移动通信和互联网两者结合起来,成为一体。它是互联网的技术、平台、商业模式和应用与移动通信技术结合并实践的活动的总称①。

相对传统PC端的互联网而言,移动互联网更多的是突出移动性强,实现随时随地连接,并且不受高速移动的影响,也可以接入互联网并使用相关的链接服务和应用服务。两者的不同点在于接入设备、网络服务以及由于移动设备和移动通信服务特点带来的独特应用。与此相似的还有无线互联网络服务,一般来说,移动互联网络服务与无线互联网络服务并不完全等同。移动互联网络服务强调使用蜂窝移动通信网接入互联网,因此这里主要指移动端设备,比如智能手机采用移动通信网接入互联网并使用相关互联网服务。而无线互联网络服务强调接入互联网的方式是无线信号接入,除了蜂窝网外,还包括无线局域网、无线个人网、无线广域网等各种无线接入技术。移动互联网经历了第一代(1G)、第二代(2G)、第三代(3G)、第四代(4G和5G)这四个阶段移动通信技术发展,目前我国在第四代移动通信技术上属于世界领先范围。

(二)移动互联网发展趋势

1. 传统互联网会逐渐被移动互联网超越

移动互联网是传统互联网的升级模式,是互联网的未来发展趋势。除了传统互联网所用到的计算机设备,智能手机、平板电脑、可穿戴设备、智能家电、物联网设备、智能机器人等设备都可接入移动互联网,能够让互联网资源更多地融入人们的生活、工作和社会活动中,基于智能化的移动互联网会逐渐改变人们的生活方式,引领社会新的发展潮流。

2. 互联网传统与未来融合促使出现产业互联网雏形

在新一代信息技术的推动下,传统行业通过云计算、大数据、物联网、人工智能、虚拟现实等技术与移动互联网融合,打造新的产业化的互联网雏形。未来基于产业互联网的各类平台、信息技术、管理模式都将发生巨大的改变,使得产业互联网与互联网更紧密地结合在一起,这必将影响产业发展和社会发展。

3. 消费者体验感受使得移动业务更受重视

智能手机作为移动互联网的主要载体,其功能和容量朝着适合移动上网的趋势发展,其大小、功能、容量不同,给予消费者的使用体验也不同,各种大屏幕、大容量手机、折叠手机推陈出新,让人目不暇接。基于移动感受的各种操作系统和应用程序的功能也因为消费者的体验感受不同而不断更新、升级。未来更加轻便快捷、可以访问移动互联网的移动终端、应用软件及移动业务,会因为消费者的使用感受而受到重视。

4. 移动互联网商业模式因市场细分而呈现多样化

随着移动互联网技术与应用进入高速发展模式,网络、终端、消费者等各种因素已经建

① 王江汉.移动互联网概论[M].成都:电子科技大学出版社,2018.

立了良好的基础，产业盈利模式也已开始发生改变，移动互联网已开始融入日常生活与商业社会，基于移动互联网的商业模式已经进入成熟期。电子游戏、商业广告、电子商务、音视频服务等移动业务需求量总体快速提升。

5. 跨平台互联共享是消费者的普遍愿望

基于不同操作系统的移动平台各自发展平台生态圈，平台之间相对隔绝、信息阻断，使得应用软件开发需要多平台适配开发。这极大地影响了移动互联网的"互联互通精神"，造成资源浪费、重复开发等现象。不同品牌、不同操作系统、不同类型的各类终端设备通过相应技术实现互联互通是所有消费者的期待，也是今后的发展趋势。

6. 大数据挖掘提升精准营销潜力

随着中国互联网的基础设施建设，移动网络带宽、固定网络带宽提速明显加快，各种物联网设备随时随地都可以接入互联网。在云计算、物互联网、大数据、人工智能和虚拟现实等技术支撑下，移动互联网已经开始进入现代信息技术大融合、大发展时期，由此而产生的数据容量也越来越大。基于这些数据的信息分析、数据挖掘成为新一代信息技术下精准营销的技术和信息基础，对消费者个性化的精准服务、精准营销潜力凸显。

（三）旅游接待业移动互联网应用案例

1. 位置服务——百度导航移动客户端

百度地图自 2005 年上线以来，秉持"科技让出行更简单"的品牌使命，以"科技"为手段不断探索创新，已经发展成为国内领先的互联网地图服务商。百度地图具备全球化地理信息服务能力，包括智能定位、POI 检索、路线规划、导航、路况等（图 8-7）。基于百度地图的移动端百度导航 App 规划路线精准规划，根据未来预测路况，推荐更优通行路线，避堵效果全面升级；首创智能定位，卫星导航信号弱，启动智能定位；沉浸式导航，三维实景建模与精准定位匹配，在易偏航路段提供全程动态导航体验；车道级导航，全程最佳车道推荐，导航界面个性化切换，道路事件车道级提示；结合目的地信息和状态，智能推荐停车点；道路颠簸提示，融合轨迹图像的颠簸挖掘，辅助用户路线决策，提供更舒适的出行体验；路况信息实时分享，第一时间获取事件进展；智能驾车出行建议，长途出行早计划，途中状况行前预知，安全高效出发。

2. 移动电子商务平台——天猫移动客户端

天猫移动客户端是阿里巴巴集团专为品质用户推出的时尚购物、正品购物和极速购物的移动互联网购物平台。随时随地用主题化的运营方式向消费者展示商品，专注于商品的情感表达，让消费者"阅读"商品；情景化商品的推荐，让消费者与商品靠得更近（图 8-8）。不仅希望在消费者购物时通过交易行为获得商品本身，更希望消费者在接收商品信息的时候能够获得精神上的享受。

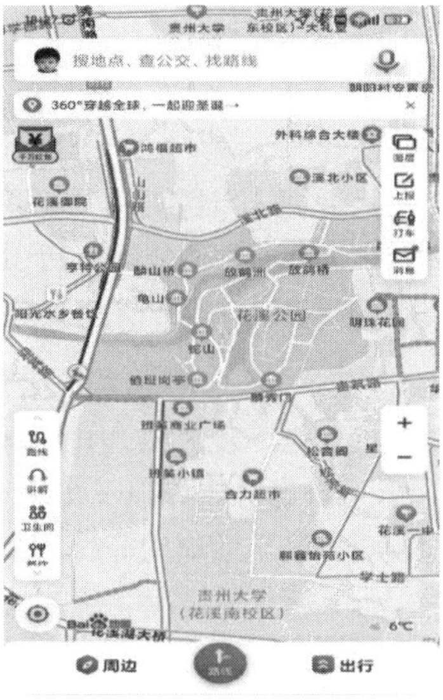

图 8-7　导航景区附近实时路况

图 8-8　移动电子商务平台

六、旅游接待业与虚拟现实

在现实社会,有很多情景受时间、空间和环境的影响,是不能实时体验和感受的,只能通过模仿真实状况的方式去获得近似的感受和体验,这就是我们常说的仿真技术。例如飞机驾驶,在没有学会驾驶或熟练掌握驾驶技术之前,不能真实驾驶飞机上天飞行,但是不驾驶真实飞机飞行,又不能获取真实的驾驶经验,由此进入一个循环怪圈。在以计算机技术为主的第一代信息技术发展起来后,各种仿真系统和产品开始出现,1929 年,Edward Link 设计出用于训练飞行员的模拟器。20 世纪中后期开始出现虚拟现实技术的理论和实践,近 30 年来,随着新一代信息技术的发展,虚拟现实技术的长足发展。

(一)虚拟现实概念

虚拟现实技术的英文缩写为 VR,是 20 世纪发展起来的一项全新的实用技术。虚拟现实技术囊括计算机、电子信息、仿真技术,其基本实现方式是计算机模拟虚拟环境从而给人以环境沉浸感。随着社会生产力和科学技术的不断发展,各行各业对 VR 技术的需求日益旺盛。VR 技术也取得了巨大进步,并逐步成为一个新的科学技术领域①。

虚拟现实通过动态环境建模、实时三维图形生成、立体显示和传感器、应用系统开发与集成等技术实现沉浸性、交互性、多感知性、构想性和自主性等特性。虚拟现实技术主要用在很多行业的真实体验前期,作为真实体验的过渡,提升真实体验成功率和有效认知的信息技术和手段。

① 李良志. 虚拟现实技术及其应用探究[J]. 中国科技纵横,2019(3):15-23.

(二)虚拟现实发展趋势

1. 新一代虚拟现实技术发展加速

随着新一代信息技术的发展,虚拟现实技术也与大数据、云计算、移动互联网、物联网和人工智能等技术加快融合。在虚拟终端接入网络的方式更加方便快捷以后,其内容远程下载、场景渲染播放等会升级和加速云控平台解决方案的提升。

2. 内容制作渠道日趋完善,衍生应用场景扩大

虚拟现实技术硬件设备的发展逐步放缓,其商业模式进一步成熟,内容制作成为虚拟现实价值实现的核心环节,依靠内容建设的投资呈现出增长态势。虚拟现实技术不再局限于教育、医疗、游戏等行业,将逐步扩大到线上旅游、数字会展、生活应用等线上、线下模式。

3. 虚拟现实为传统行业创新增加活力

虚拟现实的技术特性可以满足很多传统行业试一试、想一想、看一看的创新特性,通过虚拟现实与真实的生产方式和生活方式相结合衍生出新的行业情景模拟或流程过渡,使传统行业在信息社会爆发出新的发展活力。

4. 硬件领域将成为主战场

虽然虚拟现实技术发展趋缓,但是由于目前国内的虚拟现实产业还处于起步阶段,尚未形成明显的技术增长领跑,由此可期的效益产出明显,参与到虚拟现实领域的企业大幅增加,都主要集中于硬件研发及应用配套领域。

(三)旅游接待业虚拟现实案例

1. 会展情景虚拟——中国国家博物馆数字虚拟展厅

虚拟展厅是新一代信息技术的网络互动平台,提供会议参加者一个高度互动的3D虚拟现实环境,一种足不出户便如同亲临展会现场的全新体验。虚拟展厅服务完全基于互联网,参加者不需要安装任何软件甚至插件,仅需要通过点击一个网页链接,便可通过IE浏览器加入,畅游虚拟环境,观看实时直播的在线研讨会,参观会展展台,观看产品演示和介绍,并和会议方、演讲嘉宾、参展商在线交谈。

中国国家博物馆的数字展厅即是这种形式的虚拟展厅,2015年推出数字展厅的首展作品,借助现代技术让定格在《乾隆南巡图》的古人动了起来,如图8-9所示。

2. 虚拟游览——全景客虚拟旅游网

全景客(全景客虚拟旅游网)成立于2009年,是中国领先的智慧旅游解决方案供应商,也是中国最大的虚拟旅游电子商务平台,拥有海内外400多个城市,10 000多个景区高清720度三维全景,独创全景虚拟拍照、一键微博分享等功能,提供景点大全,目的地指南等旅游信息,全景线路、云全景等垂直旅游服务(图8-10)。

图 8-9　国家博物馆之大唐风华数字展厅

图 8-10　全景客官网

第四节　旅游接待业信息化服务与信息安全

旅游接待业信息化服务平台在建设和使用过程中会产生大量具有商业价值和个人隐私特性的信息，如何做好信息数据安全，是旅游接待业在服务过程中要着重思考的问题。

一、风险因素分析

旅游接待业信息化服务风险因素主要指在信息化服务过程中会影响信息安全的有关风险点。

（一）人为风险

人为风险是在旅游接待业信息化服务过程中，因为人的错误操作、意外疏忽等客观原因带来的偶然性的安全风险危害和操作人员主观故意使用、窃取、篡改带来的安全风险危害。

（二）自然风险

自然风险是自然界的极端天气灾害或偶发性的地理环境灾害对信息平台或系统造成的破坏性风险危害，例如地震、火山爆发、水灾、火灾、山体滑坡、海啸、雷击等自然灾害。

（三）技术风险

技术风险主是软件、硬件、数据的设计缺陷、物理损坏、安全漏洞、封堵能力等方面因技术而带来的风险危害。

二、风险防范措施

旅游接待业信息化服务对于以上风险的防范，需要建立良好的管理机制、委托机制、维护机制、支持机制、宣传机制。

(一)机构设置与制度管理

制度是约束和预防风险的有效手段和保障,按制度进行分级管理可以解决旅游接待业信息化服务过程中遇到的有关问题和障碍。

以安全服务需求建立相应的分级管理机构,通过制度约定各级所享有的责、权、利。从人员管理、设备管理、数据管理出发,制订岗位责任制度、采购制度、维修维护制度、监察监理制度、安全审计制度、数据备份制度、日常检视制度(监控和巡查)等系列制度。

(二)过程控制与系统开发

在采购和定制信息化服务平台的过程中,要依据旅游接待业信息化服务的特点和标准进行设备安装和软件开发。从建立需求到系统实施是一个漫长的过程,需要以项目管理的方式来开展建设,特别要重视开发或设计过程中全过程参与,降低开发失败或失误的概率,还要注重模块开发与系统集成的整体性,减少系统集成后出现运行缺陷的风险。

(三)日常维护与数据安全

数据是旅游接待业信息化服务的业务根本,保障数据安全是服务是否成功的主要指标。要想实现数据安全,除了建立标准化的数据维护、保护、备份等相应的制度外,还需要依据制度加强日常的检视与维护等行为,避免出现问题后才后知后觉地被动应付了事。

(四)风险控制与应对支持

在制订旅游接待业信息化服务的业务流程时,要把一切可能的风险因素都考虑在内,特别是平台风险、管理漏洞、硬件兼容性等容易造成平台出现运行障碍的风险因素。可以对应不同的潜在风险因素制定可执行的应对策略,用前置策略应对未来可能出现的风险问题,这种应对支持可以有效实现突发问题的及时处理或减弱影响。

(五)宣传教育与岗位培训

任何好的处理办法或手段都只能是在安全风险问题发生以后才能对应处理,最好的策略就是避免发生安全问题。因此,做好日常的宣传教育和具体岗位的岗位培训,真正防患于未然才是应对所有安全风险问题的最好方法。在旅游接待业信息化服务的全过程中,要时刻绷紧安全风险意识这根弦,通过定期开展有关安全知识的安全教育、安全培训、业务培训,在关键设备和重要场所明显位置粘贴警示标语,制订设备操作流程手册和维修维护手册等办法,对于旅游接待业信息化服务十分重要。

三、管理技术对策

(一)安全监控

安全监控技术是信息化服务的重要技术手段,通过系统管理账号登入、登出记录,系统启动、关闭、运行日志记录、环境监控、危险行为触发视频录制等方式进行安全监控,特别是某些违规操作和违法操作记录可以及时记录和还原事故或事件发生时的具体情况。

（二）身份认证

分级管理是所有管理系统的有效管理策略，基于数据安全和保密的原则，通过身份认证实施分级管理是最有效的管理手段。常见的身份认证是采用密码口令认证的方式，这种方式简单方便，但是容易遗忘和丢失，安全隐患较大。还有生物性身份认证的指纹识别、人脸识别、语音识别、虹膜识别等方式和采用物理介质的 IC 卡识别、密钥识别、射频识别等技术。目前可以采用的身份认证技术比较多的是混合认证模式，这样可以增加被破解和窃取的难度，多重认证能带来相应的安全性。同时，根据数据的安全层级，身份认证可以实现一卡通、一码通等一次性认证多层级互认的方式有效解决繁琐的认证过程。

（三）权限分级

数据信息的安全管理需要对应设置权限级别，不同级别可以浏览、调阅、下载、发布不同的信息，信息的获取要根据相应权限限制应用程度，特别是有关法律、法规有要求和约定的数据信息，必须通过相应的权限才能获取处理权。数据信息可以根据需要分为内部信息和外部信息，不同的信息内容，级别越高的权限可以查阅和处理的信息数据范围越大，级别越低的权限可以查阅和处理的信息数据范围越小。

（四）信息加密

信息加密技术是利用数学或物理手段，对电子信息在传输过程中和存储体内进行保护，以防止泄漏的技术。设置数据信息加密可以有效应对信息拦截或信息失窃造成旅游接待业重要信息泄密等，通过物理介质进行数据信息加密、解密是目前比较有效的一种技术手段。

（五）防火墙

防火墙技术是解决网络外部和内部连接安全性的一种防范技术，主要是发现并及时处理在信息数据网络传输过程中出现传输问题和运行风险问题，可以有效将危险源阻挡在网络外部，及时隔绝内外网信息交换，以保障计算机网络运行的安全性，保护用户资料与信息的完整性，为用户提供更好、更安全的计算机网络使用体验。

四、安全策略

信息化服务的经济性、便捷性与安全性，一般看来是相互矛盾的，加强安全性软件、硬件投入越大，从管理的角度看成本大量增加和管理操作更为复杂。所以，旅游接待业在制定信息化服务安全策略时要从需求出发，选择性价比高的信息安全方案，定制适合本机构、本系统的软硬件配置和系统功能，但也要预留相应的升级接口和空间，为未来发展扩容留下合适的策略，避免重复建设、过度建设。从目前流行的建设方案来看，大多数旅游接待业可以采取以下方案进行信息化服务安全建设：

（一）以法律法规为基础，规范管理制度

例如《中华人民共和国国家安全法》（2015 年）、《中华人民共和国网络安全法》（2017

年)、《中华人民共和国密码法》(2020 年)、《中华人民共和国个人信息保护法》(2021)、《互联网信息服务管理办法》(2000 年)、《网络信息内容生态治理规定》(2020)等,旅游接待业要根据这些相关的法律法规和机构所在地的地方性法规统筹制订本机构的有关安全管理制度。

(二)对接行业标准,做到应有尽有

例如全国旅游标准化技术委员会制订的《旅游企业信息化服务指南》(LB/T 021—2013)、全国信息安全标准化技术委员会制订的《信息安全技术.互联网信息服务安全通用要求》(GB/T 40645—2021)、全国旅游标准化技术委员会制订的《旅游饭店管理信息系统建设规范》(GB/T 26357—2010)等国家和行业标准,是旅游接待业在具体实施信息化服务安全建设的时候必须认真执行的标准内容。

(三)理顺内部管理,权限控制实施到位

旅游接待业进行信息化服务安全建设,要求内部管理要合理合法,权责明确,岗位设置涵盖各级权限。通过权限控制加密范围和采用数字签名技术进行围栏封堵。

(四)时刻紧张,防患于未然

旅游接待业要为信息化服务平台制定检查更新机制,合理设置"防火墙"、安全防护软件或是硬件,及时为系统和应用软件查缺补漏,升级设备、更新补丁、封堵漏洞,使之形成制度和管理标准,防止从技术上出现安全隐患。

以上是多数旅游接待业要注意的共性的防范策略,适用于信息安全服务要求不高的平台或机构,如果信息安全服务要求较高,比如面临较强的外部攻击或是信息保密程度较高的平台或机构,建议采取内网加外网的机制,通过 VPN 等技术严格控制内部信息接入互联网,有效做到内网、外网信息交换可控、可防。

本章小结

本章首先讨论了旅游接待业所涉及的信息化服务基本概念和应用方向。旅游是一个基于大众消费行为的服务行业,涉及各类消费者的权益,因此旅游接待业在信息社会发展的过程中如何利用新一代信息技术不断更新完善信息化服务技术、软件以及内部管理成为相关行业企业发展的重要影响因素。旅游接待业信息系统将会对社会发展、政府治理、行业市场竞争、企业组织结构、行业人力资源以及社会创新能力产生积极影响。

本章还对旅游接待业信息化服务的具体应用、新一代信息技术的影响、有关信息安全的问题进行了详细介绍,介绍基于政策法规、行业标准。主要讨论如何规范相关技术标准、服务内容、发展趋势和旅游接待业信息化服务应用案例认知、新一代信息技术的内容和信息技术对旅游接待业的影响以及信息安全的应对措施等。

复习思考题

一、名词解释

1. 数据
2. 信息系统
3. 信息化
4. 大数据
5. 云计算
6. 人工智能
7. 物联网
8. 虚拟现实

二、简答题

1. 简述中国旅游信息化服务的趋势。
2. 简述旅游接待业信息化服务的具体应用。
3. 简述物联网发展趋势。
4. 简述信息安全风险防范措施。

三、论述题

1. 分析旅游接待业如何从信息化管理迈向信息化服务。
2. 论述新一代信息技术的典型应用。
3. 如何有效防范旅游接待业信息化服务面临的安全问题?

【拓展阅读】

今年流行红色旅游、智慧旅游、旅游盲盒
——体现在线旅游发展趋势

2021 年国内新冠病毒感染疫情总体可控,局部地区的零星复发,加上极端恶劣天气频发,给旅游业的恢复造成一定影响。但在线旅游企业因势而谋,各大出行平台推出了相应旅游产品与玩法。记者昨天从一份今年国内在线旅游事件总结中了解到,红色旅游、智慧旅游、旅游盲盒成为在线旅游的年度关键词。

"虽然受疫情的影响,但不久前还是参加了网上的'旅游盲盒活动',用挺划算的价格和家人来了一趟短途游。"市民刘先生对记者说道。据了解,今年各大出行平台纷纷推出优惠促销活动,一些新玩法也着实吸引了不少旅游爱好者。从网经社电子商务研究中心刚刚发布的《2021 年在线旅游十大事件回顾》中看到,不仅有平台推出"红色旅游数字联盟",以科技赋能红色文化传承和红色旅游的高质量发展;还有多家平台推出"旅游盲盒"活动,几十元

就能随机抽取机票、火车票等，激发出游灵感；另外，文旅部印发《"十四五"文化和旅游发展规划》重点发展智慧旅游，释放了推进文化和旅游数字化、网络化、智能化发展的信号。

（资料来源：郑妍. 今年流行红色旅游 智慧旅游旅游盲盒[N]. 今晚报，2021-12-21(6).）

思考：

1. 通过"随机"技术让"盲盒"这种诞生于日本的潮流消费概念进入旅游行业，对于智慧旅游有什么样的影响？旅游接待业如何做好信息服务？

2. 随着这类新潮消费形式的出现，试从信息技术、信息服务、信息安全三个方面思考如何规范基于新一代信息技术的特色旅游产品。

第九章 旅游接待业文化道德

【教学目标】

1. 知识目标：

(1)旅游接待业文化道德的内涵及体系；

(2)旅游接待业的世界认同与中国道德；

(3)旅游接待企业、个体、社区、游客的文化道德价值、责任、认同、包容及培育。

2. 能力目标：

深刻理解旅游接待业道德建设的重要意义，并能主动践行文化道德价值体系的培养和传递。

3. 素质目标：

具备旅游接待业从业者的道德素养。

【关键词】

旅游接待业文化道德；世界认同；中国道德；旅游接待企业；旅游接待个体；旅游接待社区

引　言

旅游接待业是旅游目的地经营服务主体与旅游者之间的关系总和，其核心是处理旅游目的地接待方与旅游者之间，即人与人之间的关系。马克思认为，人是“一切社会关系的总和”①，从这个意义上说，人必受到社会文化道德的制约，因为道德是社会意识形态的表现，也是社会人伦的重要组成，它以准则或规范的形式，通过整体感知和共同意志约束人们的社

① 马克思. 关于费尔巴哈的提纲[M]//马克思恩格斯选集. 北京：人民出版社，2012.

会生活。在经济全球化的大环境下,旅游接待业成为各国政府助力经济的强劲手段,与此同时,飞速发展的现代化与全球化进程,也不可避免地产生了一系列文化与道德问题。道德是文化的重要组成部分,由于文化在认知、时空等不同视界及维度的差异,道德也呈现多元化形态,民族性就是道德最鲜明的多元化样态之一。诚然,一个民族要想自立于世界民族之林,必须要有其独立的民族文化和道德文化,但在全球化的今天,我们也需要求同存异,在不同文化体系和道德伦理的持续撞击与交融中汲取共同智慧,形成世界认同的道德规范和道德准则,以引导和规范旅游接待业中出现的各类文化道德问题。

第一节　全球视野下旅游接待业中的文化道德

一、旅游接待业文化道德的内涵

(一)文化与道德的内涵

1. 文化的内涵

文化,文以化之。中国古汉语中,“文化”一词,由构义不同的“文”与“化”组成。在《说文解字》中,“文”为“错画(即交错的纹理)”,“化”为“教行”,两者并不联用。直至汉代刘向《说苑》中“文化不改,然后加诛”①一句的出现,“文化”方成联词,意为“文治教化”。

深挖文化脉络,它的定义一直是复杂多变的。中国著名思想家、教育家梁启超先生在《中国文化史》中认为文化是“人类心能所能开积出来之有价值的共业也”②,即人类心灵所创,历史所积的一切有价值的共同业绩皆为文化。蔡元培在其文章《何谓文化》中认为“文化是人生发展的状况”③。梁漱溟在《东西文化及其哲学》中认为文化即是一个民族生活的方方面面④,包括精神、社会和物质生活等。钱穆在其《中国文化史导论》中认为文化产生于群体内部精神的累积⑤,并在其他论著中阐释了文化是特定时空中的人类生活汇总,强调文化的历史性与民族性,还把文化分为物质、政治、精神三个层次和经济、政治、科学、宗教、道德、文学、艺术等七个要素⑥。《辞海》则认为文化内涵有广狭之分:“从广义来说,指人类社会历史实践过程中创造的物质财富和精神财富的总和;从狭义来说,指社会的意识形态,以及与之相适应的制度和组织机构”⑦。

① 刘向撰. 新序说苑[M]. 上海:上海古籍出版社,1990.
② 梁启超. 梁启超论中国文化史[M]. 北京:商务印书馆,2012.
③ 蔡元培. 蔡元培谈教育[M]. 沈阳:辽宁人民出版社,2015.
④ 梁漱溟. 东西文化及其哲学[M]. 北京:商务印书馆,2010.
⑤ 钱穆. 中国文化史论[M]. 北京:商务印书馆,1994.
⑥ 钱穆. 国史新论[M]. 北京:生活·读书·新知三联书店,2001.
⑦ 在线辞海[DB/OL].

英国著名文化人类学家泰勒(E. B. Taylor)在《原始文化》一书中认为文化是一个由知识、信仰、艺术、道德、法律、风俗以及人类能力和习惯组合而成的复杂整体①。美国人类学家克鲁伯(A. L. Kroeber)在其著作《文化:关于概念和定义的批评性论述》中梳理了1871年至其后80年间西方学者关于文化的164种定义,他认为文化指的是特定人类群体的一整套生存样式和其独特的生活方式②。苏联哲学家尤金(ПавелФёдоровичЮдин)在其编撰的《哲学小辞典》中认为文化是基于一定物质基础上生发出来的社会精神生活的总和。古今中外,学者们对文化的概念莫衷一是,而这恰是人类认知不断提升和文化体系庞大繁复的证明。

由此可见,文化是一个无所不包的范畴。从广义上看,它是人类在自身发展进程中所创造的一切物质财富、精神财富和行为方式的总和。从狭义上看,其是人类内在精神的表现,如思想、道德、信仰、情感、价值观等,并通过一定载体外化,如建筑、音乐、文字、语言、服饰、饮食等。

2. 道德的内涵

作为文化的内在表现,道德有其自身发展和演变规律。"道""德"二字首次出现在道家古籍《道德经》里。老子在其著作中,认为"道"是宇宙真理及万物运行的规律,"德"即合道。其将万物运行的法则视为"道",将遵循这一法则视为"德"。道体德用,两者互为本体与表象的关系。故文中有"上德不德,是以有德;下德不失德,是以无德""故失道而后德,失德而后仁,失仁而后义,失义而后礼"③之说。简言之,即高尚的品德(上德)与天地万物一样,是"无为"的不争之德。失道后,上德演变为下德乃至仁、义、礼、智,此皆"有为"之德。荀子《劝学》言:"故学至乎礼而止矣,夫是之谓道德之极"④,意即学习至明礼方可休止,才是道德的极致。自此,"道""德"二字方始联用。在中国千年历史长河中,各学派对之皆有论述。

儒家学说一直将仁义礼智信、温良恭俭让视为其道德体系;墨家用兼爱非攻、尚利重义、崇俭惜物、笃行尚同构建其道德认知;法家崇尚非道德主义伦理思想,以"法治"替代道德的社会作用。而后,中华民族一直将道德伦理作为安邦治世之法,实行德政王道,如"五伦八德"规定了君臣父子、兄弟姐妹、朋友等社会群体做人的基本品德。同时,提倡以德为贵,教人行善,认为人道合正,则天道清和,千年传承,初衷未改。当代社会主义道德体系由外向的社会公德和内向的家庭伦理两部分组成。1996年,党的十四届六中全会提出《关于社会主义精神文明建设若干重要问题的决议》,强调应以"为人民服务""集体主义"作为社会主义道德建设的核心和原则。2001年,《公民道德实施纲要》首次将我国社会基本道德规范系统概括为"爱国守法、明礼诚信、团结友善、勤俭自强、敬业奉献"等内容。2012年,党的十八大报告明确提出"三个倡导",高度概括了社会主义核心价值观,即"倡导富强、民主、文明、和谐,倡导自由、平等、公正、法治,倡导爱国、敬业、诚信、友善,积极培育社会主义核心价值

---

① 泰勒. 原始文化[M]. 蔡江浓,编译. 杭州: 浙江人民出版社, 1988.

② A L Kroeber, Clyde Kluckhohn. Culture: a Critical Review of Concepts and Definitions[M]. New York : ALFREDA KNOPF , RANDOM HOUSE, 1967.

③ 老子. 道德经[M]. 李正西,评注. 合肥: 安徽文艺出版社, 2003.

④ 荀子. 荀子[M]. 杨倞,注. 东方朔,导读. 王鹏,整理. 上海: 上海古籍出版社, 2010.

观”。2019 年,《新时代公民道德建设实施纲要》则在坚持守正创新、尊重群众实践的基础上,给社会主义公民道德建设赋予了鲜明的时代特征。其提倡“坚持马克思主义和社会主义道德观,倡导共产主义道德,以为人民服务为核心,以集体主义为原则,以爱祖国、爱人民、爱劳动、爱科学、爱社会主义为基本要求”,“坚持以社会主义核心价值观为引领,将国家、社会、个人层面的价值要求贯穿到道德建设各方面”[①]。并提出了道德建设工作的五个重点,即社会公德、职业道德、家庭美德、个人品德和网络空间道德,并从制度上加以强化以保障社会主义道德体系的正常运行。

道德作为一种社会意识形态,一直贯穿于人类文明的发展进程中。求真求智的古希腊哲学家们希望通过对善行的引导与实现,促进理智发展,以便在道德层面达到内心的理性和谐。亚里士多德(Aristotle)在《政治学》中论述了“公民品德”与“善人品德”,认为“公民品德”与政治体系相关联,并随政体的不同而各有差别。而善人则超越政体,单纯指人的高尚品德。所以公民品德不必统一于某种至善品德,而善人品德则相反,应由人类共同认可的至善品德来衡量[②]。发自内在的善德与发乎本然的善行,即是幸福。中世纪神启论认为道德源于神的启示,对神虔诚地崇拜才能达到道德最高境界。文艺复兴时期,人文主义思潮的觉醒使道德问题和道德教育地位显著,人们借之提倡积极的人生观,以实现社会改造。此后,霍布斯(Thomas Hobbes)、哈奇森(Francis Hutcheson)从人的自然本性,如自爱、仁爱出发探寻道德本源。休谟(David Hume)在《人性论》中认为道德问题即是善恶问题,即善行与恶行的区别。其将道德分为两类:自然之德与人为之德。前者指由个人生发的自然德性,如同情与仁爱,后者指社会公认的行为准则,如正义与公德,认为个人之德利己,社会之德利他。康德(Immanuel Kant)把自己和他人的概念带入道德理论,在其《道德形而上学》中提出“完善自己”和“幸福他人”的概念,并阐明了对己义务和对他义务的内容,认为前者是人对自己生理躯体和作为纯然的道德存在者的义务,后者是对他人的爱与尊重;受康德影响,边沁(Jeremy Bentham)从伦理学角度切入道德研究,其把伦理学视为一种管理艺术,认为其包含对己的私人伦理与对他的公共伦理两部分。密尔(John S. Mill)在《自由论》中阐明了个人道德与社会道德,认为个人道德是“个人德性品质的总和”,是对自己的义务,社会道德则是对他人的义务。受穆勒影响,日本也有“公”“私”德之分,其“公德”以“不”为特点,如不损害公共利益、不害他人性命、不夺他人财产等。涂尔干(Émile Durkheim)区分了“公民道德”与“公共道德”,认为公民道德是公民对国家的义务,而公共道德是一定社会族群中共同认可的伦理。马克思主义认为,道德是“一种社会意识形式或活动方式,属于上层建筑领域,指一定社会依靠社会舆论、传统习俗和内心信念来维持并以善恶评价的方式来调整人自身、人与人、人与社会和人与自然之间的相互关系的标准、原则和规范的总称,也指那些与之相应的行为和活动”[③]。维基百科将“道德”(Morality)定义为:“对善与恶的意图、决定和行为的区别,是正义

① 中共中央国务院印发《新时代公民道德建设实施纲要》. 中国政府网,2019-10-27.
② 亚里士多德. 政治学[M]. 北京:中国长安出版社,2010.
③ 徐光春. 马克思主义大辞典[M]. 武汉:崇文书局, 2018.

的构成”①。

综上所述,道德亦有广、狭之分。前者为合道之德,即一切符合万物规律的思想及行为准则。后者是源于特定时空、哲学、宗教、文化或政体的行为准则及规范,用以调整人与自身、人与他人、人与社会、人与自然之间的关系,具有一定的经济、社会、政治、文化和时代属性,往往通过舆评对社会生活起约束作用。为研究需要,本书所言“道德”主要指狭义的道德。

(二)旅游接待业中的文化道德内涵

旅游接待业是旅游目的地经营服务主体出于获取经济利益的目的,向旅游者提供各类有形产品和无形服务的过程中产生的行为和关系的总和。为了更好地理解这一概念,我们首先需要厘清几组关系:一是间性关系,即旅游目的地经营服务主体与客源主体之间的关系,包括接待地政府、社区、企业、个人及游客之间的空间、经济、文化、社会、制度关系;二是人地关系,即接待地政府、企业、社区、个人及游客与在地环境,如地相、气候、自然资源之间的关系;三是内部关系,即目的地、客源地以及支持系统等经营服务各主体间及旅游者与其自身间的关系。在上述三种关系中,文化差异是矛盾发生的主导因素。不同的文化氛围产生不同的价值观、世界观、生命观、自然观、社会关系、政体关系以及沟通方式。亨廷顿(S. P. Huntington)在其著作《文明的冲突与世界秩序的重建》中强调了盘踞于世界各地的文明板块对世界政治格局和秩序的影响。因此,了解旅游接待业中各类关系所涉及的文化内涵是保障旅游接待业顺利发展的前提条件。与此同时,不同文化也衍生出不同的道德体系,它对个人、组织乃至整个社会生活都有着重要的规约和调节作用,是不同价值文化、不同经济制度和不同政治体系下维持社会稳定的首道防线和重要手段。

旅游接待业的文化道德指的是在一定的政治、经济、社会、文化、生态环境中,旅游目的地、支持系统的经营服务主体及客源主体在从事旅游活动过程中应共同遵循的行为规范和基本准则。为了进一步理解这一概念的内涵,我们从其时空要素、环境要素、关系主体等方面加以阐释。

1. 时空要素

马克思主义和历史唯物主义认为,不同时代、不同阶级、不同经济基础和社会关系有着不同的文化道德观念,它受一定经济关系的制约,并随着社会关系的变化而变化。但文化道德也有相对的独立性,其一旦产生,便对其所处的经济关系和社会关系有积极或消极的能动作用。不同经济关系产生不同社会关系,而社会关系与经济关系皆有时空属性。古时的文化道德伦理与今时有别,不同地域空间的社群组织也会产生不同的文化道德,时代与新旧社会关系的更替必然带来道德观念的转换。同一地域不同时期,旅游接待业文化道德的内涵不尽相同,同一时期不同地域,旅游接待业文化道德的内涵也有差异。如新中国成立初期,旅游接待对导游人员的要求是政治、外语、知识三过硬,法制规约欠缺,文化道德体系并不健全;21 世纪,新导游们已在工作实践中总结出一整套社会主义导游职业道德和行为规范,如

① 维基百科[DB/OL].

爱国守法、民族气节、勤俭自强、明礼诚信、游客至上、服务至诚、一视同仁、相互协作、爱岗敬业等,并形成法治保障。此外,起源于农耕经济的中国社会和起源于游牧经济的西方社会也分别在不同的空间里,从情感和理性两方面影响着当今中西社会的文化道德体系。

由此可见,旅游接待业文化道德是远古文明沉淀至今的产物,具历时性。同时,由于接待业本身是一定时间和空间内目的地经营服务主体与客源主体之间的关系总和,即一定时间内旅游者前往目的地旅游,发生空间位移并引发了两者间的各种关系,因而也具有共时性与空间性。

2. 环境要素

从文化道德生发的环境系统上看,任何一种文化道德都无法孤生于世。全球化趋势下,中西文化道德势必会受到全球文化生态环境系统的影响,处于共生或整生状态,“西学东渐”或“东学西渐”成为常态,两者共同构成全球文化道德体系的组成部分。1697 年,德国人莱布尼茨(Leibniz)在其著作《中国传奇》中将中西文化进行了对比分析,强调西方要向中国学习,首先是中国的实践哲学和养身之道,而这正是中国文化道德的生发土壤。此外,旅游接待业中的文化道德环境亦呈现动态变化的特性。旅游者的空间位移必然会让其身处不同的文化道德环境,经历不同空间的文化道德碰撞,从而对当地旅游接待业产生积极或消极影响。如全球化旅游浪潮的兴起,使相对封闭的旅游目的地被开发,不断涌入的外来游客带来了客源地的文化道德观,这会对目的地的本土价值观、世界观、生命观产生巨大冲击。目的地若一味地追逐商业开发带来的经济效益,则极有可能忽视经济飞速增长所带来的社会和环境道德问题,从而引发社会危机和环境危机。马克思在 1848 年的《共产党宣言》中肯定了资本主义的巨大生产力:“资产阶级在它的不到一百年的阶级统治中创造的生产力,比过去一切世代创造的全部生产力还要多,还要大。自然力的征服,机器的采用,化学在工业和农业中的应用,轮船的行驶,铁路的通行,电报的使用,整个大陆的开垦,河川的通航,仿佛用法术从地下呼唤出来的大量人口,过去哪一个世纪料想到在社会劳动里蕴藏有这样的生产力呢?”①但他们同时也对资本主义所产生的道德问题,诸如金钱崇拜、情感淡漠、亵渎神圣、拒绝崇高、异化自然等进行了批判。

因此,旅游接待业文化道德研究既要考虑文化道德生态在全球环境下的共生和整生趋势,也要考虑目的地、客源地以及支持系统中的本土文化道德生态环境,并予以尊重和保护。才能在目的地及游客间架起平等沟通、合作协商的桥梁,确保旅游接待业各个环节的顺利、有序进行。

3. 关系主体

旅游接待业发生于多个关系主体之间,涉及目的地、支撑系统的经营服务主体以及客源地主体。目的地主体提供旅游吸引物、娱乐设施及接待服务等供给要素,客源地主体提供各类在地游憩及出入境旅游需求,其间的支撑系统提供交通、信息、技术、生态、设施、政策及社群(社区、企业、政府、社会团体等群体或组织)支持。在上述诸环节中,文化道德是处理各类

① 马克思,恩格斯. 马克思恩格斯选集·第一卷[M]. 北京:人民出版社,1995.

主体关系的敲门砖。旅游接待业文化道德既涉及各关系主体之间的文化道德差异，也包含各主体内部文化道德共识的形成。如 2021 年 10 月，在联合国《生态多样性公约》缔约方大会第十五次会议（COP 15）发布的“生物多样性 100+全球典型案例”中，广西渠南白头叶猴社区保护案例入选。该社区通过自筹、自建、自管的方式，建立社区共管委员会，成功组建了自然教育基地进行科考研学和生态旅游，并通过乡规民约，对社区居民的社会公德、人地关系以及家庭邻里关系达成共识，立碑成文，付诸实践，形成共同的行动准则和规范，获得了政府、各公益组织及其他社会团体的各方支持。此外，在目的地与支撑系统主体、目的地与客源主体、客源与支撑系统主体之间的文化道德关系，也需要双方秉持和而不同的理论，求同存异、平等协商、积极对待。

旅游接待业需要协调接待业各主体之间的文化道德关系，也需要在各主体内部形成特定的文化道德共识。如此，才能形成特定社会的行为规范和准则，用来指导和约束人们的价值理论及社会行为，正确处理人地关系，形成良好的生态循环。这是旅游接待业文化道德规范得以顺利施行的前提条件和重要保障。

二、旅游接待业对文化道德的影响

文化道德对旅游接待业中的各主体及各类社会关系具规约和指导作用，反之，旅游接待业也对文化道德的内容、载体、施行者（个人、群体、社会）、监督者乃至整个社会层面的文化道德认知、保护及传承产生一定积极或消极的影响。

（一）积极影响

1. 旅游接待业的品质化发展深化文化道德内涵认知

随着旅游者出行次数的增加和旅行经验的丰富，旅游从大众旅游时代进入个性旅游时代及品质化旅游时代。旅游接待业不仅仅局限于创造一些旅游吸引物、建设一批旅游接待设施或设计旅游线路、产品，更多的是创造一种旅游环境、一种旅游氛围、一种公共服务、一种深度体验以及一种生活方式。这对旅游接待业的管理理论、服务质量、业务范围、产业融合以及监督管理都提出了更高的要求，从而推动了旅游接待业的品质化发展。

品质化发展使旅游接待业的发展步入良性循环的轨道，同时也深化了目的地经营服务主体和客源主体之间的文化道德认知。在旅游接待过程中，目的地经营服务主体逐渐认识到接待地良好的文化道德环境，有利于形成“好客文化”，催生旅游者的情感及精神共鸣，成为旅游需求的潜在推动力。随着受教育水平的提高和体验深度的增长，旅游需求从物质需求向精神文化需求转型升级，旅游者们已经不满足对目的地自然或文化旅游资源浅尝辄止，他们更期待目的地经营服务主体们能营造出一种独具当地特色的旅游环境和旅游情境，让他们可以倾听当地的旅游故事，体验在地的生活方式，让心灵和精神能摆脱疲惫生活的困囿。而本土的文化道德正是这美好愿景实现的前提和基础。文化，是旅游流形成的驱动力之一，而道德，是精神文化的核心价值所在。旅游者对本土文化道德的认知，可以让他们更加深入地了解当地文化形成的动因，获得精神感悟和心灵涤荡，这对地方接待业品牌的打造和旅游者情怀的培养有极大的助力。

2. 旅游接待业的全域化发展促进文化道德体系建设

个性化旅游和品质化旅游的出现，催生了旅游接待业的全域化发展。旅游者们可以按需制订自己的旅游菜单，不再受景点和线路的束缚。他们可以将整个目的地当成一个大景区，处处可风景，处处享服务，从目的地整体环境中获得旅游感悟、新体验。新的旅游目的地观使目的地旅游从景点化向景区化、情境化、生活化、社交化、全域化发展，这需要对旅游目的地的机制体制、资源配置、公共服务、产业融合、生态环境与文化道德素养进行全方位、系统化地提升，以实现资源有机整合、产业融合发展、社会共建共享、环境可持续发展等社会、经济、环境的三效合一。

由于文化道德是社会稳定和经济发展的首道防线，因此，旅游接待业全域化发展的首要任务就是建设和完善接待业中的文化道德体系。全域化发展意味着旅游目的地产业链、服务链、体制链、生态链的形成。在这些关系的形成过程中，文化道德体系正是“幕后抓手”。建设良好的文化道德体系，一方面有利于形成公平竞争、诚信礼让、合作协商、合议取利、遵纪守法的市场环境；另一方面，有利于改善目前旅游接待中的各种负面效应，如本土文化的异化、商业价值的渗透、市场管理的混乱、政策法规的缺失、生态环境的破坏等。最后，还有利于旅游示范效应的生成，从而逐渐引导整个旅游接待市场进入良性发展的轨道。

3. 旅游接待业的智慧化发展提升文化道德评判手段

科技的发展突飞猛进，如今，互联网技术已渗透人们生活的各个方面。各类 OTA、移动网络、云服务、旅游 App 等电商平台和智慧产品层出不穷。品质化时代下，便捷、舒适、审美成为科技的关注焦点。目的地经营服务主体们可充分利用技术的优势，加快智能化建设，完善信息服务，合理配置资源，提升旅游体验，采集旅游资讯，建立大数据平台，为旅游者提供便捷、舒适、高性价比的旅游体验。

好客程度、职业道德和社会风尚是旅游目的地接待业成败的评判手段之一，这是目的地文化道德建设的评判标准，也是旅游者在目的地旅游时所追求的精神文化粮食，其范畴涵盖目的地居民、社区、企业、社群组织和整个社会生活。大数据和信息库的建立，可通过客户评价与反馈系统，让目的地经营服务主体及时了解客源地文化道德评判标准，规避旅游接待过程中由于文化道德差异而产生的矛盾；此外，还可以通过建立目的地、支撑系统和客源地档案，淘选出有不良记录的“黑名单”用户，以保障旅游接待业各环节的有序发展；最后，旅游接待业的智慧化发展还能形成高效敏感的市场监督体系，成为目的地文化道德评判的重要手段。

（二）消极影响

1. 道德伦理方面

在目的地居民与旅游者的接触过程中，外来文化的进入使目的地与客源地间的道德伦理发生碰撞，通常会产生以下结果：一是客源地道德伦理被目的地道德伦理所同化，如莫干山裸心谷的创建就得益于南非人高天成对中国山水情怀的向往和追求。“自然”是这一片山水的灵魂，也是裸心谷的“初心”之所在，在自然山水的同化，裸心集团终创造出民宿经营的奇迹。二是目的地道德伦理被客源地道德伦理所异化，如在一些乡村旅游的建设过程中，旅游目的地的过度开发造成经济组织的商业价值观与质朴的乡村情怀发生冲突，导致“情怀商业化”，传统的乡规民约及道德伦理被摒弃，功利主义和拜金主义盛行。三是两者在不断碰撞中求同存异，和谐发展。这是当今社会旅游接待业中的常态。文化道德的建设本身就是一个开放的动态过程，任何民族文化都无法孤芳自赏。在目的地、支撑系统与客源地三方主体的交流过程中，本土文化道德会吸收外来文化道德元素，而后者也会对前者产生一定影响。

旅游活动的全球化，促进了各地旅游接待业的快速发展，经济增长也带来社会各层面的道德伦理问题。如乡土情怀的弱化、新旧伦理的断层、中西道德的冲突、文化资源商品化、传统道德边缘化等，具体表现在以下几个方面：首先，从居民角度上看，目的地居民面对着的是来自不同地域、不同年龄、不同教育水平、不同生活背景的游客，这些游客的文化素养往往参差不齐，当两者的道德伦理发生巨大反差，旅游者行为超越了当地道德伦理边界，就会造成接待地居民“好客”意识的减弱，甚至将矛盾升级，出现排斥反应或仇视现象。其次，从企业角度上看，旅游接待企业需要在经济效益、社会效益与环境效益的选择上获取平衡。但资本的逐利本质会不断刺激企业在道德伦理与经济利益间做出选择，稍有不慎，便会违背企业伦理和道德初心，陷入丧失原则、摒弃荣辱的泥潭。最后，从游客角度看，在道德链中的游客也会进入循环。一方面，客源地的文化道德会对目的地产生影响，如商业价值观的渗透、传统道德的沦丧等；另一方面，受影响的目的地会对下一批游客的客源地产生影响，如已商业化的目的地会降低下一批游客的旅游体验，从而进入恶性循环，最终对整个地区的旅游接待业产生消极影响。

2. 环境伦理方面

旅游接待业各类关系中，人地关系最为特殊。其涉及接待地政府、企业、社区、个人及游客与在地环境，如地相、气候、自然资源之间的关系。旅游发展与环境伦理互生互制，相依相竞。正向的环境伦理是保护在地环境的前提和基础，而良好的在地环境也是旅游接待业顺利开展的有力保障。与此同时，旅游接待业若缺乏有序管理，也会导致一系列环境伦理问题。如旅游接待业中产品消费、资源开发、基础建设、食宿游购都会对当地生态环境产生一定影响。我国东部沿海的经济强省在我国旅游接待业发展中占主导地位。该区域是我国人口最为密集的区域，同时也是全球八大候鸟迁徙路线中鸟类种群数量最多、面临威胁最大的迁徙路线之一。其威胁主要来自围填海工程、水产养殖引发的潮间带栖息地丧失。此外还有人为猎杀、光污染、车辆威胁、高压电威胁、噪声威胁和热岛效应等，这些问题都与该区域旅游接待业的发展关联甚密。

同时，生态廊道断裂、生态景观损毁、生物多样性降低、自然“失魅”、碳失汇等系列环境问题的出现，让人们不得不重新审视旅游接待业人地关系中的环境伦理问题。达尔文（C. Darwin，1871）在《物种起源》一书中首次从科学角度论证了人与动物的生理平等，这引起了人们对环境伦理问题的反思。其后，史怀哲（A. Schweitzer，1915）提出了敬畏生命的伦理观、爱顿（C. Elton，1927）首创生物环链的概念、利奥波德（A. Leopold，1949）提出大地伦理学、辛格（P. Singer，1973）提倡动物解放运动、奈斯（A. Naess，1973）提出深生态学概念、罗尔斯顿(H. Rolston, 1995)倡导荒野哲学、马克思扬弃了自然异化、恩格斯批判了“人类中心主义”。这些理论围绕生态价值、生态权利及生态平衡问题展开讨论,也从侧面折射出当今社会的环境伦理危机。

文旅融合是旅游接待业的发展趋势,而在地环境是哺育各地文化的摇篮,也是文化道德滋生的土壤,恰如浩瀚无垠的黄河流域哺育了生生不息的中华文明,正是这一方山水、一片生境、一群生灵形成了物种和环境的多样性,构成了这个五彩斑斓的世界。人们对环境的道德关怀,印证了人类文明不断进步的步伐。因此,在旅游接待业的文化道德体系建设中,环境伦理是不容忽视的环节。

3. 文化传承方面

旅游接待业的全球性及开放性,客观上对文化传承带来了较大的冲击。外来文化借旅游之机,深入本土社会经济和文化生活的各个领域,对本土文化结构、价值观念和文化模式进行渗透,甚至片面追求外来文化而忽视在地文化,导致文化断层、文化割裂、文化话语权的缺失和文化自信的减弱。

当西方的资本扩张遭遇中国的闭关锁国政策和中西贸易逆差,鸦片战争随即爆发。古老的文化道德在西方枪炮的打击下不堪一击,治世救国的士人使命感使知识分子们放弃向中国传统文化道德寻求帮助,转而学习西方的人文哲学和自然科技,“师夷长技以制夷”。甚至于新中国成立初期,对部分传统文化也采取了简单否定的态度。传统的文化信念被动摇、文化传承被阻隔、文化精神普遍淡薄。在旅游接待业发展初期,旅游流向资源大省倾斜,这加剧了偏远地方传统村落的空巢化现象和自然村的消亡。而传统村落正是中国文化的根基之所在。这也是国家领导人高度重视乡村建设,关注“三农问题”的原因。2021 年,《中共中央国务院关于全面推进乡村振兴加快农业农村现代化的意见》中指出:“民族要复兴,乡村必振兴”。乡村文化是中国传统文化的根脉之所在,也是中国传统文化的重要组成,其价值不仅表现在生产、生活及生态上,还表现在对中国传统文化的传承上。中国乡村蕴藏着丰富的历史信息和文化景观,是中国五千年农耕文明的最大遗产。但在第三届中国古村镇大会上的一组数据却令人震惊不已:中国自然村落在近 15 年间锐减了 92 万个,并以每天 1.6 个的速度持续消亡①。传统村落的消亡不仅仅体现在农田的荒芜、建筑的损毁和村民的流失上,更重要的是村庄所承载的悠久历史文化的消失、古老乡村精神的丧失及远古乡村传承的断裂,如乡村手工业的断层、民族服饰、乡村习俗和乡村节庆的消亡等。

三、全球视野下旅游接待业的文化道德体系

自 1945 年现代旅游业兴起后,旅游接待业逐步走向全球化。其所创造的资本在带来巨大经济效益的同时,也引发了深层次的社会道德和环境伦理问题。旅游接待业涉及诸多领域,以住宿业、餐饮业、休闲业、旅游景区、旅行业、会展业为其主要核心产业②。本质上说,这

① 田虎. 古村落消亡速度惊人留住“乡愁”不能只靠情怀[EB/OL]. 人民网, 2017-12-18.

② Michael Ottenbacher, Robert Harrington, H G Parsa. Defining the Hospitality Discipline: a Discussion of Pedagogical and Research Implications[J]. Journal of Hospitality & Tourism Research, 2009(33):275.

些产业都根植于一定时空领域的社会、经济、文化、政治、生态等环境，其内容都与旅游目的地经营服务主体与旅游者之间各类社会关系的协调相关联，并受到当地文化道德体系的影响和制约。文化道德是旅游接待业的灵魂与核心，它丰富了旅游的内涵，提升了旅游的品质。了解相关目的地及客源地各类关系中的文化道德内涵和体系，有利于旅游接待各产业的全面稳定和协调发展。这一目标的实现需以旅游接待业文化道德体系的建立、健全和完善为前提，如此，才能使之更明确、更理性、更系统、更科学。理想的文化道德体系应具备认知、规范、评价、教育、凝聚、平衡等功能，对个人品行及社会生活有积极的引导、规范和协调作用，包括认知体系、规范体系和评价体系。

（一）认知体系

认知，是我们看待世界和认识世界的方式，包括感觉、知觉、想象、思维、记忆、语言等一系列信息加工过程。同一问题不同人有不同的认知，同一问题同一人在不同时期认知也不尽相同。心外的客观世界只有一个，心内的主观世界却有天壤之别。知识是认知的工具，但知识若不能转化为认知，则毫无意义。认知是思维和行为的前提和条件，认知若不能形成体系，思维和行为必将产生混乱。正确的认知体系须从认知实践中获得，倘若只停留在事物表象层面，不在实践中通过对事物的体验形成自身的感受，则无法对自己获得的信息进行有效的加工、整理、过滤，形成清晰的认知体系，从而转化为自身的能力。认知体系是人们认识客观世界的一整套信息加工系统，即人们获得知识、应用知识并进行信息加工的一系列过程。由此，旅游接待业文化道德的认知体系即是旅游目的地、支撑系统和客源地主体对相关文化道德信息进行感知、体验、加工并形成认知的一系列过程，包括认知主体、认知客体、认知实践、认知能力、认知工具、认知环境。认知主体即人，这里指目的地、客源地及支撑系统的相关主体，这是认知体系的根本要素；认知客体是人们的认知对象及认知领域，如旅游接待业相关主体们对生命的认知、对自我的认知、对社会的认知、对文化的认知、对道德的认知、对规则的认知等；认知实践，即人们的信息加工过程和活动，包括实践验证、经验总结、消化吸收、形成认知等过程。在认知实践前，所谓的认知只停留在大脑皮层所接收到的信息，经实践验证后，我们接收到的信息才真正转化为认知。人们通过知觉系统获得最直接的感知体验，并通过信息处理形成自己的认知；认知能力包括感知、想象、记忆、思考和感悟能力；认知工具是人们认识世界并进行信息加工处理的方式和手段，包括图文声像、知识、公理等，如旅游目的地的宣传图册、微信、微博、推文、声像影集、故事传说等皆在此类；认知环境是对人们认知世界产生影响的各种因素和关系的总和。如旅游目的地的政治环境、时空环境、经济环境、社会环境、文化环境、生态环境等，都会对支撑系统和旅游者认知产生影响。

人类文明进化史是认知能力逐步提高、认知体系逐步完善的历史。文化道德是引人向善的良师。人们通过文化道德认知自我，承担对家庭、他人、社会、国家乃至整个人类应尽的责任与义务，从而正确选择行为及生活的方向。文化道德既有一定的承续性，也表现出一定的变化趋势。不断演变的文化道德观需要人们正本清源，分析认知环境，借助认知工具，通过认知实践厘清文化道德的层次，提升对文化道德的认知能力。

以中国旅游接待业文化道德的变化趋势为例，自道家文化首次提出“道”与“德”的概念后，随着社会的发展，道德观念不断向外拓展，形成了以“仁、义、礼、智、信”等道德伦理为核心的儒家文化，这些文化对中国旅游接待业最初的民营资本家们和目的地居民们产生了巨大影响；文艺复兴后，人的个性被解放，西方世界风起云涌，工业革命使资本迅速膨胀。这些变化冲击着中国畅行千年的“仁义观”，发展问题被急切地摆在眼前，不发展就意味着落后，落后就要挨打。只有发展才能实现生存之道、繁荣之道、强国之道。个人利益、社会利益与国家利益空前统一，旅游接待业形成新的“义利观”，如在旅游产业中会综合考虑各利益相关者，包括村民、社区、企业、政府以及目的地整体的综合经济效益；进入全球化后，国与国之间的关联日益密切，政治多极化、经济全球化、文化多样化、社会信息化、环境异化成为了各国共同面临的问题和挑战。为此，以应对人类共同挑战为宗旨全球价值观，即“命运共同体”的概念初步形成，并逐步获得国际共识。旅游接待业也因此走向全域化、全球化，并形成世界认同。

（二）规范体系

规范是对人们某种言行的规定，或要求人们应遵从的典范。《现代汉语词典》认为“规范”有两层含义：一是约定俗成或明文规定的标准；二是合乎规范。《辞海》认为，“规范”是标准、法式，如道德规范、法制规范、行为规范、言语规范等。所谓无规矩不成方圆，任何社会及种族的生活，都对秩序有一定的需求，文化道德就产生于对秩序的维系。它以经验和传承为依据，对人们的行为准则做出特定的规定。同时，文化道德准则需要具化为规范，才能成为人们的言行依据。只有系统地了解规范的具体内容，才能实现有理可依、有据可依、有法可依。规范要走向大众化、制度化、标准化及专业化，就必须形成体系。完整的文化道德规范体系是人们思维和言行的指南针。

旅游接待业文化道德的规范体系是旅游接待过程中目的地、支撑系统及客源地各主体应该遵守的一系列业务标准、行为准则及典范的集中体现，是对旅游接待过程中人们文化道德行为和关系的普遍规律的反映和概括，也是文化道德体系的核心内容。旅游文化道德规范受一定的社会经济和社会关系所制约，同时又是一定社会经济和社会关系中人们约定俗成的自觉行为的产物。它源于人们的社会生活和社会实践，同时又高于人们的社会生活和社会实践。它是不同时代、不同阶级、不同社会从时代要求、阶级利益和社会需求出发，经高度概括而形成的，并用于指导人们的文化道德生活，借此判断是非善恶、义利荣辱。

旅游接待业文化道德规范体系包括个体规范、群体规范、社会规范三个层面。个体是社会及群体的最小单位和基本构成。个体规范指个体应遵循的行为准则及典范，即目的地居民、旅游者个体通过文化道德认知和教育实现自爱、自律、自强，并使修养至上、品行至洁、道德至善。随着大众旅游向个性化、定制化、精细化发展，旅游接待市场日趋成熟，旅游服务向旅游者个体意愿倾斜，旅游接待企业越来越重视每一位游客的个人体验。自律自强、明礼守矩的个人行为能避免未知的冲突，使旅游接待氛围更加和谐；群体规范是群体成员共同认可并应当遵循的行为准则及典范，包括社区、企业、各类组织及社会群体。旅游接待业文化道德规范的确立是旅游企业文化建设的基础和核心，也是企业处理内外关系的凭借。良好的道德规范能帮助企业处理好企业与员工、员工与员工、企业与社会群体之间的各种关系，提升员工与顾客的满意度，从而为获得员工忠诚与顾客忠诚创造条件，最终为企业实现良好的经济效益和社会效益；社会规范是社会所有成员公认的应遵循的行为准则及典范。它决定着社会所有成员的共同信念和价值标准，如价值观、世界观、生命观、自然观等，并对社会个体行为起约束和调节作用。社会规范有一定的历史和阶级属性，并受特定社会环境的影响。

如殷商时期，农耕经济初步形成，宗法制的产生使尊卑贵贱等级得以确立，并通过规模化、系统化的礼乐制度表现出来，文化道德规范体系初步建立。据《尚书》记载，彼时周朝已对百姓设"五教""五礼""五典"，形成了以"亲亲""尊尊"为主的横贯千年的传统文化道德纲维，借以明贵贱、别等级、教伦常；秦汉时期，君主集权制加强，文化道德体系更为系统化、理论化，并延伸至社会各层面。儒家提出"修身、齐家、治国、平天下"的实践方式，提倡学以致用，将道德体系与政治律法紧密相连以巩固封建君主制；三国两晋至唐宋时期，文化道德出现二元化趋势，国家分裂则文化道德走向玄学化、佛道化，国家统一则以儒家文化道德为主流。宋朝后期受唐末政治动乱影响，国家将"四书""五经"列入官方典籍，从理论和制度上确定了儒家的正统地位及社会的基本规范体系；明末至清，资本主义经济崛起，封建体制没落，实利主义、个人主义冲击着传统的文化道德伦常。清末新学、实学兴起，改革者们希望通过变法维新动摇传统的封建道德；民国期间，孙中山提出"天下为公"的社会理想，提倡"忠孝仁爱信义和平"八种品德，企图建立人人平等、幸福、自由的大同世界；五四运动时期，马克思主义开始在中国掀起了对中国封建旧道德的批判。

可见，不同的社会环境、经济关系和政治体制下，文化道德规范皆有不同的变化。它反映了一定环境中，个体、群体及社会整体的文化道德需求。对维护社会进程和社会秩序有着积极的促进作用。

（三）评价体系

旅游接待业文化道德评价体系是指根据特定旅游环境中的文化道德准则，运用已有道德认知对文化道德现象进行的评定和判断的一整套系统。文化道德评价是知与行的洽点，既包括文化道德认知，又包含文化道德实践。若认知倾向于人们的感性活动，则评判更趋于人们的理性活动。它以文化道德知识为前提，以文化道德认知为过程，并以文化道德的评定和判断为结果，是文化道德从感性上升至理性的系列活动。其评判标准来源于两个依据：一是个体主观依据，用于衡量文化道德活动是否对个体发展具有促进作用，具自律性，来源于个体对自我利益需求的感知，是文化道德评判的基本依据。如自律自强、爱国自信、勤劳仁爱等品质往往对个人发展有积极的促进作用，个体会将此类文化价值观评判为正向或善的文化道德观。二是社会客观依据，用于衡量文化道德活动是否对社会发展具有促进作用，具他律性，来源于社会成员对其所处社会中一致认可的社会共同利益需求的感知，是文化道德评判的普遍依据。如公正平等、文明礼貌、爱护环境、入境随俗、谦让互助等文化道德观，由于对社会发展有着正向促进作用而被社会全体成员共同认可。

个体依据和社会依据是一对处于动态平衡的关系，两者之间并没有绝对的界限。由于环境原因，当个体为适应外部世界而逐渐在认识上与社会公认的价值、标准、准则趋同时，会表现出"去自我中心化"的现象，逐步将社会成员一致认可的文化观、价值观、道德观、伦常观内化为自身的行为准则和规范，并将之视为“权威”而予以遵从和维护，从而实现两者的平衡。与此同时，个体依据与社会依据也是一对矛盾综合体。文化道德认知的深度和广度因个体不同而各有差异，当个体完全“自我中心化”，并将自身的认知等同于“权威”，只停留在对文化道德认知的浅层表象格局时，也会与社会公认的文化道德观发生冲突，两者平衡被打破；随着认知程度和广度的深化，个体思维愈发理性，逐渐认识到自身利益和社会利益矛盾存在的合理性，认识到个体利益有赖于社会群体利益的实现，逐渐形成维护社会准则和规范的内在意愿，两者又逐渐趋向平衡。

旅游接待业的文化道德判断的思维路径呈现“是—可能是—应当是”的走向。其代表了文化道德评价从知识、认知到评判的过程。在第一个环节里，旅游者通过各类信息的搜集，完成文化道德评价的知识储备过程，了解旅游目的地和相关地中的文化道德信息到底“是什么”，从而为旅游行程做准备。另一方面，目的地和支撑系统的经营服务主体也需要了解客源地的相关文化道德信息，以更好地提供旅游接待服务。在第二个环节中，经过文化道德知识铺垫，双方对目标的文化道德认知会出现一个从浅到深、由远及近、从模糊到清晰的过程。当双方的本土文化道德观发生碰撞，这一认知过程会出现三种结局：一是由于双方文化道德观趋同而产生的认同；二是由文化道德观的差异而产生的疑惑；三是双方文化道德观的互斥而发生的否定。当认同发生时，则直接进入“应当是”的文化道德评价环节；当疑惑或否定发生时，则进入“可能是”的文化道德评价环节，即基于趋利避害的共性，目的地、支撑系统与客源地主体的一方或多方经过认知活动，会对文化道德的差异及互斥进行调和，由“非此即彼”的选择，进入“亦此亦彼”的状态，允许“可能是这样”或“也可能是那样”的状态存在，以求同存异，保证旅游接待活动的平稳有序进行。如在旅游接待业中，由于文化差异常常导致旅游者习惯或风俗不一。以中西餐饮接待文化为例，注重家庭伦理观的中国游客偏好圆桌摆台，寓意团团圆圆；讲究饮食礼制，饮食活动莫不随礼而行；提倡人与自然的生态和谐，如取自天然的食材食器；讲究“纳百味”却“和而不同”，如晏子的和羹文化；喜欢大气、团圆、热闹的饮食氛围。而注重个性自由的西餐摆台则偏好方桌，男女交错若梅花间竹，以凸显绅士风度和女士优先的社会礼制；食材选择严谨、注重科学配比，甚至在一些食材的选择上与中餐发生强烈反差和互斥；同时，讲究食材本味和个性享受休闲、轻松、安静的饮食氛围。这要求旅游接待业相关主体入乡随俗，尊重双方文化道德要求，进行“可能性”的产品设计，以包容的心态处理双方的冲突与矛盾，实现文化道德的平衡。当认同发生或平衡出现，则进入“应当是”环节，即主体们对目标的文化道德活动有清晰的认知和理解，能够立即根据文化道德规范和标准做出评价和判定。

综上所述，旅游接待业的文化道德评价是从认知走向实践的桥梁，是文化道德形成并系统化的心理基础，是个人理性和社会理性的化身，也是文化道德信念产生的必经之路。它对文化道德规范体系的形成起监督作用，同时也对消极或负向的文化道德行为起警示作用，是构建旅游接待业文化道德体系的重要环节。

四、全球视野下旅游接待业的世界认同与中国道德观

综观全球，和平与发展仍是世界两大主题。但相较 1987 年党的十三大所提出的“和平

与发展”,情势已有所不同。1972 年,英国经济学家沃德(B. Ward)和美国微生物学家杜博斯(R. Dubos)在来自 42 个国家的 152 名专家的帮助下,完成了《只有一个地球——对一颗小小行星的关怀与维护》的环境调查报告。该报告概括了地球生态与社会经济发展的整生性,并被发表于斯德哥尔摩的联合国人类环境会议上。其观点也被写入《人类环境宣言》中,成为世界环保运动史上的重要文献。它在全球政治和平与经济发展的主题中,吹入了关爱生态环境的暖风。2011 年,《中国的和平发展》白皮书提出“命运共同体”的新主张,从全球化的角度阐释了人类共同利益和共同价值的新内涵。其后,党的十八大提出了“人类命运共同体”的概念,强调地球生态系统的全球性和唯一性,并认为全球价值观的树立应包括相互依存并逐步被世界认同的国际权力观、共同利益观、可持续发展观和全球治理观。由此,和平与发展的内涵进一步扩大,它要求各国乃至全体人类在关注自身的发展的同时兼顾自然的发展权利。随着中国生态文明建设进入国家战略,人类命运共同体的逻辑结构进一步明晰,并被框定为利益共同体、责任共同体、命运共同体三个层面的内容。其中又以利益共同体为逻辑起点,以责任共同体为逻辑诉求,以命运共同体为逻辑终点。和平与发展并不单单局限于国家与国家、人类与自然的和平与发展权益,还包括人类和国家作为能动主体,应共同承担的相应责任,甚至人与人、国与国、人与社会、人与整个生态环境系统的关系都被纳入和平与发展的范畴中。在这一趋势下,旅游接待业的世界认同被提上讨论日程。

(一)全球视野下旅游接待业的世界认同

认同是人类关于自身存在的思考和对生命意义的叩问。苏格拉底(Socrates)的名言“认识你自己”是有关“认同”的最早表述。海德格尔(M. Heidegger)从哲学的角度出发,将认同理解为一个象征识别体系,用以界定“自我”与“他者”,从而回答“我是谁”的问题。弗洛伊德(S. Freud)以心理学为依据,将“认同”定义为个人与他人或群体在情感上的趋同过程。其后的埃里克森(Erikon)将这一术语引入公共领域,成为社会各学科共享的理论词汇。米德(G. H. Mead)从人与人、人与社会之间的互动关系来构建自我认同。泰弗尔(H. Tajfel)和特纳(J. C. Turner)将社会认同理论作为解决族群冲突问题的基础理论。当涉及族群中的民族认同时,费孝通认为民族认同即是民族意识,它产生于与他者民族的接触中,是一个具有共同生活方式的人们共同体①。安东尼· 史密斯(A. D. Smith)从领土和族裔两个维度论证了民族认同是“对构成民族与众不同遗产的价值观、象征记忆、神话和传统模式的持续复制和重新解释,以及对带着那种模式和遗产及其文化成分的个人身份的持续和重新解释”②,并认为正确把握民族认同需追溯其社会和文化起源。盖尔纳(E. Geller)认为文化认同是任何一个民族和国家的存续根本。民族文化及其认同不单是国家认同的重要组成,也是维系民族和国家的重要纽带,同时还是民族国家的合法性来源与国家和民族凝聚力之所在③。习近平总书记在十三届四中全会提出“文化认同是最深层次的认同,是民族团结之

① 费孝通. 中华民族多元一体格局[M]. 北京:中央民族出版社, 1989.
② 安东尼·史密斯. 民族认同[M]. 王娟,译. 南京:译林出版社, 2018.
③ 厄尔斯特·盖尔纳. 民族与民族主义[M]. 韩红,译. 北京:中央编译出版社, 2002.

根，民族和睦之魂”[①]。由此，随着全球化时代的来临，认同的内涵由个体走向群体，由地方走向世界，由身份认同、集体认同、族群认同，延伸到地方认同、民族认同、国家认同、文化认同（包括宗教、语言、历史、价值、习俗、体制等认同）等。

旅游接待业的世界认同是旅游接待业中相关主体在参与全球互动过程中逐渐形成的观念、认知、理解和期望的共识与共鸣，具趋同性或同一性，其核心是全球视野下目的地、支撑系统及客源地主体的文化道德认同。它表现出一种超越国家与民族的世界精神，并需要认同主体承担相应的世界责任，共同建立全球化的道德体系和道德价值观。文化道德的世界认同是全球化趋势的必经之路，但这并不意味着对表现出地域个性的地方文化或民族文化的抹杀。地方的“原始性”与“纯洁性”是不可消除、不可超越的。对于个人而言，他的存在意义深根于他所处的地方文化及民族文化传统中，并通过地方、民族或社群的归属认识自己。全球共行的文化道德体系和文化道德价值，并非从单一或集中文化体系中获得，而是在不同地域、不同民族、不同种族、不同文化、不同价值观、不同世界观、不同伦理和道德观的碰撞、冲击、交流中形成的，它凝聚了各民族、各文化的共同智慧，能为世界认同并践行。因此，我们有必要对世界认同进行重新解读。

1. 旅游接待业的世界认同以文化“多元一体”为前提

世界著名人类学家和社会学家们诸如费孝通和沃尔夫（Wolf）皆认为全球化始于15世纪的地理大发现。但彼得·弗兰科潘（Peter Frankopan）在《丝绸之路：一部全新的世界史》中就将全球化的进程向前推进了两千多年。他认为，连接东西文明的丝绸之路早在两千多年前就开始编织世界贸易网络。丝绸之路的开拓串联了中国太平洋沿岸、非洲、欧洲大西洋海岸的商务交易，推动了波斯湾、印度洋间的货物流通，同时还建立了穿越亚洲之脊、连接城镇和绿洲的陆上通道[②]。据考古发现，甚至早在丝绸之路之前，欧亚草原与中国北方之间就存在以金属为主要商品的贸易通道，匈奴崛起后，才南移为丝绸之路，这可以说是全球化的开篇之笔。从此，丝绸的经纬将东西方文明的源头串联成线，衔接中国、印度、美索不达米亚平原、希腊、埃及等六大文明区域的经济贸易和文化交流，开启全球化的篇章。

值得一提的是，全球化的浪潮席卷世界，穿越古今，流淌千年，但上述各文明区域在这千年间，仍然保持着自己独特的地域差异、民族个性、风土人情与文化传统。这说明，文化群落的边界性是时空无法剥除的存在。正如生物多样性构成了这五彩斑斓的自然，文化多元性造就了这千姿百态的世界。差异性和多样性是人们得以认知自我的前提，人们用之以别他者，从而明了对自身的认知和对族群的归属。因而，尊重文化的多元性与差异性，是实现文化道德世界认同的前提，唯有如此，才能跨越文化群落的边界，从“交锋”走向“交流”。此外，我们还可以看到，在世界文化群落各自的生存、发展、延伸和演化过程中，由于族群种群的扩大，传播线路的延伸，文化群落之间的空间距离日渐缩小，交流范围日益扩大，边界与边界之间的触碰增多，冲突与交融并现。在和平与发展的主流趋势影响下，探求文化的相似性，秉承包容性以孕育文化的亲和性，成为淡化和消融文化冲突的手段之一。

① 陈凌. 文化认同是最深层次的认同[N]. 人民日报，2021-03-07.

② 杜君立. 新食货志[M]. 北京：北京联合出版公司，2019.

客源全球化、目的地全球化、服务全球化、信息全球化是目前旅游接待业面临的关键问题。这些问题的解决需要接待地主体和客源地主体协商合作，达成共赢。而这一合作，是建立在对双方本土文化的尊重基础上。因此，尊重文化的差异性和多样性是形成旅游接待业世界认同的基石。唯有在此基础上，才能求同存异，淡化冲突，形成“多元一体”的文化道德共识。

2. 旅游接待业的世界认同强调世界精神和世界责任

德国神学家、哲学家雅斯贝尔斯（Karl Theodor Jaspers）在其著作《历史的起源与目标》中曾提出了世界著名命题“轴心时代”，即公元前800至公元前200年的一段时间。在这一阶段，蹒跚了万年的人类文明史突然朝前迈进了一大步，西方出现了荷马、阿基米德、苏格拉底、柏拉图及亚里士多德，印度出现了奥义书与佛陀，中国出现了老孔庄及百家争鸣的局面。这些先贤及他们的思想体系成为了后世几乎所有文明及思想的根基，极大地影响了人类精神和世界观的塑造。引人深思的是，该时期的先贤们几乎都探讨了同一个问题：人和宇宙的本源及关系。他们心怀宇宙，求真求智，极富世界情怀。同时他们也关注人生，教化大众，表现出一定的责任担当。法国作家雨果曾预言了一个无须摒弃“特点与闪光个性”的高级整一体的出现，尔后，欧共体应运而生，在保留各自民族特性和文化传统的基础上，实现了欧洲在经济、政治、文化、资源、能源上的一体化。此后，美洲联盟和非洲联盟相继成立。从某种意义上看，这些都是区域共同体的表现。“人类命运共同体”的提出，更是中国对历史担当和世界责任的表态。全球化的快速扩张和传导机制使各国利益高度关联，成为共同利益链中的一环，同时也使人类面临着共同的困境，如生态危机、环境危机、能源危机、安全危机、精神危机等问题。这需要超越民族与种族、国家与地区、文化与意识的界限，需要全人类、全民族、全国家秉持世界精神，共担世界责任，方能共护和平、共谋发展。

在旅游接待业中，接待主体和目的地主体应当在生态环保、低碳生活、文化传承、可持续发展等方面达成共识；同时，应遵守世界规范并对规范所规定的权利和义务有自觉意识，如爱岗敬业、遵纪守法、友爱互助、开诚合作等；并具备个人权利建立在尊重他人权利之上的意识。

3. 旅游接待业的世界认同以国际规范的普及为保障

国际规范是世界公认的行动准则及行为典范。它是从不同社会文化的行为规范中抽取出来的具共性的东西，是各民族及国家从自身实践出发，平衡了各方利益后所创制并获得世界公认的行为规范，对世界体系的运营有监督和保障的作用。它是人类社会需要的产物，也是制衡国与国之间利益的砝码，它体现了人类文明的进化过程，有利于国际社会的稳定和世界共识的达成。

国际规范的创建从来就不是一蹴而就的过程，也并非一开始就能被国际社会普遍认同，需要民族与民族、族群与族群、国家与国家之间进行长期的平等协商、交流互鉴与共同努力。它形成于国际行为主体的互动中，并在国际实践中逐渐获得各行为主体的认同，形成对各方都具有约束力法令文件，用于指导各行为体的行为。第二次世界大战后，联合国制定了一系列指导国家关系、平衡国际利益、协调国际秩序的宣言、公约，如与人权、民族自决的《世界人权宣言》《禁奴公约》《儿童权利公约》《公民权利和政治权利公约》《发展权利宣言》《给予殖民地国家和人民独立宣言》《防止及惩治灭种族罪公约》等，与环境相关的《人类环境宣言》《气候变化公约》《生物多样性公约》《海洋公约》《鱼类种群保护协定》等，以及涉及其他领域的法令规范，包括对发展中国家的援助、国际海运政策、国际电讯政策、国际粮食政策、国际金融术语及度量衡的统一等。这些法令和规范的制定历经各民族各国的长期实践与利益平衡，最终对协调人类政治经济关系、保证国际社会健康发展和推动人类世界的可持续发展起了至关重要的作用。

国际规范的创制也不是一成不变的，它是人类社会实践的结果，满足的是一定时期内不同经济、政治、文化和社会意识形态下的人类整体需求。当民族与国家对自身利益的判断发生变化，国际规范也随之变更，并在各国的实践与互动中不断重构。玛莎·芬尼莫尔（M. Finnemore）和凯瑟琳·斯金克（Kathryn Sikkink）将规范的生命周期依次分为规范形成、规范普及和规范内化三个阶段①。在第一个阶段中，规范倡导者们将说服规范的关键主导国，使他们在新规范上达成共识。当规范追随国的数量突破临界点，则进入第二阶段，国际规范获得认可和普及，并形成制度化。广泛的普及形成后，第三阶段——内化阶段来临，国际规范成为“理所当然”，成为常态化和习惯化的东西。由于不同时期国家与民族的利益不同，国际规范表现出相应的变化，同时，在国际规范的生命周期内，规范也处于不断的构建中，常态化和习惯化的国际规范，经利益衡量和实践磨合，必然比形成期的规范更趋于完善。

旅游接待业的国际规范也符合规范的生命周期理论。出于追求共同利益和寻求利益平衡的需要，全球范围内的接待地、支撑系统及目的地主体，会在长期的旅游实践和文化磨合过程中，与不同规范不同利益进行持续的斗争，不断总结经验、完善规范、建构规范，萃取出人类的优秀理想和共同的价值观，并内化为人们习以为常的制度和体系。唯有如此，才能保障旅游接待业世界认同的形成，从而促进旅游接待业的有序发展。而健康的国际关系、良好的生态关系也需要国际社会对国际规范形成世界范围内的认同，这是全球治理亟待解决的问题。

（二）旅游接待业中的中国道德观

传承并保护中华民族源远流长的优秀文化道德传统，实现中华民族文化道德传统的世界认同，是中华民族屹立于世界民族之林的根本。对此，与旅游接待业密切相关的旅行活动居功甚伟。从某种意义上来说，人类文明的历史一直是一部旅行史。旅行推动了“流动”和“迁徙”的常态化，使人们突破了国家、民族和文化的壁垒，不再故步自封。旅行也加剧了经济技术、思想文化的传播与扩散，搭建了文化多元一体的桥梁，从而加快了现代化进程，为全球化做好了铺垫。漫长的历史长河中，旅行者间的交流、族群间的接触，为文化传承和族群的繁衍提供了凭借。通过模仿、学习与交流，旅行者们从欧亚大陆走向航海旅行，直接导致了地理大发现及其之后的工业化、城市化、现代化乃至全球化的发生。

---

① 玛莎·芬尼莫尔，凯瑟琳·斯金克. 国际规范的动力与政治变革[M]//彼得·卡赞斯坦，罗伯特·基欧汉，斯蒂芬·克拉斯纳. 世界政治理论的探索与争鸣. 秦亚青，苏长河，门洪华，等，译. 上海：上海人民出版社，2018.

中国人的旅行史很早就载入了世界史册，从草原金属之路到陆上丝绸之路，从文化重心南移到海上丝绸之路的形成，从“西学东渐”到“东学西渐”，无一不是旅行的结果。在这期间，中国传统文化道德得到了有效的传承和广泛的传播，体系日渐完善。2018 年，国务院新闻办公布了“中国文明探源工程”的研究成果，确定了中华文明“多元一体、兼容并蓄、延绵不断”的总体特征①。该特征有两个层面的含义：其一，确立了中华民族传统文化道德的“多元一体”格局。在不断的对外交流中，中华民族吸收了差异化、多样化的地方文化及思想意识，并融合了外域文化的影响，取长补短，兼收并蓄，创造了今天璀璨的中国文化与道德。其二，体现了中华文化道德生生不息、延绵不绝的超循环发展路径。

中国文化道德由古代传统文化道德和当代社会主义道德两大体系组成。古代传统文化道德源于殷周，筑基于春秋战国，融合于魏晋，强化于唐宋，集大成于明清，并在新时代背景下融合了先进的外来思想及文化，形成了具有中国特色的当代社会主义道德体系。它是指导接待业、支撑系统和客源地主体言行的明灯，并对旅游接待业中的行为主体起警示和规范作用。

1. 中国古代传统文化道德

中国古代传统文化道德是中华文明生生不息的源泉。从文化出现起，道德就如影随形。它是民族精神的体现，是人类不断走向文明的助力，是文化的重要组成部分，也是文化的灵魂所在。文化的价值观决定了人们的思维取向和处世之法，也决定了文化的合理与否，其判断依据就是文化的道德属性。脱离文化的道德就如涸流之泊，终成死水微澜，而毫无道德的文化，就如迷航之帆，必将走向消亡。

中国文明起源于北纬 40°左右气候严寒、地瘠产薄的黄河流域。在最初的炎黄时期，民之生存等务实问题被摆在了族群要务之首。此后，炎黄两帝四征八讨，屡战异族并不断融合吸收异族文化，为纪念先祖的功德，中华民族也被称为炎黄子孙。在民族不断融合，文化趋向多元的过程中，族群的扩大也使民生维系成为重中之重，这造就了中华民族千年的务实精神。相对于欧洲的游牧经济，中国更早进入农耕经济时代。古时的耕作更偏向靠天吃饭，人与自然的关系以附生为主，因而较之西方诸国更容易形成敬天意识，即对自然的敬畏。同时，与所有民族和国家的起源相似，上古中国最先产生的也是神权政治，视帝王为天选之子，务实的精神让人们常以天道映伦常之道，每逢重大活动必祭天祭祖，仿效自然法则、祖先经验来处理社会关系。由此，中国古代传统文化道德内涵基本体现在“天道”与“人伦”两方面，表现为儒道释等不同派别，并在各时期皆有所侧重。

(1) 中国传统文化道德的历史溯源

殷周时期是中国道德的萌芽时期。殷人遇事必卜，并通过祭祀形成各个阶层的行为方式。设“五教”“五典”“五礼”以别家庭、社会、君臣伦理。这大体形成了中国道德体系的雏形：以天事喻人事，以天道明人道，以达天人合一的道德伦理。故而设祝官以司天志，设史官以掌人事，祝史并重，袭以为制。王国维认为，周因其制始安天下，而“周之制度典礼，实皆为

① 中华文明探源成果公布：考古证实中华 5000 年非神话[EB/OL]. 人民日报，2018-05-28.

道德而设。而制度典礼之专及大夫、士以上者，亦未始不为民而设也。周之制度典礼乃道德之器械”①，这说明了中国传统文化道德的“为民”基础。此外，该时期中国社会从游牧经济转向农耕经济，财富和土地在不同阶级之间的分配以及宗法制的确立，使得礼制更为系统化，这正是中国古代传统文化道德规范的具体表现。

春秋战国是中国道德的发展时期。该时期的文化道德思想确定了此后千年内中国传统文化道德的基调。这一时期，社会动荡、周礼衰微，九流十家异说纷呈，各诸侯国纷纷从自身实践出发，尝试用各派学说治世强国。如齐国管仲将礼义廉耻视为治国“四维”，用“天道”比附“人道”，主张以民为本，顺民安民富民方可强国，重视社会教化功能以形成良好的社会道德规范；鲁国孔子建立了一整套以“仁”“礼”为核心的社会道德规范体系，提倡国家实行王道德治，用礼教和德治来治世济民，并提出了“重义轻利”的义利观；继孔子之后，孟子进一步发扬了孔子的仁政思想，提出“民贵君轻”的民本主张，认为人性本善因而具有教化的可能性，提倡大丈夫应舍生取义的道德修养和道德情操；荀子的“性恶论”强调了礼教制度对道德伦理的维系作用，提倡“尚贤使能”“化性去伪”“致忠而公”，并对儒家道德规范进行了全面化、系统化地阐释；老子提倡无为而治的为政之德，万物齐一、道法自然的生态之德，处弱不争、清静寡欲的修身之德以及“致虚极、守静笃”的道德境界；庄子则由外转内，注重个人内心的感悟和观照，认为道德的兴衰对国家的兴亡有着深刻的影响；墨子打破了等级和亲疏界限，提倡兼相爱、交相利、克己修身、舍身笃行、节用非乐、贵义非攻、兴利除害、尚同尚贤、固本用财、天下同体的个人、社会、自然伦理；法家主张变法革新、以法治国，还鼓励耕战、借以富国强兵，同时不别亲疏贵贱，提倡法治教育，从某种程度上促进了中国道德体制的规范化、系统化与公正化，为道德教化的顺利实施提供了有力的法治保障；兵家提倡“智、信、仁、勇、严”的为将之道、“道、义、礼、仁”的为政之德，主张“行合道”“举合义”。该时期诸子百家争鸣不已，尽管各有各的思想，但从整体上看，各派别均呈现相通共倡、兼容互鉴的共性，思想的包容度和系统性极强，成为此后千年中华民族传统文化道德的基本思想。

秦汉时期是儒学文化道德的大一统时代。秦王扫六合，诸侯尽西来，中国历史上第一个封建帝国由此成立。为巩固中央集权，秦始皇实施了一系列政治、经济、文化及军事策略，如统一文字、货币、度量衡，废分封、行郡制，南征岭南、北击匈奴等，从政治、经济、社会、文化、军事层面奠定了后世大一统王朝的基石，为汉朝“大一统”的社会思想及政治道德体制打下了基础。两汉帝王吸取秦亡教训，从“内法外儒”逐渐过渡到“独尊儒术”。明确提出了“修身、齐家、治国、平天下”的道德实践方法，并出现了一系列道德理论的相关著作，如《礼记》《大学》《中庸》等，并在史书传记中具体论述了相关文化道德典范。为了进一步维护封建帝国的统治权益，董仲舒提出了“天人合一”“天人感应”“大一统”等学说，以及“三纲五常”的治世标准和道德准则，尽管其根本目的在于维护统治阶级的利益，但也从侧面体现了两汉时期个人、社会、自然等方面的文化道德规范及相关伦理要求。

魏晋时期是儒道释三家文化道德的斗争和融合阶段。该时期政治崩溃、各势割据、兵祸连连、政权更替频繁。儒家道德松弛，玄学、佛道之学的影响使该时期文化道德呈现多元格

① 王国维. 王国维讲考古学[M]. 北京：团结出版社，2019.

局。政治上的失意,使士人们不得已而“援老入儒”,脱离儒家实学而转向道佛玄学,形成不滞于物、不拘礼法、率性洒脱、清净无为的魏晋风度,体现了他们崇尚自然、超然于物、隐逸清峻、高雅豁达的道德人格和处世哲学。

唐宋时期儒家道德进一步理论化、系统化,并与佛家学说融合甚密。经太平盛世,国力强盛的唐朝文化体现出一种恢弘的兼容气派。以魏徵为首的儒生集团,在政治、文化和意识形态上都采取了大度开明的态度,推行兼容并蓄、有容乃大的政策,积极吸收域外文化和思想,使唐文化体现出前所未有的宏阔包容,成为一种至今仍具世界性影响的文化道德思想。该时期文化道德仍以儒家学说为主,推行忠、孝、仁、义、礼、信、诚、节的道德规范,提倡忠国、忠君、忠民的思想,视民为邦本,如唐太宗的“民水君舟”说,认为“水能载舟,亦能覆舟”。宋朝受晚唐藩镇割据的影响和北方游牧民族的侵扰,实行守内虚外的政策,政治上加强封建集权统治,尊孔复儒,定“四书五经”以确立儒家传统道德规范和体系,推行礼、义、廉、耻、孝、悌、忠、信的社会品德,出现了融合儒道释三家的程朱理学,并成为宋以后中国至今的主体哲学。

元明清时期是中国古老封建道德的瓦解时期。该时期资本主义生产关系开始萌芽,文化新变滋生。元代蒙古族入住中原后,推行“各依本俗法”的社会制度。法治的多元化使中原道德传统与蒙古道德传统发生了碰撞与冲突,尽管忽必烈实行“述祖变通”的治国思想,但在较为原始粗疏的异族文化影响下,中原社会道德遭受了一定程度的瓦解。明清时期,统治阶级实行秦汉以来的文化专制,实施闭关锁国的政策,大力推行程朱理学以进行思想控制。另一方面,该时期也是中国传统历史文化集大成时期。史学家们对传统历史文化进行了梳理和传承,规模之大,史无前例,如《永乐大典》《三才图会》《古今图书集成》《四库全书》《全唐诗》《康熙字典》等中国大型类书的修撰。同时,受资本主义经济关系的影响,个人主义、功利主义不断冲击着中国封建传统道德体系。清朝士人们积极寻找治世救国之法,他们或维护封建伦常,提倡忠孝仁义、正大中和,或主张改良维新、革除旧弊以使传统道德适应时代需求。而后,孙中山提出“天下为公”的中国传统道德精神。直至辛亥革命、五四运动后开始了对中国传统道德的批判性继承。

综上所述,中国传统文化道德是“道”与“德”的结合,前者为行为准则,后者为具体实践。古代诸贤围绕道德人格进行了生死、善恶、荣辱、义利、群己、欲理的深入探讨,意欲培养中华民族“至善”的道德人格以淳民风、济世人。这些价值观奠定了中华民族传统道德的精神基础,对中华民族道德文明进步产生了积极的影响。

(2)中国传统文化道德的基本内涵

纵观历代先贤、典籍及社会传统,中国传统文化道德的基本内涵,主要表现在天道、人伦、天人之际三方面。天道指宇宙万物的运行规律,人伦即人与人之间的道德关系,天人之际则为人与宇宙万物之间的关系。由古至今,与上述三者相关的论著散落在各派观点中,杂糅相通,如天上星辰,熠熠生辉。

天道是万物本源和自然变化的规律。首先,从哲学上看,天道是中国传统道德中最为精湛的哲学基础。从三皇五帝至禹汤周公,从诸子百家至儒道释说,从人际相与至治国安邦无不以之为基石。它的哲理深玄、体大虑周、袭古沿今、包蕴万物。在古人的观念中,“天”被赋予至高无上的属性，它是万物的主宰，是自然的本相。天之道育化万物，驾驭自然、社会和人伦的发展方向，是自然和人类必须遵循的规律，是一切行动及思考的准则，也是万事万物的必然趋势。其次，从历史上看，天道的发展经历了神化至人化的过程。从对自然幻象的想象开始，天道就被赋予了神性。经氏族的发展与三皇五帝的加工，天道的社会属性被挖掘出来并逐步人格化。如《尚书》的“绝地天通”①强调了天的神性和遥不可及性，王权则成为人们触摸天道的媒介。《诗经》的“天命玄鸟，降而生商”②已逐渐将王权与天道相连，通过天道肯定王权的合理性。老子认为“道大，天大，地大，人亦大。域中有四大，而人居其一焉。人法地，地法天，天法道，道法自然”③。儒家也有礼以顺天、德以配天的思想。这些都使天道由神性下降到人性，从帝王德行到个人道德，人们开始用自然规律指导人类社会的方方面面。最后，从内容上看，天道涉及人与自然、人与人、人与社会关系的协调。这为后世人际相与、社会治理、生态文明和生态美学的建设铺垫了道德的哲性根基。天道本为自然规律，它尊重万物的自然属性。《道德经》云：“天地不仁，以万物为刍狗”④，说明了天道的普适性。它摒弃尊卑贵贱和存在形式的差异，体现在礼乐征伐、社会治理、品格修养及与自然的相处之道中。如人们将帝王失德归于逆天行道，认为得道多助、失道寡助，将天道内化为君道和人伦，从天道体悟天人相与之法。《淮南子》主张“畋不掩群，不取麛夭，不涸泽而渔，不焚林而猎”⑤的生态道德，用于协调人与自然的关系。由此可见，合于天道，才能使规矩方圆各有所施，大小修短皆有所宜。

人伦是人与人、人与社会之间的伦理道德关系的总和。为了维护集权统治，中国历代统治者们高度重视道德的教化作用，将天道折射于现实的道德法制里，并将其具体应用于人际关系中，以社会伦常的形式予以体现。对此，处于中国道德文化主流地位的儒、道、释三家均有不同阐释。儒家主张仁爱观，以人伦仿效天伦，提倡“亲亲、仁民、爱物”的道德观念和生态情怀；郑国子产结合法家与儒家，提出“宽猛”相继的治国理论，认为道德是国家的根本；孔子强调“为政以德”，孟子提倡“以德服人”，荀子认为“以德兼人着王”；汉儒将德治与法治同施，提倡以德化民使民亲和，如西汉刘向主张刑德并举，威德相济以治国安邦；宋儒沿袭汉儒思想也提倡德刑并举，但以德为主，刑为辅。此外，儒家还将道德思想应用于人际交往中，如在义利、理欲、公私、伦常关系的处理上，主张取义轻利、以义引利、平衡理欲、尚公抑私，用“三纲五常”规范人际伦常。道家坚守无为观，视“无为”为治世之法、至上德行，认为“生而不有，为而不恃，长而不宰，是为玄德”⑥。强调无为是自然与人的本性，无为才能无不为。视“不争”为社会道德规范，认为不争才能自保于世，有所成就。同时，道家也遵循“柔弱”“知足”的处世原则，认为柔弱方能处世，知足才能常乐。提倡万物齐一、清静寡欲、刚柔不争、道法自然的处世哲学。佛家强调因果观和平等观，提倡众生平等、善根业报的伦理观。

---

① 冀昀. 尚书[M]. 北京：线装书局, 2007.
② 孙静. 诗经[M]. 天津：百花文艺出版社, 2016.
③ 李耳. 道德经[M]. 邱岳，注评. 北京：金盾出版社, 2009.
④ 李耳. 道德经[M]. 邱岳，注评. 北京：金盾出版社, 2009.
⑤ 刘安. 淮南子[M]. 许慎，注. 陈广忠，校点. 上海：上海古籍出版社, 2016.
⑥ 李耳. 道德经[M]. 邱岳，注评. 北京：金盾出版社, 2009.

它通过教义如“五戒”“十善”“八正道”等教义规定人们的道德规范，劝导人们秉持慈悲之心，禅定修身以去恶从善。

天人之际是天与人的相处之道，可具化为今天意义上的人与自然生态的关系。司马迁曾在《报任安书》中陈明了《史记》的创作目的是用于“究天人之际 ，通古今之变”①，意即探究自然与人类社会的关系，贯通古今变化的规律。可见，天人之际是中国传统道德文化中的重要环节。具体表现在以下几个方面：第一，自然与人类相依相存。中国古代神话传说《盘古开天辟地》中有言盘古生于混沌，后化日月星辰、山川风云、草木金石与黎甿（指代人类）。周易也云“天地交而万物通也”②，认为天化万物，人与自然皆为“天”之所化因而具平等性。良好的自然生态为人类生存繁衍提供必要的环境，如古人的坤厚载物说。而人类活动也会对自然生态起积极或消极的作用。第二，自然规律与人际规律相符。如古人的堪虞术就是将地形、山脉、水流等地理因素相结合而形成的择地择居观。此外，还遵循“生生为易”、天道循环的自然理论，用自然生态的循环规律阐释王朝兴灭，并与四季相对指导人事生产。第三，形成了与自然亲和、天人合一的相处之道。“天人合一”是中国道德哲学的最高境界。中华民族在这一理论的指导下，形成了“知者乐水，仁者乐山”的自然亲和之道和处世态度。

2. 中国当代社会主义道德

道德建设是衡量社会文明程度的重要尺度和标准，从古至今，历代统治者都将其视为文化建设的核心抓点。新中国成立后，中国传统文化道德步入转型期，并在吸收中国传统优秀道德思想和马克思主义先进道德理论后，迈入当代社会主义道德阶段。中国当代社会主义道德规范体系以中国特色的社会主义经济为基础，以马克思主义世界观和价值观为理论指导和哲学依据，以为人民服务为核心，以集体主义为原则。它与中国经济、政治、文化等国情实践相符，是对中国传统文化道德的批判性继承，是社会主义精神文明建设的主要目标，是共产主义道德体系在社会主义阶段的具化表现，代表了道德发展的进步趋势，也是人类道德发展史的必经阶段。

1949 年，《中国人民政治协商会议共同纲领》就提出“爱祖国、爱人民、爱劳动、爱科学、爱护公共财物”的“五爱”要求。1982 年的国家宪法将“五爱”发展为“爱祖国、爱人民、爱劳动、爱科学、爱社会主义”的社会主义道德基本要求，并在学校实施“五爱”教育。1986 年《中共中央关于社会主义精神文明建设指导方针的决议》首次提出社会主义精神文明建设目标，是培养“四有”，即“有理想、有道德、有文化、有纪律”的社会公民，并主张建立平等、团结、友爱、互助的社会主义新型关系。2006 年，党的十六届六中全会明确提出建设社会主义核心价值体系的重要战略任务，该体系包括四个方面，即“马克思主义指导思想、中国特色社会主义共同理想、以爱国主义为核心的民族精神和以改革创新为核心的时代精神、社会主义荣辱观”③。2012 年，党的十八大从国家、社会、个人层面提出了：“富强、民主、文明、和谐、自由、

---

① 安秋平，杨忠，杨锦海．中国古典名著读本史记汉书卷［M］．北京：京华出版社，1998．

② 周易［M］．冯国超，译注．北京：华夏出版社，2017．

③ 王久高．社会主义核心价值观提出的过程［EB/OL］．中国共产党新闻网，2014-05-06．

平等、公正、法治、爱国、敬业、诚信、友善”①二十四字要求作为社会主义核心价值观的基本内容。2017 年,党的十九大在提出培养新时代公民道德的同时,也提倡传承中华传统美德,并将之概括为“讲仁爱、重民本、守诚信、崇正义、尚和合、求大同”②等六方面内容。2019 年,国务院颁布《新时代公民道德建设实施纲要》,将公民基本道德规范概括为“爱国守法、明礼诚信、团结友善、勤俭自强、敬业奉献”的二十字纲要。与此同时,中国也在不断的实践探索中,提炼出社会主义生态文明建设的内容。2012 年,党的十八大作出“大力推进生态文明建设”的重要决策。2015 年,中共中央、国务院发布了《关于加快推进生态文明建设的意见》,并将生态文明建设纳入国家发展规划。2017 年,党的十九大报告提出了“美丽中国”的生态文明建设目标,提出了“人与自然和谐共生”的观点,认为人与自然是相互关联的生命共同体,人类应该尊重自然、保护生态。并将生态文明建设视为中国经济持续健康发展的有力保障,它符合人类社会的发展目标,也是民意所在民心所向。由此可知,社会主义道德建设包含公民道德、家庭美德、职业道德、社会公德和生态道德等五个方面。

(1)公民道德

公民道德是一国社会公民必须遵守的行为准则和道德规范,是社会公共生活的基本道德,也是世界各国进行道德教育的首要环节。它以自我实现和自我完善为基本价值追求,体现社会的秩序性和公正性。社会主义道德建设以为人民服务为核心,这是道德建设以人为本的根本体现,是社会主义经济健康发展的有力保证,也是新时代中国特色社会主义建设的本质要求。社会主义公民道德符合广大人民群众的根本利益,贯穿于社会主义道德建设的各个层面和所有过程,是个人利益与集体利益的统一。它要求从自身做起,从本职做起,全心全意为人民谋福祉,个人的道德进步和修养提升有赖于社会整体道德风尚的建设,因而公民道德与社会公德具有同一性,它以“八荣八耻”的社会主义荣辱观为引导,以“爱国守法、明礼诚信、团结友善、勤俭自强、敬业奉献”为基本道德规范,将中华民族传统道德文化进行了提炼与提升。公民道德的建设要求公民个体在道德意识、道德行为、道德理想方面自觉遵守特定社会和阶级的道德规范及要求,并以此为依据进行自我认知、自我教育、自我提升和自我完善。其中,道德认知是个体在特定社会道德规范的刺激下,对客观道德关系及处理原则和规范的认识,它可使公民个体趋善避恶,择善而行。道德行为是道德实践的具体表现。众所周知,实践出真知,公民个体在社会实践过程中可以依据规范,不断修正偏差,形成坚定的道德信仰和良好的道德品质。道德理想是理想人格和理想社会道德的统一,是个人道德和社会道德的至高境界,它关乎个体素质的全面提升,也为个体未来发展指明了方向。

(2)家庭道德

家庭是人类社会发展的产物,也是社会延续的基础。它是在婚姻、血缘或收养关系的基础上产生的,以情感为纽带的社会生活单位,是人类社会构成的一种群体组织形式。家庭道德是人们在家庭生活中用于协调成员关系、处理家庭问题时应遵循的基本行为准则和道德规范,其内容涉及夫妻、长幼、兄弟姐妹及左右邻里间的关系。家庭道德决定个体道德形成

---

① 王久高. 社会主义核心价值观提出的过程[EB/OL]. 中国共产党新闻网,2014-05-06.

② 鄯爱红. 公民道德与中华传统美德[EB/OL]. 中国共产党新闻网,2019-01-14.

的初始环境，长期在道德建设中占重要地位。家庭是社会的最小组织和基本单元，是社会稳定的基础，是道德教育的摇篮和土壤，也是培育中国传统美德“忠孝”伦理的沃土。中国素以“礼仪之邦”著称，“孝道”作为中国传统礼仪文化的核心，一直被视为中国传统伦理道德之本，有“百善孝为先”之说。行孝的前提是家庭关系的确立，它是孝道的感情基础。另外，古代中国以宗法制为根基，它按血缘关系以别亲疏，孝道文化因而成为维护宗法制的有力手段。家庭可持续发展对社会的良性运行和稳定发展有重要作用。《大学》有云：“治国必先齐其家”①。美好的家庭生活给人带来幸福与希望，反之则易引发社会动荡和道德崩坏。“家和万事兴”的观念一直深耕于每个中国家庭中，这要求家庭成员秉持“和”的理念，共同处理好夫妻、长幼、邻里关系，使夫妻和睦、长幼有序、邻里和谐，才能引人向善，这是人际相与的第一步，对完善个体品德、促进人际和谐、改善社会风尚有重要意义。因此，家庭道德建设应大力提倡尊老爱幼、团结和睦、平等互爱、勤俭持家、亲仁善邻，使家人皆能明明德，才可实现家家和谐、老安少怀、丰衣足食、国家昌盛、天下太平的至世之德。

(3)职业道德

职业道德是特定职业活动中从业人员应遵循的行为准则和道德规范，是社会道德在职业活动中的反映，具体表现在职业主体与服务对象之间、职业成员与职业成员之间、职业组织与职业组织之间以及职业个体、组织与社会、国家之间的关系。职业修养和职业道德是职业团体及组织对个体的基本要求，是在组织内部经长期实践自然形成的认知、习惯和规范。从事特定职业的人们，往往在共同的劳动中经历共同的职业训练和技能培养，因而形成共同的兴趣爱好、劳动认知、行为习惯及思维传统，从而产生特定的职业责任和纪律要求，并进一步演化为职业团体和组织的行为规范和道德要求。其受一定时代的政治、经济、文化、社会的道德制约，并因社会分工的不同而呈现多元性和多样性。如在战国时期，《周礼》就提出了王公、士大夫、百工、商旅、农夫、妇功等国家六种职业的道德要求；管仲将社会职业道德分为士、农、工、商四类；此外，中国历史上还依据社会分工形成了吏德、师德、医德、武德、商德等不同的职业道德。中国职业道德历来以服务大众为根基，以明礼诚信、恪尽职守为原则，以重义轻利、悉心向善为核心，以“和”为价值取向，讲究“和气生财”，从而维持社会道德的稳定。

中国社会主义职业道德以公有制经济为基础，服务于公有制的社会关系，与人民的根本利益相符。它体现了企业的文化聚力、经营哲学和核心价值观，符合社会主义道德建设的根本规律，是社会主义道德建设的重要组成。其以爱岗敬业、诚实守信、办事公道、服务群众、奉献社会为主要内容，以企业文化建设为根本途径，以国家政策为有力保障，以自我提升为关键手段，以职业道德教育为建设平台，以共产主义职业道德为至上理想和发展方向，并依据中国社会职业的特点和规律不断丰富和完善。良好的职业道德有利于促进从业人员思想素质的自我完善、调动行业积极性和创造性、调整社会关系形成良好的社会风尚，从而推动社会主义精神文明建设的进步，保障社会主义市场经济的平稳有序运行，进而提升社会整体道德水平。

---

① 李一冉. 大学[M]. 北京：中国广播电视出版社，2008.

(4)社会公德

社会公德是社会群体成员为了维护社会生活的正常运行而约定俗成的行为准则和道德规范,是在社会中被普遍认可的每个社会成员都应遵守的行为框架,是对个人、集体和社会公共利益的制衡。它以个人道德建设为实践途径,又对个人道德起制约和示范作用,具体表现在社会生活的公共领域中,具普适性、简明性、承续性和历时性。它随人类社会的发展累积而成,是人类道德进步的具体体现。自人类社会形成之日起,社会关系就随着人类文明的发展不断变更,它人们在长期的社会交往中逐渐形成简明易懂的社会规则和基本规范以利传播和传承。由此可知,社会公德产生于人们对社会共同生活的基本要求,并用之以调整不同利益主体之间的关系。改革开放以来,人们的公共生活领域范围进一步扩大,人际往来更为频繁,新的社会现象和社会问题频发,其中也产生了一些不良的社会道德行为和习惯,这导致了社会公德建设的紧迫性,因为良好的社会公德能确保社会秩序的稳定,为社会主义市场经济建设注入活力。为此,我国不断加强社会公德建设,继承和弘扬中华民族的优秀传统文化道德,并取得了巨大成就。社会主义社会公德根植于社会主义经济基础,以及在此基础上形成的社会公共生活和人际交往中,是对中国传统伦理道德的扬弃。其以文明礼貌为基本规范,以助人为乐为基本品德,以爱护公物为基本美德,以保护环境为进步趋势,以遵纪守法为基本要求。它要求人们在社会实践中加强社会公德认知、践行社会公德规范、完善社会法律体系,以保障社会公德的顺利实施。它的实现有赖于公民思想道德建设和个人修养的提升,以及社会全体成员的共同监督。

(5)生态道德

生态道德是人类道德向生态方向的延伸,是人类在处理生态关系中应遵循的行为准则和道德规范,它反映人与生态的基本关系,是生态社会人地关系的道德要求。生态是一定时空内生物与生境关系的总和。作为生态系统的有机组成,人类在生态道德建设中扮演着异常重要的角色,既是生态行为的践行者,又是生态平衡的维系者。早在周公时代,便设立了管辖农猎林木的官员。《周易》认为日月山泽、风雷水火组成了生机勃勃的有机世界,人类便孕于其间。而后,历代先贤都有与生态相关的论著,如儒家提出“天人合一”的生态理论、敬畏自然的客观诉求、和而不同的共生思想、不违农时的生态智慧、乐山乐水的自然亲和观、仁民爱物的生态价值观;《周易》强调“生生为易”的生态规律,将阴阳太极视为生命之源,主张生命环链观,提倡“坤厚载物”的大地伦理;道家主张道法自然和万物齐一论,提出“天倪”与“天钧”的生物链思想;佛家提倡人与自然和谐的境界说,施行悬隔物欲、善待自然的修行之法等。由古至今,人类从未停歇观察自然、效法自然、顺应自然和保护自然的脚步,并以此作为自己思维和言行的准则。人类发展至今经历了原始文明、农业文明、工业文明三个阶段,并向生态文明时代迈进。经济高速发展带来的环境危机、能源危机与生态危机给人类敲响了警钟,人类开始从生态价值和生态伦理的角度反思自身的行为,谋求与自然共生之路。这体现了人类对生态道德建设的深切关怀和可持续发展思想。2012 年,党的十八大明确提出倡导“人类命运共同体”的意识,并先后出台了一系列重大决策以推进生态文明建设,积极参与环境治理和生态共建,为人类可持续发展谋求福利。

社会主义生态道德建设是人类生产和生活发展到一定阶段的产物,它被用以协调社会主义经济条件下人与自然生态之间的关系。习近平总书记多次强调了生态道德建设的重要作用,认为“良好的生态环境是最公平的公共产品,是最普惠的民生福祉”“绿水青山就是金山银山”①,主张开展全员、全方位、全地域、全过程、全方法的生态保护工作,以使经济建设和生态文明建设相得益彰。

3. 旅游接待业中的中国道德

国际道德规范是国际关系实践过程中的行为准则,由国际关系行为主体共同建立,是国际良性秩序的维系要素。一直以来,欧美国家都以西方标准作为国际道德规范的制定依据,具一定的片面性。全球化的今天,国际体系的建设和国际秩序的维持需要世界各国的共同努力,国际道德规范和标准应纳入更多的声音,才能更有效的服务于世界的稳定、和平与发展。如联合国从人类命运共同体和人道主义角度平衡各国利益颁布的一系列有关人权问题、环境问题的公约、协议、宣言和规范,如《世界人权宣言》《儿童权利公约》《经济、社会和文化权利公约》《斯德哥尔摩公约》《联合国海洋法公约》等,因而被各主权国所接受。航空业和信息技术的发展,使长距离旅游活动愈加频繁,跨空间、跨文化的旅游活动不可避免地导致旅游接待业中各种文化道德的碰撞和冲突,因而在尊重各国利益的同时,我们也应当提取出各国具有相同意义的文化道德规范,建立不同国家人们共同认可并能参与践行的国际道德规范体系。

旅游接待业的中国道德是中国传统道德规范和社会主义道德规范在旅游接待业中的具体表现。中国道德文化是世界道德文化的有机组成,它丰富了世界道德文明的标准体系。经过 40 多年的改革开放实践,中华民族的对外观念和行为模式已经发生了改变。中国积极参与国际体系的建设和良性秩序的维护,积极践行多边主义外交政策,积极融入世界政治、经济、文化体系中,展现了“负责任大国”的担当。2012 年,习近平总书记在世界和平论坛中指出“中国已成为国际秩序的积极参与者、建设者、贡献者”②。因而,在建立合作共赢为核心的新型国际关系过程中,各国应当结成以人类命运共同为目标的利益共同体,这不单单体现在政治、经济等硬实力合作中,也体现在文化道德建设等软实力中。故此,中国愿意为世界和平发展和人类福祉贡献中国智慧。

(1)中国道德的基本目标

中国道德的基本目标应以民本思想为核心,以相互尊重、和而不同为前提,以求同存异、合作共赢为途径,充分吸收中国优秀文化道德传统和各国优秀文化道德思想,结合中国实践,建立完善的符合中华民族根本利益的社会主义文化道德体系,实现全面、自由、兼顾代际公平的人类可持续发展愿景。

(2)中国道德的基本内涵

全球一体化的发展目前已渗透至人类社会生活的方方面面。各国比邻而居,共享资源、人才及信息技术。它的开放性、广泛性和多元性在促进人类社会高速发展的同时,也引发了

① 习近平“十谈”绿色发展:良好生态是最普惠的民生福祉[N].人民日报,2018-04-02.

② 习近平:中国始终是世界和平的建设者、全球发展的贡献者、国际秩序的维护者[EB/OL].中国共产党新闻网,2016-07-01.

全球化危机，如社会危机、生态危机、精神危机等。在价值多元和价值共生的时代，单边主义和人类中心主义已经无法解决现存危机，亟需构建新的以建设人类命运共同体为目标的全球道德体系。为此，强调和谐、共生的中国道德思想亦可纳入全球道德体系的建设中。它的基本内涵主要包括民本思想、和谐理论、尚公精神和生态情怀四个方面：

①民本思想

无论是西方人文精神所提倡的自由、平等、博爱传统，还是中国“以民为本”的思想，都以“民”为核心。从中国古代实践上看，民本思想是中国历代贤君明臣、清官良吏所倡导的基本价值观，是中国廉政文化的基石，也是当代社会主义道德的核心思想。民本思想源于夏周，发展于春秋战国时期，并在汉唐开花结果，此后虽有演变，但至今核心未改。统治阶级通过民本思想来巩固君权。孔子认为“大畏民志，此谓知本”，主张“因民之所利而利之”，好民之所好，恶民之所恶，提倡“为政以德”。孟子主张“民贵君轻”，荀子主张“立民为民”“君舟民水”，董仲舒提倡“伸天仁民”，李世民认为“民水君舟，水能载舟亦能覆舟”。中国历史上的太平盛世如汉武盛世、开元盛世、永乐盛世等无不因重民、仁民而兴。辛亥革命后孙中山先生提出了“民族、民权、民生”的三民主义精神。中国共产党吸收了马克思主义的先进思想，进一步传承和超越了中国传统的民本思想，以“全心全意为人民服务”为根本宗旨，以人民利益至上为根本原则，以为群众谋福利为根本线路，重视民生、民主、民权问题。中国历代实践深刻表明，民本思想是推动社会进步，弘扬中国人文精神，建设国际道德规范的核心内容。

②和谐理论

和，始见于殷商甲骨文，原意为声音相和，后引申为顺、谐之意。和是中国古代哲学的重要范畴，中华民族以和为善、以和为美、以和为贵，主张贵和尚中、和而不同。和谐理论是中国“仁”“礼”思想的根本原因，其内容包含以下三个方面：

一为“天人之和”，即人与自然、与万物的和谐，它产生于事物运动及变化的多样性统一中。如老子认为，“和之至”“和曰常”，即“和”是万物的理想状态，也是万物的常态，“万物负阴而抱阳，冲气以为和”[①]说明“和”是阴阳的对立统一。庄子强调天和、人和、心和。《中庸》有“致中和，天地位焉，万物育焉”[②]之说。《论语》有“和而不同”之说，认为“和”以“不同”为前提，它包容“不同”，是多样性的统一。《尚书》有“神人以和”之语，强调人与自然的和谐。史伯在答郑桓公问时则强调“和实生物，同则不继”[③]，晏子提出“和五味”“和六律”。董仲舒提出“和者，天地之所生成也”[④]“举天地之道而美于和，是故物生”[⑤]，刘安在《淮南子》中提倡“阴阳合和而万物生”[⑥]，皆有异曲同工之妙。

二为“人际之和”，即人与他者、社会的和谐，中国古代将之称为“民和”。《尚书》言“百

---

① 李耳. 道德经[M]. 邱岳，注评. 北京：金盾出版社，2009.
② 中庸[M]. 赵清文，译注. 北京：华夏出版社，2017.
③ 左丘明. 国语[M]. 韦昭，注. 上海：上海古籍出版社，2015.
④ 董仲舒. 春秋繁露[M]. 上海：上海古籍出版社，1989.
⑤ 董仲舒. 春秋繁露[M]. 上海：上海古籍出版社，1989.
⑥ 刘安. 淮南子[M]. 高诱，注. 上海：上海古籍出版社，1989.

姓昭明，协和万邦”①。《中庸》云“和也者，天下之达道也”②。管仲曾言“畜之以道则民和，养之以德则民合”③。儒家强调“义以分则和，和则一，一则多力，多力则强，强则壮物”④，将“和”从个体、家庭延至乡里，从本群、本族延至万邦，如此天下方可天下和平。孟子言“天时不如地利，地利不如人和”⑤。汉代追求“得民和”，如东汉仲长统认为“和谐则太平之所兴也，违戾则慌乱之所起也”⑥，民间也有“家和万事兴”之说。同时，也提倡个人观点的对立统一。如晏子以“和音”“和羹”劝诫君王纳谏。法家《商君书》提倡“至德者不和于俗”⑦，《礼记》主张“和而不流”，都强调了“和”应包容多样性，不应随波逐流的观点。至当代的社会主义核心价值观也提倡民主法治、诚信友爱、安定有序的社会和谐理论。由此可知，从古至今，“人和”思想一直是中华民族最为看重的因素，这种“人和”精神对调节社会关系、维护国家稳定、促进民族团结起了重要的凝聚作用，是中华民族产生包容万象、尊重并吸收外来文化的博大心胸产生的直接源泉。

三是“人与己和”，即人与自身、身与心之和，体现在个人修养上，就是人与自身的和谐，是人对提升自我素质的自觉，是人们自我完善的过程。对自我的认知是东西方文化中的古老命题。三千多年前，希腊德尔斐石碑上就印刻着一句铭文“认识你自己”，这引发了西方从苏格拉底到康德关于“自我”的长久哲学讨论。在中国，老子也提出“知人者智，自知者明”⑧的论说，强调了自我认知的重要性。古人强调仁义礼智信、温良恭俭让、忠孝廉耻节的传统道德，格致诚信、修齐治平的修身之道，博学、审问、慎思、明辨、笃行、务实的求学精神和勤俭、慎独、自省、自强、自信、自尊的修心之法，都是个人自我完善以达身心平衡的途径。

改革开放以来，中国一直秉持“负责任大国”的思想，主动承担国际责任，深化国际社会体系的建设程度，积极参与并配合联合国各项工作的开展，维护核不扩散体系，以维护全球安全和稳定。并以不附任何政治条件，不干涉内政的承诺积极扩大对非援助，参与全球治理，深入地区一体化建设，如推进东亚、东盟的地区合作等，多方促进国际关系的和谐发展，提出“人类命运共同体”的概念以促成世界各国及全球人类的社会、生态和谐。这些举措承袭中国传统文化道德中的和谐观，符合世界全体人民的根本利益。

③尚公精神

“尚公”是中国传统文化道德中最基本的价值取向，是民本思想、爱国精神、集体主义精神以及当代社会公德的源泉。它体现了古人的群己关系和义利观，起源于先贤对人的社会性的深刻剖析，是古代秩序伦理的反映，也是古人社会整体观的表现。从古至今，“尚公”思想一直贯穿于中国传统文化道德中。从三皇五帝起，就产生了“公天下”的禅让制；荀子强调人与动物的区别在于人由分工产生的社会属性，并认为个人利益与集体利益是相统一的；列

① 冀昀. 尚书[M]. 北京：线装书局，2007.
② 左丘明. 国语[M]. 韦昭，注. 上海：上海古籍出版社，2015.
③ 房玄龄注. 管子[M]. 刘绩，补注. 刘晓艺，校点. 上海：上海古籍出版社，2015.
④ 荀子. 荀子[M]. 杨倞，注. 上海：上海古籍出版社，2010.
⑤ 赵清文译注. 孟子[M]. 北京：华夏出版社，2017.
⑥ 范晔. 后汉书[M]. 西安：太白文艺出版社，2006.
⑦ 商鞅. 商君书[M]. 章诗同，注. 上海：上海人民出版社，1974.
⑧ 李耳. 道德经[M]. 邱岳，注评. 北京：金盾出版社，2009.

子认为圣人应有“公天下之身，公天下之物”①的品格，商鞅认为“公私之交，存亡之本也”②；《礼记》有“大道之行也，天下为公”③的说法；《吕氏春秋》认为“天下非一人之天下也，乃天下人之天下也”④。儒家认为“士当以天下为己任”，宋朝《皇极经世》提出了“崇皇尚公”的主张。在“尚公”精神的引领下，每当民族危难、国家兴亡之际，知识分子们就前仆后继，担起济世救民的大任。如顾炎武提出“天下兴亡，匹夫有责”，主张明道救世；孙中山提倡“天下为公”，成为民主革命运动的伟大先驱；中国共产党立党为公，执政为民，坚持集体主义原则，提出“人类命运共同体”，体现了“尚公”思想的世界格局。

④生态情怀

中国哲学一直是关于“生”的哲学，从《周易》的“生生为易”始，中华民族就一直积极探索与自然共生、整生之道，并将这一思想纳入文化道德的价值观中，以律令或民约的形式予以传承。如从伦理道德观上看，中国“天人合一”、天地人“三才说”“致中和”和“坤厚载物”的思想，就体现了人与自然万物同一的生态观，具体反映在“元亨利贞”“休复”“安宅”等人与自然和谐相处的美好生存理想中。在生态律法的建设上，西周时期就出现了世界上最早的环境保护法《伐崇令》，其中规定了山川林泽的保护律法；秦之《田律》出现了有关生物资源保护的论述；西夏则在《天盛律令》中规定了种植植被以防止水土流失的举措；蒙古族保护草原和水源的法典；此外，周、唐、宋已出现城市卫生管理的机构；明清时期江南生态农业形成，各地方志和乡约民规皆有保护生态环境的告文和记录。到当代社会可持续发展观的提出、人类命运共同体的建设及生态文明时代的来临，中华民族的生态情怀一直贯穿始终。

(3)旅游接待业中践行中国道德的重要意义

从全球范围来看，首先在旅游接待业中传播中国道德，是传承中国优秀道德文化传统的需要。中国道德的普及及传播，可以提升民族自豪感和民族话语权，让世界倾听中国声音。中国传统文化道德是中华民族生存和发展的精神源泉，是中华民族自尊心和自信心的成长土壤，也是国家走向繁荣昌盛的软实力资源。挖掘、传承并弘扬中华民族的优秀传统文化道德，能唤起人们复兴中华优秀传统文化的使命感，增加对自身文化的认同度。“建设优秀传统文化传承体系，弘扬中华优秀传统文化”⑤是党的十八大提出的重要任务。十八大以来，习近平总书记多次提及中华优秀传统文化，指出“中华优秀传统文化是中华民族的突出优势，是我们最深厚的文化软实力”，主张加强传统文化挖掘，并实现中国传统美德的社会主义转化。弘扬具有当代价值的文化道德及人文精神，把立足本国又面向世界的文化道德传播出去。其次，在旅游接待业中传播中国道德，是丰富世界道德体系，共建国际道德规范的需要。如前所述，世界道德体系的建设应该平衡各国利益，综合考量各国道德规范内容，从中提炼出具有普适性的价值观和标准，求同存异、合作共赢；最后，在旅游接待业中传播中国道德，也表现出中国的“大国担当”。中国愿意在世界道德体系和国际道德规范的建设中，愿意

① 张湛，注. 卢重玄. 解，殷敬顺，陈景元，释文. 陈明，校点. 列子[M]. 上海：上海古籍出版社，2014.
② 商鞅. 商君书[M]. 章诗同，注. 上海：上海人民出版社，1974.
③ 戴圣. 礼记[M]. 陈浩，注. 金晓东，校点. 上海：上海古籍出版社，2016.
④ 吕不韦. 吕氏春秋[M]. 高诱，注. 上海：上海古籍出版社，1989.
⑤ 朱书缘，赵晶. 建设优秀传统文化传承体系[EB/OL]. 中国共产党新闻网，2012-12-10.

秉持中国精神、发挥中国智慧、承担中国责任、奉献中国力量。

从中国旅游业发展上看，在旅游活动中践行中国道德对旅游接待企业、目的地居民、游客乃至整个旅游行业都有积极的推动作用。①有利于培养正向的企业价值观，改善企业经营和服务，从而提高旅游从业人员的专业素养，实现旅游企业的社会、经济、生态效益的共赢；②有利于推动中国社会主义精神文明建设以形成积极向善的良好社会风尚；③有利于纠正行业的不正之风，抵制各种精神污染，维护中国国际旅游大国的形象。

第二节　旅游接待业企业的文化道德价值

旅游接待业企业的文化道德是旅游接待过程中，接待业相关企业在一定的社会、经济条件下通过旅游实践形成的企业全体成员应遵循的共有理论、共同认知、共识价值以及行为准则和规范的总和。一般而言，企业文化道德的承续应满足两方面的条件：一是客观条件，具体表现为良好的社会制度、清明的政治环境、丰实的经济基础和有序的律法要求等；二是主观条件，即企业成员通过内省、笃行而产生的对企业道德的认知和对自身品德的自觉要求，如宾客至上、服务至诚、爱岗敬业、热情友好等职业道德以及自律、自爱、自强、自尊等积极乐观的德行和品格的形成。在旅游接待活动中，企业文化道德的建设需要企业各成员的共同培育与努力。

一、旅游接待企业文化道德的内涵及特征

（一）旅游接待企业文化道德的内涵

旅游接待企业文化道德的基本内涵具体表现在旅游接待业企业的内部道德和对外道德上，前者指企业内部员工文化道德素养的培育和企业文化及精神的塑造，主要体现在企业员工的全面发展和企业文化的建设上，如员工个人修养的提升、职业道德的培养、企业价值观的传递、企业哲学的阐释等，后者指企业的对外应履行的社会责任，主要体现在社会和谐、生态和谐上，如税务、反腐、公益、环保等社会、环境道德。他们与法治一起，共同维系着旅游接待业的良性运营秩序，这也是旅游接待业企业文化道德的根本价值之所在。

根据利益相关者理论，旅游接待企业文化道德主要用于协调旅游接待企业与其利益相关者如投资者、管理者、供应商、分销商、员工、旅游者、社区、政府乃至整个社会与自然之间的关系。在当今世界的旅游接待过程中，旅游企业的经济属性时常与社会、环境属性发生冲突，尤其当企业仅以追求经济利润最大化为目标时，不可避免地会遇到一些伦理、道德、环境问题，如消费误导、竞争无序、旅游者利益受侵、社区居民利益受损、员工权益无保障、社会公益缺失、企业形象受损等。因此，应结合行业特性，规范企业的道德行为，为企业走向世界、参与全球竞争做好充分的准备。

(二)旅游接待企业文化道德的特征

不同时期,不同民族,不同国家,不同政治、经济、文化条件下的文化道德有所差异,不同行业的文化道德标准也各有不同,旅游接待业亦如此。旅游接待业的综合性、服务性、经济性与跨文化性使旅游接待业相关企业的文化道德要求呈现自身的行业特征,主要表现为以下几方面:

1. 文化的承续性

旅游接待业企业文化道德往往是一国、一民族的民族文化和民族精神的映射。企业组织因此成为了传承民族文化、弘扬民族精神的重要载体。一方面,由于集体无意识的作用,接待企业及个人在旅游活动过程中会下意识地传播本国、本民族的文化价值观和伦理道德观,如中国自古便是礼仪之邦,文明礼貌是人际关系的基本要求,它以相互尊重为基础,在企业文化道德观中具体表现为企业对员工的尊重和企业之间的相互尊重。另一方面,企业文化道德建设需要从本民族的优秀文化传统中源源不断地汲取精神食粮,如中国儒道释文化中的民本、仁和、友爱、尚公、节俭、法治、诚信、守节等思想就为中国旅游接待业的文化道德建设指明了方向。

2. 内容的特殊性

旅游接待业是以服务为主的行业。相较其他企业而言,旅游接待企业更倾向于“以人为本”的服务理论。这主要体现在员工满意与顾客满意两个企业目标的博弈上。一方面,员工满意是顾客满意的前提,只有满意的员工,才能产生满意的顾客。因为员工的服务技能和职业道德修养能对顾客满意和顾客忠诚产生直接影响。如为了提升员工服务的积极性,树立正向的人生观和服务观,丽兹卡尔顿酒店将员工与顾客并重,并提出了著名的服务格言:“我们是为绅士和淑女服务的绅士和淑女”。另外,旅游接待企业的根本宗旨是顾客满意,为此,企业强调宾客至上、服务至诚,这是诸多旅游接待企业的共同理念。旅游接待企业的文化道德建设,旨在通过建立企业的文化道德体系和规范,协调企业与内部成员、游客之间的关系,进而保证旅游秩序的良性运行。接待业的服务属性也使其文化道德建设带有鲜明的服务个性,相较其他领域的道德建设,其在内容的构建中更具特殊性。

3. 规范的普适性

旅游接待企业的服务对象以国内外旅游者为主。这些旅游者的年龄、性别、收入、身份国籍、教育水平、政治态度、民族文化、宗教信仰、风俗习惯、消费水平、品德修养、兴趣爱好往往各不相同。因此,要服务好这些客人,除了具备专业的技能、丰富的知识、良好的态度外,还要有崇高的职业道德精神。在旅游接待和服务过程中秉承宾客至上、热情友好、明礼守信的服务理念,尽量做到不卑不亢、一视同仁,竭尽全力为游客提供舒适满意的服务,以满足不同旅游者的需求。此外,旅游活动的多样性和丰富性也对职业道德提出了普适性要求。旅游活动涉及吃、住、行、游、购、娱、商、养、学、闲、情、奇等多个要素,关联多个行业和部门,因而道德要求也有所不同。为此,旅游接待业企业应萃取出各行业道德中具有普适性的要素,如服务性、文化性等,并制订相应的具普适意义的文化道德规范供旅游接待企业共同遵守。

二、旅游接待企业文化道德的价值

历史发展证明,文化道德虽然受到一定社会、经济的制约,并反映一定时期的社会、经济状况,但文化道德的发展与社会经济的发展并不完全同步。如在春秋乱世中,诸子百家提出了德政法治的思想,提倡“仁民爱物”,在生产力并不发达的古代中国早产生了重义轻利的义利观和“先天下之忧而忧,后天下之乐而乐”的献身精神;而在社会体系日益健全、经济技术较为发达的今天,人们依然会面临拜金主义、过度消费、诚信缺失、文化流失、环境破坏、信仰缺失、精神危机等道德问题。文化道德建设从来就不是一蹴而就的过程,它需要代代承继、坚持不懈并持之以恒。旅游接待企业文化道德能展现企业的伦理价值和文化建设状态,协调企业与员工、企业与企业、企业与社会、企业与自然之间的关系,引领行业的道德风尚,并弘扬民族文化精神,因而其在国家与地区的整体文化道德建设中扮演着重要的角色。具体表现为以下几方面内容。

(一)阐释企业文化价值

旅游接待企业文化是一定社会经济条件下旅游接待企业在旅游实践中所形成的物质文明和精神文明的总和,是企业在长期的旅游实践活动中形成的共同理想、价值标准、经营理论、道德规范和行为准则及其载体的总和,包含企业的经营哲学、伦理价值、品牌形象、文化载体、企业环境等多种要素。其中,企业的经营哲学和伦理价值是企业文化建设的内在要求和核心,企业的品牌形象、文化载体、企业环境则体现了企业文化的外在要求。良好的企业文化道德建设能阐释企业的文化及其价值观,为企业文化建设提供正确的价值导向。同时企业文化道德也是企业经营管理的有效手段之一,能提升企业内部凝聚力,实现员工的自我价值,培育正向的企业精神。同时也能帮助摆脱道德困境,厘清道德方向,不断提升企业的竞争力,推动企业经济的良性循环和发展。

(二)协调企业内外关系

旅游接待企业在旅游实践活动中需协调好两方面的关系。一是接待企业的内部关系,即接待企业与员工之间的关系,具体表现在员工的日常管理、绩效分配和员工激励等方面;二是接待企业的外部关系,即企业与企业、企业与社会群体、企业与生态环境之间的关系。通过接待企业的文化道德建设,一方面可以将企业的价值标准、经营哲学内化于企业日常的经营管理中,使企业成员形成共同的价值标准和处世态度,以企业目标的实现为共同的奋斗方向,并能为他们所认定的奋斗目标而共同努力。企业文化道德建设以人为本的观念容易使员工在共同的奋斗目标和长期的合作中形成相互关怀、团结友爱的传统和习惯,从而强化了成员的团队意识,产生强大的向心力和凝聚力。另一方面,可以通过文化载体,如品牌、环境等向外传递企业的经营哲学、价值理论和生态观,营造良好的社会形象。

(三)引领行业道德风向

通过文化载体的传播和媒体的宣传,旅游接待企业的文化道德建设可以对公众形象、公众态度、公众认知、舆情评论、品牌塑造产生直接的影响,并向整个行业及社会辐射。企业的文化道德建设要面临不断的精神诱惑和道德危机,因此,建设优秀的企业文化道德显得尤为重要。首先,优秀的企业文化道德在可以强化企业精神、加深企业信仰、过滤负面的道德文化、不断矫正旅游接待企业在旅游实践过程中产生的道德偏差,保持企业文化道德建设的正确方向;其次,优秀的企业文化道德是一个不断变化的动态体系,既有对优秀民族文化道德的继承,又有对世界各民族优秀文化道德的吸收,并随时代的变化而不断变化;最后,优秀的企业文化道德可以通过道德网络的辐射,渗透至社会生活的方方面面,从而引领整个行业乃至社会生活的道德风向。

(四)弘扬民族文化精神

企业文化道德作为意识形态的组成部分,是历史发展的产物,其根植于民族文化的传统中,是对民族传统文化道德的扬弃和世界优秀文化道德的吸收。日、韩、美、澳的学者在各自的研究中发现,中国儒家思想对企业的文化大的建设有着重要的影响。如儒家“和合”理论对应企业的合作双赢思想,并被用于处理企业在经营活动中的各种关系;“重贤”思想对应企业的人才选拔观。主张任人唯贤,反对唯亲举任,强调要善于发现人才,讲究德才兼备;“中正”思想对应企业的公正态度,强调以“中正”立身处世;并以“重义”观引导企业的义利观,提倡经济、社会、环境效益兼而取之,强调集体主义精神等。除此之外,道家、法家思想也对企业文化道德建设有深刻影响。如道家“道法自然”的思想主张遵循自然规律行事,这意味着接待企业在旅游实践中,还应关注生态问题,始终保持企业文化道德发展与社会、经济、生态发展同步调。由此可见,优秀的企业文化道德有助于弘扬民族传统文化和精神,进而丰富了世界文化道德体系的建设。

三、旅游接待企业文化道德的培育

旅游接待企业文化道德的培养需要目的地、支撑系统相关企业形成对旅游接待活动中相关文化道德的共同认知,以达到共同构建和共同维系。具体表现在企业文化道德意识的培育、素养的形成、规范的确立、法治的保障和典范的宣传五个方面。

(一)文化道德意识的培养

旅游接待企业的文化道德意识是旅游接待企业成员在长期的道德实践中形成的各种文化道德观念、文化道德理想、文化道德意志、文化道德信念和文化道德理论体系的总和。它由文化道德认知、文化道德情感、文化道德意志、文化道德信念构成[①],它形成于人们的文化道德实践活动中,并反过来指导人们的文化道德实践活动。首先,旅游接待企业外在的文化道德规范必须通过内化为文化道德意识,才能形成文化道德实施的根本动力;其次,文化道德信念的形成也需要接待企业成员产生发自内心的、自觉性的文化道德意识。当文化道德成为人们的内在情感需求,人们就不需要对规范的产生被动服从,而是通过深切的感悟与实

① 黄彦华. 近代西方情感主义伦理学与道德教育[M]. 银川:宁夏人民出版社,2017.

践体验，产生对文化道德规范的认同和对文化道德理想的主动追求。

社会主义经济是法治经济，但也对道德提出了要求。文化道德意识一直是中华民族的立根治本。在全球化经济的进程中，旅游接待企业的综合性和跨文化性必然对接待企业提出了更高的文化道德要求，因而，接待企业必须重视企业文化道德意识的培养。如培养以优质产品和诚信服务为主的信誉意识，搭建合作平台，吸引更多的合作伙伴；培养平等协商、公平有序的竞争意识以实现企业自我的提升；培育产权意识，使企业之间形成尊重他人产权，保护自身产权并尽量争取自主产权，以促进企业创新、维护良好的竞争秩序；培育以自然为邻，以自然为友，尊重自然、爱护自然、保护自然的环保意识，以构筑人与自然和谐发展的空间，这也是一个企业生态良知和生态责任的体现；最后，接待企业对民族意识的传播也有重要作用，通过吸收先进的传统文化道德并化为己用，企业文化可展现民族文化的自尊和自信。

（二）文化道德素养的形成

旅游接待企业素养是旅游接待企业各成员在长期的旅游实践中通过后天习得的各类行为方式的倾向。它是文化道德意识培育的结果，是旅游接待企业偏好、态度、习惯、意愿的结合。它不单单表现为主观意愿的倾向，还通过后天学习形成特定的思维或行为习惯，并在企业内部广为传播。我们可以从两个方面了解其内涵：首先，文化道德素养并非自发生成，而是后天通过学习渐渐习得的；其次，它表现为企业各类行为的集成，涵盖企业所有内外经营管理活动。再者，它是一个动态变化的过程，会根据所处时代、政治、经济、文化环境的不同而有所不同。最后，文化道德素养的形成需要经历认知——学习——实践——反思的过程，即形成文化道德意识、学习文化道德规范、实施文化道德实践、反思文化道德行为等系列过程，才能把企业的文化道德意识，内化为企业的文化道德素养，从而构建企业文化道德建设体系，完善社会文化道德建设。

（三）文化道德规范的确立

旅游接待企业的文化道德规范是旅游接待企业在旅游活动过程中应遵守的行为准则及典范的总和。它是文化道德意识的具体表现，是文化道德意识的外化载体。企业借之以传递自身的文化道德标准及要求，并成为判断企业行为善恶的手段。凡是有利于企业发展和社会进步的，为善行，反之则为恶行。旅游接待企业文化道德规范的表现形式，通常以企业制度、企业守则、部门规章、员工手册或者企业成员共同认可并沿袭下来的惯例为主。同时，企业文化道德也应遵循特定时期的国际条约、国家规范、地方法规、行业规章在文化道德方面的要求。

旅游接待企业文化道德规范的确立是接待企业对自身文化道德行为的自律要求。它体现了旅游接待企业对于文化道德理想及目标的追求，并为道德的法治建设提供了参照依据和标准。

（四）文化道德法治的保障

道德与法治是企业经营管理的重要手段。旅游接待企业的文化道德的建设与国家、行业、企业的相关法治建设相辅相成。一方面,法治是文化道德建设的有力保障。有了法治,文化道德才有法可依,有制可循。法治保障企业的基本权益,关系企业成员的切身利益,执法力度的强弱直接影响企业文化道德的实施力度。只有以法治的力量惩恶扬善、维系公正,才能凝聚人心,营造企业的良好文化道德氛围。也只有学法、普法、守法,坚守道德底线,才能使企业、行业乃至整个社会的文化道德治理达到新高;另一方面,文化道德规范也可以转化为法律规范。如爱国爱岗、尊老爱幼、勤俭节约、明礼诚信、见义勇为、保护生态等道德理论和行为已经在旅游接待企业相关法律中有所涉及。如联合国的《全球旅游业道德守则》、中国的《旅行社条例》《旅行社条例实施细则》《公民道德建设实施纲要》等公约、规章都是道德与法治并行的典范。

(五)文化道德典范的宣传

文化道德典范,即文化道德榜样,它是一定的社会文化实践中出现的符合既定道德规范和价值标准的典型人物、事件或集体,也是一定阶级、社会道德准则和规范在具体人物、事件上的集中反映。它较为完备地体现了企业的道德理想,具理想性、时代性和民族性。

旅游接待企业的文化道德典范作用具体表现在指导、约束、评判、传承、宣传等方面。第一,文化道德典范对企业的道德实践有明确的价值导向作用,是道德的实践形态。它用感人的事迹、崇高的精神传导企业的道德理想,使企业成员感受到文化道德的重要意义。第二,通过外化为企业制度、条例、章程、守则的“硬约束”与内化为道德素养的“软约束”,文化道德典范逐渐在两种约束的潜移默化中形成示范作用。第三,文化道德典范为企业成员乃至整个社会设立了文化道德评价标准和尺度。凡是符合这一尺度的思想及言行,必将受到社会的肯定和褒扬,反之则遭到社会的否定。第四,文化道德典范是文化道德的集中体现者和承担者,也是民族文化的传承者。如三皇五帝、孔孟老庄的“为民”思想便浓缩在当今社会主义道德的具体实践中,通过旅游接待企业的文化道德行为的实施得到广泛传播。第五,文化道德典范的事迹宣传,对企业的文化道德素养的形成和文化道德规范的推广起扩散作用。发生在身边的先进道德事件和崇高精神,不仅让企业成员深切感受到文化道德的重要性,也引领着整个社会的道德风尚。

第三节　旅游接待业个体的文化道德责任

旅游接待业个体的文化道德指旅游接待业个体在旅游活动中应遵循的行为准则和道德规范。一方面,旅游接待企业的文化道德以成员个体道德的实施为基础。企业是由个体成员组成并协作运转的群体,企业成员的个体道德素养对企业的道德水准有直接影响。同时,个体道德也反映着企业的总体道德要求,两者相依相存,相互制约,具体表现在旅游接待过程中与旅游活动相关的旅游从业人员职业道德里。另一方面,旅游接待业个体经营者的文化道德素养,与企业、社区的文化道德一起,共同构成一国或地区社会道德和国家形象的“窗口”,也是该国、该地区民族文化道德的具体体现。

可见,旅游接待业个体的文化道德,是构成接待业组织、团体或群体文化道德标准的基本单元和要素。它受特定社会、经济、政治、文化环境的制约,但又表现出个体的主观能动性。个体有明辨是非的能力、有选择道德规范及行为的自由,因此需承担相应的道德及法律责任。个体道德责任的承担与否,受个人自觉意识、情操修养和道德境界的影响,并对社会整体文化道德体系的建设和推行起积极或消极作用。

一、旅游接待业文化道德的个体角色

旅游接待业文化道德的个体角色主要由目的地、支撑系统旅游接待经营服务个体和旅游接待企业成员个体、社区居民个体组成。

目的地、支撑系统旅游接待经营服务个体主要指个体经营者,即以生产资料个人占有,以自己或家庭劳动为基础的经营者。个体经营是一种劳动成果归生产经营者所有的小规模的生产经营活动,也是一种小型私有制经济形态。旅游接待业的个体经营者覆盖旅游活动的各行各业。首先,旅游行业本身就是劳动密集型行业,人员缺口较大。全域旅游兴起后,旅游产业与其他产业的联系日益密切,呈现了“旅游+”的产业融合链,这为个体经营者提供了广阔的就业机会。因此,个体经营者的文化道德能对与他们发生直接接触的旅游者产生巨大影响。其次,对“三农”问题的重视使国家加大了对乡村的扶持力度。各方政策的倾斜极大地促进了乡村旅游的发展。乡村旅游的根本宗旨是解决农民的生产、生活和农村生态问题,而农户经营多以个体或家庭为主,这些个体及家庭的文化道德直接影响着乡村旅游活动中的道德风尚;最后,在以品质、健康、生态为主的旅游产品观形成后,大众旅游逐渐转向定制旅游、个性旅游。旅游接待业中个体经营者的文化道德本身也是旅游产品的构成要素之一。他们的在地文化、好客文化直接决定了旅游产品的质量好坏,如民宿、餐饮行业的个体经营者等。

旅游接待企业成员个体、社区居民个体主要指旅游接待业企业内部和社区中为游客提供接待服务的个体成员。他们是旅游接待企业、社区文化道德的具体承载者和实施者,企业文化道德须通过个体成员的职业道德展现。企业成员、社区居民个体的文化道德包括对内的个人修养和对外的道德行为,具体包含职业理想、职业责任、职业良知、职业态度、职业纪律、职业荣誉、职业技能、好客程度等。其中较为特殊的是职业技能,它是职业道德的载体,若无技能,则企业成员个体的文化道德将无从展现。

二、旅游接待个体的文化道德培育

无论是旅游接待业中的个体经营者还是旅游接待企业成员、社区居民个体,旅游接待个体文化道德培育的首要任务都是培养旅游从业人员的高尚道德操守、履行对旅游者应尽的道德责任并培养新时代具高尚职业素养和道德情操的旅游从业人员。因此,旅游接待个体文化道德的培育需要旅游接待个体在接受文化道德教育同时,理论联系实际,在旅游实践活动中通过切身体验来实现。具体表现为以下内容。

首先,热情友好、宾客至上是旅游接待个体文化道德培育的核心要求,也是社会主义道德建设“为人民服务”精神在旅游业中的体现。旅游接待业的特殊性使“好客文化”成为旅游产品之一。旅游接待个体热情的服务态度，友好的服务言行，处处体现“宾客至上”的服务细节，会让旅游者产生情感共鸣，给游客留下美好的印象，从而提升个人、民族、地区甚至国家形象的美誉度。为此，需要不断提升旅游服务质量，增强服务意识，完善服务细节，改善服务态度。

第二，爱国主义、集体主义是旅游接待个体文化道德培育的首要原则。爱国主义是文化道德培育最重要的内容，也是文化道德的最根本要求。爱国心即民族心，爱国魂即民族魂。旅游接待个体的一切行为都应建立在爱国的基础上。一个连自己祖国都不热爱的个体，道德将无从谈起。此外，在旅游活动中，当个人利益与集体利益发生冲突时，应以集体主义为重，尽量促成个人的从众行为。因为个人利益与集体利益是相互统一的，集体利益是个体共同努力的结果，而个体利益的实现也有赖于集体利益的维护。

第三，爱岗敬业、遵纪守法是旅游接待个体文化道德培育的前提条件。旅游接待的复杂性对个体的文化道德提出了一定要求。其中，爱岗敬业是对旅游从业人员的普遍要求。热爱本职工作，会让旅游接待个体产生使命感、荣誉感，并在自我价值的实现过程中逐步获得幸福感。爱岗敬业也是旅游从业人员做好服务接待工作的前提条件，如果没有热爱，就不会有工作热情，更无所谓献身精神。此外，如果说爱岗敬业是自内向外的过程，遵纪守法则是自外向内的过程。法律纪律是强制性的社会规范，是维护集体利益的必备条件，它对全体社会成员有约束作用。只有在法律的保障下，旅游接待活动才能有序进行，个体利益才能与集体利益达成一致。

第四，诚实守信、公私分明是旅游接待个体文化道德培育的必要条件。诚实守信是为人之本，是企业形象的“招牌”，是高尚的文化道德情操在旅游实践活动中的具体体现，也是中华民族的传统美德。只有在诚信社会里，接待个体才能有序竞争，旅游企业才能赢得商机，旅游产业才能健康发展。诚信具体表现在质量的把握、合同的遵守、信誉的建立、承诺的践行等几方面。此外，在公私关系的处理上，集体主义主张“公义”高于“私利”，这正是中华传统文化道德中“重义轻利”思想的体现。旅游接待业的外向性使从业个体经常接触形形色色的精神污染，如拜金主义、权力至上、享乐主义等。因此，在旅游接待过程中，个体要时常保持清醒的头脑，处理好是非、名利、得失、荣辱、权财、公私的矛盾。这要求接待个体廉洁奉公、爱护公物、不假公济私、不贪小便宜，不断提升自身修养，以抵制各种精神污染。

第五，团结协作、顾全大局是旅游接待个体文化道德培育的有力保障。旅游接待个体是群体的一分子，如个体经营者是目的地接待群体中的一员，而员工个体、居民个体也是旅游接待企业、接待社区的基本构成细胞。若想要群体拧成一股绳，就必须培育个体的团队意识和大局观。团队的成功有利于个人理想的实现，团队协作因而成为企业的内在要求。随着社会、经济、科技的发展，旅游接待业体系日益庞大，竞争日益激烈，个体之间需要亲密合作、共同努力，才能在严酷的竞争中存活。同时，团结协作使个体承担的贡献和成本降低，达成资源的有效配置。个体团队观的形成是一个循序渐进的过程，需要在旅游实践中求同存异，积极沟通。

第六，钻研业务、提高技能是旅游接待个体文化道德培育的有效手段。立足岗位、钻研业务以提高服务质量是加强文化道德建设的迫切需要。它有利于个体的成长和进步,可使个体更有效地完成本职工作。业务钻研需要个体在旅游实践活动中不断学习、磨炼自我,如此才能学好本领,更好地服务宾客,如导游带团技能、餐厅服务技能、景区接待技能的提升等。同时,这也是科技和信息的发展的需要。智慧旅游和移动技术在旅游实践活动中的普及,对旅游接待提出了更高的业务要求,唯有不断钻研业务,提高技能才能精益求精,不断提升服务质量,在竞争中取胜。

第七,不卑不亢、一视同仁是旅游接待个体文化道德培育的基本要求。一方面,一视同仁要求旅游从业人员在提供旅游接待服务时,不论旅游者国籍、年龄、身份、性别、信仰、习惯、贫富差距,都能不分薄厚、真诚以待,关心他们的利益,维护他们的权利,从而体现接待和服务工作的公平公正;另一方面,不卑不亢要求旅游从业人员在服务接待过程中,既能尊重客人,尽责守职,又能坚守自尊、自信、自爱的文化道德情操,捍卫国格、人格和民族尊严。

第八,勇于创新、锐意改革是旅游接待个体文化道德培育的有力法宝。创新是文化道德源源不断的生命力之所在。它需要旅游从业人员冲破束缚,结合旅游实践,对传统文化道德进行批判性的继承,才能不断翻开新的篇章,开创新的局面。全球化进程的加速,使旅游接待业出现了各种新现象、新问题,也向旅游从业人员的文化道德发出了新的挑战。这些新问题的解决需要从业人员在旅游工作中解放思想、实事求是、不畏艰辛、勇于探索、革除旧弊、锐意改革才能适应不断变化的文化道德要求。

除此以外,管理者应以身作则,争当表率,勇担责任,甘于奉献,这样才能在企业和行业中起示范作用,从而有利于提升旅游企业的知名度,打造企业品牌效益,同时,兼顾旅游活动中的各种经济、社会、环境效益,为旅游接待业创造有序发展的和谐环境。由此可见,旅游接待个体文化道德的培育对培养从业人员的正向道德情感,如正义感、荣誉感、良知感、责任感、幸福感,创造真善美的社会道德环境有着重要的作用。

三、旅游接待个体的文化道德认同

个体是形成社会的最小单元,因而个体的文化道德认同也是形成文化道德社会群体认同乃至世界认同的首要步骤。旅游接待个体的文化道德认同是个体内心自发自觉形成的对特定文化道德的认同,是文化道德内化的表现。这是一个文化道德认知循序渐进的过程,需要个体长期沉浸于特定的文化道德氛围中。当个体形成文化道德认同后,个体行为与文化道德规范便达成统一,个体对文化道德的价值和重要意义有了深刻的认知,从内心深处真正认同文化道德规范,形成相应的文化道德信仰,产生强烈的责任感和使命感,并外化成习以为常的道德行为。此时,个体从被动服从文化道德规范变为主动践行其所认同的文化道德规范。

文化道德需达成个体与群体的双向认同,才能保证社会文化道德的稳定发展,这也是道德教育的重要任务。当个体的文化道德认同与所在组织、社会群体文化道德认同相一致时,个体会产生积极的自我意识和情绪,会对组织或群体产生归属感、责任感、使命感和幸福感。而当个体文化道德与所在组织、社会群体文化道德不相符时,个体则对自己所在群体的角色产生怀疑、不认同甚至排斥等负向情感,进而引起团体对个体的拒绝或改造。

个体所处社会往往自致性地承担了奖惩角色，在其他社会成员身上，往往体现着个体所处文化的社会习俗和道德规范。当个体行为与所处文化的社会习俗和道德规范发生冲突，则会受到其他社会成员的共同抵制和排斥，并通过外化为文化道德规范及法治的文化道德要求进行惩戒。可见，旅游接待业个体的文化道德认同，是形成文化道德群体认同乃至世界认同的基础。反之，文化道德的群体认同和世界认同也会制约个体认同。

第四节　旅游接待业社区的文化道德包容

旅游接待社区是某一特定的旅游目的地内的社会群体在共同的地域文化背景下形成的社会生活的共同体。它是旅游接待活动的参与者和利益相关者。旅游接待业社区的文化道德包容是旅游接待社区对有别于自身文化道德传统的外来文化道德的接纳和宽容，是旅游接待社区文化道德培育的前提条件。一方面，旅游接待社区与旅游接待主体一起共同创造了目的地的接待环境，营造了旅游接待氛围。如社区居民的热情友好、好客态度会提升旅游体验的幸福感和愉快度，提高旅游者的重游率。另一方面，社区居民的文化道德包容能缓解与外来游客间的文化道德冲突。旅游业全球化的发展，使旅游接待业具有外向性。旅游接待社区要面临的是来自各行各业、各个国家、地区、民族的游客，不同的游客文化道德背景各不相同，因此埋下了冲突产生的诱因。对多元性的包容和尊重，是文化道德共生的前提，可以促进各国、各地区、各民族之间的相互交往，缓解并消除冲突，增进民间友谊。

一、旅游接待社区的文化道德构成

旅游接待社区的文化道德由本国、本民族的文化道德传统、接待地社区的在地文化道德习惯和已吸收的先进外来文化道德三部分构成。旅游接待地社区的文化道德体系深根于本国、本地区民族文化传统的沃土中，它从优秀的传统文化道德中汲取养分，并在对本国、本地区优秀传统文化道德的继承中逐渐融合外来文化道德的先进思想，不断超越、不断创新，将本国、本地区的民族文化道德带入了崭新的发展阶段。

首先，优秀的民族文化道德传统为社区的文化道德建设提供了核心组件。民族文化是道德建设的魂魄，如中华民族传统文化道德中就蕴含了“天下为公”的高远追求，富贵不淫、贫贱不移、威武不屈的崇高气节，阴阳五行构筑世界的朴素的唯物主义观，士大夫们经世致用的务实精神和以人为本的民本思想等。这些传统的文化道德观，从千年起就影响着中华民族的世界观、价值观、自然观，并反映在旅游接待过程中的各种行为道德上，形成了中华民族与人为善、热情好客、乐于助人、不卑不亢、贵和持中的道德品质。

其次，独特的在地文化道德传统是接待地社区文化道德建设的重要内容。所谓十里不同风，百里不同俗。不同社区的在地文化因地域的不同而有所差异。差异性也造就了不同社区特有的在地文化，个性化的资源、文化、道德风俗极大地丰富了旅游者的旅游体验，也使各地社区文化道德各具特色。

最后，先进的外来文化道德思想是接待地社区文化道德建设的有力补充。文化道德的建设是一个不断创新、不断融合的过程。凡是有利于社会进步和人类文明的一切先进文化道德思想，都有值得吸收的价值。

二、旅游接待社区的文化道德价值

由于旅游接待社区参与地方旅游接待服务工作及相关利益分配，是地方接待主体的重要成员之一。因此，接待地社区的文化道德建设也对当地旅游接待服务的正常运行起促进或缓滞的作用。具体表现在以下几个方面。

第一，旅游接待社区的文化道德包容体现了接待社区的深厚人文关怀精神。包容是尊重的体现，而尊重则是文化道德的基本内容，是人文关怀的核心，也是建立一切良好关系的前提。旅游接待社区对外来文化道德的包容主要表现为对不同风俗习惯、宗教信仰、文化认知、价值理论和道德规范的尊重和理解上。

第二，旅游接待社区的文化道德建设是接待地文化道德建设的重要组成。接待地的文化道德建设由接待个体、接待企业、接待社区、社会公众及其他利益相关者共同完成。他们相互制约，相互影响，共同参与接待地的文化道德建设。其中以接待社区的文化道德培育最为特殊，因为社区居民既可以是接待个体、企业成员，也可以作为社会公众参与道德评判，与各利益相关者皆有交集。因此，接待社区的文化道德建设也成为了接待地文化道德建设中最特殊的一环。

第三，旅游接待社区的文化道德是传承在地文化和民族文化的重要力量。相较于传统文化道德和社会公德对民族文化的传承作用，旅游接待社区的文化道德价值更为明显地表现在对在地文化的传承和保护上。地域的差异性使社区文化具有明显的在地特征，因而更能凝聚在地资源，彰显在地文化，传承在地精神。

三、旅游接待社区的文化道德培育

旅游接待社区在旅游接待业文化道德的建设中承担着重要的角色。它是地方文化道德建设的重要参与者与实施者，又是社会文化道德建设的监督者和维系者。旅游接待社区的文化道德培育应注意以下几个方面。

首先，旅游接待社区的文化道德培育以保护和尊重旅游社区的相关权益为前提。如社区的环境权、旅游资源收益权、旅游资源保护权、社区发展权、社区自治权等。只有充分尊重社区的发展权益，社区才能主动参与服务接待，从而保证旅游活动的正常开展。

其次，旅游接待社区的文化道德培育以社区的文化道德建设为实现手段。通过文艺、体育、民俗文化建设和环境美化、精神文明建设，将社区的文化道德内化于具体的活动领域和人际交往中，是旅游接待社区文化道德培育的具体路径。如以舞会、庙会、花会、歌会、曲艺、杂演、民族体育竞技、社区文化广场等群众性集体活动为媒介，发展社区文化，才能激发社区活力，积极参与文化道德培育。

最后，旅游接待社区的文化道德培育有赖于社会各界的共同努力。如典范的树立、法律的保障、政府的引导、媒体的宣传、游客的配合等。唯有整合多方力量，才能推进社区文化道德培育工作的进行，如创建社区公共文化服务设施、构建社区居民参与机制、创新文化道德服务的形式与内容等。

四、旅游接待社区的文化道德认同

旅游接待社区是聚居于接待地的人们所组成的社会生活共同体和活动区域，是旅游接待地社会治理的基层单元，具有其自身的社会、文化、经济、生活、地理特性。由于身处同一居住地，社区居民也是地域共同体，他们有着共同的利益基础和较为密切的交往关系，因而更易形成共同的文化价值和道德标准的认知，即文化道德认同。旅游接待社区的文化道德认同是旅游接待业社区在旅游接待过程中逐渐形成的观念、认知、理解和期望的共识与共鸣，是社区居民对本社区的认同感和归属感。全球化的发展使科技发展突飞猛进，信息的便利化和智慧化使社会成员的个性化日趋明显，这一变化逐步消解了社区居民的共同认知，产生了社区共识的匮乏。当社区的文化道德认同减弱，社区居民之间的稳定关系便会被破坏。作为旅游接待活动的实践者，不稳定的社区关系也更容易导致社会风险的发生。

旅游接待社区的文化道德认同是社区的意识形态之一，也是社区价值观的核心要素。通过文化道德的认同，居民与社区之间搭建起了情感联系的桥梁。其内容包含三个方面：一是社区居民的身份认同，即居民对其在社区中所担任的角色的认同。这是社区文化道德认同产生的前提。只有当社区居民认同自己的社区身份，才能真心诚意地在心底生发出对社区文化道德的认同，从而遵循社区公认的道德行为规范。二是对社区文化道德的集体认同。集体认同能形成利益共同体。在集体认同得以实现后，社区居民会把集体内的“他者”视为“自我”的延伸，“他者”成为“我们”，从而使居民产生与之进行积极合作的意愿，实现个人利益与集体利益的平衡和统一。集体认同是社区文化道德认同的基础，即当社区居民实现自身的身份认同后，会产生对社区集体的归属感，在人际关系方面表现得更为密切，从而更愿意遵守集体内部的公认文化道德准则。三是个体和集体对社区价值观的认同。社区价值观的认同是社区居民和集体对社区内部形成的风俗文化、道德观念、精神信仰的共有价值的认同。它是社区文化道德认同的核心。一旦社区的价值观获得个体和群体的广泛认可，社区文化道德实践就有了参与者与实施者，共有的价值观能激发社区的凝聚力和向心力，并使社区成员拧成一股绳，共同为实现社区的文化道德目标而努力。

第五节　旅游接待业游客的文化道德教育

旅游接待业游客的文化道德是游客在旅游活动中应遵循的行为规范和道德准则。它体现在旅游者的个体行为中，是接待地对旅游者的道德诉求。游客是旅游行为的主体，是旅游接待业的服务对象。游客的需求决定市场走向，游客的选择决定竞争的成败。由于游客在旅游活动中处主导地位，游客的文化道德教育也因此显得极为重要。早在旅游活动发生前，游客就已拥有特定的文化道德背景并形成个人的道德认知。由于个人修养和道德认知有别，部分游客极有可能在旅游活动过程中产生各种文化道德问题。文化道德教育可以对游客的不文明、不合法、不合理行为进行规范和约束，从而实现整个社会的“旅游文明”。游客的文化道德行为不仅对接待个体、企业、社区、政府及相关利益者产生影响，也对游客自身、家庭乃至其所属地区、民族、国家的发展产生影响，因为游客往往代表着其所在民族、地区、国家的文化道德形象，其道德行为的好坏直接影响着人们对其所在民族、地区国家的评价。

一、旅游接待业游客文化道德教育的意义

作为市场参与主体，旅游接待业中游客的文化道德教育对旅游接待业乃至整个社会的发展、文化的交流有着重要的意义。其一，游客的正向文化道德行为对旅游接待地的文化道德建设有规约作用。如入乡随俗的文明旅游能让游客与居民友好相处，从而激发接待地居民的好客文化与服务能动性，积极参与接待地的旅游开发与服务工作，使接待地实现社会、经济、环境效益的三元统一。此外，游客正向的文化道德行为也能促进地方文化道德体系的建设和完善，保障地方旅游接待的顺利进行，形成宾主皆欢的旅游氛围。其二，游客负向的文化道德行为会导致接待地文化道德问题。首先，游客不文明的道德行为会干扰旅游接待地社区和居民的正常生活，使游客与当地居民、社区和自然之间矛盾频生，从而导致当地居民与游客之间出现排斥、抗拒或厌恶关系，给当地的政治、经济、文化发展带来恶劣影响。其次，游客负向的文化道德行为会破坏当地淳朴的文化道德关系，如商业价值观、金钱观、权力观对地方淳朴文化道德关系的冲击过大，则容易导致地方文化道德的颓丧。第三，秉持正向文化道德观的游客，会成为接待地与客源地之间的文化道德传播大使。通过游客的跨地、跨国、跨境旅游活动，游客能接触到不同的文化道德与价值观，并言传身教地在旅游活动中传播不同的文化道德，进而为文化道德的世界认同贡献力量。

二、旅游接待业游客文化道德教育的方式

旅游接待业游客的文化道德教育对旅游业的正常运营乃至社会稳定而言都具有重要的作用，它是一个长期的过程，需要各行各业、各个层面坚持不懈地通力合作才得以实施，具体可以通过政策支持、地方宣传、法律监督、亲身践行等路径予以实现。

首先，政策支持是游客文化道德教育得以普及的有力保障。从世界范围到国家层面，都曾出台相关政策对游客的文化道德行为予以规范，如联合国的《全国旅游业道德守则》《旅游权利法案和旅游者守则》，我国的《公民道德建设实施纲要》《中国公民国内旅游文明行为公约》《中国公民出境旅游文明行为指南》等。这些政策及规约对维护整个旅游市场起了积极的导向作用。

其次，地方宣传是游客文化道德教育得以实施的重要凭借。在旅游活动及接待过程中，当地的文化道德要求和规范必须通过地方宣传予以实现，如地方网站、地方 App、地方微信、微博、个人微圈等公域或私域流量的传播等。此外，游客的文明或不文明行为，也会通过地方宣传或舆情管理得到扩散，进而对游客的旅游行为及道德观念起约束作用，从而确保地方旅游接待的正常运营。

再者，法律监督是游客文化道德教育得以实现的推动力量。法律使道德惩罚有法可依、

有理可凭、有制可循。通过相关企业、行业、地方、国家的法治建设，对游客的低俗文化和不文明道德行为进行惩戒。一方面杜绝了游客负向文化道德对接待地的不良影响，另一方面也保障了接待地居民的相关权益，如环境权、资源收益权等。

最后，亲身践行是游客文化道德教育得以实践的必循路径。纸上得来终觉浅，绝知此事要躬行。实践出真知，一切文化道德观若不付诸实践，必将流于形式。游客的文化道德教育最终还是会落到游客对其自身文化道德行为的具体践行上，才能切身体会旅游接待业中进行文化道德建设和培育的重要性。

本章小结

随着社会经济的发展、教育水平的提升和人类文明的进步，旅游成为人类重要的活动之一。旅游接待业的全球化进程推动了目的地居民的自我认知的建立、文化生态的保护、道德情操的陶冶和幸福感的提升，但同时也产生了一系列问题，如道德衰败、消费奢靡、生态破坏、风俗败坏、文化断层、资源流失以及健康危机、安全危机、精神危机等问题。人们在旅游过程中需要平衡各方利益，考虑代际分配，这是旅游文化道德建设的根本宗旨。因此，需要建立旅游接待文化道德体系的世界认同来解决目前的文化道德危机。作为人类命运共同体的一员，以优秀传统文化道德思想和先进社会主义文化道德观为核心的中国道德，可以为国际文化道德体系建设贡献中国智慧和中国力量。

同时，旅游接待业中道德与利益的错位和道德建设的滞后，也使旅游接待企业、社区、个体及游客的文化道德建设提上日程。在旅游接待过程中，应明确企业、社区、个体及游客的文化道德责任和文化道德构成，求同存异，合作共赢，以提升各主体的文化道德意识，构建文化道德体系，深化文化道德培育，从而保证各国乃至全球旅游接待业的有序发展。

复习思考题

一、名词解释

1. 旅游接待业的文化道德
2. 认知体系
3. 规范体系
4. 评价体系
5. 世界认同
6. 公民道德

7. 家庭道德
8. 职业道德
9. 社会公德
10. 生态道德
11. 国际道德规范
12. 文化道德意识
13. 文化道德素养
14. 文化道德典范
15. 社区包容

二、简答题

1. 简述旅游接待业文化道德的内涵。
2. 如何构建旅游接待业文化道德体系?
3. 如何实现全球视野下旅游接待业的世界认同?
4. 旅游接待业的中国道德具体表现在哪些方面?
5. 如何培育旅游接待企业的文化道德?
6. 如何培育旅游接待个体的文化道德?
7. 如何培育旅游接待社区的文化道德?

三、论述题

1. 结合案例,谈谈旅游接待业中国道德思想的古今来源。
2. 如何实现旅游接待业文化道德的世界认同?

【拓展阅读】

在孔子故里感受传统文化道德
——尼山圣境,中国优秀传统文化道德特色研学

尼山,一座震古烁今的文明之山,一座弥高弥新的思想之山,一座栖息心灵的精神之山,一座弦歌不辍的教化之山,一座光耀四海的智慧之山。

尼山圣境位于曲阜市东南25千米处,总规划占地44.78平方千米,总体创意为“孔子的世界,世界的孔子”,功能定位为“文化修贤度假圣地”和“世界级人文旅游目的地”,核心文化主题为“明礼生活方式”,是一项集文化体验、修学启智、生态旅游、休闲度假、教育培训于一体的综合性文化载体。

尼山圣境积极致力于打造孔子学院总部体验基地、中华优秀传统文化道德体验基地、曲阜优秀传统文化道德传承发展示范区、新时期全球华人共有精神家园,旨在树立起向世界展示儒家思想文化道德及中国传统文化道德的新名片,塑造出中华文化道德的时代典范,构筑

起东方文明与世界文明的交流互鉴平台，以国际化视野弘扬优秀传统文化道德，用全球语境讲好中国故事，让中国思想智慧参与人类文明进程，使尼山真正成为享誉世界的文化圣地。同时，作为一项负有时代使命的创造性历史文化工程，尼山圣境的立足点和出发点，不仅在于弘扬中华民族优秀传统文化，更在于用全球语境讲好中国故事。基于此，尼山圣境研学体验依托尼山圣境特有的区位、自然、历史、文化等资源优势，以“明礼生活方式”为核心文化主题，以儒家文化道德为主体，对中华优秀传统文化道德进行深入挖掘；以圣境尼山书院为传承传播载体，融合传统书院规制及现代研学需求；重视“诗、礼、乐”体验，凝聚历史传承、展现人文风景、阐发中国精神，尼山圣境研学体系由点位式教学、体验式教学、课堂式教学体系等三位一体的教学体系构成，带领研学参与者沉浸式感受传统文化道德的魅力、深度体验当下中国的“明礼生活方式”，增强文化自信，共筑民族复兴的中国梦。

尼山圣境开园以来，一直备受各地研学团的青睐。它作为“一站式”中国传统文化旅游目的地，让各年龄段的游客们在圣人脚下体验传统文化的魅力，感受当下中国的“明礼生活方式”。其产品主要包括：(1)圣境研学，明礼生活。这一项目旨在游客体验中国优秀传统礼仪，学习中华优秀传统文化道德，在情境式研学中端正学习态度，尊师重道、传承文化、明礼生活。(2)尼山游学，感悟中华优秀传统文化。在此项目中，尼山圣境优秀研学导师、现场教学老师将在游学过程中为研学参与者生动讲解传统思想道德、文化艺术等内容，真正实现了学在路上的目的。研学参与者通过参与尼山圣境特色礼乐文化体验活动，为先贤智慧而感动，并立志传承中华优秀传统文化道德。(3)文化讲堂，省身提升。《论语》有云：学而不思则罔，思而不学则殆。研学的真正的目的是不断反思自我，提升自我，将知识的学习内化于心，实现思想道德上的真正提升。具体项目如下：

（一）礼仪研习

《论语》曰：道之以德，齐之以礼。中华民族素有“以礼养德”的传统，将“礼”视为“德”的表现之一。自古以来，中国就有“礼仪之邦”的称呼，子曰：“不学礼，无以立”。中国传统礼仪中蕴含着中华民族立身处世的哲学。尼山圣境礼仪研习内容包含入泮礼、束脩拜师礼、乡射礼等传统礼仪研习，以及开蒙祈福礼、尼山食礼、礼敬先师等尼山现代礼仪研习。通过传统礼仪的研习，研学参与者们将体会到礼仪对于君子道德人格的教化作用，感念中华优秀文化道德传承之精神。

1. 开蒙祈福礼

开蒙祈福礼是中国传统的人生礼仪之一，是人生教育的第一步，蕴含着对孩子未来人生美好的祝愿。

2. 入泮礼

入泮是古代学子入学的重要仪式，学子研习入泮礼，满怀对老师的尊敬之情。跨过泮水桥，从此便踏上了“路漫漫其修远兮”的求学之路。

3. 束脩拜师礼

束脩拜师礼，是古代学生入学时的拜师礼仪，孔子说：“自行束脩以上，吾未尝无诲焉。”

自古人们就把束脩作为拜师、感谢师恩的象征，束脩礼体现出中华文化中尊师重道，感怀师德的优良传统。

4. 礼敬先师

学子端正衣冠，学习古礼文化，感恩老师福泽，祈愿事业、学业顺遂，感念中华优秀文化道德传承之精神。

5. 汉代食礼

子曰："食不厌精，脍不厌细"。尼山食礼是济宁市级非物质文化遗产项目。研学参与者们可聆听金石八音、雅乐声声；观看传统乐舞、庄重缓和；品味传统美食，感悟食礼文化。

6. 乡射礼

乡射礼是古代士大夫阶层十分重要的社交活动之一，射礼不仅是一种技艺的练习与竞赛，更重要的是体现了一种观盛德、司礼乐、正志行，以成己立德的道德教化意义。

（二）特色文化体验

尼山圣境研学特色文化体验活动，以"明礼生活方式"为核心文化主题，以儒家文化为基础，对中华优秀传统文化道德进行深入挖掘。带领研学参与者们寓教于乐，修为君子，感悟明礼生活。具体包括以下内容：

1. 雅乐曼舞

"六小舞"起源于西周时期，是古代贵族子弟成年之前必须学习的传统乐舞，属于中国古代雅乐，被誉为"先王之乐"。研学参与者们可欣赏"六小舞"复原展演，体会雅乐对君子品格和道德情操的滋养。

2. 手读论语

在尼山圣境大学堂的书香氛围中，研学参与者们亲手书写并默诵论语精选篇章选段，以手写心读的方式体会《论语》中的智慧哲思。可将亲笔作品制作成为扇面和装裱作品，作为研学之旅的珍贵纪念。

3. 金石传拓

传拓是我国传统的一种收集保留文字的技法，拓片是记录中华民族文化的重要载体之一。研学参与者们将学习和体验传统的传拓技艺，亲手制作拓片，感受古老的文字留存技法，作为研学之旅纪念。

4. 君子雅集

在此环节中，研学参与者们可共赏君子五雅之美、聆听古琴的绕梁余音、欣赏花道的雅致美学、品味茶道的典雅醇香、体会香道的养神静心、聆听《诗经》的古朴优美。在雅致的文化氛围中，感受明礼的生活方式。

（三）夜游尼山，观赏精彩演艺

该项目中，研学参与者们可观赏大型礼乐盛典《金声玉振》。现场将有八音乐器四壁悬挂，巨幅竹简横贯全场，并采用当代艺术最前沿的舞台装置、大型机械、全息影像等手段，与中国古典艺术形式相结合，令观众在观演过程中切身感受到中华礼乐文明之美。此外，《天下归仁》的灯光秀集传统器乐、古调吟唱于一身，让观众穿梭于浩渺时空中，并在千年岁月的斑驳光影中聆听智慧的吟唱，领略尼山壮美，感悟天下归仁。

（四）尼山圣境研学产品展示

尼山圣境研学产品展示将以“明礼生活方式”为文化定位，以“尼山圣境孔子学院体验基地课程架构”为总体指导，结合研学市场调研，依据《论语·述而》与《论语·泰伯》中孔子所述教学条目为学术参考，搭建“志于道”“据于德”“依于仁”“游于艺”“兴于诗”“立于礼”“成于乐”七大主题内容板块。针对不同客群需求将研学旅行课程分为学生团、成人团、小型精品团，形成涵盖学生、亲子、政德、师德、医德、儒商群体的研学产品体系。具体包括以下内容：

1. 学生常规一日研学产品展示

（1）尼山人文及自然探索之旅：礼敬先师—学业祈福—尼山食礼—大学之道—鼓瑟吹笙—天下归仁；

（2）手读论语：通过经典对话孔子；

（3）文化手作体验课。

2. 师德研学线路产品展示

（1）寻——圣地寻踪：寻访先师诞生地；

（2）入——出凡入胜：孔子的一生；

（3）礼——礼敬先师：礼敬先师仪式；

（4）学——大学之道：大学之道仪式；

（5）教——有教无类：孔子与七十二贤；

（6）思——学而思：孔子的思想世界；

（7）诲——诲人不倦：孔子的教育智慧；

（8）读——温故知新：扇面手读论语。

3. 医德研学线路产品展示

（1）研学尼山：孔子出生地—尼山孔庙及夫子洞；

（2）圣迹寻踪：孔子的一生；

（3）礼仪研习：礼敬先师—拍照留念；

（4）医者仁心：现场教学（礼厅）；

（5）文化体验：手读论语—儒家文化经典诵读。

4. 儒商研学线路产品展示

（1）明礼尼山，溯源孔子：《礼敬先师》仪式；

（2）艺术殿堂大学堂艺术之旅：定制《手读论语》（尼山讲堂）；

（3）《金声玉振》演出；

(4)夜游尼山。

5. 精品亲子研学线路产品展示

第一天:抵达“圣城”,“圣地”初体验;

第二天:“朝圣”正心,穿越两千年的孔子世界;

第三天:礼敬先师—尼山食礼—金声玉振演出—尼山讲堂—圣迹寻踪—亲子时刻。

思考:

1. 在尼山圣境的研学旅游中,可以通过哪些方面展示中国传统文化道德?

2. 旅游接待业的文化道德建设应该如何贯穿于旅游接待项目的各环节中?

第十章
旅游接待业高质量发展

【教学目标】

1. 知识目标：

(1)掌握旅游高质量发展的背景、内涵及主要指标体系；

(2)了解旅游接待产业的发展模式，理解全域旅游的内涵及主要内容；

(3)掌握旅游接待业供给侧改革内容与目标。

2. 能力目标：

梳理旅游接待业高质量发展意识，并具备创新发展的相关理念。

3. 素质目标：

具备旅游接待业社会责任和生态意识。

【关键词】

全域旅游；产业创新；跨界融合；社会公益；环境质量监测；旅游接待业；高质量发展

引　言

随着中国大众观光、休闲旅游的迅速崛起，以及国际文旅一体化活动的不断深入，观光旅游的行业形态更加多样化，服务内容不断创新，同时，信息技术的迅猛发展也给旅游接待行业发展带来了新动力，未来的情况与发展趋势需要旅游接待企业进一步加强科技、服务上的创新，以适应广大消费者对高质量、多元化旅行服务的需要。

第一节　旅游接待业高质量发展指标

一、旅游接待业高质量发展的概念

高品质经济发展是2017年中国共产党第十九次全国代表大会正式提出的全新提法，意味着我国经济发展从高速度经济发展时期转入高品质经济发展时期。党的十九大报告中所指出的“建立健全绿色低碳循环发展的经济体制”为新时期的社会主义经济建设提供了目标，但同时也提供了一个极其重要的社会问题。

旅游接待产业的新发展方向，是为旅游接待产业进一步适应国际旅游市场的新变革，积极推进供给侧结构性改革，积极建立旅游接待产业增长新机制，积极寻找发展突破口、重点，逐步形成旅游接待产业的新产品新业态，并进一步深入地丰富“旅游接待产业革命”的内容。

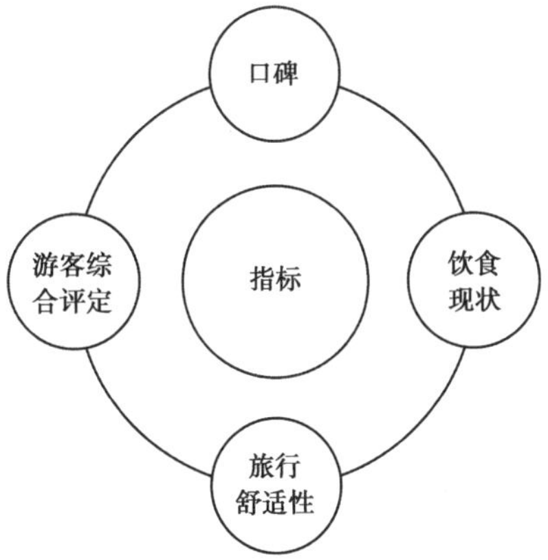

图10-1　旅游接待业高质量发展的指标

二、旅游接待业高质量发展的指标

接待业的优质发展目标与绩效指标系统，必须有人、有要素与有动机地去完成，这就必须研究并说明接待业优质发展的主体、要求与动力指标体系，如图10-1所示。

口碑。我国旅游接待行业高质量发展的重要评判指数元素之一便是口碑，因此对我国旅游接待行业而言，服务质量是不是很高端，是不是真的受到社会大众喜爱，首要就要看口碑，口碑便是人们对我国旅游接待行业质量的客观评判，是对它的口头评说。如果说旅游接待行业的口碑很好，那么说明了旅游接待行业是很优质的。对旅游接待行业而言，优质必须通过评价指标来加以说明，而口碑恰恰是更加贴切的，也是更加吻合的。所以如果旅游接待行业是优质的，那么其口碑就必定是非常好的，而如果旅游接待行业的口碑很好，那就也会是优质的。口碑是中国游客接待行业高质量发展的主要评判指标之一；评价是对事件的评说与感知。虽然评分指数只是人们评判的一种尺度，但口碑恰恰可以表明旅游接待行业的高质量发展状况，也可以提供给人们一种客观评判的标尺，而更多的旅游者也能够借助口碑更加清楚地了解旅游接待行业的发展状况，对当地旅游接待行业高质量发展起到了必要的促进作用，从而保证其向着更良好的方向发展。

饮食现状。就旅游接待行业发展而言，饮食是主要因素，旅游接待行业的高品质发展一定要充分考虑到饮食现状，而饮食也就是旅游接待行业高品质发展的一项重要衡量指标。可以试想，一旦没有了饮食，那将是很不全面的，因为旅游者不但要玩得好，而且还要吃得好，如此才能够让客人的旅行感受更好。而饮食就必须与旅行合而为一，这样将会在较大程度上直接关系到旅游接待行业高品质发展的衡量指标，因此饮食成为了重要衡量项目，这也是十分关键的因素。在高质量的发展道路上，饮食已经成了旅游接待行业的重要标志，而餐饮业也在走向越来越好，饭店的服务环境、菜肴、经营环境等也有了很大的改善。名优饭店现已成为旅游接待行业内涵建设的主要项目，旅游接待企业的饭店质量已得到业内人士的广泛肯定。

旅行舒适性。旅行舒适性作为体现高质量成长的评判目标要素，对旅行而言，人类都在寻求旅行途中的愉悦放松，唯有符合舒适感的旅行才会受到旅游者青睐。所以旅游接待业高质量开发就应该强调旅行的舒适性，使旅行能够真正陶冶个人的情操，让旅游者能够在旅行中真正地释放情绪，并体会到旅行的乐趣。而旅行舒适性也自然成了旅游者最密切关心的事情，所以旅游接待业高质量发展就一定要将旅行舒适性作为评判指标，如此才会使旅游接待行业获得真正高效的发展。使整个旅游接待行业的整体旅行舒适性得以良好的体现，旅游舒适度的提升和保障能极大促进旅游接待业的高质量发展。

游客综合评定。对优质发展的真正评判指标体系而言，旅游者的综合评价是十分关键的。由于旅游接待行业都是为旅游者而设置的，所以旅游者的综合评价才是旅游接待行业优质发展的真正评判指标，因此必须要以旅游者的综合评价为主要依据，如此才会在较大程度上提升旅游接待业的优质发展。游客对当地旅游接待业的肯定和赞赏，将带来更好的旅游发展效果，表现在游客综合评价的提升与更多的游客做出重复选择之间的高相关性。

旅游接待业高品质发展的评价指标体系研究也是十分关键的，它对旅游接待业的高品质发展具有较好的指导矫正和促进意义，旅游接待行业也必须看到其高品质发展的评价指标体系的必然意义。正是通过对评价标准加以深入研究，才能够对旅游接待行业更加优质地发展提供依据，让中国旅游接待行业的优质发展有一个衡量的尺度，才能推动中国旅游接待行业的优质发展，使其迈向更为灿烂的未来。

三、旅游接待业高质量发展的体系

（一）旅游接待产业高质量发展的结果性指标和整体绩效指标

国家和区域旅游接待产业高质量发展的结果性目标和绩效指标体系中主要包括：

（1）我国旅游产业增加值（包含国内旅游与进境旅行）；

（2）旅游产业就业人数；

（3）旅游行业生产总值与地区生产总值的比例；

（4）旅游产品就业人数与总就业人数相当的情况比例；

（5）全年入境旅客及境内旅游人数（万）及较上年增长率（%）；

（6）每年进境过夜旅客及境内过夜旅客数量（万）及占进境旅客总人数及境内旅客数量比重（%）；

（7）入境过夜旅客和境内过夜旅客的平均滞留日数以及较上年变化率（%）；

（8）入境旅客的外汇收入（亿美元）较上年的变化率（%）；

（9）进境一天游客人和境内一天游旅客的平均居民消费额（美元/人民币元）较上年变

动率(%);

(10)调整入境一日游旅客和境内一日游旅客的消费结构(%);

(11)进境过夜旅客和中国境内过夜旅客的平均居民消费额(美元/人民币元);

(12)入境过夜游客与国内过夜游客消费结构(%);

(13)使用同一邮轮前往本地的旅客人数(万)比上年变动率(%);

(14)全年每天入境旅客和境内旅游人数(千);

(15)近五年内入境旅客人数和国内旅客人数的年均增长率(%);

(16)最近五年内,入境旅客和境内旅游者总收入(消费)的年均增长率(%)。

(二)国家支持入境与国内旅游接待业健康发展的旅游市场开发目标及绩效指标体系

国家与地区支持入境与国内旅游接待业健康发展的旅游市场开发目标及绩效指标,体系内容主要有:

(1)五大入境客源市场以及境内客源市场的到达人数(万)以及排名;

(2)五大入境旅客机场到达人数和境内旅客机场到达人数分别占入境旅客总人数和境内旅客总人数的比例(%);

(3)五大地区进入过夜旅客消费行为额(亿美元)与中国国内过夜旅客消费行为额(万人民币元)及排名;

(4)五大入境过夜旅客总消费额和境内过夜旅客总消费额分别占入境旅客总消费额和境内旅客总消费额的百分比(%)。

(三)支持出入境管理及国内观光接待产业建设的吸引物创造与使用政策及管理绩效指标

国家与地区为支持入境及国内旅行接待业务发展的吸引物创造与使用、目标和业绩指标主要包含:

(1)每年接待过夜旅客人数大于一百万人次的旅客吸引物数量(个);

(2)参观主要游客吸引物的过夜旅客人数(万)以及排名;

(3)在主要游览吸引物的过夜旅客人数,与过夜旅客总人数的比例(%)或排名;

(4)过夜旅客选择十大旅行购物产品的人数(万)及排序;

(5)过夜旅客选择十大旅游购买产品的人数与过夜旅客的人数比例(%)及排序;

(6)最受过夜旅行者青睐的前五大购物地点到达的总人数(万)及排名;

(7)最受过夜旅客青睐的五大购物地点到达人数与过夜旅客总人数比例(%)及排序。

(四)国家支持出入境机构和国内旅游接待企业开展的旅游业务管理指标和服务绩效标准

国家与地区为支持进境及国内游客接待业务发展的旅行活动组织发展目标与业绩指数一般分为:

(1)进境过夜 MICE 旅游者人次(万)与境内过夜 MICE 旅游者人次(万);

(2)入境过夜 MICE 旅客人数约占入境过夜商务旅客总人数的比例(%),或境内过夜 MICE 旅客人数约占境内过夜商务旅客总人数的比例(%)。

(五)关于支持外国入境和国内游客接待业务发展的酒店设施提供与运营目标和经营业绩指标

国家与地区为支持入境及国内游客接待业务发展的酒店设施提供项目与运营目标和业绩指标,主要包括:

(1)最近五年酒店客房供应情况(间);
(2)酒店客房年平均出租率(%);
(3)酒店客房年平均房价(人民币元);
(4)酒店收入结构(%);
(5)酒店支出结构(%);
(6)酒店客房的全年月平均出租率(%);
(7)最近五年酒店客房的平均出租率的情况变化(%);
(8)最近五年的酒店客房月平均人均房价变化情况(人民币元)。

(六)支持出入境机构和国内旅游接待企业所开展的旅游市场工作任务和管理绩效情况

国家与地区为支持入境及国内旅游接待业务发展的旅游市场,维护目标与绩效指标主要包含:

(1)入境旅游者和境内旅客初次到访国家(某地)的比例(%);
(2)入境旅游者和境内旅行者重复到访国家(某地)的人数(%);
(3)入境旅客和境内旅游者再度到访国家(某地)的意向(%);
(4)入境旅游者和境内旅行者把国家(某地)介绍给朋友的情况(%);
(5)入境旅游者和境内旅客总体满意度评估的平均得分(最高为10分);
(6)商品物有所值评价的平均分数(最高为100分);
(7)对整体购物评分的总体得分(最高为100分);
(8)对整体酒店评分的总体得分(最高为100分);
(9)综合餐饮考核的总体得分(最高为100分)。

(七)支持出入境和国内旅客接待业务发展的综合交通能力建设总体目标和管理绩效指标体系

国家和地区为支持入境和国内旅游接待产业健康发展的重大交通能力建设任务和绩效指标,主要有:

(1)航空公司数量(家);
(2)航空公司每周航班次数(次);
(3)每天平均载客量(按航班座位容量计:座);
(4)每天以及每周高铁的车次之和容量。

(八)在旅游接待产业的经营管理与绩效指标中的应用研究

国家和国际区域旅游接待产业的发展战略和绩效指标的应用研究,主要包括了如下两个领域：

（1）不断依据国家要求，借鉴国外优秀的标准及业绩指标，来健全国家和地区的旅游接待事业高质量增长的标准及业绩指标。

（2）利用旅游接待产业高质量增长的任务和绩效指标体系，对国家和地区的旅游接待产业增长状况进行大数据分析，并与同有可比性和可借鉴性的经济发展水平对照比较，以发现存在的差异及成因，然后提出进一步完善措施。

四、旅游接待业高质量发展的创新

《"十四五"中国文化和旅游发展规划》指出，要加快旅游接待业供给侧结构化改造，深度推动群众出游、智能出游和"旅游+""+游客"，创造更多的优秀旅游商品和服务，进一步强化地方旅游品牌建设与服务功能整合，健全综合效率高、拉动力强的现代旅游接待服务产业系统，努力实现现代旅游接待产业的高质量快速发展。那么，面对中国新时期面临着全新的经济发展局面，对旅游接待产业发展究竟有什么新思路、新任务？怎样促进旅游接待产业的高效发展？全新经济发展局面中的旅游接待产业是带动各领域协调发展、推动国民经济发展的主要引擎，是提高旅游质量带动内需，促进国内外商品大流通，促进对内与国际双循环发展的重要主体，是更加丰富人民大众精神文明生活，提高民众幸福感、生活得到感的关键领域。伴随中国大众旅行、休闲消费旅游行业的兴起及文旅融合的不断深入，观光旅游的行业形态更加多样化，经营管理模式也得到了创新。同时，信息技术的迅猛发展也给我国旅游接待行业发展带来了新动力，新的技术变革与发展趋势需要我国旅游接待企业进一步加强科技、产品方面的创新力量，以适应社会公众对高质量、多元化旅行产品的需要。

第二节　旅游接待业发展与全域旅游

一、旅游接待业与全域旅游的关系

全域旅游计划最后阶段所要达到的目标就是通过开发地方大旅游、打造大文化产业，以促进地方经济和社会共同发展，形成独具特色的地方经济统一体，从而真正实现地方大旅游文化产业的可持续发展。因此，全域旅游的建立和开发必须注重地区间、各行业之间的融合，而同时行业之间的融合又充分体现出了旅游接待产业带动力强大、与其他行业联系紧密的根本特点。全域旅游因地制宜地融入了区域内的相关行业及其多种要素，合理利用了区域的优势自然资源、地域优势环境、社会文化环境资源，把旅游行业发展视为重点，以行业融合优势促进了区域经济社会的稳定发展，充分彰显了行业间融合开发的特点和内涵。

二、全域旅游下旅游接待业的地位

第一是需求对象的多元性，其次是行业多元化的要求。因为在全域旅游时，所要发展的观光旅游地往往是同一个地区，因此所涉及的旅游者的服务领域也将进行一定深度的扩展，而除了国内的游客需求以外，也将会吸收到大量来自全球各地的游客。在人们旅游能力日益提升和闲暇时光不断延长的前提下，顾客们对旅游商品的要求也愈来愈多。过去的旅游商品已经不能适应当前丰富的旅游需求以及多元化的市场需要了，而应该更加主动地发掘地方独特文化底蕴，将之融入旅游产品生产和旅游商品的开发当中，并创新出品位高和服务品味较好的旅游产品和商品，从而全面适应当前多元化的旅游市场需求。

三、全域旅游下旅游接待业的发展趋势

（一）整合区域资源，共创旅游品牌

全域旅游的真正实现，首先就必须形成全地域共享共同发展的历史文化价值观念，有机融合地域内的有效资源，把某个具体的地方作为单独的主体，根据地域内部结构和地域内在各个地方间的旅游自然资源水平、道路通达状况、地域区域优势等，以地域融合研究为起点对地方有效资源进行了全面的深度研究，并对其加以重新配置，重新评估其资源的真正价值，并打破其固有的单独值，以全地域共同发展的新视角评估其价值，并改变人们为旅行资源而游览的传统观念方式，从而对其资源的空间划分、游览路径、公共设施、游览价格等领域，实现了新的空间划分和整合。在全面整合的基础上，将形成全域旅游的新面貌。旅游区域的文化形象是全地域旅游招牌打造的基础要素，所以，有效利用地方文化资源，以更加多元化、全面的旅游形象来烘托地方旅游产品，通过旅游产品提升地方内在旅游自然资源吸引力，从而推动地方品牌价值的打造和共享，是推动全域旅游的基本条件。

（二）依靠企业发展创新，推进企业整合

促进全域旅游的基础建设应全面实现创业发展，并促进行业内部的整合提升。以智慧旅游为基础，把产业旅游视为崭新的旅游开发方式，并以此来培育区域旅游的巨大动能，使双创发挥出的巨大力量，形成了全民创新、万众创新的内在推动力。互联网、移动网络、在线支付和大数据分析等前沿科技的创新性进展，推动着中国智慧旅游行业的蓬勃发展，科技、平台、资源共享和信息技术让广大旅游者的潜力需求获得了挖掘和充足的满足，旅游技术和网络互动融合的发展方式也是中国传统旅游行业的再次创新，带来了全新的发展机会。旅游与工业发展的结合发展形成了全域旅游转型后的创造性发展，已成为资源有机集成的重要桥梁，并成为新旅游产品和工业形态的重点开发目标。在全民出游的大背景下，将旅游和工业进行结合的经济发展方式，既可以改变单调的旅游产业结构，也可以促进各行业的企业发展，使其社会影响力更广，并通过更为有效节能的管理手段，形成以游客为主体的复合型游客结构，从而真正完成了旅游的大转型。推动旅游与工业领域的结合发展，推进旅游与畜牧业、林业、科技、教育等领域的结合发展，积极运用创业创新，培育新型的双创主体，形成全民技术创新、共享创新的新局势，进而推动全域旅游。

（三）完善保障政策，推动共同成长

为了达成全域旅游发展目标，就应该主动地革新相关机制系统，以形成从全局角度入

手，全方位整合资源、统筹规划全域旅游发展机构系统的整体布局，以形成各部门间协同发展体制。也希望可以更加完善全域旅行发展的整体效益预估，并根据互联网信息技术所具备的资源优势，逐步建立科学合理的旅行发展评估机构和管理系统。同时，创新政府投入管理和筹资体制，利用 PPP 等有关模式，引导各类金融机构加大对旅游公司和具体项目的资金投入，并鼓励民营企业和地方政府部门积极参与进行投资合作。与此同时，建立了科学合理的政府绩效分摊与补偿制度，按照政府职责适宜、能者多劳的原则，对政府部门、公司等单位作出了科学合理的政府绩效分摊和补偿，以全面促进社会多方发展。

第三节　旅游接待业创新与跨界融合

一、旅游接待业中的跨界业务

一是推动资源融入，丰富旅游接待业态。根据当前本地旅游资源的缺失和日益多元化的国际游客需求的矛盾，通过资源融入的新方法发展旅游，以实现旅游资源的合作共享，丰富旅游的外延形式和类型，丰富旅游的文化内容和发展空间。例如，将甘肃省的敦煌历史文化遗产与研学成果深度融合，解决了旅游者获得人文学习成果和原真感受的需要。又如，贵州省湄潭市的中国茶文化旅游、仁怀市的中国白酒文化旅游，都是把当地优势农产品、工业生产和旅游、健康、文化教育等深入融为一体，并不断地推陈出新以形成新的文化旅游热点。

二是通过科技融合，调整游客接待服务机构。创新是驱动中国旅游产业整合发展的巨大动能，特别是在以网络技术和信息化为主流的带动下，加速了中国旅游产业整合发展和结构调整的进程。通过智能旅游的基础设施构建与新技术应用示范，使科学技术领域和旅游产业实现了有效结合，通过精准发现、有效反应、及时预测游客市场需求变化，倒逼旅游业态、产业结构调整，提高了游客服务的整体效率，并利用信息融合技术来重塑中国旅游接待产业，有效推进了中国旅游接待产业从传统服务业向现代服务业的转变。

三是促进市场整合，提高市场价值。我们现已步入了全民出游时期。在旅游接待产业大融合发展的背景下，各方面产业资本面向旅游领域寻求发展机会，使其成为这些关联行业与旅游接待产业融合的可行渠道。采取领域共拓、机构融合、产业协同的方式来推动旅游接待产业与其他领域的结合，可以提升投资效益，促进旅游领域的发展，实现各方共赢。

二、旅游接待业中的跨界趋势

全域旅游。将旅游这一当前民众的普遍生活方式作为变革的重点，使旅游产业主动应对老百姓美好旅游生活与健康美好生活的重大关注，不仅是当年，也将在未来相当长的时期里，变成全国人民普遍关心的话题、热门话题。

全行业导入。游客接待行业是关联度较高的复合型行业，需要向更加开放式的“旅游+”融入发展转变。由于推动“旅游+”，进一步产生了工业旅游、运动旅游、研学旅游、中药健康旅游、科技旅游等新产业、新供给，既为游客接待行业自身蓬勃发展开辟了崭新空间，又给其他行业蓬勃发展带来了强大动力。

全民参与。将旅行作为公民日常生活中的一项重要组成部分。以往用“吃穿住行”来概述人类日常生活所必需，而由于经济、生活水平提高，社会基础设施完善，我国旅游发展不但包含了吃穿住行，还增添了“游娱购居养”等新元素，也包含了不同年龄阶段、不同的社会群体。因此提升国民幸福才是文化发展的基本目的。

三、旅游接待业中的跨界创新

坚持创新发展、协调发展、绿色发展、开放发展、共享发展，主动推动供给侧结构性改革，从优发展全域游，促进旅游接待产业开展效率革新、质量革新、形式革新；优化旅游接待产业的经营布局，助力乡村振兴；把“绿水青山就是金山银山”的理论贯彻到旅游业整体过程，达到生态效益与经济性有机统一；加强“一带一路”旅游领域合作，参与世界旅游事务，达到互惠共赢；建立包容普惠的旅游发展体制，整合全国旅游市场秩序，以体现中国旅游接待产业的民生意义。

产业链整合。改造了行业界限，通过纵向促进行业协同，旅游接待行业和其他行业整合发展，促进了端对端的全产业链融合。

供应链整合。运用现代信息技术，不断创新旅游产业运营管理模式，根据目标产业、区域，建立综合业务一体化，具备高度适应能力，迅速反应客户需求的供应链整合服务体系。

利用商业智能，创新经营模式，并借助世界领先的信息技术与大数据分析技术，进行智能服务，以促进旅游接待业务价值增长。

生态链维护。突破了物理和价值的界限，促进了全球资源要素融合，促进了互联网生态圈中的各界相互依存、共生共荣。

第四节　旅游接待业的供给侧改革

一、旅游接待业供给侧结构性改革的内容

由于旅游商品同质化社会问题严重，旅游服务体系质量低、效益不高，大批的潜力游客需求量不能高效产生，大批游客和有关要求大量流失国外。上述问题的实质就是旅游接待行业“供需错配”的现实情况，而解决这一现实问题的主要对策便是积极推进旅游接待产业供给侧结构性改革。

首先，积极培养旅游企业的创新市场主体。积极培养和形成一个文化素养好、主体意识强、富有创新精神的新型市场主体，是对我国旅游接待产业进行转型升级和提质增效的工作重点。一是要鼓励指导旅游企业以技术创新为基础，通过内部规划政策、商品开发、市场预测与销售、对内组织协调管理等的交互作用，进而增强企业自身竞争力和释放发展新动力。

二是要着力扶植依托于智慧旅游、农业文化旅游、研学文化旅游、休闲观光、红色文化旅游、健康旅游和众创空间、创客基地,注重培育一批具备眼界宽广、思想前沿、整体统筹意识及高等素养的高级应用型人员,进而发挥创造力。三是要强化产、学、研的协同,重点扶持科研机构、高校等以旅游行业社团为代表的各类社会中介组织成长,进而增强其在金融服务于我国旅游产业、旅游企业和旅游领域的整体能力,并调动其积极性。四是要推进体制机制改革,推动我国旅游行政部门功能向服务型和创新型转化,进而提高治理水平和服务效能。五是要引导大众创业、万众创新,形成若干全国或地区性重要的旅游创新、创业平台或机构,进而提高其运转质量。

第二,完善各种要素供应。在实体经济和虚拟经济的融合,以及互联网、虚拟现实、物联网为表征的技术变革效应增强的大背景下,研究当前旅游接待行业中怎样从根源上高效利用生产基本要素,提高各种生产基本要素的合理供应,从而减少生产基本要素过量投放、资金耗费和生产能力过剩等现象,尤为重要。当务之急是奠定认识基石、正确决策的导向。另一方面,要厘清游客资源、劳力、国土、资金等不同的旅游产出要素种类及交叉衍生形式,包括了环保、科技、企业家精神、组织管理、行政服务、社会管理制度等影响旅游全要素生产力的各种因素,并廓清其发展状况、演化态势、政策利好因素和约束影响,探寻对其合理疏导与运用的机制;另一方面,要联系市场主体规模、社会公共服务、专业化分工、现代科技、政策与法规等"旅游需求侧"的影响因素,合理构建出一套传统旅游接待产业创新、现代旅游新兴产业培育和消费结构优化的综合协调机制,因势利导地释放全要素活力。另外,还要通过主动融合信息技术、通讯、互联网、资源、生态等前沿科技,进一步推动旅游产业科技提升、人力资源增加、服务能力的提升,促进各项旅游产品要素实现质量的改善,从而推动旅游产品全要素生产力提升。

第三,改革健全相关机制。旅游接待行业是个综合性较强的行业,必须开展系列的综合配套机制改革才能高效开展工作。一是要深化旅游行政部门的监督管理体制改革,不断创新旅游行政部门工作理论和工作方法,建立必要的日常监督和安全警示制度,提高其综合协调、监督管理、公共服务等能力,合理规定和监督市场供求双方的各类主体,维护正规市场秩序,促进正当竞争,保障公司和消费者的正当权益。二是要以《关于支持旅游接待业发展用地政策的意见》为指引,通过审慎甄别各类旅游建设项目的可行性研究,尽快实施旅游土地优惠政策,以促使土地生产要素真正流向满足市场需求,并产生长远稳定利益的旅游新产业、新项目和新兴产业。三是要严格执行集体带薪休假的管理制度,创新性改造假期日机制,并提出了错峰度假、弹性作息等新理论,指导合理出游,以缓解赶集型的集体出游和消费活动所带来的社会资源配置失衡、旅游质量降低等问题。四是要适时制订并实施国家有关旅游接待行业管理方面的办法、规定、规范、措施、指导意见等,从金融保障、税费减免、投融资、入境签证、通关手续、考评奖励、市场竞争管理与协调等各领域,建立健全有力的服务机制保障体系,以推动旅游接待行业的稳定快速健康发展。

二、旅游接待业供给侧结构性改革的特点

(一)根据供给侧结构化调整大局推进全域发展

一是将全域旅游的融入发展和制造业结构提升紧密融合起来。以提升产品附加值为引导的制造业结构提升,是当前农业供应侧结构化变革的内部要求。融入发展是全域旅游的主要特点,也需要以“旅游+”的方法,通过引导增量的游客市场来激活农村存量的闲置资源,从而创造出各种各样的旅行新商品、新产业。以现代农产品供应侧结构化变革为例,要提升现代农产品的附加值,除现代农产品自身的消费升级之外,还要丰富现代农产品多种用途,促进农产品生产和旅游娱乐等新产业的深入融入,而进一步发展旅游观光农村、感受农村、创新型农村等新型业态也是必然趋势。这也意味着在全域旅行过程中,要加强融合发展的思路,以促进旅游接待产业和其他有关行业深度融合、相融相盛,从而产生出新的综合生产力和竞争力。

二是要将全域旅游目的地开发研究和发展新兴城市化紧密结合起来。全域旅游的开发与研究需要具有开放性的国际视野,把旅游接待业务开发范围由单一区域景点扩展到全地域,从而建立了都市旅游、小城镇旅行统筹开发的新局面。新型城市化既能够扩大旅游需求,也能够借助行业适度整合扩大资源供应,是供给侧结构化变革的重要手段。为了未来的城市全域旅行,必须抓紧推进优化都市旅游基础设施建设和城市旅游服务设施配套,进一步增强都市旅游承载力,大力发展各有其异的都市旅游形式;要在全国重点小城镇的总体布局上,推动打造一个经济发展适宜、环境优越、体验丰富多样的特色旅游小城镇。

(二)提升全域旅游发展的质量和效率

提升供给品质一直是中国供给侧结构性改革的主攻目标。而对于一个行业来说,服务品质与效益也一直是关乎行业实力强弱的重要方面,而旅游行业当然也不特例。在过去,旅行服务是“稀罕物”,质量差一点儿,效益低一点儿也无伤大雅,反正是“帝王的闺女不愁嫁”。而由于人们收入的提高以及旅行机会的增多,也必然会对旅行供给产生更多的需求。尤其是在中国经济国际化时期,不同旅行目的地之间争夺将会越来越激烈。目前,全球各地都在努力通过提升旅行接待业发展品质,来引导中国国内旅游者的消费行为。从中国发展的历史来看,由于过去国内游客接待企业更多着眼于市场容量的扩大,在全域旅游时期,服务质量与效益的提高将成为最主要的关注点。

一是要在科技利用上下功夫。虽然旅接待行业中本来并不产生高新技术,但正是科技利用的重点领域。与其他行业相比,提升旅游产业运营的整体效能,以及减少旅游产品运营的成本,都离不开现代科学技术的驱动;此外,就整个游客接待产业发展来说,为了丰富旅游者的感受,也需要游艺科技、VR 技术等的辅助支持。而未来发展全域游,就必须加速推进旅游领域的技术革新,建立游客接待产业发展新的技术引擎,尤其是要做好游客智能化的基础建设工作,利用大数据分析信息技术等现代科学技术全面改变游客接待产业传统的运营方式。

二是要在提高服务质量上下功夫。旅游企业接待业务中最根本的特点，就是人对人的服务关系。这也表明，不管社会经济怎样进步，提升游客服务水平始终是中国全域旅游行业永远的重要课题。必须从游客服务和旅游企业服务两个领域着手，提升游客服务质量，持续提升旅游者满意度。要进一步完善游客交通系统构建，尤其是要建立更加完备的自助游服务系统；要构建游客信息集散服务体系，完善健全的游览导向信息标识体系，向旅游者提供更全面、精准、有效的游览信息服务；要进一步完善游客安全服务，争取做到游客安全警示、游客安全救助、旅游安全保险服务的全覆盖；要积极开展旅游专业服务，支持和引导人民群众进行文明指导、旅游讲解、安全服务和紧急救助等业务活动。要加快旅游服务规范化工作，带动更多的旅游公司通过贯彻落实国际旅游行业标准，进一步提升旅游服务的国际整合能力；要满足旅游产品多样化的特点，引导和促进更多旅游公司通过采取优化经营、培训人员等手段，塑造更良好的服务品质。

三是要在文化创新上下功夫。文化是旅游的重要内涵，它也是评价全域旅游发展水平的主要尺度。提高游客所接待企业的社会主义文化内涵水平，不应该限制在单一个社会主义文化旅游景点的开发上，还必须把发展的重点更多地放到把企业文化内涵、社会主义文化内容更广泛地投入到游客生活中的各个环节上，如要注重开发地方特色的社会主义文化饭店、企业文化特色宾馆、社会主义文化交通工具、特色旅游文创品、特色旅游演艺场等，使游客在旅行活动中感受到更浓厚的地方文化、时尚文化。

(三)优化全域旅游发展的结构

如何利用开展全域旅游来缓解社会矛盾对于旅游接待产业建设有着举足轻重的意义。调整全域旅游经济格局，必须消除旅游接待企业的过剩生产能力。当然，旅游行业的过剩能力与工业的不大相同，不是单纯的关停并转的问题。例如，过去有些地区在粗放型地开发游客招待业务，把部分优秀旅游景点以非常低的代价发包出去，但因为经营者一直缺乏后续的支持与服务，导致不少旅游景点开发的失败，从而导致了旅游资金的巨大耗费与旅游能力的闲置。这种情况，就必须下力气加以解决。另外，还必须加速发展符合游客需求与转型变化的旅游品种、新产业。在全域化旅游发展思想的引领下，中国旅游供给侧结构性改革将加快深化，除原有的热门旅游项目之外，运动旅行、游学旅行、产业旅行等以“旅游+”模式构建的新品种、新产业将形成旅游发展“新趋势”。

(四)改革全域旅游发展的体制机制

供给侧结构化变革的关键是机制，动力也是机制。针对当前我国经济社会发展中所面临的各种困难，只有突破制约经济增长的深层次体制机制障碍，建立有利于提高供给水平的制度性条件，用久久为功的方针进行全面发展，才能真正将供给侧结构化变革落在实地。就中国全域旅游行业发展来说，体制机制的变革尤为重要。正是因为这样，在原国家旅游局发布的《全域旅游示范园创建工作导则》中，把改革创新列为开发全域旅游工作的头号基本原则，同时要求将开发全域旅游工作视为当前旅游接待行业贯彻落实新发展理论的主要路径，将改革创新列为创建工作的重点，坚持标准牵引和问题导向，并针对当前旅游接待行业发展中的主要困难,研究建立适合全域旅游工作发展的新体制机制、优惠政策、产业结构。

全域旅游体制机制的变革是一项工程,要做好这个事情,必须着重处理好三个领域的问题。

一是要处理好政府与市场的关系。政府与企业在游客接待产业建设中应当起到什么角色是全域旅游需要解决的问题。旅游接待产业虽然市场化程度很高,但却不是一种纯粹市场化性质的产业。一个地方旅游接待产业的整体竞争力离不开整个旅游市场力量,但同时也离不开当地政府对游客环境的打造、旅游市场氛围的净化、对游客服务的健全。虽然市场力量在文化资产配备上的决定性作用仍是重要前提,但相比于以往的地方旅游接待产业建设,当地政府应该在全域旅游产业中担当更重要的作用,也承担着更重大的社会使命。

二是要解决好游览单位和有关单位之间的问题。游览单位是促进全域发展的重点部门,而单靠游览机构,无论如何也不会实现全域游览的良好发展。全域发展虽然在形式上主要表现在旅游领域,但在具体工作实施上必须与游览有关的各个部门的共同参与协调,才能真正取得实效。所以,除加强文化旅游行政部门在全域旅游业中的统筹协调职责以外,还必须形成由党委主要领导挂帅的全域旅游部门统一领导体制,进一步强化政府部门联合管理,把宣传、组织、政法等党委机关以及发改、公安、财税、土地、环境保护、住建、交通运输、水利、农业、文化、体育、统计、林业等政府部门的领导功能充分发挥起来,以形成全域旅游的合力。

三是要掌握好典型示范和全面推进的问题。由于我国土地面积辽阔,国情条件复杂,一刀切地推进供给侧结构性改革中存在着很多的问题。所以根据国务院规定,“要健全实施机构,掌握好变革试点问题,强化统筹组织配合,激发各地积极作用,鼓励各地开展差异化尝试,充分发挥社会基层先行奉献精神。”相比于全球旅游发展先进国家和地区,我国旅游接待业开展的时间并不长,一方面旅游接待业发展的体制机制亟待健全,另一方面许多地区现有的管理制度也因为未能兼顾到当地旅游需要,因而限制了旅游接待产业的发展。但面对上述困难,可以采取积极创新、典型示范的方式逐步破解,从而积小胜成大胜。比如设立旅游产业理事会来强化全域旅游的管理工作,刚开始只能在个别地区开展,经过实施,发展成效非常好,所以很快在国内得以广泛应用。

三、关于旅游接待行业供给侧结构性改革的重点

一是要调整旅游的发展结构。游览项目包括食住行游购娱各个环节,由于刚性消费扩大的余地很小,所以应结合全域旅游建设,进一步扩大购物、休闲和弹性旅游的比例,增加旅游接待产业开发的功能。

二是要调整旅游产业结构。虽然目前中国尚处于大众旅游时期,不过在客观上就早已构成了中国高中较低端的游客需求,而且由于我国巨大的人口基数,中国中高端游客需求的相对数虽然不一定很多,但绝对性也不小,所以发展中国全域游在解决广大居民群体一般出游需要的同时,更需要产生大量针对中高端需求的旅游产品。另外,还需要针对儿童旅游、老人旅游、青年旅游等不同的需求特征,建立比较科学合理的游客供应框架。

三是要调整旅游商品构成。旅游商品可分为游览、度假、特产、商品等类别。从全域观

光旅游开发的特点来看,必须融入自然、人文、社会科学的各种资源,给旅游者带来更加丰富多彩的观赏感受。这样,着力开发以静式休息为主的度假观光旅游产品和以动态体育为首的特种观光旅游产品就变得十分必要。未来,完成由观光旅游主导向观光旅游、度假、特种、商务观光旅游并重的产业体系过渡,应该是全域观光旅游开发的主要目标。

四是要调整旅游的架构。全域旅游需要不同大小公司的配合经营,因此需要建立少数"顶天立地"旅游大企业与"铺天盖地"旅游小企业相结合的大企业架构。

第五节　旅游接待业社会公益与责任

一、旅游接待业公益与社会责任的内涵

企业社会责任(CSR)概念原本是19世纪的欧洲人明确提出的,到目前为止,这一概念在国际上并没有统一的概念。然而,全世界的学者们对这一定义的基本理解是相同的,即是指公司在发展壮大企业,创造巨大收益的同时,要履行对社会与利益相关者的责任和义务,遵守企业职业道德,重视社会权益,维护自然环境等。而本节主要研究的则是旅游公司的社会责任,正是因为旅游行业的特点,才导致了旅游公司在履行社会责任时出现了与其他公司不相同的特点和途径。

因为旅游接待行业的发展壮大有赖于整个社会条件的提高和各有关行业的发展壮大,所以旅游公司履行社会职责是其必然选择。

第一,因为旅游接待产业发展的基石是各种限制的资源与条件,所以为了达到旅游接待产业的可持续发展以及对和谐社会的良好服务,就需要限制产业范围的无限扩大。

第二,由于旅游接待行业的发展始终依赖于特定的社会环境,所以旅游公司应该在投资决策中更多地考量公司活动所产生的社会文化影响,从而最大限度地减少社会影响。

第三,旅游企业是服务性企业,提升公司实力和服务质量的前提条件是履行必要的社会责任。这样,一切的旅游公司,包括饭店、旅行社、景区景点等各类游客机构,都应该担当起对环境、社会的各种责任,在运营中实现各种权益主体的动态平衡,进而实现旅游接待产业的可持续发展与和谐社会的永续发展。

二、旅游接待业的社会公益

(一)创新服务方式,适应顾客需要

技术创新是行业发展的活力所在,这对游客接待行业的管理一样适用。旅游公司在解决中国旅游者需要的时候,需要比他们自身更多地洞察游客不能理解的深层需求,并通过企业的人才和技术能力来解决这些需求。利用这些技术,旅游公司能够找到很多潜在的需求,为公司的存在创造很大的可能性。同样,企业也要按照消费者的实际需要对潜在需求加以

细分，而这些需求又可按照产生因素分成两种：一是由于购买力不够，导致显性需求无法获得满足而陷入了潜在的市场状态，这一类的潜在需求在购买力获得满足之后，也可能转变为市场需求；二是由于消费者本身对需求的模糊性所产生的隐性需求，这也是一个需要公司加强引导的需要，所以旅游公司就应该通过不断开发新的旅游商品，开辟全新的旅游市场，为消费者创造良好的售后服务，从而完成公司对消费者的社会负责以提供更加和谐的消费环境。

（二）发展环境产业，提高环保能力

在我国旅游发展中，经营者要提倡绿色生态发展，增强生态意识。首先，将发展的过程生态化。旅游经营者在发展过程中，要尽可能减少对环境保护的负面影响。积极发展既能保障游览资源和游览环境，又能有利于人类身心健康的绿色旅游品牌，如绿色饭店、健康餐厅、红色旅游品牌等，这是企业强化对环保的社会责任和推动游客接待产业可持续发展的重要途径。其次，经营方式的生态化。在经营活动中坚持资源供求的均衡，实行有管理、有社会责任的经营运作方式，努力保证和维系自然资源与经济生态系统的整体性，大力发展观光资源旅游生态化工程，并借此来提高游客的环保道德意识和环保责任感，以推动旅游自然资源的永续使用和旅游接待产业的可持续发展。最后，将管理的观念生态化。旅游产业也必须树立环保理念，实施绿色经营，开发循环经济，建立人、产业、社区与大自然和谐有序发展的新格局。

（三）提高旅游者素养，推动旅游文明

旅游产品的最大特点就是旅游商品消费和生产过程的同一化特点，即旅游公司所提供的商品和服务都与旅游者的消费行为同步进行，使得旅游接待产业相比于其他产业来说创造了更多的人与人之间的互动交流平台。也因为可以提供更加融洽的游客氛围，因此作为媒介的旅游公司也成为了联系旅游企业和游客用户之间的文明纽带，从而提高了游客的生活素质，也成为了市民的必修课。当每个人都外出观光，本身就是在享受风光，而其本身就是一种风光，道德文明的景观。但一旦发现自己不讲文明，就将会使自我的声誉损失。而一旦个人声誉损害，恶名声的传播速度将超快，对日后待人接物、言行举止等也将带来麻烦，最后会是得不偿失。每个人都有向善的心理状态，都有健康、积极、正向的情绪，不愿向善的只是极少数。在文明时代，人们更需要像小鸟爱惜羽毛那样注意个人的文明行为。即使是最细枝末节的事情也不要放松、懈怠，因为一点点不文明的举动就可能变成了个人的品德缺陷、品德污点。

三、旅游接待业的社会责任

（一）加强体制改革，完善法律法规

中国的旅游公司真正的发展起步迟滞，因此在一定程度上影响着公司的发展壮大和内部效益的稳定，旅游公司在自身管理层面存在着比较多的问题。所以，加强体制改革和完善

规章制度是中国旅游公司履行基本职责的出发点和根本保证。措施主要包括：首先，进一步加强监督力度，增强行业管理的透明度，利用公众舆论导向促进旅游公司的经营行为合理规范，提高企业社会责任心；第二，成立旅游行会和社团，逐步建立旅游接待行业的自律监管制度与自身约束体系。

（二）加强文明创建，完善信誉机制

公司文化是企业的存在之本、发展之源，而公司发展也离不开良好的人文环境。而旅游行业所创造的文化是一个以服务社会为主的无形产业，所以旅游公司的文化就是一个服务型文化产业。旅游企业的产品经营活动不同于其他公司，它不是直接制造有形商品，而只是以服务为中心进行产品营销活动，旅游公司所制造的商品都是人直接面向人的服务。而旅游商品的这种无形化特点和产品生产与消费活动的协调同步特点，都决定了旅游公司既要高度重视自身创造的商品和服务，也要注重在进行服务活动时消费者的心理期望和心理感受。所以，通过加强企业文化的建设树立公司的良好信誉，并获取广大消费者的信任和认可是公司存在和发展壮大的必要条件。

（三）加强组织职能，强化员工意识

公司应发挥组织员工的职能，认真执行我国《劳动法》的有关条款，加强员工的主人翁意识，引导员工积极参与活动。

第六节　旅游接待业环境质量控制

一、旅游接待业与环境的关系

在当今社会，旅游接待已经成为中国主要的第三产业，在一些国家或地方旅游接待产业更是成为了国民经济收入最高的支柱产业。近年来，对外开放与国民经济的高速发展为中国旅游接待产业的蓬勃发展提供了良好条件，中国游客接待行业取得了快速的发展，并从中产生了巨大的效益。而旅行是在特定的社会文化环境下出现的某种社会文化行为，即以满足人类休闲、娱乐等精神需求为主要目的的由定居者的旅游或者临时停留而产生的所有问题及其影响的综合体。当观光业务和游览接待业对人们造成诸多的效果后，同样也造成了对自然环境的难以低估的破坏力。旅游是经济、社会、人文等现象的综合表现，这一特点也决定了旅游的发展必将给游客地造成对经济、环境、社会等方面各种正面的和消极的负面影响。在中国发展旅游的道路上，普遍存在着这么一个现状：在其发展初期阶段，人们常常只关注于旅游事业发展所产生的直接效益，而忽略了对综合经济效益的研究；人们尽管了解到旅游发展和环保之间的密切关联，但忽略了旅游的迅速发展和对环保所带来的消极效果。其后果就是人们在开发旅游的同时也在损害到旅游赖以生存与开发的条件，同时损害了人类健康的长远利益。为了促进旅游接待产业健康、和谐发展，有必要探讨当前旅游环境问题出现的根源、作用途径以及所产生的后果，学习了解当前旅游接待产业发展的有关管理规定、政策等，并对当前旅游环境问题加以深入研究，将为当前旅游事业的管理工作和进一步完善导游的相关研究制度做出卓越贡献。通常意义上的游览自然环境，即针对最具体的游览客体——景区，以及影响游览活动的主体——游客的旅游活动的所有外界因素，包含社会活动环境条件、天然生态、游览氛围自然环境和游览资源自然环境等。这里仅指景区的旅游资源、自然生态和相应的游览氛围。游览条件问题也是指由于外部因素使这些条件遭到干扰或者损害，使人们观光过程的满意度遭到干扰。景区的游览资源也是旅游者欣赏的主要客体。对旅游者来说，游览自然资源本身所具有的不同艺术特点以及文化、艺术、科技意义都是游览活动的直接引发者，对自然资源的破坏也将直接降低游客的评价。

景区的天然生态环境，是对景区地形、天气、水域和动植物群等生态因子的统称，这种生态的有机组合构成了景区自然环境的美丽和舒适。从人们审美的心理要求出发，以自然之美为依托，在一处天气浑浊、水域污染、四周喧闹的自然环境中，一般旅游者是无法去领悟、鉴赏、感受具体旅游对象的各种艺术特点的。尤其是随着农业生产的发展和科学技术的提高，人民的休闲时间也逐渐增多，而市民进行游览、回归自然时，借大自然的洁净达到锻炼身体和休养身心的欲望也就越来越浓厚。由此可见，旅游区的天然生态环境在某种意义上来讲也是一种重要旅游资源。

游览气氛与自然环境，即景区内所特有的区域特点、历史背景、少数民族风貌和与之相适应的外界气氛。旅游环境美是指形体和意象上的双重美感，而对于每一个具体的旅游对象，它对游客旅游活动的激发，在很大程度上是由于其所表现出来的特定的历史、地域、民族，以及对某种异国、异地的独特情趣。所以，景区周围环境状况的优劣对旅游者旅游效果的直接影响也是不能忽略的，而客人游览的满意程度又与景区周边环境条件密切相关，从而直接影响着游客接待业务的持续发展。

二、旅游接待业对环境的影响

(一)旅游对环境的有利影响

增加观光接待产业，就可以增加地方的就业，让更多的人有业可就，缓解了市场中就业的一个问题，减少了治安事故的出现概率。今天，外地导游的到来，增加了本地市民与外地人的联系与交流，增进了彼此间的文化交流，拓宽了眼界，提升了人文素质。

旅游接待业对环境也有很大的有益作用。由于中国旅游接待产业的不断发展壮大，不断地开发利用着旅游资源，而有许多的旅游资源本来就面临着环境问题，在旅游资源开发利用之时，就可以通过旅游资源生态建设和环境污染整治的手段，使新开发出的旅游资源质量比以前的生态环境素质好，亦即通过旅游发展而美化了自然环境。观光接待旅游业还能保护生态环境。从旅游的概念发展出来到利用过程，如果能有效地利用，就可以让当地生态环境进入良性循环(图 10-2)。

图 10-2　旅游景点构成重要城市景观

图片来源：王姿俨 2022 年 7 月 18 日拍摄于洛阳。

（二）旅游对环境的不利影响

旅游对景观的消极影响主要体现在对大气环境的干扰、对水面景观的干扰、噪声破坏、对动植物生长的损害与影响、对城市景观条件的损害等方面。一系列结果都说明，旅游是主要环境污染源之一，所以很有必要对我国旅游污染环境的途径和特点作一概括，从而归纳出我国旅游造成污染环境的基本规律，以便于作为从旅游管理上加强环保的理论依据。

旅游文化的形成与演变，每时每刻都离不开对自然环境的影响，而旅游文化又会时时影响自然环境。旅游经济的增长及其对环境的消极影响和负面影响已经日益显现了出来，并受到了人类的广泛重视。可以在这里总结出下列负面影响：

1. 对地表和土壤的影响

由于各地旅游项目的迅速建设，观光设施的数量与日俱增，将导致很多相对完整的自然区域被逐渐分离，成为岛屿化，从而使得自然环境受到了前所未有的人工性改变，包括了地表摊铺、植物改造、外来生物进入环境等。无论土地表面或者水体表层，都会遭受观光项目的巨大冲击，岩岸、海滩、沼泽地、泥沼地、自然溶洞、土壤等，各种各样的环境地表覆盖都可以受到各种形式的旅游影响，特别是环境地表植物赖以生存的土壤有机层，往往遭受着强烈的影响。例如露营、野餐、徒步等都可以对环境产生着强烈的人为影响。土地一旦受到冲击，物理组成、化学成分、生态指标等均将相应改变，从而会降低土地中植被的数量和发育，昆虫、哺乳动物也将相应迁移或减少。

2. 对大气环境的影响

由于大量旅游者踏入景点并且提供给旅游者使用的交通蜂拥而至，车辆所排出的大量有害废气、扬尘还有很多旅游者呼出的大量二氧化碳，再加上从景点内的旅店、餐馆等生活锅炉所排出的尾气，都会对整个景点的大气环境产生严重的污染。

3. 交通工具污染

成千上万的游客所使用的私人运输工具，是目前最缺乏效益的交通运输方法，它不仅会耗费更多的资源，而且还会释放出更多的废气污染环境。而此类运输工具所产生的大气环境污染中以光化学烟雾环境污染最具危害性，因为光化学烟雾中产生有多种高度反应活性的光化学物，不仅会危害动植物，还会危及人类身体健康。而光化学烟雾突出会限制视野，降低能见度，甚至导致游客生活困顿，其含有的一些化学物质还可能会刺激眼部，引起眼睛流泪等不愉快的感受。另外，运输工具中所排出的汽车尾气还可能产生毒性化合物，危及地球生态的健康。从世界气候变化的视角考虑，化工废物排放既可能产生强酸雨，也可能释放使地球增温的温室气体，又或者释放引起地球臭氧层空洞的放射性物质。

4. 封闭环境中的大气污染

如溶洞、饭店、娱乐场所等，除受外部大气环境影响外，还受内部污染排放环境影响，如游客所排出的大量二氧化碳，水汽带有大批病毒和微生物，抽烟增加形成的大量二氧化碳和烟尘，通过电器所排放出的大批正电离，通过装饰所排出的大批危害放射性物质，供暖排放所形成的大批一氧化碳、二氧化硫、烟尘等，由于室内空气流动条件不好，室内空气比较污浊，令人头疼、气闷、产生饮食障碍、精神状况不佳，以致引起了一些病症传播和发病。

5. 旅游设施对大气环境的污染

游览宾馆、饭店作为所有各类游览活动中都具备的生活附属服务设施，对大气的污染源主要有给排水、供热、供能系统的锅炉烟筒、燃煤灶的排放，游览地区小食摊排出的废气等，而自动排放的主要为焚烧煤、煤气和液化石油所产生的二氧化硫、一氧化碳和烟雾等，数量上虽比工业少，但由于排放来源分散、密度较小、离景区最近，且一般无除尘设备，对游览地大气质量危害较大。

6. 对环境美学的影响

游览活动对自然环境美学方面的恶劣危害，主要表现在出游人的不文明游览行为以及地方旅游接待业的不合理发展建设上。刻字留念应该算是中国最普遍的旅行恶习，不但损害地方自然景观，甚至还会危害一些植被的正常生长发育，从而削弱地方文化旅游资源的价值；旅游设施项目的建设不合理或发展过度，会使地方原来的自然风景环境受到严重损害，即俗称的“开发污染”。旅游产品开发的实质就是在天然风景或原有景观的基础上增加人工建设，使其满足地方游览活动合理发展的要求。而现今的许多的旅游开发，只考虑满足其主体上确定的游客的兴趣所在的审美特征，忽略甚至完全不考虑该项目建设和周边风景自然环境的协调，由此导致对当地风景自然环境的影响。

7. 游客的不文明旅游行为

有的游人在观光活动中除眼见、耳闻、鼻嗅以外，还有在古树、碑刻、石雕等处刻字画画的不好习性。例如，在中国许多风景名胜区的石壁上，本应该享受大自然鬼斧神工的雕琢手法，却又常常能看到“××到此一游”，或“×爱×”的不文明刻画现象。又如，在中国黄山风景区就很流行众志成城锁，情侣们买来众志成城锁吊在大树边的金属铁链上，可怜的巨树就缠绕着成串的金属，古木参天的原始意象也就彻底被打破了。

三、旅游接待业中的环境控制

(一)旅游生态环境的保护对策

1. 积极治理已被破坏的旅游生态环境

针对所受污染的旅游生态环境,不管其环境污染的主要来源是旅游接待业还是非旅游接待业,对于发展旅游接待产业,在旅游领域都要采取有效管理方法,以适应并从根本上整治。如景区的排污企业必须坚决迁出,景区不得开发污染产品等。

2. 重建已被破坏的生态环境

对现有景区和新开发景区,如果其周围生态环境的某部分已被严重损毁,甚至威胁到了整个生态环境的文化艺术特色,应针对该区域开展适当的生态环境建设。如果城市山青水不秀,就要综合治理,如水秀山不青,就必须治山。而在治山上,就必须针对山区的生态条件,该种树则种植树,该除草则除草,该栽花则栽花,让这些树、草、花既具备保持稳定自然环境的生态效益,又具备游览观赏价值。

3. 运用旅游生态环境容量理论,以防止旅游自然环境受旅游活动的损害与环境污染

在旅游规划与监督管理的工作中,游客数量超载是造成“游览经营活动污染影响游览环境、游览经营活动破坏旅游接待业发展”的根本原因所在,因而,政府在开展旅游开发与监督管理工作时,应当合理调控游客生态容量。

4. 采取必要措施,以减轻旅游生态环境的自然损害

自然界对旅游环境的突然性危害,人们目前只有局部预见,无法回避。而针对缓解性的天然损害,则可采取相应的保护措施,以降低其对旅游生态环境的损害,包括对珍稀濒危植物的详细种类的异地迁移保存、人工植树造林等。

(二)旅游社会环境的保护对策

1. 安定与团结,改善旅游地环境质量

旅游社会最主要的影响因素是景区的社会政治局势是否和睦,在和谐的社会环境中,旅游者才有人身的安全,也才能谈得上游览。所以,在一个国家或地区,若想发展游客接待产业,就需要安定,才能提升旅游的社会环境质量。

2. 提供优良的人际关系、社交环境,降低社交事件发生率

在景区,游客与导游之间、游客与旅游服务机构之间,以及导游与当地市民之间的关系,如果处理不善,都可能是当地一系列社会问题出现的潜在原因。所以,游客管理中要尽力在满足各种人群需要的同时,提供各种优越的社会条件,尽量减少彼此间的恶性冲突,从而尽量减少社会问题的出现,提供优越的社会治安条件,让旅游者健康、快乐地开展游览生活。

3. 提升本地市民文化素质,创建文明礼貌礼仪良好的旅游社会环境

旅游区的普通市民对游客接待业务的了解,也直接反映在对旅游者服务的态度上。本

地市民文明礼貌的言行会给旅游者带来美好的感受，提高游兴，反之则让旅游者扫兴而归。因此，提升本地市民自身文化素质，才能营造出文明礼仪的旅游社会氛围。

本章小结

党的十九大明确给出了“遵循新发展理论、建立现代化经济体系”的任务，并指出“中国经济社会已由高速增长阶段转入高品质发展”。根据中国经济社会优质发展的全面要求，旅游接待业高质量发展体系建设必须将旅游接待产业的经营模式，从粗放、外延向集约、内容转变；将旅游接待行业的生产方式从供需不均衡、中低端化向合理性与高端化转型；将旅游接待产业的驱动从要素投入，转化为更加强调技术和内容的驱动；坚持服务质量第一位、经济社会效益优先的基本原则，促进旅游者、旅游投资商、旅游公司的运营管理人员和业务人才、游客社会居民、游客行政有关机关等各方共识、合作、共治和资源共享，各方的经济目标或社会共同利益在游客接待产业发展和市场交换过程中，均可获得平等实现。

依托以上旅游接待业高质量发展指标体系，开展旅游接待业供给侧结构性改革，以促进旅游接待业开展效率革命、品质改革、动能革命，进一步提升全要素生产力；推进构建以旅游为实体经营、技术创新、现代金融服务、管理人才等协调发展的现代旅游接待体系；努力形成旅游市场工作机制高效、社会微观经济运行有动力、政府宏观调控有度的新体制；进一步提升旅游接待业的社会公益与责任，加强旅游接待业的环境质量控制。

复习思考题

一、名词解释

1. 旅游接待业高质量发展
2. 旅游接待业供给侧结构性改革
3. 旅游接待业的跨界业务

二、简答题

1. 简述旅游接待业供给侧结构性改革的特征。
2. 简述旅游接待业公益与社会责任的内涵。

三、论述题

试论述旅游接待业与环境的关系。

【拓展阅读】

贵州因山而名、居山而爽、向山而生、越山而进、凭山而贵

2022 年 8 月 18 日，由文化和旅游部、贵州省人民政府、国际山地旅游联盟主办，以“亲诚惠容　合作共享——携手共筑亚洲山地旅游发展新未来”为主题的 2022 亚洲山地旅游推广大会在贵阳开幕，贵州省委常委、省委宣传部部长卢雍政出席并致辞。

卢雍政介绍说，贵州地处亚洲东部、中国西南，是典型的山地省份，境内山脉纵横、绵延起伏，处处显露着山地气质，迸发着山地活力，演绎着山地传奇。

贵州因山而名。全省土地面积 92.5% 为山地和丘陵，是多山、多河、多瀑、多洞、多湖的“绿色喀斯特王国”。置身群山之巅，可见苍山如海，可观茫茫云海，感受“一览众山小”的宏阔和“荡胸生层云”的意境。

贵州居山而爽。处处绿水青山，夏季平均气温 23.6 ℃，森林覆盖率达 62.12%，县级以上城市空气质量优良天数超过 98%，平均海拔 1 100 米，负氧离子浓度高，是天然大空调、天然大氧吧，被誉为“中国避暑第一省”。今天，凉爽的天气、清新的空气已经成为贵州旅游的特殊吸引物。

贵州向山而生。民族文化多姿多彩，18 个世居民族与山相安生、与水共流长，各个历史阶段鲜活的文化遗产把贵州点缀成“文化千岛”。夜贵州灯火璀璨、流光溢彩，每座城市都好似山水幻城，人声鼎沸、活力十足、生机勃勃。

贵州越山而进。我们逢山开路、遇水架桥，在崇山峻岭间建起 2.7 万座桥梁，实现悬索、斜拉、拱式、梁式类型全覆盖，创造数十个“世界第一”，实现从“千沟万壑”向“高速平原”的精彩蝶变，赢得“世界桥梁博物馆”美誉。桥旅融合、别样风景，“桥梁省”“索道省”建设前景广阔。

贵州凭山而贵。“黔地无闲草、贵州出良药”“贵州绿色农产品、吃出健康好味道”广受认可。全年 330 天以上可进行户外运动，马拉松、自行车、汽车拉力、漂流、攀岩等体育活动丰富多彩，是“户外运动天堂”。后疫情时代，贵州将以山地之贵成就人们的健康之贵、生命之贵。

卢雍政说，贵州依托全域山地资源优势，加快建设多彩贵州旅游强省，努力打造国际一流山地旅游目的地和国内一流度假康养目的地，“山地公园省、多彩贵州风”美誉度更佳，旅游“流量经济”越做越大，除 2020 年受新冠病毒感染疫情影响外，“十三五”时期前四年全省接待入黔游客人次、旅游总收入均保持 30% 以上的增长，2021 年贵州旅游及相关产业增加值占 GDP 的比重达 5.2%，成为重要的支柱产业。2016 年以来，旅游扶贫累计带动全省 113 万贫困人口增收脱贫。

“贵州多年来的山地旅游发展实践生动证明了‘绿水青山就是金山银山’理论的无比正确。”卢雍政表示，发展山地旅游，有利于守好发展和生态两条底线，传承弘扬优秀传统文化，助推经济社会高质量发展。贵州将主动适应疫后旅游变革调整期，以文化旅游融合为根本，以文化科技融合为方向，以苦练内功、提质增效为关键，坚持动静结合提升贵州山地旅游业

态，坚持道法自然实现山地旅游可持续发展，坚持美美与共不断丰富旅游生态和人文内涵，大力推动旅游产品提质、品牌提质、服务提质，努力实现旅游产业综合实力、经济效益大提升，让老天爷造就的优良山地生态、老祖宗留下的优秀文化遗产源源不断地转化为贵州人民的“幸福不动产”“绿色提款机”。

“大会在贵州举办，是对贵州发展山地旅游的高度重视和支持。”卢雍政表示，贵州将以此为契机，诚邀各方朋友到“公园省”共享山水人文之魅力、度假康养之美好，也期待与业界人士一道，通过国际山地旅游联盟深化交流合作，共享贵州、中国、亚洲乃至世界山地旅游高质量发展红利，合作开展高水平旅游投资，打造一流旅游景区、乡村民宿、度假酒店和各类山地旅游新兴业态；合作培育高端人才团队，共同提升运营管理水平，推动旅游企业做大做强；合作推进高品质旅游服务，打造精品旅游线路、开拓境内外客源市场。

（资料来源：贵州日报，2022-08-18. 案例入选时进行一定修改。）

思考：环境质量与旅游接待业的发展有何关联？

参考文献

[1] A L Kroeber, Clyde Kluckhohn. Culture: a Critical Review of Concepts and Definitions [M]. New York : ALFREDA KNOPF, RANDOM HOUSE, 1967.

[2] 安东尼·史密斯. 民族认同[M]. 王娟,译. 南京:译林出版社, 2018.

[3] 安秋平, 杨忠, 杨锦海. 中国古典名著读本史记汉书卷[M]. 北京:京华出版社, 1998.

[4] Bob Brotherton. Towards a definitive view of the nature of hospitality and hospitality management[J]. International Journal of Contemporary Hospitality Management, 1999, 11(4): 165-173.

[5] 约瑟夫·派恩,詹姆斯·吉尔摩. 体验经济[M]. 夏业良,等,译. 北京:机械工业出版社, 2008.

[6] Beeton S. Community Development through Tourism[M]. Collingwood: Landlinks Press, 2006.

[7] 保继刚,杨虹霓,翁时秀. 中国旅游地理学的发展与创新[J]. 经济地理,2021,41(10): 79-86.

[8] 柏杨. 旅游学概论[M]. 合肥:安徽大学出版社,2009.

[9] Carol A King. What is hospitality[J]. International Journal of HospitalityManagement,1995, 14(3):219-234.

[10] Chih-Ching Teng. Commercial hospitality in restaurants and tourist accommodation: Perspectives from international consumer experience in Scotland[J]. International Journal of Hospitality Management, 2011, 30(4):866-874.

[11] 查尔斯·R. 戈尔德耐,J. R. 布伦特·里奇,罗伯特·W. 麦金托什. 旅游业教程[M]. 8版. 贾秀海,译. 大连:大连理工大学出版社,2003.

[12] 程锦,陆林,朱付彪. 旅游产业融合研究进展及启示[J]. 旅游学刊,2011,26(4):13-19.

[13] 陈宝智. 安全管理[M]. 天津:天津大学出版社,1999.

[14] 陈泽炎. 对"大会展"概念的梳理与探究[J]. 中外会展,2013(3):23.

[15] 陈榕. 旅游业的诚信缺失问题探析[J]. 征信,2013(8):64-66.

[16] 陈凌. 文化认同是最深层次的认同[N]. 人民日报,2021-03-07.

[17] 蔡慧子. 东莞市旅游公共服务体系建设现状与完善对策研究[D]. 武汉:华中科技大学,2018.

[18] 蔡礼彬,罗依雯.基于服务科学的旅游公共服务体系设计研究[J].山东社会科学,2019(7):137-142.
[19] 蔡元培.蔡元培谈教育[M].沈阳:辽宁人民出版社, 2015.
[20] 崔慧姝.梁漱溟乡村建设运动及其争议研究[D].天津:南开大学,2012.
[21] 邓爱民.旅游接待业管理[M].北京:中国旅游出版社,2018.
[22] 笪玲.山地民宿发展研究——来自贵州的案例[M].北京:中国旅游出版社,2018.
[23] 笪玲.贵州民族村寨旅游扶贫研究[M].北京:中国旅游出版社,2021.
[24] 董观志.旅游学概论[M].大连:东北财经大学出版社,2007
[25] 董玉明,陈耀东,孟凡哲.旅游法学论点述评[M].北京:知识产权出版社,2006.
[26] 董仲舒.春秋繁露[M].上海:上海古籍出版社,1989.
[27] 邓军华.旅游酒店无干扰服务发展研究[J].河南科技学院学报,2014(11):17-19.
[28] 第48次中国互联网络发展状况统计报告[R].北京:中国互联网络信息中心, 2021.
[29] 杜君立.新食货志[M].北京:北京联合出版公司, 2019.
[30] 戴圣.礼记[M].陈浩,注.金晓东,校点. 上海:上海古籍出版社, 2016.
[31] 厄尔斯特·盖尔纳.民族与民族主义[M].韩红,译. 北京:中央编译出版社, 2002.
[32] Freeman R E. Strategic Management:A stakeholder approach[M]. Boston: pitman Publishing Inc, 1984.
[33] 费钟琳,王京安.社会网络分析:一种管理研究方法和视角[J].科技管理研究,2010,30(24): 216-219.
[34] 费孝通.中华民族多元一体格局[M].北京:中央民族出版社, 1989.
[35] 周易[M].冯国超,译注.北京:华夏出版社, 2017.
[36] 管子[M].房玄龄,注.刘绩,补注.刘晓艺,校点. 上海:上海古籍出版社, 2015.
[37] 范晔.后汉书[M].西安:太白文艺出版社, 2006.
[38] 关于印发《国家旅游及相关行业分类(2018)》的通知[EB/OL].国家统计局网站,2018-4-12.
[39] 中华人民共和国国家质量监督检验检疫总局,中国国家标准化管理委员会.国民经济行业分类[S].2017.
[40] 国务院关于促进旅游业改革发展的若干意见[EB/OL].中国政府网,2022-01-14.
[41] 中国旅游公共服务"十二五"专项规划[R].国家旅游局,2011.
[42] 国家旅游局.2015年中国旅游业统计公报[R].北京:文化和旅游部政府门户网站,2016.
[43] 过聚荣.会展导论[M].上海:上海交通大学出版社,2006.
[44] 郭又荣."互联网+"背景下旅游信息化人才培养模式研究[J].河北旅游职业学院学报,2020,25(2):89-92.
[45] 顾功耘.经济法教程 [M].2版.上海:上海人民出版社,2006.
[46] 高斌.中华优秀传统文化:我们最深厚的文化软实力[EB/OL].中国共产党新闻网,2013-10-14.

[47] 华萍. 新发展阶段下的旅游消费金融:概念拓展、模式创新与研究展望——基于文献综述的视角[J]. 金融发展研究,2021(10):49-54

[48] 何月美,邹永广,莫耀柒. 中国游客赴马来西亚的安全感知研究——基于网络文本分析[J]. 世界地理研究,2019,28(6):200-210.

[49] 何建民. 旅游接待业[M]. 重庆:重庆大学出版社,2019.

[50] 何建民. 新时代我国旅游业高质量发展系统与战略研究[J]. 旅游学刊,2018,33(10):9-11.

[51] 黄福才. 旅游学概要[M]. 厦门:厦门大学出版社,2001.

[52] 黄潇婷,杨威,王志慧. 实验研究方法在旅游研究中应用的系统回顾与展望[J]. 旅游科学, 2021 (4):1-20.

[53] 黄彦华. 近代西方情感主义伦理学与道德教育[M]. 银川: 宁夏人民出版社. 2017.

[54] 胡姗,杨兴柱,王群. 国内外共享住宿研究述评[J]. 旅游科学,2020,33(2):41-57.

[55] 韩玉灵. 旅游法教程 [M].3 版. 北京:高等教育出版社,2011.

[56] 金正昆. 服务礼仪[M]. 北京:北京大学出版社,2005.

[57] 金准. 产品结构变动对旅游流空间结构的优化效应分析——以杭州为例[J]. 旅游学刊,2006(7):42-47.

[58] 杰弗里·哈里森,卡西·恩慈. 旅游接待业战略管理:概念与案例[M]. 北京:旅游教育出版社,2007.

[59] 冀昀. 尚书[M]. 北京: 线装书局, 2007.

[60] 李琳. 新冠肺炎疫情影响下乡村旅游高质量发展探讨[A]//中国旅游研究院(文化和旅游部数据中心). 2020 中国旅游科学年会论文集 疫情应对. 中国旅游研究院, 2020:8.

[61] 李咪咪,徐惠群. 酒店及旅游业市场营销[M]. 杭州:浙江大学出版社,2019.

[62] 李柏文,张文静. 构建与常态化疫情防控相适应的旅游"疫中运行"模式[J]. 旅游学刊, 2021,36(2):8-10.

[63] 李庆雷,杨亚南. 共享经济理念对旅游产业发展的影响[N]. 中国旅游报,2016-03-21(B05).

[64] 李爽. 旅游公共服务供给机制研究[D]. 厦门:厦门大学,2008.

[65] 李爽,黄福才,李建中. 旅游公共服务:内涵、特征与分类框架[J]. 旅游学刊,2010,25(4):20-26.

[66] 李良志. 虚拟现实技术及其应用探究[J]. 中国科技纵横,2019(3):15-23.

[67] 李耳. 道德经[M]. 邱岳,注评. 北京: 金盾出版社, 2009.

[68] 李一冉. 大学[M]. 北京: 中国广播影视出版社, 2008.

[69] 李兆清. 提升旅游文明素养应成为公民必修课[EB/OL]. 人民网,2014-7-14.

[70] 厉无畏. 产业融合与产业创新[J]. 上海管理科学,2002(4):4-6.

[71] 厉无畏,王振. 中国产业发展前沿问题[M]. 上海:上海人民出版社,2003.

[72] 刘元亮. 旅游法学[M]. 北京:法律出版社,2011.

[73] 刘向撰. 新序说苑[M]. 上海:上海古籍出版社, 1990.
[74] 刘安. 淮南子[M]. 许慎,注. 陈广忠,校点. 上海:上海古籍出版社, 2016.
[75] 刘红梅,杨素丹,高瑜,等. 山地民族地区黔江濯水景区包容性旅游发展路径研究[J]. 黑龙江农业科学,2016(9):92-96.
[76] 刘冰. 旅游学科研究中的社会网络思想及其研究范式[J]. 中山大学学报(社会科学版),2015(2):205-210.
[77] 刘春. 基于社会网络方法的中部地区城市群旅游空间结构研究[J]. 世界地理研究, 2015, 24(2):167-176.
[78] 刘法建,张捷,章锦河,等. 旅游流空间数据获取的基本方法分析——国内外研究综述及比较[J]. 旅游学刊,2012,27(6):101-109.
[79] 刘诚言,粟维斌. 我国旅游金融研究综述[J]. 现代营销. 2019(3):32-34.
[80] 刘亚刚,徐明杰. 跨界营销多方共赢[N]. 中国旅游报. 2018-06-19(3).
[81] 刘莹莹. 乡村旅游公共服务体系建设理念再审视及其实现研究——基于全域旅游视野[J]. 农业经济,2020(6):121-123.
[82] 柳武妹,黄河清,叶富荣. 消费者行为研究中的田野实验:概念、操作介绍与开展建议[J]. 外国经济与管理,2020,42(3):35-56
[83] 梁启超. 梁启超论中国文化史[M]. 北京:商务印书馆, 2012.
[84] 梁漱溟. 东西文化及其哲学[M]. 北京:商务印书馆, 2010.
[85] 老子. 道德经[M]. 李正西,评注. 合肥:安徽文艺出版社, 2003.
[86] 吕不韦. 吕氏春秋[M]. 高诱,注. 上海:上海古籍出版社, 1989.
[87] 陆益龙,刘一. 从文化自觉到文化富民——费孝通的文化自觉论及其对乡村振兴的启示[J]. 西北师大学报(社会科学版),2021(2):104-111.
[88] Michael Ottenbacher, Robert Harrington, H G Parsa. Defining the Hospitality Discipline: a Discussion of Pedagogical and Research Implications[J]. Journal of Hospitality & Tourism Research,2009,33(3):263-283.
[89] 马勇. 旅游接待业[M]. 武汉:华中科技大学出版社,2018.
[90] 马勇,周霄. 旅游学概论[M]. 北京:高等教育出版社,2018.
[91] 马波. 对"新旅游者"的感知与相关思考[J]. 旅游学刊,2014,29(8):3-5.
[92] 马波. 论我国的旅游研究与旅游学科建设[J]. 旅游学刊,1998(S1):35-39.
[93] 马克思. 关于费尔巴哈的提纲[M]//马克思恩格斯选集. 北京:人民出版社, 2012.
[94] 马克思, 恩格斯. 马克思恩格斯选集·第一卷[M]. 北京:人民出版社, 1995.
[95] 玛莎·芬尼莫尔, 凯瑟琳·斯金克. 国际规范的动力与政治变革[A]//彼得·卡赞斯坦,罗伯特·基欧汉, 斯蒂芬·克拉斯纳. 世界政治理论的探索与争鸣. 秦亚青, 苏长河, 门洪华, 等,译. 上海:上海人民出版社, 2018.
[96] 孟芳.《接待业与旅游市场营销》(第七版)评介[J]. 旅游导刊, 2018(2):93-97.
[97] Purcell K. In Search of Hospitality: Theoretical Perspectives and Debates[J]. International Journal of Contemporary Hospitality Management, 2000, 21(2):203-205.

[98] 彭兆荣. 旅游人类学[M]. 北京:民族出版社,2004.
[99] 庞华. 会展运营与服务管理[M]. 天津:南开大学出版社,2010.
[100] 全球及中国邮轮旅游接待邮轮量、游客数量及发展建议分析[EB/OL]. 华经情报网,2020-06-02.
[101] 中华人民共和国消费者权益保护法[R]. 中国政府网,2013-10-25.
[102] 钱亚妍. 中国旅游保险业务的现状及对策研究[J]. 天津商学院学报,2005(4):15-18.
[103] 钱穆. 中国文化史论[M]. 北京:商务印书馆, 1994.
[104] 钱穆. 国史新论[M]. 北京:生活·读书·新知三联书店, 2001.
[105] 孙莹. 社区工作—核心概念和基础理论—核心概念—增权讲义[Z]. 北京:中国青年政治学院,2003:34.
[106] 孙宁,胡汉辉. 产业可持续发展分析[M]. 南京:东南大学出版社, 2003.
[107] 孙静. 诗经[M]. 天津:百花文艺出版社, 2016.
[108] 舒新城. 辞海[M]. 5 版. 上海:上海辞书出版社,1999.
[109] 思想道德修养与法律基础编写组. 思想道德修养与法律基础[M]. 北京:高等教育出版社,2018.
[110] 上海社会科学信息研究所. 信息安全辞典[M]. 上海:上海辞书出版社,2013.
[111] 鄯爱红. 公民道德与中华传统美德[EB/OL]. 中国共产党新闻网,2019-01-14.
[112] 商鞅. 商君书[M]. 章诗同,注. 上海:上海人民出版社, 1974.
[113] 谭华云. 海岛包容性旅游增长及路径选择——以广西北部湾涠洲岛为例[J]. 南宁职业技术学院学报,2016,21(2):86-89.
[114] 泰勒. 原始文化[M]. 蔡江浓,编译. 杭州:浙江人民出版社, 1988.
[115] 田虎. 古村落消亡速度惊人留住“乡愁”不能只靠情怀[EB/OL]. 人民网,2017-12-18.
[116] 吴必虎. 旅游系统:对旅游活动与旅游科学的一种解释[J]. 旅游学刊,1998(1):20-24.
[117] 吴必虎. 旅游规划原理[M]. 北京:中国旅游出版社, 2010.
[118] 吴弘,胡伟. 市场监管论——市场监管法的基础理论与基本制度[M]. 北京:北京大学出版社,2006.
[119] 吴国清. 旅游线路设计[M]. 北京:旅游教育出版社,2006.
[120] 王昌林. 以推动高质量发展为主题[J]. 理论导报,2020(11):8-10.
[121] 王京传,李天元. 包容性旅游增长的概念内涵、实现机制和政策建议[J]. 旅游科学,2011,25 (5):10-22.
[122] 王超,王志章. 少数民族连片特困乡村包容性旅游发展模式的探索——来自贵州六盘水山区布依族补雨村的经验数据[J]. 西南民族大学学报(人文社会科学版),2013,34(7): 139-143.
[123] 王兆明. 旅游学基础[M]. 北京:人民教育出版社,2007.
[124] 王江汉. 移动互联网概论[M]. 成都:电子科技大学出版社,2018.
[125] 王国维. 王国唯讲考古学[M]. 北京:团结出版社, 2019.

[126] 王久高. 社会主义核心价值观提出的过程[EB/OL]. 中国共产党新闻网,2014-05-06.
[127] 魏小安,曾博伟. 中国旅游风云四十年对话录[M]. 北京:中国旅游出版社,2018.
[128] 闻银玲,罗一涵,曹兴龙,等. 涉外旅游法律问题研究[M]. 上海:上海财经大学出版社,2014,10.
[129] 关于加强旅游服务质量监管提升旅游服务质量的指导意见[EB/OL]. 文化和旅游部网站,2021-05-21.
[130] 文化和旅游部. 2019 年旅游市场基本情况[R]. 文化和旅游部政府门户网站,2020.
[131] 维基百科[DB/OL].
[132] 习近平. 决胜全面建成小康社会夺取新时代中国特色社会主义伟大胜利——在中国共产党第十九次全国代表大会上的报告[M]. 北京:人民出版社,2017.
[133] 习近平"十谈"绿色发展:良好生态是最普惠的民生福祉[N]. 人民日报,2018-04-02.
[134] 习近平. 中国始终是世界和平的建设者、全球发展的贡献者、国际秩序的维护者[EB/OL]. 中国共产党新闻网,2016-07-01.
[135] 谢彦君. 旅游体验研究:走向实证科学[M]. 北京:中国旅游出版社,2010.
[136] 向富华. 中国在线服务的网络经济特征分析[J]. 商业时代. 2012(19):38-39.
[137] 徐菊凤. 旅游公共服务:理论与实践[M]. 北京:中国旅游出版社,2012.
[138] 徐光春. 马克思主义大辞典[M]. 武汉:崇文书局, 2018.
[139] 新英汉汉英词典[M]. 陕西:陕西人民出版社,2005.
[140] 荀子. 荀子[M]. 杨倞,注. 东方朔,导读. 王鹏,整理. 上海:上海古籍出版社, 2010.
[141] 杨富斌,王天星. 西方国家旅游法律法规汇编[M]. 北京:社会科学文献出版社,2005.
[142] 叶晓辉. 旅游法理论与实务[M]. 北京:清华大学出版社,2009.
[143] 亚里士多德. 政治学[M]. 北京:中国长安出版社, 2010.
[144] 曾国军,王丹丹. 全球视野下接待业研究述评——基于 IJHM 的量化内容分析(2006—2015)[J]. 旅游学刊,2018,33(5):114-126.
[145] 周洁如. 旅游业预损 3 万亿,全行业资金链吃紧[EB/OL]. 澎湃网,2020-02-11,
[146] 张丹婷,邢占军. 旅游与民众幸福感[J]. 旅游学刊,2019,34(7):1-3.
[147] 张凌云. 世界旅游市场分析与统计手册 [M]. 2 版. 北京:旅游教育出版社,2012.
[148] 张江峰. 岷江上游民族地区旅游小城镇研究[D]. 成都:西南民族大学,2020.
[149] 张建军. 寻路乡土:梁漱溟、晏阳初乡村建设理论与实践比较研究[D]. 杭州:浙江大学,2019.
[150] 列子[M]. 张湛,注. 卢重玄,解. 殷敬顺,陈景元,释文. 陈明,校点. 上海:上海古籍出版社, 2014.
[151] 周振华. 现代服务业发展研究[M]. 上海:上海社科院出版社, 2005.
[152] 钟媛媛. 基于旅游消费行为视角的"90 后"旅游体验研究[D]. 重庆:重庆工商大学,2015.
[153] 赵放. 体验经济思想及其实践方式研究[D]. 长春:吉林大学,2011.
[154] 赵怡. 丽江市旅游公共服务体系建设现状与优化研究[D]. 昆明:云南大学,2018.

[155] 赵锡军. 论证券监管[M]. 北京:中国人民大学出版社,2000.
[156] 中庸[M]. 赵清文,译注. 北京:华夏出版社, 2017.
[157] 孟子[M]. 赵清文,译注. 北京:华夏出版社, 2017.
[158] 郑联盛. 共享经济:本质、机制、模式与风险[J]. 国际经济评论,2017,(6):45-69,5.
[159] 周振华. 信息化进程中的产业融合研究[J]. 经济学动态,2002(6):58-62.
[160] 植草益. 信息通讯业的产业融合[J]. 中国工业经济,2001(2):24-27.
[161] 钟艳. 论饭店的无干扰服务[J]. 旅游学刊,1997(4):18-19.
[162] 朱虹. 旅游消费者权益保护研究[D]. 哈尔滨:黑龙江大学,2013.
[163] 张辉,岳燕祥. 全域旅游的理性思考[J]. 旅游学刊,2016(9):15-17.
[164] 国务院关于加快发展旅游业的意见[EB/OL]. 中央政府门户网站,2012-3-25.
[165] 关于促进旅游业改革发展的若干意见[EB/OL]. 中央政府门户网站,2014-8-21.
[166] "十四五"文化与旅游发展规划. 政府公文[R]. 中华人民共和国文化与旅游部,2021.
[167] 中国共产党第十八次全国代表大会. 党的十八大报告全文[R]. 2012.
[168] 文化和旅游部职能配置、内设机构和人员编制规定[R]. 中央政府门户网站,2018.
[169] 协会章程[EB/OL]. 中国旅游协会网站,2019-08-14.
[170] 中国互联网络信息中心. 第 45 次中国互联网络发展状况统计报告[R]. 北京:中国互联网络信息中心,2020.
[171] 中国互联网络信息中心. 第 48 次中国互联网发展报告[R]. 北京:中国互联网络信息中心,2021.
[172] 中华文明探源成果公布:考古证实中华 5000 年非神话[N]. 人民日报,2018-05-28.
[173] 全域旅游助力"旅游+"新业态落地[EB/OL]. 中国日报网,2018-5-18.
[174] 关于贯彻执行《中华人民共和国民法通则》若干问题的意见(试行)[R]. 最高人民法院,1988.
[175] 左丘明. 国语[M]. 韦昭,注. 上海:上海古籍出版社,2015.
[176] 朱书缘, 赵晶. 建设优秀传统文化传承体系[EB/OL]. 中国共产党新闻网,2012-12-10.